Die Bibel
für kluge Kinder und ihre Eltern

Hubertus Halbfas

Die Bibel

für kluge Kinder und ihre Eltern

Hubertus Halbfas

Patmos

VERLAGSGRUPPE PATMOS
PATMOS
ESCHBACH
GRÜNEWALD
THORBECKE
SCHWABEN

Die Verlagsgruppe
mit Sinn für das Leben

Für die Schwabenverlag AG ist Nachhaltigkeit ein wichtiger Maßstab ihres Handelns.
Wir achten daher auf den Einsatz umweltschonender Ressourcen und Materialien.
Dieses Buch wurde auf FSC®-zertifiziertem Papier gedruckt. FSC® (Forest Stewardship Council)
ist eine nicht staatliche, gemeinnützige Organisation, die sich für eine ökologische und sozial
verantwortliche Nutzung der Wälder unserer Erde einsetzt.

Bibliografische Information der Deutschen Nationalbibliothek
Die Deutsche Nationalbibliothek verzeichnet diese Publikation in der Deutschen Nationalbibliografie;
detaillierte bibliografische Daten sind im Internet über http://dnb.d-nb.de abrufbar.

Alle Rechte vorbehalten
© 2013 Patmos Verlag der Schwabenverlag AG, Ostfildern
www.patmos.de

Umschlaggestaltung: Finken & Bumiller, Stuttgart
Umschlagabbildung: Arcabas, Liberation de l'apôtre Pierre © VG Bild-Kunst, Bonn 2013
Illustrationen: Annemarie und Josef Schelbert, Olten
Satz und Gestaltung: Ina Halbfas, Köln
Druck: Firmengruppe Appl, Wemding
Hergestellt in Deutschland

ISBN 978-3-8436-0439-0

Inhalt

Das Land der Bibel 10
Erzählen und Schreiben 12
Die Entstehung der Schrift 14
Sprache und Wahrheit 16

Die Jüdische Bibel – Das Erste oder Alte Testament . . . 19

Urgeschichten 21

Das Gedicht von der Schöpfung 21
    Der verlorene Sonntag 25
Wie die Physik die Entstehung des Universums sieht 26
Die Erzählung von der Erschaffung des Menschen 28
Wie die Biologie die Entstehung des Lebens beschreibt 32
Der Verlust des Paradieses 34
Kain und Abel 36
Die Sintflut 38
Der Turmbau zu Babel 40

Die Doppelbelichtung der Tora 42

Von den vielen Gottheiten zum einen und einzigen Gott 42

Vätergeschichten 46

Die Berufung Abrahams 46
Zu Gast bei Abraham 48
Abraham, Hagar und Ismael 50
Der Vater Abraham und Isaak der Sohn 51
Die Himmelsleiter 56
Jakobs Kampf mit Gott 58
Von Kanaan nach Ägypten 60

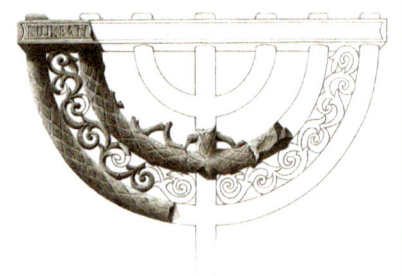

Mose und die Gottesoffenbarung 62
Der Jahwe-Name 64
Der Auszug aus Ägypten 66
Die Gesetzgebung am Sinai 68
Das goldene Kalb 70
Der Rücken Gottes: »Mein Antlitz kann niemand sehen« 72

Die nie stattgefundene Landnahme 74
Der Tod des Mose 74
Die Eroberung des Landes 74
Der Übergang über den Jordan 75
Die Eroberung Jerichos 76
Das eroberte Land 78

Auf dem Weg zum Königtum 80
Der Zorn Jahwes 80
Das Volksbegehren und das Königsrecht 82
Die Salbung Sauls zum König 83
David und Goliat 86

Davids Königtum 90
Das vereinigte Königreich 91
David wird König von Juda 91
David wird König von Israel 91
David erobert Jerusalem 91
Königtum in Ägypten und Israel 94
Salomo, Erbauer des Tempels und Märchenkönig 98

Die Teilung des Reiches 102
Der Jerobeam-Aufstand 102
Der Abfall der zehn Nordstämme 104
Der Staatskult von Bet-El 107

Das Nordreich Israel 108
Der Prophet Elija 108
Elija am Bach Kerit 109
Elija in Sarepta 110
Elija erweckt den Sohn der Witwe zum Leben 111
Die Götterwette auf dem Karmel 112
Elija am Berg Horeb 114

Propheten 116
Der Prophet Amos 118
Das Gericht über Samaria 119
Die Beugung des Rechts 119
Der wahre Gottesdienst 119
Die Ausweisung des Propheten 121
Die Eroberung Samarias und das Ende des Nordreiches 122
Die Umsiedlung der Bevölkerung 124
Die Religion der neuen Bevölkerung 125

Jerusalem und das Südreich Juda 126
Die assyrische Bedrohung 127
Lachisch 128
Der Prophet Jesaja 130
Jesajas Friedenstraum 132
Die Auffindung des Gesetzbuches 134
Der Kampf um den Monotheismus 135
Der Zusammenbruch der Reformbewegung 138
Jeremias Tempelrede 140
Das Ende des Reiches Juda 142

Exilszeit und Neuanfang 144
Juda im Exil 144
Die Heimkehr und der Neubau des Tempels 148
Die Entstehung der Bibel 152
Der Jahwe-Name verschwindet 154
Die Erfindung der Synagoge 156
Die Synagogenschule 158

Der Einbruch des Hellenismus 160
Alexander der Große 160
Die Verfolgung der jüdischen Religion 163
Der Feuerofen 165

Die christliche Bibel – Das Zweite oder Neue Testament 169

    Jesus in den Evangelien 170
    Jesusbilder 172

Anfänge 174
    Jesus der Galiläer 174
    Jesus geht zu Johannes dem Täufer 176
    Die Ablehnung Jesu in seiner Heimat und in seiner Familie . . . 178
    Schüler und Helfer 186
    Die Sendung der Schüler 190

Das Evangelium vom Reich Gottes 192
    Reich Gottes – jetzt! 192
    Die Bergpredigt 194
    Vom Salz der Erde und vom Licht der Welt 195
    In Jesus sind »Gesetz und Propheten« erfüllt 195
    Vom Töten und von der Versöhnung 196
    Vom Schwören 197
    Von der Vergeltung 197
    Von der Feindesliebe 197
    Vom Richten 197
    Vom Beten – Das Vaterunser 198
    Nicht Wohltätigkeit, sondern Tischgemeinschaft 200
        Der Gast 202
        Gastgeber und Gast 203
    Gebt ihr ihnen zu essen: Die Speisung der Fünftausend 204
        Der Gast beim Bauern 206
    Die Hochzeit zu Kana 208
    Das Evangelium vom Vater und den zwei Söhnen 210
    Jesus und die Sünderin 212
    Frauen im Gefolge Jesu 213
    Jesus und die Ehebrecherin 214
    Das Beispiel vom barmherzigen Samariter 216

Jesus, Freund der Armen und Kranken 218
    Die Heilung am Sabbat 218
    Die Heilung des blinden Bartimäus 220
    Die Heilung des Gelähmten 222
    Die Heilung des Besessenen von Gerasa 224
    Die Totenerweckung von Nain 226

In Jerusalem 228
   Die Vertreibung der Händler aus dem Tempelvorhof 228
   Das Abendmahl 234
   Die Verhaftung 238
   Das Verhör vor dem Hohen Rat 239
   Die Verhandlung vor Pilatus 242
   Die Kreuzigung 244

Über Nachfolge 246
   Mit Jesus ins Boot steigen? 246
   Über Wasser gehen 248
      Der vierte König 250

Ostergeschichten 252
   Die »Auferstehung« Jesu 252
   Die Botschaft des Engels am leeren Grab 254
   Der Auferstandene erscheint zwei Jüngern auf dem
   Wege nach Emmaus 256
   Die »Himmelfahrt« Jesu 258
   Das Pfingstereignis 260

Der Weg in die Welt 262
   Die Anfänge der Jesusbewegung 262
   Die Spruchquelle Q 262
   Das Thomasevangelium 263
   Die Christusverkündigung 263
      Jesus, der Jude 265
      Haben Lügen kurze Beine? 265
   Das Evangelium des Paulus 266
   Die ersten Gemeinden in Jerusalem und Antiochia 268
   Der Einsatz des Paulus 270
   Jesus und Paulus 272
   Der Fall Jerusalems und die Zerstörung des Tempels 274

Österliche Rückblenden: Geburt und Kindheit Jesu 276
   Die Geburt Jesu 276
   Heidnische Huldigung und Jerusalemer Erschrecken 280

Salz der Erde, Licht der Welt 282

Nachwort 290

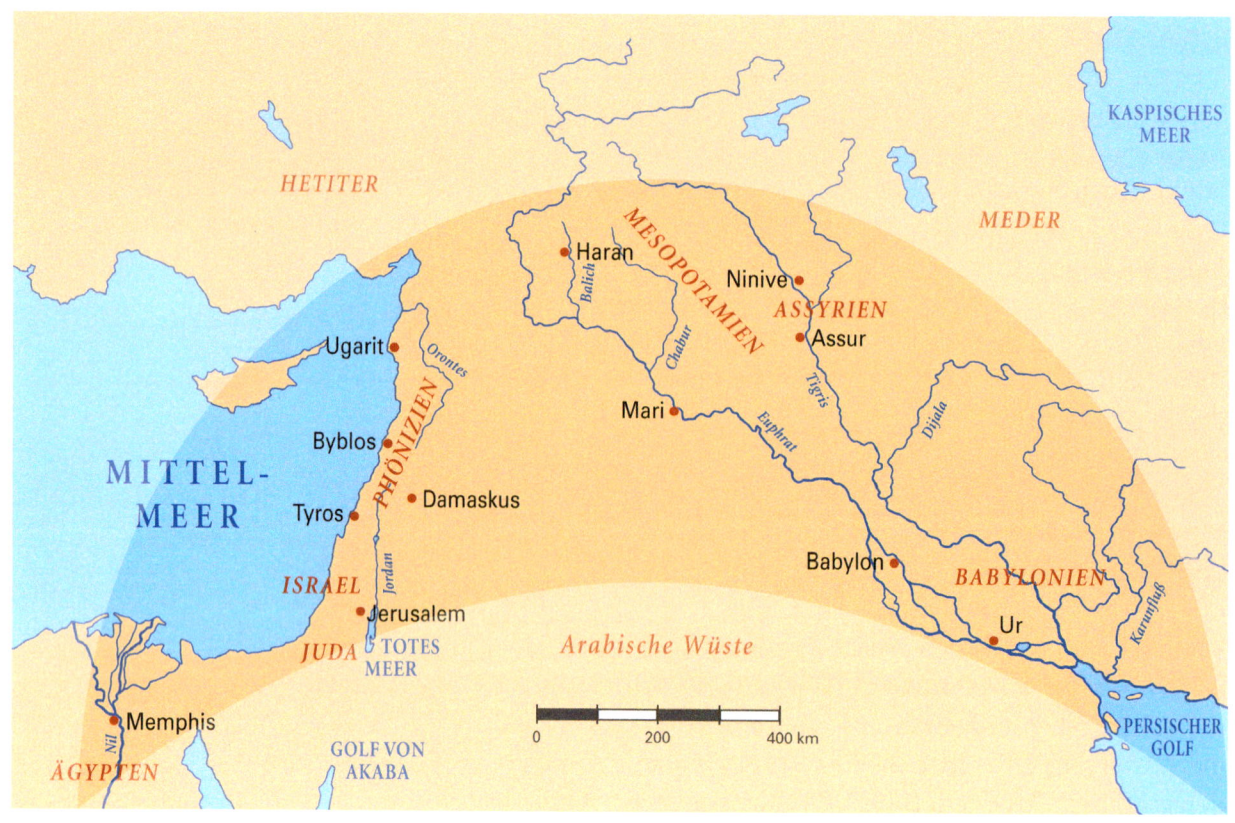

Der Alte Orient im 1. Jahrtausend v. Chr. Der angezeigte »Fruchtbare Halbmond« war der Bereich, in dem Menschen Wasser und Nahrung hatten.

Das Land der Bibel

Das Land der Bibel ist ein vergleichsweise kleines Fleckchen Erde zwischen Ägypten im Süden und Mesopotamien im Nordosten. Es war oft eine Beute der mächtigen Reiche, die hier nacheinander herrschten.

Heute gehören zum Land der Bibel die Staaten Libanon und Syrien im Norden, Israel, Jordanien und der Palästinenserstaat im Süden. Insgesamt hatte das Land viele Namen. In biblischer Zeit hieß es Kanaan. Die Israeliten waren ein kanaanäischer Volksstamm. Die Römer, die spät ins Land kamen, nannten es Palästina, abgeleitet von Philistäa, dem Philisterland. Die Geographen sprechen von der Levante. Juden, Christen und Muslime nennen es das Heilige Land.

Um dieses Land haben sich die Weltmächte der Vergangenheit immer wieder gestritten. Die Ägypter beherrschten es über lange Zeit und stationierten dort Truppen. Auch die Herrscher Assyriens und Babyloniens schickten ihre Streitmächte ins Land. Sie eroberten und zerstörten die Königreiche Israel und Juda. Ihnen folgten die Perser in der Herrschaft, danach die Griechen und schließlich die Römer.

Die Levante bildet eine Brücke zwischen Ägypten und Mesopotamien. Die kürzeste Verbindung zwischen Ägypten und Mesopotamien würde durch die wasserlose Arabische Wüste führen. Doch diese konnte im Altertum keine Karawane durchqueren; sie wäre darin verdurstet. Jeder Verkehr musste im Bereich des »Fruchtbaren Halbmonds« bleiben, jenem Gebiet des Vorderen Orients, in dem die Menschen Wasser und Nahrung hatten und bedeutende Hochkulturen sich entwickelten.

Durch diese Zone führten die großen Fernverbindungen. Am Mittellauf des Euphrat lag Mari. Von dort zogen die Karawanen über die Oase Palmyra zur syrischen Küste. Im Landesinnern bildete die Oase Damaskus einen weiteren Sammelpunkt der Karawanen. Zwei wichtige Routen führten von dort nach Süden: der »Königsweg« östlich des Jordan nach Arabien und die Küstenstrecke, von den Römern *via maris* genannt, nach Ägypten. Die an der Küstenstraße gelegenen Städte waren fremden Angriffen immer mehr ausgeliefert als das Bergland um Jerusalem.

Wegen dieser Fernverbindung zwischen Ägypten und Mesopotamien stritten die benachbarten Völker oft um das Land Kanaan. Immer wieder gegenwärtig war Ägypten. Es hat das Land vor der eigenen Haustür lange Zeit kontrolliert, vor allem in der Frühzeit Israels und mehrfach in der Königszeit. Zwischendurch haben die Assyrer und Babylonier den Ägyptern die Herrschaft bestritten. Später folgten die Perser, die Griechen und Römer. Alle haben nacheinander das Land ausgebeutet.

Palästina war nie wirklich reich oder kulturell besonders hochstehend. Es stand im Schatten der mächtigen Nachbarn. Aber die Phönizier, im Bereich des heutigen Libanon einst sesshaft, schenkten der Welt das Alphabet. Und in Israel entstand die Bibel – zwei einzigartige Schätze, welche die Weltgeschichte veränderten.

Israel und seine Nachbarstaaten heute.

Erzählen und Schreiben

Solange es keine Schrift gab, blieben nur Erinnerungen erhalten, die eine feste Form hatten, etwa als Lied, Sage, Spruch, Rätsel oder als die Aufzählung der Vorfahren. Ein Lied, das alle singen, wandert durch viele Generationen, ohne sich zu verändern. Genauso stabil ist ein Sprichwort. Bei einer Geschichte ist es schon anders. Sie bleibt nur unverändert, wenn der Erzähler sie auswendig kann – *by heart*. Auch kontrollieren die Zuhörer den Erzähler und sagen: »Du hast aber vergessen …« oder: »Die Geschichte geht doch anders …«

Der größte Teil der biblischen Erzählungen ist »Sage«. Sage kommt von »Sagen«. Es sind also Geschichten, die anfangs nur mündlich weitergegeben wurden. Die »Urgeschichten«, die »Vätergeschichten«, die Erzählungen von Mose und Josua, entstanden als Sage. Sagen bleiben jedoch nur erhalten, wenn sie immer neu das Interesse der Nachkommen finden und von Generation zu Generation weitergegeben werden. Verlieren die Menschen das Interesse an einer Geschichte, ist auch die Geschichte verloren – es sei denn, sie sei zuvor aufgeschrieben und auf diesem Weg gerettet worden.

Schrift ist das Sichtbarmachen der sonst nur hörbaren Sprache. Diese Erfindung muss vor Jahrtausenden den Menschen als etwas Unheimliches erschienen sein. Vermutlich haben sie sich zunächst gegen diese Idee zur Wehr gesetzt. Die Schrifterfindung ist eine große kulturelle Leistung des menschlichen Geistes.

Die bereits sehr frühe bildliche Darstellung von Schreibern zeigt, welch hohe Bedeutung in Ägypten die Schreibkunst hatte. Ein Berufsschreiber musste allerdings 700 bis 800 Hieroglyphen beherrschen. Dieser Schreiber benutzt das Ohr, um sein Schreibgerät griffbereit zu halten.

Zum Beginn der Geschichte Israels – vielleicht im 12. Jahrhundert v. Chr. – wurden in Mesopotamien Keilschriften, in Ägypten Hieroglyphen verwendet, beides sehr alte Schriften, die bereits um 3000 v. Chr. erfunden worden sind. Aber diese Schriften bestehen aus sehr vielen Zeichen; sie sind kompliziert und schwer zu erlernen. Um 1500 v. Chr. jedoch haben die Phönizier ein genial vereinfachtes System von nur 22 Schriftzeichen erfunden. Die Phönizier waren ein Handelsvolk. Von ihnen lernten die Griechen das Alphabet und von diesen wiederum die Römer.

Das älteste Alphabet kannte noch keine Buchstaben für Vokale. In den Sprachen Mesopotamiens konnte man die Wörter trotzdem lesen, doch Griechen und Römer, ebenso wie Deutsche, Engländer oder Franzosen brauchen das a, e, i, o und u, wenn das Geschriebene nicht Geheimschrift bleiben soll. RSC SSH HC (Ich heiße Cäsar), ohne Vokale und von rechts nach links geschrieben, ist für uns unleserlich. Aber in dieser Schriftform wird immer noch das Neuhebräische (Iwrith) und das Arabische geschrieben.

Ein Mann wandert mit seinem Sohn in die Hauptstadt. Der Vater heißt Cheti, sein Sohn Pepi. Sie kommen von weit her. Der Vater will Pepi zum »Ort der Lehre der Schriften« bringen. Arbeitern und Handwerkern geht es schlecht, sagt er – der Maurer arbeitet ohne Hemd, »seine Arme stecken im Lehm, seine Kleider sind beschmiert, sein Brot isst er mit ungewaschenen Fingern«.

Schreibern dagegen geht es gut. Sie werden nicht geprügelt und nicht zum Frondienst geholt. Der Pharao sorgt für sie. »Ein Schreiber leidet keine Not«, heißt es, seine Schriftrollen »sind ein Boot auf dem Wasser«.

Schreibgerät und Papier

Für lange Texte benutzte man Pinsel oder Rohrfedern aus harten Gräsern. Für die Pinsel wurden etwa 20 cm lange Stiele an einem Ende schräg angeschnitten. Dann kaute man die Spitze, bis die Fasern einen Pinsel bildeten.

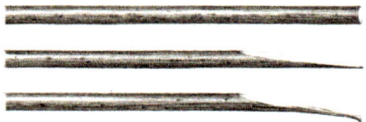

Oben: Herstellung eines Binsenpinsels

Unten: Rohrfedern

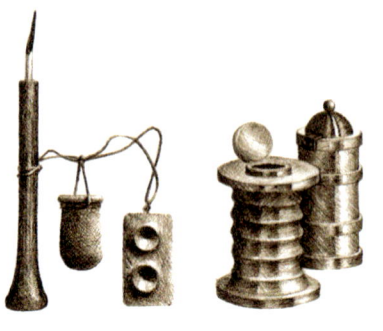

Ägyptisches Schreibzeug, Tintenfässer

Geschrieben wurde gewöhnlich auf Papyrus. Papyrusschilf wächst im Wasser. Die armdicken Stängel werden 3 bis 5 m hoch. Die Ägypter bauten aus Papyrus Boote und Hütten. Aus den Fasern der Außenhaut machten sie Seile und Segel.

Die Entstehung der Schrift

Von den ersten Bildzeichen bis zur Buchstabenschrift war ein langer Weg. Anfangs konnte man Worte nur in Bilderfolgen darstellen.

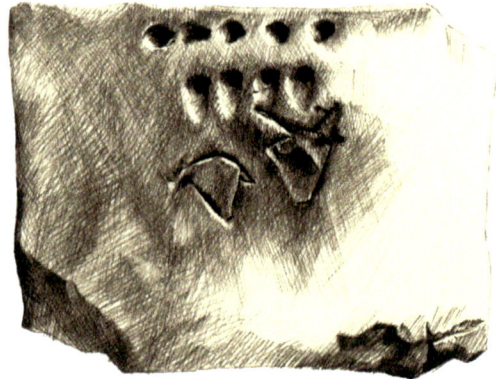

Diese Tontafel ist 5000 Jahre alt. Auf ihr steht zu lesen: »54 Kühe und Stiere«.

Die Felszeichnung eines Indianers warnt den Reiter: Nur Bergziegen können diesen Pfad gehen.

Auch die Ägypter benutzten eine Bilderschrift. Jedes Zeichen bedeutete ein bestimmtes Wort oder eine Silbe. Nur wenige Leute konnten die vielen Zeichen lesen und schreiben.

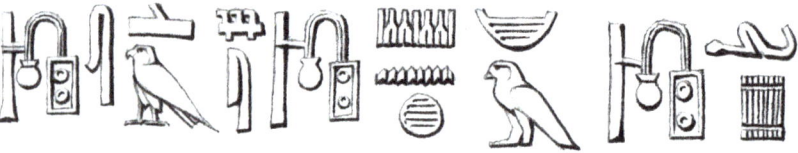

Die Ägypter nannten ihre Schriftzeichen »Gottesworte«. Heute heißen sie Hieroglyphen, das bedeutet »Heilige eingemeißelte Zeichen«.

Eine großartige Idee änderte alles: Statt der Bildzeichen versuchte man die Sprachlaute aufzuschreiben. Die Phönizier zählten die verschiedenen Laute, die sie beim Sprechen hörten. Es waren kaum zwei Dutzend. Hätten sie Zeichen für diese Laute, so ließe sich damit alles aufschreiben! Die vielen hundert Bildzeichen wären mit einem Schlag überflüssig.

Sie wählten kurze Wörter mit verschiedenen Anfangslauten, für jeden Laut ein Wort. Hier sind vier Beispiele:

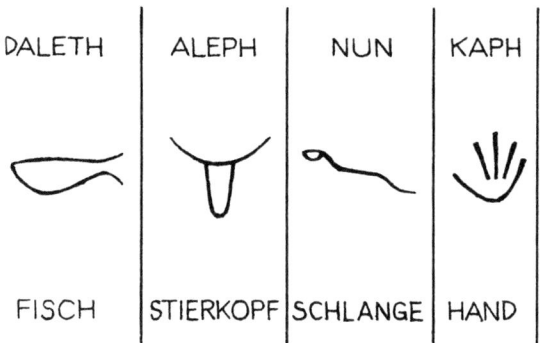

Zu diesen Wörtern waren die Bildzeichen leicht zu merken; doch jetzt galten die Bildzeichen nur noch für die Anfangslaute:

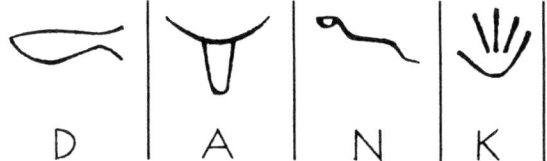

Diese Bildzeichen ließen sich nun zu verschiedenen Wörtern zusammensetzen.

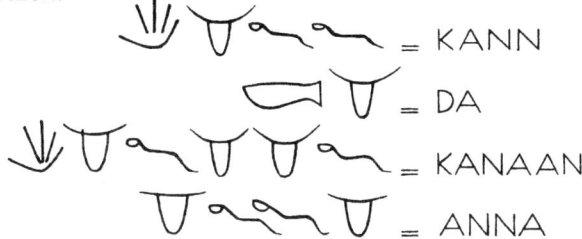

Die Menschen vereinfachten die Bildzeichen, um sie bequemer schreiben zu können:

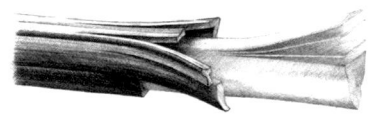

Andere Völker lernten die kostbaren Zeichen kennen. Sie veränderten ihre Form:

Die ursprüngliche Bedeutung der Bildzeichen ging verloren.

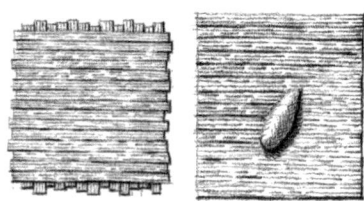

Dann kehrten die Griechen die Schreibrichtung und die Buchstaben um:

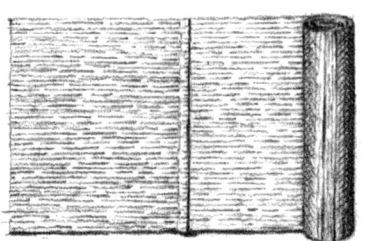

Das Mark diente zur Herstellung von Schreibblättern. Das Wort Papier kommt von Papyrus. Um aus dem Schilf beschreibbares »Papier« zu gewinnen, schnitt man das frische Papyrusmark in etwa 40 cm lange Streifen. Diese legte man, leicht überlappend, zu Blättern zusammen. Auf eine erste Schicht senkrecht gestellter Streifen kam eine zweite, waagerechte Schicht. Die Blätter wurden gepresst und an der Sonne getrocknet. Dann schnitt man die Kanten gerade und glättete die Oberfläche mit einer Muschel oder einem Stück Elfenbein. Etwa zwanzig Blätter wurden zu einem Band zusammengeklebt und mit der Schreibfläche nach innen aufgerollt.

Sprache und Wahrheit

Viele Menschen verstehen die Bibel wörtlich. Sie glauben, Gott habe die Welt tatsächlich in sechs Tagen erschaffen und am siebten Tag geruht. Beim Durchzug des Volkes Israel durch das Rote Meer hätten die Wassermassen zu beiden Seiten wie Mauern gestanden. Auch sei Elija in einem feurigen Wagen zum Himmel aufgefahren. Dies alles erklären sie mit Gottes Allmacht, dem kein Ding unmöglich sei.

Ähnlich wörtlich werden die Jesusgeschichten verstanden: Dass er Wasser in Wein verwandelte; viertausend hungrige Menschen mit sieben Broten und zwei Fischen sättigte; über das Wasser des Sees Gennesaret gegangen ist und Tote wieder zum Leben erweckt hat …

Aber sind solche Erzählungen wirklich »wortwörtlich« zu verstehen? Oder ist dies sogar der falsche Weg? Wir sprechen, erzählen und singen doch auch in Sprachformen, die keineswegs wörtlich zu nehmen sind.

Beispielsweise verschlüsseln die Menschen ihre Erfahrungen seit jeher in Sprichwörtern, und niemand denkt, diese seien wörtlich gemeint:

– Der Krug geht so lange zum Brunnen, bis er bricht.
– Soll ein Bär tanzen, muss er jung in die Schule gehen.
– Man kann nicht auf einem Esel und einem Pferd zugleich sitzen.
– Der Fisch sieht den Köder, nicht den Haken.
– Ein Floh kann einen Löwen mehr ärgern als ein Löwe einen Floh.
– Der Frosch im Brunnen weiß nichts vom Himmel.
– Katz aus dem Haus, rührt sich die Maus.
– Ist das Pferd tot, kommt der Hafer zu spät.

Auch die meisten Rätsel kommen in Sprachbildern (Metaphern) einher. Man kann sie nur lösen, wenn man den Vergleich versteht. Das älteste deutsche Rätsel stammt aus dem 9. Jahrhundert:

> Flog vogel federlos
> saß auf dem baum blattlos
> kam frau fußlos
> fing ihn handlos
> briet ihn feuerlos
> fraß ihn mundlos

Kirchenlieder nennen Jesus die »Sonne der Gerechtigkeit«; sie preisen Maria als »Meeresstern« und sagen, dass sie »überm Paradiese als Morgenröte steht«. Es ist die Sprache der Dichter.

Legenden erzählen, dass das Mehl im Topf nicht ausgeht, wenn es mit einem hungernden Menschen geteilt wird (→ S. 110). Im Märchen fallen die Sterne vom Himmel, nachdem das Mädchen einem frierenden Kind sein letztes Hemd geschenkt hat. Wer keinen flachen Verstand hat, erfasst die Wahrheit dieser Geschichten.

In der Sage kämpft Jakob mit »Gott«, und auch der heutige Mensch versteht, dass er selbst Jakob sein kann. Und wenn Jesus über das Wasser – den verschlingenden Abgrund – geht und Petrus auffordert, dasselbe zu tun, ist klar, dass hier von einer Nachfolge gesprochen wird, die Gefahren überwindet, solange das Ziel im Blick bleibt (→ S. 248).

In vergangenen Zeiten ist die Bibel oft durch einen Fleischwolf gedreht worden. Man mengte unterschiedliche sprachliche Formen ineinander und nannte das Ergebnis »biblische Geschichte« – ein großes Missverständnis. So haben die Menschen am wenigsten im Altertum gedacht. Ein Beispiel dafür sind die ersten zwei Kapitel der Bibel mit ihren abweichenden Schöpfungserzählungen (→ S. 21–34). Würde man beide wörtlich verstehen, könnte nur eine von ihnen »wahr« sein. Aber die Redaktoren der Bibel mochten auf keinen Text verzichten. Bestehende Widersprüche haben sie nicht gestört; ihr Sprachverständnis nahm weder den ersten noch den zweiten Text wörtlich. Die Bibel fordert also dazu auf, die Wahrheit nicht von ihrer sprachlichen Form zu trennen. Ob Sage, Legende, Märchen, Gleichnis, Bericht, Sprichwort, Lied oder Psalm – jede dieser Formen hat ihre eigene Wahrheit.

Diese Bilder von Pieter Breughel nehmen eine Redensart »wortwörtlich«. Sie zeigen auf witzige Weise, dass wörtliches Verstehen Unsinn ist. (1) Mit dem Kopf durch die Wand wollen; sich ins eigene Fleisch schneiden. (2) Verschüttete Milch lässt sich nicht wieder einsammeln. (3) Sein Geld ins Wasser werfen.

Die Jüdische Bibel

Das Erste oder Alte Testament

Urgeschichten

Das Gedicht von der Schöpfung

Im Anfang schuf Gott Himmel und Erde;
die Erde aber war wüst und wirr,
Finsternis lag über dem Urmeer,
und Gottes Geist schwebte über den Wassern.
Da sprach Gott: Es werde Licht! Und es ward Licht.
Und Gott sah, dass das Licht gut war.
Und Gott trennte das Licht von der Finsternis.
Und Gott nannte das Licht Tag, und die Finsternis nannte er Nacht.
Und es wurde Abend, und es wurde Morgen: ein erster Tag.
Und Gott sprach: Ein Gewölbe werde
und scheide Wasser von Wasser.
Und Gott machte das Gewölbe
und schied die Wasser unterhalb des Gewölbes
von den Wassern oberhalb des Gewölbes.
Und so geschah es.
Und Gott nannte das Gewölbe Himmel.
Und es wurde Abend, und es wurde Morgen: ein zweiter Tag.
Dann sprach Gott: Die Wasser sollen sich sammeln
unterhalb des Himmels an einem Ort,
damit das Trockene sichtbar werde.
Und so geschah es.
Und Gott nannte das Trockene Land,
die angesammelten Wasser nannte er Meer.
Und Gott sah, dass es gut war.
Dann sprach Gott: Das Land lasse Gras sprießen,
Pflanzen, die Samen tragen, und Bäume, die Früchte tragen.
Und so geschah es.
Das Land brachte alle Arten von Pflanzen, die Samen tragen,
und Bäume, die Früchte bringen.
Und Gott sah, dass es gut war.
Und es wurde Abend, und es wurde Morgen: ein dritter Tag.
Dann sprach Gott: Es sollen Lichter werden,
um Tag und Nacht zu scheiden.
Sie sollen dienen zur Bestimmung von Festzeiten und Tagen und
Jahren.

Als ich zehn Jahre alt war, blickte ich auf das Land und auf die Flüsse, auf den Himmel über mir und die Tiere rund um mich her, und ich erkannte, dass eine große Kraft sie erschaffen haben musste. Ich war so begierig, diese Kraft zu begreifen, dass ich Bäume und Büsche befragte. Mir schien, dass die Blumen mich anblickten, und ich wollte sie gern fragen: »Wer hat euch erschaffen?« Ich blickte auf die moosbedeckten Steine, aber sie konnten mir keine Antwort geben. Dann hatte ich einen Traum, und im Traum sah ich einen dieser kleinen runden Steine. Er sagte mir, dass Wakan Tanka der Schöpfer aller Dinge sei. Um ihn zu ehren, müsse ich seine Werke in der Natur ehren.

Tatanka-ohitika, ein Sioux-Medizinmann, im Jahr 1911

Ein Ameisenlöwe

Am Wiesenrain, im Gras, sah ich, gerade vor mir, das kleine runde Loch in der Erde, sah, wie, eben noch halb versteckt, ein Ameisenlöwe hervorschoss, eine Ameise schnappte und sie über den feinsandigen Vorhof in seine Höhle schleppte.
»Haben Sie gesehen?«, fragte ich den Kollegen, der neben mir saß. »Was gesehen?« »Das da«, ich zeigte hin, »den Ameisenlöwen! Ich kann mir nicht helfen, wenn ich so etwas sehe, fällt mir Gott ein.«
»Gott? Was hat dieses Raubgeziefer mit Gott zu tun?« »Das weiß ich nicht, aber etwas in mir lässt mich wissen, dass Gott etwas mit ihm zu tun hat.«
»Ach, Ihre komischen Gott-Einfälle! Schon wieder. Kürzlich sind Sie vor einem Gänseblümchen stehen geblieben.«
»Denken Sie, ich stehe immer noch dort.«

Fridolin Stier

Seite 20: Albrecht Dürer, Blaurackenflügel, 1512.

Ich glaube

Ich glaube: Ein Grashalm ist nicht geringer als die Bahn der Gestirne,
Und die Ameise ist vollkommen in ihrer Art
wie auch das Zaunkönig-Ei und das Sandkorn;
Und der Laubfrosch: ein Meisterstück, das sich sehen lassen kann vor dem Höchsten;
Und Brombeerranken – auch im Himmel droben wären sie eine Zierde;
Hier das Gelenk meiner Hand: Was sind dagegen alle Maschinen!
Und eine Maus ist Wunder genug, Sextillionen von Ungläubigen zu erschüttern.

Walt Whitman

Und so geschah es.
Gott machte die beiden großen Lichter,
das größere Licht, das den Tag erhellt,
und das kleinere für die Nacht.
Die Sterne setzte Gott an die Wölbung des Himmels,
damit sie über die Erde hin leuchten,
und über Tag und Nacht herrschen
und Licht von Finsternis scheiden.
Und Gott sah, dass es gut war.
Und es wurde Abend, und es wurde Morgen: ein vierter Tag.
Dann sprach Gott: Die Wasser sollen wimmeln von lebendigen Wesen,
die Vögel sollen fliegen über dem Land am Gewölbe des Himmels.
Und Gott schuf die großen Seetiere und alle Lebewesen, von denen die Wasser wimmeln,
und alle Arten von gefiederten Vögeln.
Und Gott sah, dass es gut war.
Gott segnete sie und sprach: Seid fruchtbar und vermehrt euch,
erfüllet das Wasser in den Meeren, und werdet zahlreich auf dem Land.
Und es wurde Abend, und es wurde Morgen: ein fünfter Tag.
Dann sprach Gott: Das Land bringe lebende Wesen hervor:
Vieh und Kriechtiere und Tiere des Landes.
Und so geschah es.
Gott machte die Tiere des Landes nach ihrer Art
und alle kriechenden Tiere auf dem Erdboden.
Und Gott sah, dass es gut war.
Dann sprach Gott: Lasst uns Menschen machen
nach unserem Bild, als Gleichnis Gottes.
Sie sollen herrschen über die Fische des Meeres,
über die Vögel des Himmels, über das Vieh,
über die ganze Erde und über alle Kriechtiere am Boden.
Und Gott schuf den Menschen nach seinem Bild;
nach dem Bild Gottes schuf er ihn;
als Mann und Frau schuf er sie.
Gott segnete sie, und Gott sprach zu ihnen:
Seid fruchtbar und vermehrt euch,

Staune

dass du da bist
erlebe die welt
als wunder
jedes blatt hat sein
geheimnis
jeder grashalm bleibt
ein rätsel

verlerne das staunen nicht
wenn man dir eintrichtert
wie normal und
einfach alles ist

Günter Ullmann

Veilchen gibt es nicht

Es war einmal ein Elefant
Der wollte nicht an Veilchen glauben
Doch eines, das am Wege stand
Dacht ihm den Zweifel schnell zu rauben
Und bot ihm seinen Düftegruß.
Er tappte blindlings gradezu
Da war's im Nu
Erstorben unter seinem Fuß.
Er stand darauf mit Vollgewicht
Und sagte: »Veilchen gibt es nicht!«

Ludwig Fulda

Ferdinand Hodler, Anbetung, stehend, 1893.

Seite 22: Albrecht Dürer, Das große Rasenstück, 1503.

bevölkert die Erde und macht sie euch untertan,
und herrscht über die Fische des Meeres,
über die Vögel des Himmels
und über alle Tiere auf dem Lande.
Dann sprach Gott: Seht, ich habe euch alle Pflanzen gegeben,
und alle Bäume mit Früchten zu eurer Nahrung.
Allen Tieren des Feldes, allen Vögeln des Himmels
und allem, was sich auf der Erde regt,
was Lebensatem in sich hat, gebe ich Grünkraut zur
Nahrung.
Und so geschah es.
Und Gott sah alles an, was er gemacht hatte,
und siehe, es war sehr gut.
Und es wurde Abend, und es wurde Morgen: der sechste Tag.
So wurden Himmel und Erde vollendet und all ihr Heer.
Und Gott vollendete am siebten Tag sein Werk,
und er ruhte am siebten Tag von all seinem Werk,
das er geschaffen hatte.
Und Gott segnete den siebten Tag und heiligte ihn.
Dies ist die Geschichte von Himmel und Erde, wie Gott sie
geschaffen hat. *Genesis 1,1–2,4a*

Marc Chagall, Brennende Lichter, 1946.

In diesem Gedicht – man kann es auch einen Lobpreis nennen – wird die unendlich lange Entwicklung des Universums, des Lebens und des Menschen auf eine Woche verteilt. Sechs Tage für die Schöpfung, der siebte Tag gilt der Ruhe. Das wissenschaftliche Modell auf Seite 26 stellt die Entwicklung im Ablauf von nur zwölf Stunden dar.

Als der Text geschrieben wurde, lag der Tempel zu Jerusalem in Trümmern. Wer lesen und schreiben konnte, war nach Babylonien ins Exil geführt worden. Dort trauerten die Verbannten um die verlorene Heimat.

Nun wird ihnen gesagt: Wenn ihr auch keinen Tempel mehr habt, in dem ihr Gott verehren könnt, es gibt ein anderes Heiligtum, das ihr jederzeit aufsuchen könnt und in dem ihr mit Gott verbunden seid: Es ist der Sabbat, der siebte Tag. Dieser Tag soll euch heilig sein. Er soll Gott gehören – und damit auch euch. Am Sabbat sollt ihr ausatmen, zu euch selbst kommen und mit Gott das Leben feiern.

Bis heute halten die Juden den Sabbat heilig. Die Christen haben statt des siebten Tags den ersten Tag der Woche gewählt, den Sonntag.

Der verlorene Sonntag

Sonntagmorgen. Alles ist geschlossen. Die Geschäfte. Die Restaurants. Wie ausgestorben. Patrick dachte an den Satz, den er früher einmal gelernt hatte: »Sechs Tage sollst du arbeiten und all dein Werk tun. Aber der siebte Tag ist ein Ruhetag, dem Herrn, deinem Gott geweiht …« Wo ist dieser besondere Tag?
Patrick hatte zu vielen Menschen gesagt: »Ich bin auf einer Reise. Ich suche den Sonntag.« Aber die Menschen lachten nur: »Den brauchst du nicht zu suchen, der kommt von selbst.«
»Ich weiß«, sagte Patrick dann, »er steht im Kalender. Aber er soll nicht nur im Kalender sein. Er muss hier sein. Zu sehen. Zu spüren.«
Am nächsten Tag ging Patrick zur Polizei.
»Guten Tag. Kann ich hier melden, wenn etwas verschwunden ist?«
Der Polizeibeamte nahm ein grünes Blatt aus der Schublade, drehte es in die Schreibmaschine.
»Was ist verschwunden oder gestohlen worden?«
»Der Sonntag.«
»Nicht ›wann‹, sondern ›waaas‹?«
»Der Sonntag.«
»Ich frage Sie, was ist gestohlen worden oder verschwunden?«
»Genau wie ich sage: Der Sonntag ist verschwunden. Nirgends habe ich den Sonntag gefunden. Haben Sie ihn erlebt?«
»Nein, gestern hatte ich Dienst.«
»Ich will melden, dass der Sonntag nicht mehr da ist.«
»Machen Sie keine Witze. Gestern war Sonntag.«
»Nicht für mich. Und nicht für Sie.«
»Im Kalender stand trotzdem ›Sonntag‹.«
»Ich bleibe bei meiner Meldung«, beharrte Patrick.
Der Polizist nahm den Telefonhörer. »Könnten Sie mal kommen?« Und ganz leise: »Ein schwieriger Fall. Ich wäre froh.«
Bald darauf erschien der Chef. »Worum geht's?« Patrick erklärte seine Sache. Der Polizei-Oberbeamte machte ein ernstes Gesicht. Nach einer Weile lächelte er und sagte: »Wir nehmen es zu Protokoll. Einmal etwas anderes als immer die gestohlenen Fahrräder, Autos und Geldbeutel.« Nach zehn Minuten war die Sache erledigt. Patrick musste das Ganze durchlesen und unterschreiben. Welche Überraschung, als er am Abend vor den Nachrichten am Radio hörte: »Eine Vermisstenmeldung der Polizei. Vermisst wird ›Der Sonntag‹; seit längerer Zeit im Lärm und in der Langeweile der Menschen untergegangen. Mitteilungen über den Verbleib des vermissten ›Sonntag‹ sind erbeten an den nächsten Polizeiposten.«
Gab das einen Sturm! Das Telefon bei der Polizei lief heiß.
Ob sie von allen guten Geistern verlassen seien, so dummes Zeug herauszulassen, sagte einer. »Ich bin gestern mit Freunden über sieben Alpenpässe gefahren. Das war ein Sonntag wie schon lange nicht mehr.« Ein Pfarrer meinte, die Polizei übertreibe. Bei ihm und den 300 Gottesdienstbesuchern hätte der Sonntag stattgefunden. Ein Junge rief an: »Für mich ist der Sonntagmorgen langweilig. Die Eltern schlafen lange. Ich kann höchstens leise Radio hören.« Kaum war der Telefonhörer aufgelegt, klingelte es von Neuem. Ein Schüler erzählte, für ihn sei das ein schöner Tag. In seiner Familie dürfe jeder einen Vorschlag machen, was man gemeinsam unternehme. Ein Kind berichtete, zu Hause gäbe es manchmal Streit. Ein Mann war der Ansicht, am Sonntag fühle er sich frei. Da müsse er gar nichts müssen. Er lese oder schlafe oder spaziere. Er lebe einfach.
Patrick freute sich über die Bemühungen der Polizei. Aber kann der Sonntag gesucht und gefunden werden wie ein gestohlenes Auto?
Am Dienstag wollte ein Zeitungsmann mit Patrick sprechen. »Warum haben Sie diese Verlust-Anzeige aufgegeben?«, fragte er. »Weil der Sonntag so wertvoll ist, und wenn etwas sehr wertvoll ist und verschwindet, muss man es suchen, bis man es wiederhat.«
»Der kommt sicher wieder«, meinte der Reporter. »In fünf Tagen.«
»Ich bin nicht sicher. Es steht nur auf dem Papier. Das ist nicht das Leben. Im Leben möchte ich den Sonntag finden.«

Wie die Physik die Entstehung des Universums sieht

Die heutige Wissenschaft nimmt an, dass die Welt vor 13,8 Milliarden Jahren entstanden ist. Dieser Vorgang wird als »Urknall« bezeichnet. Vor dem Urknall gab es keinen Raum und keine Zeit.

Wenn aber vor dem Urknall nichts war, weder Raum noch Zeit, also auch keine Materie, so liegt der Anfang der Welt im Dunkel seiner Anfanglosigkeit. Die Physiker sagen: »Von nichts kommt nichts.« Sie sagen aber auch: »Vor dem Urknall war nichts.« Also steht am Anfang der Welt etwas Unfassbares. Es ist dem wissenschaftlichen Denken nicht erreichbar.

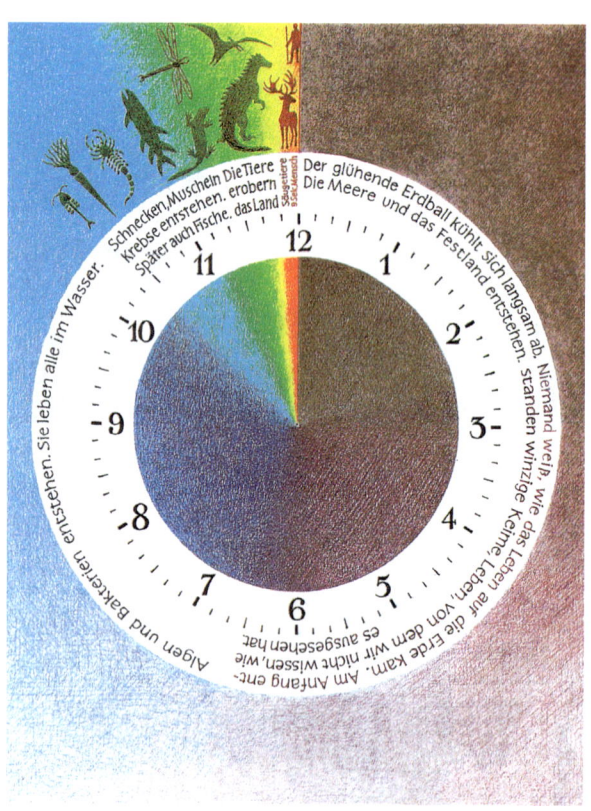

Josef Schelbert, Weltzeituhr, 1984.
Die Bibel stellt die Entwicklung der Welt in einer Woche dar. Diese »Weltzeituhr« wählt dazu zwölf Stunden.

Auf der Uhr kann man ablesen, wie sich die Erde entwickelt hat. Seit wie vielen »Stunden« gibt es Algen und Bakterien? Wie lange schon Schnecken und Muscheln? Und seit wann sind die Menschen da?

Die Bibel weiß von diesen Entwicklungen nichts. Sie lässt die Ergebnisse menschlicher Forschung gelten. Sie lehrt einen anderen Blick: mit »inneren Augen« die Wirklichkeit zu sehen. Diese Augen schauen »hinter« die Dinge.

Die Welt ging im Urknall aus einem explodierenden »Punkt« hervor, der kleiner war, als ihn ein spitzer Bleistift auf ein Blatt Papier setzen kann. Doch so unfassbar dieser »Punkt« auch war, so ungeheuer ist dessen weitere Entwicklung. Heute werden im All Milliarden Galaxien mit jeweils weiteren Milliarden Sternen gezählt. Wie hat sich diese Masse entwickelt?

Um zu wissen, was im Urknall geschah, haben zwanzig Staaten gemeinsam bei Genf tief in der Erde eine Maschine von 27 Kilometern Länge gebaut. Diese »Weltmaschine« bringt unvorstellbar winzige Teilchen, die das Atom aufbauen, fast auf Lichtgeschwindigkeit, um sie dann aufeinanderzuschießen. Die dadurch frei werdenden Kräfte sollen zeigen, welche Bedingungen eine milliardstel Sekunde nach dem Urknall geherrscht haben.

Die »Weltmaschine« zeigt, wie tief die Forschung heute in das Innere des Atoms eingedrungen ist. Aber je kleiner die Teilchen sind, nach denen gesucht wird, desto größer muss die Energie sein, um die verborgenen Gesetze im Atom zu entdecken.

Nach dem Urknall herrschte im Universum Dunkelheit. Licht brachten erst die Sterne. Sterne sind Sonnen. Man schätzt, dass die ersten Sterne 150 bis 200 Millionen Jahre nach dem Urknall entstanden.

Der Sternenhimmel besteht aus lauter vergangenen Ereignissen. Jeder Blick in den Sternenhimmel ist ein Blick in die Vergangenheit. Was im Weltraum geschieht, braucht Zeit, um sein Licht-Bild zu senden. Trotz einer Lichtgeschwindigkeit von 300 000 km pro Sekunde dauert es viele Millionen Lichtjahre, bis entfernte Sterne bei uns sichtbar werden.

Was geschah beim Urknall? Woraus besteht das Universum? Woher kommt die Masse? Wissenschaftler aus der ganzen Welt gehen diesen Fragen nach mit Hilfe der »Weltmaschine«. Diese Maschine gehört zum europäischen Kernforschungszentrum CERN in Genf. Der 27 km lange Teilchenbeschleuniger liegt in etwa 100 Meter Tiefe. Darin rasen zwei gegenläufige Teilchenstrahlen mit 99,9999991 Prozent der Lichtgeschwindigkeit 11 245 mal pro Sekunde durch den Beschleunigerring. An vier Stellen prallen die Teilchen aufeinander. So werden Zustände erzeugt, wie sie unmittelbar nach dem Urknall bestanden. Dabei entstehen enorm viele neue Teilchen. Sie fliegen auseinander und werden mit sogenannten Detektoren vermessen. Aus den Spuren, welche die Teilchen hinterlassen, schließen die Wissenschaftler, was bei diesen Zusammenstößen geschieht.

Das Foto zeigt einen Detektor. Er ist mit 46 Metern Länge und 25 Metern Durchmesser der größte Teilchendetektor, der jemals gebaut wurde, etwa so groß wie ein fünfstöckiges Haus. Hier forschen 2200 Wissenschaftler, Techniker und Ingenieure aus 37 Ländern.

Marc Chagall, Die Erschaffung des Menschen, 1930.

Das Bild erzählt anders als der Bibeltext. Aus dem göttlichen Licht wird der Mensch schlafend zur Erde gebracht. Der nicht darstellbare Gott wird durch das Licht am oberen Bildrand angedeutet. Dieses Licht taucht die zwei Figuren voll in seinen Glanz. Der Raum ringsum bleibt im Dunkel. Der Engel, der den ohnmächtigen Menschen trägt, schaut zurück, in die Richtung, aus der er kommt. Der Schlaf des Menschen deutet an, dass ihm seine eigene Herkunft ein Geheimnis ist. So muss er denn fragen: »Wo komme ich her?« und »Wo gehe ich hin?« aber auch: »Wer bin ich nun? Wer will ich sein?«

Die Erzählung von der Erschaffung des Menschen

Die Bibel beginnt mit einem Gedicht. In diesem Gedicht erschafft Gott die Welt allein durch sein Wort. Immer wieder heißt es: »Und Gott sprach …«

Nun folgt eine Erzählung von den Anfängen, die ganz anders vorgeht. Hier *arbeitet* Gott mit den Händen: Er *formt* den Menschen aus Erde; er *pflanzt* einen Garten und *setzt* den Menschen in den Garten. Er *nimmt* vom Menschen eine Rippe und *baut* daraus eine Frau; die *bringt* er dann zu dem Menschen …

Diese Erzählung ist älter als das Schöpfungsgedicht. Die Menschen stellen sich Gott menschlich vor. Aber weder »spricht« Gott, noch »pflanzt« und »baut« er. Solche Sprache ist nicht wörtlich zu verstehen! Die Menschen reden so, weil es anders nicht geht.

Den wichtigsten Unterschied zeigen die Gottesnamen. Die Erzählung vom Paradies nennt Gott *Jahwe*; das Schöpfungsgedicht sagt *Elohim*. Jahwe heißt der Gott Israels; seit wann es diesen Namen gibt, erzählt die Geschichte Seite 64. Elohim aber ist kein Name. Von den Elohim wurde in Syrien und Mesopotamien gesprochen, wenn allgemein von »Gott«, »Göttern« oder »Gottheiten« die Rede war.

Als Gott, Jahwe, Erde und Himmel machte, gab es noch kein Gesträuch, und kein Kraut des Feldes war gewachsen; auch gab es keine Menschen, den Erdboden zu bebauen. Da formte Gott, Jahwe, den Menschen aus Staub vom Erdboden und hauchte in seine Nase Atem des Lebens. So wurde der Mensch ein lebendiges Wesen.

Und Gott, Jahwe, pflanzte einen Garten in Eden, den vier Flüsse teilten, und setzte den Menschen, den er gebildet hatte, dorthin. Und Gott, Jahwe, ließ allerlei Bäume wachsen, verlockend anzusehen und gut zur Nahrung, und in der Mitte des Gartens den Baum des Lebens.

Und Gott, Jahwe, nahm den Menschen und setzte ihn in den Garten von Eden, damit er ihn bebaue und bewahre. Und Gott, Jahwe, gebot dem Menschen und sprach: Von allen Bäumen des Gartens darfst du essen, doch vom Baum in der Mitte darfst du nicht essen; an dem Tage, da du davon isst, musst du sterben.

 Dann sprach Gott, Jahwe: Es ist nicht gut, dass der Mensch allein bleibt. Ich will ihm ein Gegenüber machen, das ihm gefällt. Und Gott, Jahwe, bildete aus dem Ackerboden alle Tiere des Feldes und alle Vögel des Himmels, und er brachte sie zum Menschen, um zu sehen, wie er sie benennen würde. Und der Mensch gab allem Vieh Namen, den Vögeln des Himmels und allen Tieren des Feldes. Aber eine Hilfe, die dem Menschen entsprach, fand er nicht.

 Da ließ Gott, Jahwe, einen tiefen Schlaf auf den Menschen fallen, so dass er einschlief, nahm eine von seinen Rippen und verschloss ihre Stelle mit Fleisch. Und Gott, Jahwe, baute aus der Rippe, die er vom Menschen genommen hatte, eine Frau und brachte sie zum Menschen. Da jubelte der Mensch: Das endlich ist Gebein von meinem Gebein und Fleisch von meinem Fleisch. Darum verlässt der Mann Vater und Mutter und hängt seiner Frau an, und sie werden ein Fleisch.

 Und sie waren beide nackt, der Mann und seine Frau, aber sie schämten sich nicht voreinander. *Genesis 2,4b–24*

Marc Chagall, Das Paradies, undatiert.

In der linken Bildhälfte sind Mann und Frau noch nicht zusammen. Aber wenn der Mann aufsteht und sich umdreht, wird er die Frau sehen, halb noch von der Wolke verdeckt, hier mit roten Haaren, und er wird jubeln: Du und ich wollen denselben Namen tragen; denn was mir fehlt, das bist – Du.

In der rechten Bildhälfte das nun vereinte Menschenpaar in einer blühenden Welt. Ringsum Tiere, hinter dem Paar der Baum des Lebens. Darüber ein Engel. Mit einem Arm deutet er zurück. Er zeigt Schutz und Zuwendung an. Da kann die Schlange im Rücken der beiden Menschen nicht viel ausrichten.

Elfenbeineinlage, Assur, Neuer Palast, um 1500 v. Chr.

Aus dem Gefäß dieser assyrischen Gottheit quellen die vier Ströme, die den gesamten Erdkreis bewässern und fruchtbar machen.

Der Lebensbaum in der Weltmitte, flankiert von Mann und Frau. Diese Darstellung findet sich mehrfach auf israelitischen Siegeln des 10. und 9. Jahrhunderts. Der Baum wächst aus einem Gefäß, das die Quelle darstellt, aus der das »Wasser des Lebens« in die vier Weltrichtungen fließt.

Die Geschichte führt in einen Garten, den Gott für den Menschen gepflanzt hat. Gemeint ist ein geschützter Raum, in dem der Mensch sicher leben kann. Als diese Erzählung entstand, gab es Gärten, wie sie die Bibel schildert.

Der Garten hat eine Mitte. Sie gilt als Mitte der Welt. Dort steht der Baum des Lebens. Er ist zugleich auch der Weltenbaum, der Himmel und Erde verbindet. Seine Wurzeln greifen in die Tiefe. Sein Stamm führt in die Höhe. Die Baumkrone fängt den Himmel ein. Den alten Völkern galt der Baum als Verbindung von Himmel und Erde.

In der Alten Welt wurde immer von dieser Mitte her gedacht. Wollte man eine Stadt gründen, musste als erstes die Mitte bestimmt werden.

Das Luftbild zeigt eine solche Anlage: Wie mit einem riesigen Zirkel ist der Grundriss des Himmels auf die Erde geschrieben worden. Ein Wall markiert und befestigt diesen heiligen Bereich. Tore gibt es zu den vier Himmelsrichtungen. Das Foto lässt neben den hellen Trampelpfaden noch die geraden Achsen von Ost nach West und von Nord nach Süd erkennen. Im Zentrum ist eine Turmrui-

Die im 3. Jahrhundert n. Chr. gegründete Stadt Gur im Iran, Abbild der Welt.

ne erkennbar. Ein Aquädukt leitete Wasser dorthin. Es verteilte sich aus dieser Mitte in alle vier Himmelsrichtungen, wie es der Bibeltext beschreibt.

Weil die Mitte mit dem Himmel verband, galt sie als heilig. Der Mensch darf nicht darüber verfügen. Über den heiligen Baum in der Mitte sagt die Bibel: »Von allen Bäumen des Gartens darfst du essen, doch vom Baum in der Mitte darfst du nicht essen. An dem Tage, da du davon isst, musst du sterben.« Der Mensch kann über das Göttliche nicht verfügen. Die »Mitte«, die Himmel und Erde gemeinsam haben, ist dem Menschen entzogen. »Nicht sieht mich der Mensch und lebt«, heißt es (→ S. 70).

Die Übersetzung der Bibel ins Griechische nennt den Garten *Paradies*. Aber der Paradiesgarten ist kein Zaubergarten und kein Schlaraffenland. Er muss »bebaut und bewahrt« werden. Obwohl er ein »Gottesgarten« ist, gehört er zur Welt der Menschen. Er ist Symbol dieser einen Welt. Hier sollen alle miteinander in Frieden leben.

Zu Beginn spricht die Erzählung nur von »dem Menschen«. Der Mensch wird erst »Mann« genannt, nachdem die Frau aus seiner »Rippe« oder »Seite« geschaffen wurde. Dabei verhüllt der »Schlaf«, der den Menschen befällt, das Geheimnis der Geschlechter. Ein solches Nacheinander von Mann und Frau ist dem Schöpfungsgedicht fremd. Es sagt: »Als Mann und Frau schuf er sie.« Die Frau ist nicht »zweite Wahl«.

Die frühen Jahrtausende der Menschheit waren härter als alle späteren Zeiten. Immer ging es ums Überleben. »Paradiesisch« war dieser Kampf nie. Dennoch konnte es immer auch ein Paradies in der Beziehung der Menschen zueinander geben.

Der Orang-Utan ist – nach dem Schimpansen und dem Gorilla – unser drittnächster Verwandter.

Immer finden junge Tierkinder Geborgenheit bei ihren Müttern. Auch dieses kleine Affenkind fühlt sich wohl bei der Mutter.

Die Intelligenz, die aus den Augen des Orang-Utans zu leuchten scheint, ist keine Einbildung. Menschenaffen stellen in der Wildnis Werkzeuge her und wenden sie an. Sie leben in komplizierten Sozialverhältnissen und haben sogar ein gewisses Maß an Bewusstsein.

Wie die Biologie die Entstehung des Lebens beschreibt

Leben begann auf der Erde vor 4 bis 3,5 Milliarden Jahren, nachdem die Erde dafür genügend abgekühlt war. Alle heutigen Lebensformen, von den Bakterien über die Pflanzen bis zu Tieren und Menschen bauen auf den gleichen chemischen Baustoffen auf. Es entwickelten sich aus einfachen Lebensformen im Laufe von Jahrmilliarden immer komplexere Lebewesen.

Das tierische Leben begann vor rund drei Milliarden Jahren. Alle heutigen Tierarten gehen auf einen einzigen Ursprung zurück.

Die Entwicklung der Tierwelt ist durch große Veränderungen in der Natur beeinflusst worden, zum Beispiel durch den Wechsel des Klimas und durch Naturkatastrophen. Als vor 65 Millionen Jahren ein Meteorit auf der Erde einschlug, verfinsterten unvorstellbare Mengen Staub die Sonne und verhinderten das Pflanzenwachstum, dann rasten gigantische Flutwellen um den Erdball. Für Großtiere fiel die Lebensgrundlage weg. Andere Tierarten verkümmerten in der anschließenden Dunkelheit. Die Dinosaurier haben diese Katastrophe nicht überlebt.

Diese Veränderungen brachten den Säugetieren, die damals klein wie Spitzmäuse waren, neue Lebensmöglichkeiten. Als sich später die Blütenpflanzen durchsetzten, gewannen die immer noch kleinen Säugetiere ein reiches Nahrungsangebot. Es entfalteten sich größere Lebensformen. Auch gab es Nischen für immer neue Tierarten – im Wasser, auf dem Land und in der Luft.

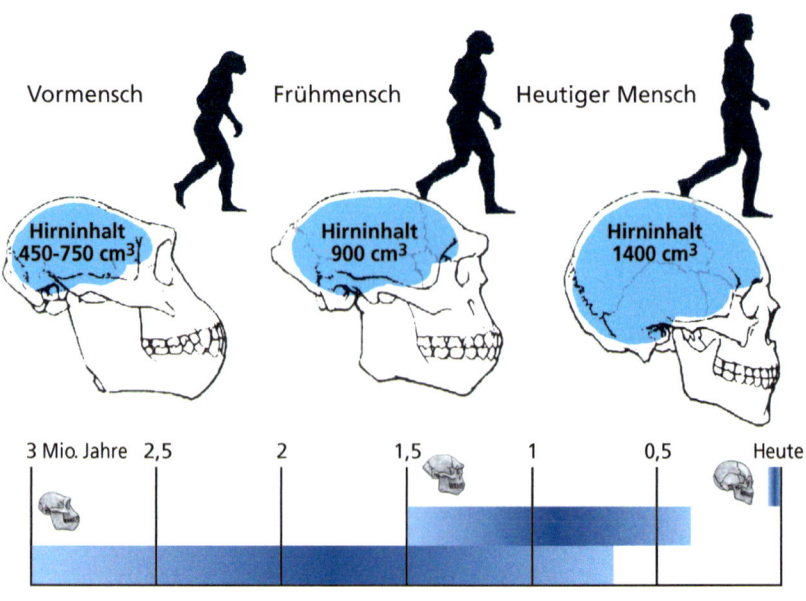

Zuletzt entwickelten sich die Primaten. Unterschiedliche Affenarten bildeten sich vor etwa fünf Millionen Jahren. Eine ihrer Linien lernte den aufrechten Gang. Aus diesem Zweig entwickelte sich vor rund zwei Millionen Jahren der *homo erectus*, der Mensch, der »aufgerichtet« *(erectus)* gehen kann.

Vom *homo erectus* zweigten weitere Entwicklungslinien ab. Eine davon waren die Neandertaler, die heute ausgestorben sind. Die andere Entwicklung führte zum *homo sapiens*, dem »modernen« Menschen. Dessen Werdegang hat vor etwa 250 000 Jahren den heutigen Stand erreicht. Seine Heimat war Ostafrika. Aber vor 70 000 bis 60 000 Jahren zog der *homo sapiens* von dort aus und besiedelte im Lauf der weiteren Jahrtausende die ganze Welt.

Das Wissen über diese Herkunft und Entwicklung des Menschen ist der Bibel unbekannt. Die damit verbundene Forschung entstand erst in neuerer Zeit. Trotzdem wissen wir nicht viel über unsere ältesten Vorfahren. Ihre Überreste wurden in Afrika, Asien und Europa gefunden. Wir sehen ihre Knochen – aber wie sie aus den Augen schauten, wissen wir nicht.

Die Bibel erzählt nicht die äußere Geschichte des Menschen. Sie verfolgt die Frage des Menschen nach sich selbst. Zu keiner Zeit war das Leben der Menschen ohne Mühe und Not. Gerade die Anfänge der Menschheit bestimmte der tägliche Kampf ums Leben. Paradiesische Zustände waren das nicht. Das »Paradies« gab und gibt es trotzdem, wenn die Menschen einander verstehen, achten und lieben. Dann leben sie in einem »Gottesgarten«. Sie können ihn zerstören, können ihn aber auch wiedergewinnen.

Bevor die Menschen spezielle Werkzeuge herstellen konnten, mussten sie lernen, mit einem Stein in der Hand zu arbeiten. Sie beränderten den Stein, schliffen ihn scharf, banden ihn an einen Ast. Sie entdeckten das Feuer. Sie lernten zu jagen und – viel später – Früchte anzubauen. Von Jahrtausend zu Jahrtausend lernten sie immer mehr und lernen auch heute noch jeden Tag hinzu.

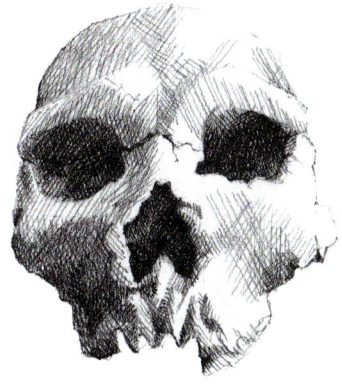

Die Bibel erzählt nichts von dieser Entwicklung des Menschen. Wir wissen davon durch Bodenfunde. Die Bibel erzählt, wie der Mensch sich selbst versteht. Sie blickt auf den Grund des Lebens. Diese Tiefe erreichen keine Ausgrabungen, sondern nur »die inneren Augen«. Sie sehen den Menschen im Blick auf Gott.

Der Verlust des Paradieses

Die Schlange war listiger als alle Tiere des Feldes, die Gott, Jahwe, gemacht hatte. Sie sprach zu der Frau: Hat Gott wirklich gesagt: Von keinem Baum des Gartens dürft ihr essen? Da antwortete die Frau der Schlange: Von den Früchten der Bäume im Garten dürfen wir essen; nur von den Früchten des Baumes, der in der Mitte des Gartens steht, hat Gott gesagt: Davon dürft ihr nicht essen, und daran dürft ihr nicht rühren, damit ihr nicht sterbt. Da sagte die Schlange zur Frau: Keineswegs werdet ihr sterben! Gott weiß, dass an dem Tag, da ihr davon esst, euch die Augen aufgehen und ihr wie Gott seid und Gutes und Böses erkennt.

Da sah die Frau, dass es köstlich wäre, von dem Baum zu essen, und eine Lust für die Augen; außerdem verlockte es sie, weise zu werden. Sie nahm von seinen Früchten und aß; sie gab auch ihrem Mann neben ihr, und auch er aß. Da gingen beiden die Augen auf, und sie erkannten, dass sie nackt waren. Sie hefteten Feigenblätter zusammen und machten sich Schurze.

Als sie beim Windhauch des Tages Gott, Jahwe, im Garten gehen hörten, versteckten sich der Mann und seine Frau vor dem Angesicht Gottes zwischen den Bäumen des Gartens. Jahwe rief Adam: Wo bist du? Der antwortete: Ich habe dich im Garten kommen hören; da scheute ich mich, weil ich nackt bin, und versteckte mich. Gott fragte ihn: Wer hat dir gesagt, dass du nackt bist? Hast du von dem Baum gegessen, von dem zu essen ich dir verboten habe? Adam antwortete: Die Frau, die du mir zur Seite gegeben hast, hat mir von dem Baum gegeben, und so habe ich gegessen.

Da sprach Gott, Jahwe, zu der Frau: Was hast du da getan? Die Frau antwortete: Die Schlange hat mich getäuscht, und so habe ich gegessen.

Und Gott, Jahwe, sprach zur Schlange: Weil du das getan hast, sollst du verflucht sein unter allem Vieh und allen Tieren des Feldes. Auf dem Bauch sollst du kriechen und Staub fressen alle Tage deines Lebens. Zur Frau sagte er: Unter Schmerzen sollst du Kinder gebären. Nach deinem Mann wirst du Verlangen haben; er aber wird über dich herrschen. Und zu Adam sprach er: Weil du von dem Baum gegessen hast, von dem zu essen ich dir verboten hatte, sei der Ackerboden verflucht um deinetwegen. Unter Mühsal sollst du von ihm essen alle Tage deines Lebens. Dornen und Disteln lässt er dir wachsen. Im Schweiße deines Angesichts sollst du dein Brot essen, bis du zurückkehrst zum Ackerboden, von dem du genommen bist. Denn Staub bist du, zum Staub musst du zurück.

Und Adam nannte seine Frau Eva, das heißt Leben, denn sie wurde die Mutter aller Lebenden. Und Gott, Jahwe, machte Adam und seiner Frau Röcke aus Fellen und bekleidete sie. Und Gott, Jahwe, schickte sie aus dem Garten hinaus, damit er den Ackerboden bebaue, von dem er genommen war. In der Fremde war nun der Mensch, und der Weg zum Baum des Lebens war ihm versperrt.

Genesis 3,1–24

Ein Tier beginnt zu sprechen. Das gibt es sonst nur im Märchen. Man wählte die Schlange und legte ihr verführende Worte in den Mund, weil sie als klug galt. Wenn so erzählt wird, ist klar, dass kein Bericht vorliegt. Hier wird im Symbol erzählt.

»Gutes und Böses« erkennen heißt, knapp gesagt, Weisheit erwerben. Wenn das Paar vom »Baum in der Mitte« esse, würde es nicht sterben und wie Gott sein. Es ist ja der heilige Baum, der Himmel und Erde verbindet. Aber er ist dem menschlichen Zugriff nicht verfügbar.

Über Jahrhunderte hat man zu dieser Geschichte immer nur gesagt, die Frau habe den Mann »verführt«. Aber die Erzählung sagt bloß: »und er aß«. Es brauchte gar keiner Verführung; die beiden waren sich einig. Dennoch schämen sie sich jetzt voreinander. Ist von nun an falsch, was bisher richtig war? Die Verletzung der Mitte wirkt sich auf die Menschen aus. Sie sind nun gebrochen.

Es stellen sich Fragen, welche die Menschen seit Jahrtausenden umtreibt: Warum ist die Geburt so schmerzhaft für die Frau? Warum verlangt das Leben so harte Arbeit? Wenn Gott den Menschen geschaffen hat, warum gibt es trotzdem so viel Unrecht, Mühe, Leid und Tod?

Die Erzählung will nicht sagen, was »zu Beginn« der Menschheitsgeschichte geschah. Adam und Eva sind keine »Stammeltern«. Adam ist »der vom Erdboden« wie jeder Mensch, der »Staub ist und zum Staube zurückkehrt«; Adam ist also kein Name. Auch Eva ist kein Eigenname, sondern meint »die Frau, die Leben schafft«. Adam und Eva sind jeder Mann und jede Frau. Die hier erzählte Geschichte geschieht zu allen Zeiten und in allen Menschenleben.

HAP Grieshaber, Bedrohtes Paar, 1949.

Zwei Menschen, Mann und Frau, ein Paar, das dicht beieinandersteht, um am anderen Schutz zu suchen. Daneben ein Drittes: Baum und Schlange in eins. Es wirkt bedrohlich.

Aber was ist es für ein Wesen? Zu Dreivierteln Stamm, dann ein überraschender Knick als »Schulter«. Der gespaltene Kopf mit seinen zwei großen Augen wirkt unheimlich. Der Einschnitt unten könnte den Stamm herüberfallen lassen auf das Paar. Bedroht dieses Wesen die Liebesbeziehung der beiden? Doch kann dieses Unbekannte auch anders gesehen werden: als verletztes Wesen. Ist es selbst hilfsbedürftig? Möchte es sich anlehnen? Findet sich das Paar dadurch gestört?

Und noch einmal anders: Ist das unbekannte Wesen überhaupt etwas von außen Kommendes? Oder sind die beiden Menschen in sich selbst bedroht?

George Grosz, Kain oder Hitler in der Hölle, 1944.

Hier sitzt einer, der viele Millionen Menschen hat ermorden lassen, in der von ihm selbst geschaffenen höllischen Landschaft. Unter ihm, aus dem Schlamm, steigen die toten Menschen wie hasserfüllte Gedanken auf. George Grosz hat Hitlers Gedanken so ausgesprochen: »Ich bringe Pest und Todesgestank, ich komme vom Rand der Erde. Und wo ich ausspucke, wächst Feuer, Tod und Sklaverei.« Wie Hitler dasitzt und seitwärts auf den Zuschauer sieht, ist Gehässigkeit, Furcht und Misstrauen in seinem Blick. Die größere, halbbegrabene Figur hinter ihm stellt den erschlagenen Bruder dar. Im fernen Hintergrund die Spuren Hitlers: zerbombte, brennende Städte, die seinen Judenhass unter ihrem Schutt begraben. Kein realistisches, aber ein wahres Bild.

Kain und Abel

Adam liebte Eva, seine Frau. Sie wurde schwanger und gebar Kain. Sie gebar ein zweites Mal, Abel seinen Bruder. Abel wurde ein Schafhirt und Kain Ackerbauer.

Und es geschah nach einiger Zeit, da brachte Kain Jahwe ein Opfer von den Früchten des Feldes dar; und auch Abel brachte eines dar von den Erstlingen seiner Herde. Jahwe schaute auf Abel und seine Opfergabe, aber auf Kain und seine Opfergabe schaute er nicht. Da wurde Kain zornig, und sein Blick senkte sich.

Und Jahwe sprach zu Kain: Warum bist du zornig, und warum senkt sich dein Blick? Ist es nicht so, wenn du recht tust, kannst du aufblicken; wenn du nicht recht tust, lauert die Sünde an der Tür?

Hierauf sprach Kain zu seinem Bruder Abel: Gehen wir aufs Feld! Als sie auf dem Feld waren, stürzte sich Kain auf seinen Bruder Abel und erschlug ihn. Da sprach Jahwe zu Kain: Wo ist dein Bruder Abel? Er entgegnete: Ich weiß nicht. Bin ich der Hüter meines Bruders?

Und Jahwe sprach: Was hast du getan? Horch! Das Blut deines Bruders schreit zu mir vom Ackerboden. Wenn du von nun an den Ackerboden bebaust, wird er dir seine Kraft nicht mehr geben. Unstet und ruhelos sollst du auf Erden sein. Da sagte Kain zu Jahwe: Zu groß ist meine Schuld, als dass ich sie tragen könnte. Siehe, du hast mich heute vom Ackerland verjagt, und ich muss mich vor deinem Angesicht verbergen; unstet und ruhelos werde ich auf Erden sein, und wer mich findet, wird mich erschlagen.

Jahwe aber sprach zu ihm: Nicht so! Und Jahwe machte dem Kain ein Zeichen, damit ihn keiner erschlage, der ihn finde. So ging Kain von Jahwe weg und ließ sich im Land Nod nieder, weit entfernt vom Paradies.

Genesis 4,1–16

Wolf Vostell, Miss America, 1968.

Die Fotos (vom Februar 1968) zeigen die öffentliche Erschießung eines wehrlosen Vietcong-Gefangenen durch den Polizeichef von Saigon. Über der Szene die Welt des Vergnügens. Mit ihrer blutroten Maske hat diese Welt sich den Blick für die Realitäten der Zeit genommen.

»Der Mensch« ist nicht nur Adam und Eva; der Mensch ist auch Kain und Abel. Wir haben es hier mit Geschichten zu tun, in denen alle Menschen sich erkennen können.

Der Konflikt zwischen den Brüdern entsteht aus der Annahme und Nichtannahme ihrer Opfer. Woher wussten sie, ob Gott ihr Opfer annehme oder auch nicht? Der Erzähler dieser Geschichte war überzeugt, dass sich Segen oder Nicht-Segen im Erfolg der Arbeit zeige.

Auch heute ist es für Menschen schwer hinzunehmen, wenn dem einen alles gelingt, dem anderen nicht. Es gibt Menschen, die alles haben: Gesundheit, Begabung, Schönheit, Reichtum. Andere sind krank, arbeitslos, hungrig, zu dick, zu klein, ohne Besitz und Anerkennung. Dann treten Spannungen auf, die sich in Konflikten und Streit entladen. Kain will seinen Bruder nicht mehr ansehen. Auf dem Felde – wo es keine Zeugen gibt – erschlägt er ihn.

Die Erzählung sieht ein, dass der »von Gott geschaffene Mensch« zu Verbrechen fähig ist. Aber auch als Verbrecher und Mörder bleibt er ein Geschöpf Gottes. Er verliert seine Würde nicht und wird weiterhin von Gott angesprochen.

Gilgamesch-Epos, eine babylonische Erzählung aus dem 19. bis 18. Jh. v. Chr. In diesem Text, älter als die Bibel, wird ebenfalls eine Sintflutgeschichte erzählt. Gilgamesch hört:

»Reiß ab das Haus, erbau ein Schiff,
Lass Reichtum fahren, dem Leben jag nach!
Heb beseelten Samen ins Schiff,
Welches du erbauen sollst …«

Da ich's verstanden, sprach ich:
»Das Geheiß, Herr, das du mir gegeben,
Ich werde danach tun.«

Ich entwarf des Schiffes Außenbau.
Was immer ich hatte, lud ich darein:
an allerlei Lebenssamen:
Steigen ließ ich ins Schiff meine ganze Familie
und die Hausgenossen,
Wild des Feldes, Getier des Feldes …

Ich trat hinein ins Schiff und verschloss mein Tor …
Kaum graute ein Schimmer des Morgens,
Stieg schon auf schwarzes Gewölk …
Alle Helle in Düster verwandelnd.
Das Land, das weite, zerbrach wie ein Topf.

Einen Tag lang wehte der Südsturm …,
die Berge ins Wasser zu tauchen.
Nicht sieht einer den andern,
Nicht erkennbar sind die Menschen im Regen.

Vor dieser Sintflut erschraken die Götter,
Sie wichen hinauf zum Himmel.
Die Götter, sie kauern wie Hunde!
Es jammert die Herrin der Götter:
»Wie konnte in der Schar der Götter ich Schlimmes gebieten,
Den Kampf zur Vernichtung meiner Menschen!
Erst gebäre ich meine lieben Menschen,
Dann erfüllen sie wie Fischbrut das Meer!« (…)

Die Sintflut

Gott sah die Erde an, und siehe, sie war verdorben, erfüllt mit Gewalttat.

Da sprach Gott zu Noach: Die Erde ist voller Gewalttat. Nun will ich die Menschen vertilgen von der Erde. Mache dir eine Arche aus Nadelholz! Statte sie mit Kammern aus, und verpiche sie innen und außen mit Pech! Und so sollst du sie bauen: Dreihundert Ellen lang, fünfzig Ellen breit und dreißig Ellen hoch. Denn siehe, ich lasse eine Wasserflut über die Erde kommen, um alle Lebewesen unter dem Himmel, alles, was Lebensgeist in sich hat, zu vernichten. Alles auf Erden soll umkommen.

Mit dir aber will ich meinen Bund schließen. Geh in die Arche, du, deine Söhne, deine Frau und die Frauen deiner Söhne! Von allem, was lebt, von allem Fleisch, nimm je zwei in die Arche mit, damit sie mit dir am Leben bleiben; je ein Männchen und ein Weibchen sollen es sein. Von allen Vogelarten, von allen Vieharten, von allen am Boden kriechenden Tieren sollen je zwei zu dir kommen, damit sie am Leben bleiben. Auch nimm dir von aller Speise mit, und leg dir einen Vorrat an, dass es ihnen und dir zur Nahrung diene. Und Noach tat alles so, wie es ihm Gott geboten hatte.

Es war im sechshundertsten Lebensjahr Noachs, am siebzehnten Tag des zweiten Monats. An diesem Tag brachen alle Quellen der gewaltigen Urflut auf, und die Fenster des Himmels öffneten sich. An eben diesem Tag gingen Noach, die Söhne Noachs, Sem, Cham und Jafet, Noachs Frau und mit ihnen die drei Frauen seiner Söhne in die Arche, sie und alle Tiere nach ihrer Art und alles Vieh nach seiner Art und alle kriechenden Tiere, die sich auf der Erde regen, und Vögel nach ihrer Art. Und sie kamen zu Noach in die Arche, immer zwei von allem Fleisch, in dem Lebensgeist ist. Von allen, die hineingingen, waren je ein Männchen und Weibchen, wie Gott ihm geboten hatte. Dann schloss Jahwe hinter ihm zu.

Und die Wasser schwollen an und wuchsen gewaltig auf der Erde, die Arche aber fuhr auf dem Wasser dahin. Und die Wasser nahmen immer mehr zu und bedeckten alle hohen Berge, die es unter dem ganzen Himmel gibt. Fünfzehn Ellen über die Berge schwollen die Wasser und deckten sie zu.

Da starb alles Fleisch, das sich auf Erden regte, Vögel, Vieh, Wild und alles Kleingetier, das auf Erden wimmelte, und alle Menschen.

Da dachte Gott an Noach und an alle Tiere und an alles Vieh, das bei ihm in der Arche war. Und Gott ließ einen Wind über die Erde wehen, da sanken die Wasser. Und es schlossen sich die Quellen der Urflut und die Fenster des Himmels schlossen sich. So nahmen die Wasser ab nach hundertfünfzig Tagen. Am siebzehnten Tag des siebten Monats setzte die Arche im Gebirge Ararat auf. Die Wasser nahmen immer mehr ab, bis zum zehnten Monat. Am ersten Tag des zehnten Monats wurden die Gipfel der Berge sichtbar. Und am ersten Tag des ersten Monats hatten sich die Wasser verlaufen.

Da sprach Gott zu Noach: Geh heraus aus der Arche, du, deine Frau, deine Söhne und die Frauen deiner Söhne! Alle Tiere, die bei dir sind, von allem Fleisch, die Vögel, das Vieh und alle kriechenden Tiere, die sich auf der Erde regen, lass mit dir hinaus, dass sie sich tummeln auf Erden. Sie sollen fruchtbar sein und sich auf Erden vermehren.

Da kam Noach heraus, er, seine Söhne, seine Frau und die Frauen seiner Söhne. Auch alle Tiere kamen, nach ihren Arten geordnet, aus der Arche, die Kriechtiere, die Vögel, alles, was sich auf der Erde regt. *Vgl. Genesis 6,5–8,22*

Die biblische Sintflut-Erzählung und die babylonische Sintflut-Geschichte (in der Randspalte) stimmen in vielem überein. Hinter beiden Texten steht eine gemeinsame Erzähltradition im Alten Orient. Dort gibt es noch weitere Sintflut-Geschichten; weltweit zählt man mehr als 250 Flutsagen. Für viele Völker waren Fluterfahrungen Weltkatastrophen. Sie ereignen sich bis heute immer wieder.

Viele Flutsagen deuten erlebte Katastrophen als Beschluss der Götter, die Menschheit zu vernichten. Dass die Erde verdorben und sündhaft ist, war eine verbreitete Ansicht. Ein Gott, der nur »lieb« ist, war der Alten Welt undenkbar. Dennoch bemerkt die Bibel, dass Gott die Sintflut reue. Es solle in Zukunft »nicht mehr aufhören Aussaat und Ernte, solange die Erde besteht«. Obwohl die Technik den Menschen heute mehr Schutz und Sicherheit gibt, bleiben alle gefährdet: durch atomare Katastrophen, durch Klimaveränderungen und eine Bevölkerungszunahme, welche die Erde nicht mehr trägt.

Darum ist die Arche Noachs ein gutes Bild für die Verbundenheit von Mensch, Pflanze und Tier. Es müssen neue Archen gebaut werden, weil viele Pflanzen und Tiere auf der Roten Liste stehen. Deren Untergang gefährdet auch das Leben der Menschen. Ein Leben hängt am anderen. Nur wenn die Welt eine Arche bleibt, die alles Leben schützt, gibt es Zukunft.

Marc Chagall, Noach entsendet die Taube, 1931.

Wie nun der siebte Tag herbeikam,
Ließ ich eine Taube hinaus;
Die Taube machte sich fort – und kam wieder:
Kein Ruheplatz fiel ihr ins Auge, da kehrte sie um. –
Einen Raben ließ ich hinaus;
Auch der Rabe machte sich fort;
da er sah, wie das Wasser sich verlief,
Fraß er, scharrte, hob den Schwanz – und kehrte nicht um.

Da ließ ich hinausgehn und brachte ein Opfer dar …

Der Turmbau zu Babel

Die ganze Erde hatte einmal gleiche Sprache und die gleichen Worte. Als die Menschen von Osten aufgebrochen waren, fanden sie eine Ebene im Lande Schinear und ließen sich dort nieder. Da sprachen sie zueinander: Auf, lasst uns Ziegel pressen und zu Backsteinen brennen! Und es diente ihnen der Ziegel als Stein, und das Bitumen diente ihnen als Mörtel.

Und sie sagten: Auf, bauen wir uns Stadt und Zitadelle mit einer Spitze bis zum Himmel. So machen wir uns einen Namen, damit wir uns nicht über die ganze Erde zerstreuen.

Da stieg Jahwe herab, um sich die Stadt und den Turm anzusehen, welche die Menschen bauten. Und Jahwe sprach: Siehe, ein Volk sind sie, und eine Sprache haben sie. Und dies ist erst der Anfang ihres Tuns. Von jetzt an wird ihnen nichts unmöglich sein, was sie sich auch vornehmen. Auf, steigen wir hinab und verwirren dort ihre Sprache, so dass keiner mehr die Worte des anderen versteht.

Und Jahwe zerstreute sie von dort her über die ganze Erde. Da hörten sie auf, die Stadt zu bauen. Darum nennt man die Stadt Babel (Durcheinander, Wirrsal), denn dort hat Jahwe die Sprache aller Welt verwirrt und sie über die ganze Erde zerstreut.

Genesis 11,1–9

Bisher war immer nur von einzelnen Menschen die Rede, nun wird kein Name mehr genannt. Das zahlreich gewordene Volk will sich eine Stadt mit einem Turm bauen, dessen Spitze den Himmel berührt. In den vorangegangenen Erzählungen befindet sich Gott im gleichen Raum wie die Menschen: er wandelt im Paradiesgarten, er spricht mit Kain auf dem Felde, er schließt sogar noch hinter Noach die Archentür zu. Doch von jetzt an befindet sich Gott »im Himmel«. Er spricht von dort. Dabei wird er sehr direkt ins Geschehen einbezogen. »Da stieg Jahwe herab.« Ist dieser Gott eifersüchtig? Oder will die Geschichte davor warnen, nicht alles zu machen, was man kann? Dann mahnt sie, sich der Grenzen bewusst zu bleiben, die zur Menschlichkeit des Menschen gehören.

Die gewaltigen Bauwerke Mesopotamiens haben die Erzählung vom Turmbau angeregt. Zu dieser Zeit wurden zahlreiche Sprachen gesprochen. Ägypter, Babylonier, Assyrer, Perser, Griechen, Römer … und viele Völker mehr folgten nacheinander. Sie handelten und stritten miteinander. Die Sprachenvielfalt in der gesamten Welt ging weit darüber hinaus. Man schätzt, dass es einmal 6000 (oder mehr) Sprachen gab, von denen heute noch 4000 gesprochen werden. Aber immer mehr Sprachen sterben aus, weil die Völker der modernen Welt sich auf wenige Sprachen einigen … Englisch, Spanisch, Chinesisch … Der Tod einer jeden Sprache ist ein großer Verlust an Erfahrung. Darum könnte man die Geschichte vom Turmbau auch andersherum erzählen, so wie es die Pfingstlegende tut (→ S. 262).

Modell des Marduk-Tempels mit dem »Turm von Babel« aus der Zeit Nebukadnezzars II. (604–562).

Der Stufenturm maß ungefähr 90 m im Geviert und war vielleicht genauso hoch. Der griechische Geschichtsschreiber Herodot beschreibt ihn so:

»Der Tempelbezirk ist viereckig … Mitten in diesem heiligen Bezirk ist ein fester Turm errichtet … und auf diesem Turm steht wiederum ein Turm und dann noch einer, im ganzen acht Türme übereinander. Alle diese Türme kann man ersteigen auf einer außen herumführenden Treppe … In dem höchsten Turm befindet sich erst das eigentliche große Tempelhaus.«

Das Staunen über diesen Stufenturm spiegelt sich noch in der Geschichte vom Turmbau.

Die Göttin Sechmet (Holz, vergoldet; 14. Jh. v. Chr.)

Bei den alten Ägyptern war Sechmet die Göttin der Krankheit und der Heilung. Sie wurde als wild, kriegerisch und furchterregend angesehen, konnte aber auch alle Drohungen wieder zurücknehmen.
Dargestellt wurde diese Göttin als Frau mit einem Löwenkopf. Auf dem Kopf trägt sie die Sonnenscheibe. In ihren Händen hält sie meistens das Lebenszeichen.

Die Doppelbelichtung der Tora

Von den vielen Gottheiten zum einen und einzigen Gott

Bisher ist in der Bibel von Israel keine Rede gewesen. Adam, Eva, Kain und Abel, Noach, dessen Familie, die Menschen von Babel … es sind keine Namen Israels. Es sind auch keine Personen der Geschichte, sondern Gestalten, in denen sich alle Menschen dieser Erde erkennen können.

Erst nach diesen Erzählungen beginnt die Geschichte Israels. Zunächst ist von Abraham und Sara, Isaak und Jakob die Rede. »Israel« ist das noch nicht. Es sind die Sagen einer Sippe, deren Alter unbekannt ist.

Der Name »Israel« begegnet zum ersten Mal im Jahr 1207 v. Chr. auf einem ägyptischen Gedenkstein (→ S. 77). Diese Volksgruppe lebte im Lande Kanaan – zwischen den Großreichen in Ägypten und Mesopotamien. Nähere Kenntnisse sind mit dieser Gruppe nicht verbunden; jedenfalls waren es in Kanaan ansässige Menschen. Sie verehrten, wie alle im Land, viele Gottheiten. Dies geschah nicht nur in einer Frühzeit, sondern auch unter Mose, Samuel, David und allen weiteren Königen – bis zum Ende der Reiche Israel und Juda. Selbst im Tempel zu Jerusalem standen bis zu seiner Zerstörung die Bildnisse kanaanäischer Göttinnen und Götter.

Hauptgott des Landes Kanaan und der Nachbarländer im Norden war El. Man rief ihn als »König«, »Vater« und »Schöpfer« an. Der Stammesgott Israels war Jahwe, doch konnte Jahwe auch El genannt werden, wie die beiden Schöpfungstexte zeigen. Ebenfalls verehrt wurde *Baal*, der Gott des Regens und der Fruchtbarkeit.

In Mesopotamien galten Sonne, Mond und Sterne als göttlich. In Ägypten ist die Zahl der Gottheiten kaum überschaubar. Der Pharao und seine Familie verehrten höhere Götter als die Bauern und Arbeiter auf dem Lande.

Überall waren auch Göttinnen beliebt. Sie trugen verschiedene Namen – *Ischtar*, *Astarte*, *Isis* – und fanden als Liebes-, Mutter- und Fruchtbarkeitsgöttinnen hohe Wertschätzung.

Im Gegensatz zum sitzenden El, der Ruhe und Würde verkörpert, zeigt sich hier der Wettergott Baal in seiner jugendlichen Kraft (Ugarit, 16. Jh. v. Chr.). Statt eines vornehmen langen Kleids trägt er den Schurz der Arbeiter. Seine Lanze wächst in einen sprossenden Baum aus. Seine Blitze bereiten dem Regen den Weg, der Leben und Wachstum bringt.

Auch die weiteren zwei Figuren sind Wettergottheiten. Die Gestalt in der Mitte wird als triumphierender Baal gedeutet (13. Jh.); rechts wiederum Baal, als Fruchtbarkeitsgott mit Korn und Trauben die zentrale Figur der kanaanäischen Welt. Daneben gab es Stein- und Baumheiligtümer, die sich mit anderen Erscheinungen der Natur verknüpften.

So sehr sich aber auch unterschiedliche Gottheiten mit den Vorgängen in der Welt verbanden: Die Vielfalt der Götter wird schließlich in dem »Einen und Einzigen« zusammengefasst.

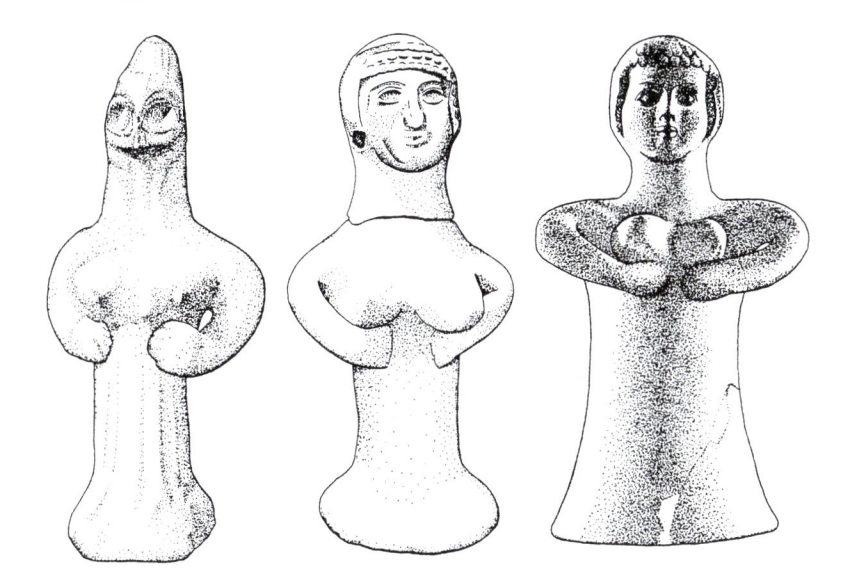

El, der Hauptgott von Ugarit.

Goldbeschlagene Bronze, 14./13. Jh. v. Chr. In späterer Zeit verbindet sich die El-Tradition mit der Jahwetradition. El wird als freundlicher Greis dargestellt. Seine sitzende Haltung betont Ruhe und Würde. Segnend hat er seine rechte Hand erhoben.

In fast jedem judäischen Haus – auch in Jerusalem – wurden Figuren einer weiblichen Gottheit aus dem 8. und 7. Jahrhundert v. Chr. gefunden. Es handelt sich um Aschera, die »Himmelskönigin«.

43

Elfenbeinschnitzerei aus Ugarit, 13. Jh. v. Chr.

Mit nacktem Oberkörper sitzt die Göttin und reicht den Wildziegen zu ihren Seiten Blätter zum Knabbern. Als Mutter der Wildtiere hilft sie bei der Geburt der Zicklein. Sie beklagt ihren Verlust, wenn sie erjagt oder gefangen werden. Die Wildnis ist zwar der Lebensraum der Göttin, doch kann sie auch als fürsorgliche Mutter der Haustiere auftreten.

Israel verehrte an der Seite Jahwes die *Aschera*. Ihrem Standbild im Tempel brachte man Rauchopfer dar und symbolisch wurde Kuchen für sie gebacken. Es waren sogar Frauen angestellt, die der Aschera Kleider fertigten. Unter den Häusern Jerusalems sind rund 3000 Figuren von Göttinnen aus dem dem 7. Jahrhundert v. Chr. ausgegraben worden. Für das Volk war Aschera die »Himmelskönigin«, von der sich die Menschen nicht trennen wollten (→ S. 135 f.; 144).

Aber – so müssen wir fragen – sprechen die Erzählungen von der Schöpfung, vom Paradiesgarten, von Kain und Abel, der Sinflut und dem Turmbau denn nicht ausschließlich von einem einzigen Gott? Heißt er nicht schon zu Beginn der Bibel Jahwe? Und verehrte nicht bereits Abraham Jahwe? Das erste Gebot, das Mose dem Volk brachte, heißt doch: »Du sollst neben mir keine anderen Götter haben«? Wie konnten dann neben Jahwe noch andere Göttinnen und Götter im ganzen Lande verehrt werden? Wenn der Jahwe-Kult sogar keinerlei Bild erlaubte, wieso durften dann im Jahwe-Tempel die Standbilder anderer Götter stehen und die Aschera noch um das Jahr 600 v. Chr. mit Kleidern behängt werden?

Die Lösung dieses Problems lautet: Der Glaube, dass es nur einen Gott gibt, hat sich erst nach vielen Jahrhunderten entwickelt und nur langsam durchgesetzt. Es gab ihn nicht von Anfang an. Als die Propheten begannen, für die Alleinverehrung Jahwes zu kämpfen, waren sie eine Minderheit. Ihre »Jahwe-allein-Bewegung« scheiterte mehrfach. Schließlich ging sogar das Königtum unter. Jerusalem und der Tempel wurden im Jahre 587 vernichtet und die Bildungsschicht des Volkes nach Babylonien deportiert. Und erst hier, in den Besinnungen und Diskussionen des Exils, brach die Erkenntnis durch, die als »Wort Gottes« formuliert wurde:

Ich bin Jahwe und keiner sonst. Außer mir gibt es keinen Gott. Ich habe dir den Gürtel angelegt, ohne dass du mich kanntest, damit man vom Aufgang der Sonne bis zu ihrem Untergang erkennt, dass es außer mir keinen Gott gibt.   *Jesaja 45, 5f.*

Mit diesem Satz hörte Jahwe sogar auf, nur der Gott Israels zu sein. Denn wenn es außer Jahwe keinen Gott gibt, dann ist der Gott Israels auch der Gott der Ägypter, Babylonier, Assyrer und Perser. Dann gehören alle Menschen unter demselben Gott sogar wie Geschwister zusammen. Aber diese Erkenntnis brauchte viel Zeit, sich durchzusetzen. Auch in Israel ging das nicht ohne große Mühe.

Der eine und einzige Gott widersprach der gesamten bisherigen Überlieferung. Wenn in Zukunft ganz Israel diesem Gott treu sein sollte, durften die Vorfahren nicht mit einer anderen Religionspraxis geschildert werden. Und damit stellte sich die Aufgabe, die Geschichte Israels neu zu schreiben. Diese Arbeit begann nach der Entlassung aus dem Exil in Babylonien. Im 5. Jahrhundert v.Chr. wurde in Jerusalem die Tora geschrieben und Mose dafür als Autor in Anspruch genommen.

Nun musste alles, was bisher über Abraham, Mose, Josua, Samuel, David und die weiteren Könige bekannt war, mit dem neuen Glauben an den einen und einzigen Gott übereinstimmen. Dass der historische Abraham viele Gottheiten verehrt hatte, wurde gelöscht. Der noch junge Glaube an den einen Gott sollte keine Verwirrung erfahren. Und so machte die entstehende Bibel nun aus Abraham den »Vater des Glaubens«, als habe er von Anfang an zu Jahwe gehört.

Die nun folgenden Texte der Bibel sind also »doppelt belichtet«: Einerseits haben sie ein hohes Alter; andererseits ist das, was sie über Jahwe sagen, erst im 5. Jahrhundert v. Chr. geschrieben worden. Die Tora vermittelt einen Gottesglauben, der erst tausend Jahre nach »Abraham« und siebenhundert Jahre nach »Mose« entstanden ist.

---

großer gott klein

großer gott:
uns näher
als haut
oder halsschlagader
kleiner
als herzmuskel
zwerchfell oft:
zu nahe
zu klein –

wozu
dich suchen?

wir:
deine verstecke

Kurt Marti

Jahwe, der Eine und Einzige, hat die Gottheiten aller früheren Zeiten und Länder in sich aufgenommen. Dies kommt schön zum Ausdruck in dem Gedicht von Josef Fink: »Du Namenloser«, Seite 147.

Vätergeschichten

Die Berufung Abrahams

Jahwe sprach zu Abraham: Zieh weg aus deinem Land, von deiner Verwandtschaft und aus deinem Vaterhaus in das Land, das ich dir zeigen werde. Ich werde dich zu einem großen Volk machen, dich segnen und deinen Namen groß machen. Ein Segen sollst du sein.

Ich will segnen, die dich segnen. Durch dich sollen alle Geschlechter der Erde Segen erlangen.

Da zog Abraham weg, wie Jahwe ihm gesagt hatte. Er nahm seine Frau Sara mit, seinen Neffen Lot und die Knechte und Mägde, die sie in Haran gewonnen hatten, dazu alle ihre Habe. Sie wanderten aus nach Kanaan und kamen dort an.

Dort baute Abraham für Jahwe einen Altar. Von da brach er auf, dem Bergland zu. Östlich von Bet-El schlug er sein Zelt auf. Auch dort baute er Jahwe einen Altar und rief den Namen Jahwes an. Dann zog Abraham weiter und weiter, dem Negev zu, einem Trockenland, in dem er blieb.

Vgl. Genesis 12, 1–9

Mit der Aufforderung, Land, Verwandtschaft und Vaterhaus zu verlassen, verbindet der Erzähler nicht nur »Abraham«, sondern »ganz Israel«. Auch Abraham ist eine Gestalt, die alle späteren Menschen »seiner Nachkommenschaft« einbezieht. Sich auf den Weg machen, auch wenn er unbekannt ist, muss jedermann.

Die Formel, dass Jahwe »spricht« oder dem Abraham »erscheint«, findet sich immer wieder in der Bibel. Gemeint sind Erfahrungen, die den Menschen unbedingt angehen, keine Visionen.

Die Verheißung »des Landes, das ich dir geben werde« stammt aus einer späteren Zeit.

Abraham nimmt kein Land in Anspruch. Er bleibt Wanderhirte.

Der Abraham versprochene Segen gilt »von Generation zu Generation«. Samuel Bak hat dazu ein nachdenkliches Bild gemalt.

»Religion ist eine Straße zu Gott. Eine Straße ist kein Haus!«, heißt es. Abrahams Nachkommen haben das oft erfahren. Am Anfang ihrer Geschichte steht die Aufforderung zum Verlassen der Heimat. Für Israel wurde es ein »mitlaufender Anfang« (→ S. 57).

»wo kämen wir hin,
wenn alle sagten:
›wo kämen wir hin?‹
und niemand ginge,
um einmal zu schauen,
wohin man käme,
wenn man ginge.«

Kurt Marti

Samuel Bak, Von Generation zu Generation, 1968/1996.

Hinter jeder Gestalt ersteht die nächste Generation, immer größer aber von gleicher Prägung. Alle sind zwar unterschiedlich gekleidet, tragen unterschiedliche Kopfbedeckungen, und sind doch von gleicher Art. Sie stehen im Erbe ihrer Väter. Ein jeder dieser Männer ist auch Abraham.

Abraham heißt der Mensch, der gerufen wird, das Gewohnte und Sichere zu verlassen, um sich auf einen offenen Weg zu machen.

Allerdings sind die Gestalten auf diesem Bild von tiefer Trauer gezeichnet. Ihr Blick richtet sich auf den steinigen Boden. Samuel Bak hat das Bild 1968 zu malen begonnen, aber erst nach 28 Jahren abgeschlossen. Er hatte die Millionen Juden vor Augen, unter ihnen seine eigenen Eltern, die von den Nazionalsozialisten in Auschwitz ermordet wurden. Den Segen, welcher dem Abraham verheißen wurde, kann er nicht mehr ausmachen. Dennoch sieht er die Geschichte weitergehen … bis zu ihm selbst, bis zum heutigen Tag.

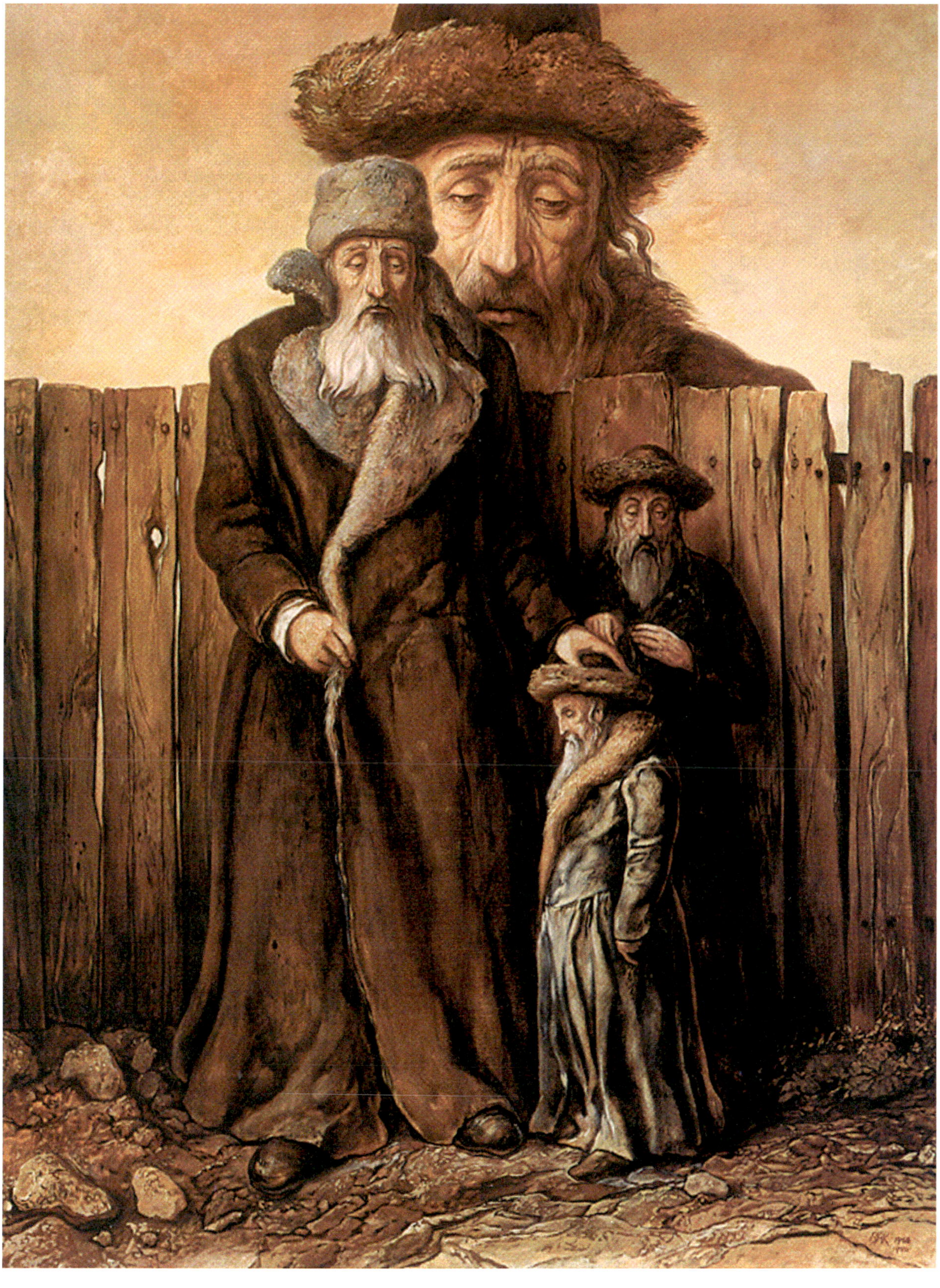

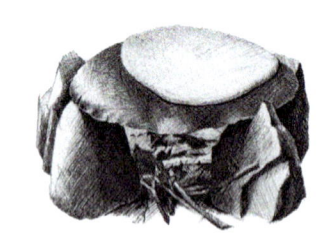

Brotteig wurde im Altertum genauso hergestellt, wie es heute noch bei Beduinen oder in abgelegenen Regionen üblich ist. Dem Mehl wird Wasser beigegeben, dann wird gemengt und geknetet.
Ist der Teig bereitet, nimmt man einen Batzen davon, wälzt ihn in Streumehl und klopft ihn flach. Durch Hinundherwerfen auf entblößten Armen dehnt man den Teig weiter, bis runde Fladen von nur 2 mm Dicke entstehen. Der Fladen wird in kühnem Schwung auf die erhitzte eiserne Backfläche geworfen und einmal gewendet. Brot gab es täglich frisch. Es wurde mit den Händen gebrochen, nicht geschnitten. Es galt als Gottesgabe.

Marc Chagall, Abraham empfängt die drei Engel.

Zu Gast bei Abraham

Jahwe erschien Abraham bei den Eichen von Mamre. Abraham saß zur Zeit der Mittagshitze am Zelteingang. Er blickte auf und sah vor sich drei Männer stehen. Er lief ihnen vom Zelteingang aus entgegen, warf sich zur Erde nieder und sagte: Mein Herr, wenn ich dein Wohlwollen gefunden habe, geh doch an deinem Knecht nicht vorbei! Man wird etwas Wasser holen; dann könnt ihr euch die Füße waschen und euch unter dem Baum ausruhen. Ich will einen Bissen Brot holen, und ihr könnt dann nach einer kleinen Stärkung weitergehen; denn deshalb seid ihr doch bei eurem Knecht vorbeigekommen. Sie erwiderten: Tu, wie du gesagt hast.

Da lief Abraham eiligst ins Zelt zu Sara und rief: Schnell drei Maß feines Mehl! Rühr es an, und backe Brotfladen! Er lief weiter zum

Vieh, nahm ein zartes, prächtiges Kalb und übergab es dem Jungknecht, der es schnell zubereitete. Dann nahm Abraham Butter, Milch und das Kalb, das er hatte zubereiten lassen, und setzte es ihnen vor. Er wartete ihnen auf unter dem Baum, während sie aßen.

Sie fragten ihn: Wo ist deine Frau Sara? Dort im Zelt, sagte er.

Da sprach Jahwe: In einem Jahr komme ich wieder zu dir, dann wird deine Frau Sara einen Sohn haben. Sara hörte am Zelteingang hinter seinem Rücken zu. Abraham und Sara waren schon alt; sie waren in die Jahre gekommen. Sara erging es längst nicht mehr, wie es Frauen zu ergehen pflegt. Sara lachte daher still in sich hinein und dachte: Ich bin doch schon alt und verbraucht und soll noch das Glück der Liebe erfahren? Auch ist mein Herr schon ein alter Mann! Da sprach Jahwe zu Abraham: Warum lacht Sara und sagt: Soll ich wirklich noch Kinder bekommen, obwohl ich so alt bin? Ist bei Jahwe etwas unmöglich? Nächstes Jahr um diese Zeit werde ich wieder zu dir kommen; dann wird Sara einen Sohn haben. Sara leugnete: Ich habe nicht gelacht. Sie hatte nämlich Angst. Er aber sagte: Doch, du hast gelacht.

Genesis 18,1–15

Und es kamen Unsere Gesandten mit froher Botschaft zu Abraham. Sie sprachen: »Friede!« Er sagte: »Friede!« und es dauerte nicht lange, bis er ein gebratenes Kalb herbeibrachte. Als er aber sah, dass ihre Hände sich nicht danach ausstreckten, fand er sie befremdend und empfand Furcht vor ihnen. Sie sprachen: »Fürchte dich nicht!« Und seine Frau stand dabei und lachte, worauf wir ihr die frohe Botschaft von (ihrem künftigen Sohn) Isaak verkündeten. Sie sagte: »Ach, wehe mir! Soll ich ein Kind gebären, wo ich doch eine alte Frau bin und dieser mein Mann ein Greis ist?« Da sprachen jene: »Wunderst du dich über den Beschluss Allahs? Allahs Gnade und Seine Segnungen sind über euch, o Leute des Hauses. Wahrlich, Er ist preiswürdig, ruhmvoll.«

Koran, 11, 68–72

Gastfreundschaft war in der Alten Welt lebenswichtig; sie zu verweigern eine Schande, sie zu verletzen ein Frevel. Der griechische Dichter Homer erzählt, dass »im wandernden Fremdling die Gottheit jede Gestalt annimmt«. Gott erscheint inkognito. Gastfreundschaft ist Gottesdienst.

Der Text verbindet zwei Erzählungen, die ursprünglich je für sich standen: Den Besuch der drei Männer und die Verheißung eines Sohnes. Auch der Wechsel von Einzahl und Mehrzahl im Gespräch Abrahams mit seinen Gästen verrät, dass unterschiedliche Vorlagen hier verarbeitet wurden.

Abraham, Hagar und Ismael

Eines Tages beobachtete Sara, wie der Sohn, den die Ägypterin Hagar Abraham geboren hatte, umhertollte. Da sagte sie zu Abraham: Verstoß diese Magd und ihren Sohn! Denn der Sohn dieser Magd soll nicht zusammen mit meinem Sohn Isaak Erbe sein.

Dieses Wort verdross Abraham sehr, denn es ging doch um seinen Sohn. Gott sprach aber zu Abraham: Sei wegen des Knaben und deiner Magd nicht verdrossen! Hör auf alles, was dir Sara sagt! Denn nach Isaak sollen deine Nachkommen benannt werden. Aber auch den Sohn der Magd will ich zu einem großen Volk machen, weil auch er dein Nachkomme ist.

Da stand Abraham früh am Morgen auf, nahm Brot und einen Schlauch mit Wasser, übergab beides Hagar, legte es ihr auf die Schulter, übergab ihr das Kind und entließ sie. Sie zog fort und irrte in der Wüste von Beerscheba umher.

Als das Wasser im Schlauch zu Ende war, warf sie das Kind unter einen Strauch, ging weg und setzte sich etwa einen Bogenschuss weit entfernt hin; sie sagte: Ich kann nicht ansehen, wie das Kind stirbt. Sie saß da und weinte laut.

Aber Gott hörte den Jungen schreien. Da rief der Engel Gottes vom Himmel her Hagar zu und sprach: Was hast du, Hagar? Fürchte dich nicht, Gott hat den Jungen schreien gehört. Steh auf, nimm den Jungen, halte ihn fest an deiner Hand; denn zu einem großen Volk will ich ihn machen.

Und Gott öffnete ihr die Augen, und sie erblickte einen Brunnen. Da ging sie hin, füllte den Schlauch mit Wasser und gab dem Jungen zu trinken.

Gott aber war mit dem Jungen. Er wuchs heran, ließ sich in der Wüste nieder und wurde ein Bogenschütze. Seine Mutter nahm ihm eine Frau aus Ägypten.

Genesis 21,9–21

Die ersten Muslime

Als Hagar mit ihrem verdurstenden Söhnchen durch die arabische Wüste irrte, erschöpften sich ihre Kräfte. Sie fiel zu Boden und rief verzweifelt Gottes Hilfe an. Da sprang zu ihren Füßen die Quelle Semsem auf. Hagar sah darin den Fingerzeig Gottes und ließ sich an diesem Ort nieder. Es war das Tal der Kaaba.

Nach dem Tode Hagars kam Abraham und baute zusammen mit Ismael die zerfallene Kaaba wieder auf. Ismael empfing vom Erzengel Gabriel den in die Kaaba eingelassenen Stein, der aus Trauer über den Götzendienst in der Welt zum schwarzen Stein geworden war.

Seitdem gilt im Islam Abraham als Wiederhersteller der von Adam gegründeten Kaaba. Er erfüllte alle Pflichten eines Muslim.

Ismael ist der erstgeborene Sohn Abrahams. Sein Name bedeutet »Gott (er)hört«. Sein Überleben steht unter Gottes Schutz, trotz der oben erzählten Verstoßung. Und auch ihm gilt die Verheißung: »Deine Nachkommen will ich so zahlreich machen, dass man sie nicht zählen kann.«

Gottes Segen für Abraham setzt sich also nicht nur in Isaak und Israel fort, sondern gilt auch für den verstoßenen Ismael und seine Nachkommenschaft. Ismael, der Mensch der Wüste, wird zum Stammvater aller Muslime. Damit ist Abraham der gemeinsame Stammvater für Juden, Christen und Muslime.

Der Vater Abraham und Isaak der Sohn

Nach diesen Begebenheiten versuchte Gott Abraham und sprach zu ihm: Abraham! Er antwortete: Hier bin ich. Und er sprach: Nimm deinen Sohn, deinen Einzigen, den du liebst, den Isaak, und geh in das Land Morija, und bringe ihn dort auf einem der Berge, den ich dir sagen werde, als Brandopfer dar.

Da stand Abraham früh am Morgen auf, sattelte seinen Esel, und nahm seine beiden Knechte mit sich und seinen Sohn Isaak. Er spaltete Holz zum Brandopfer und machte sich auf und ging zu dem Ort, den ihm Gott genannt hatte. Als Abraham am dritten Tage seine Augen erhob, sah er den Ort von ferne.

Und Abraham sprach zu seinen Knechten: Bleibt hier mit dem Esel! Ich und der Junge, wir wollen dorthin gehen anzubeten und dann wieder zu euch kommen. Und Abraham nahm das Holz für das Brandopfer und lud es seinem Sohn Isaak auf. Er selbst nahm das Feuer in die Hand und das Messer. So gingen die beiden miteinander. Da sprach Isaak zu seinem Vater Abraham: Mein Vater! Und er antwortete: Hier bin ich, mein Sohn! Und er sprach: Hier ist Feuer und Holz. Wo aber ist das Lamm für das Brandopfer? Abraham antwortete: Gott wird sich ein Lamm zum Brandopfer ersehen, mein Sohn. So gingen die beiden miteinander. Als sie an den Ort kamen, den Gott genannt hatte, baute Abraham dort den Altar, er schichtete das Holz auf, er band seinen Sohn Isaak und legte ihn auf den Altar, oben auf das Holz. Dann streckte Abraham seine Hand aus und nahm das Messer, um seinen Sohn zu schlachten. Da rief ihm der Engel Jahwes vom Himmel her zu: Abraham, Abraham! Er antwortete: Hier bin ich. Und er sprach: Strecke deine Hand nicht aus gegen den Jungen, und tu ihm nichts zuleide! Denn jetzt weiß ich, dass du gottesfürchtig bist, da du deinen Sohn, deinen Einzigen, mir nicht vorenthalten hast. Und als Abraham aufschaute, siehe, da hatte ein Widder sich hinter ihm mit seinen Hörnern im Gestrüpp verfangen. Da ging Abraham hin, nahm den Widder und brachte ihn anstelle seines Sohnes als Brandopfer dar. Abraham nannte jenen Ort »wo Jahwe sieht«, so dass man heute noch sagt: »Auf dem Berge, wo Jahwe sieht.« *Genesis 22,1–14*

Seite 50: Gustave Doré, Vertreibung Hagars und Ismaels, 1866.

Gustave Doré, Hagar und Ismael in der Wüste, 1866.

Jan Lievens, Abraham und Isaak umarmen einander nach dem Opfer, um 1637.

Diese Erzählung hat in ihrer Frühzeit vielleicht gesagt: Opfert Tiere, nicht eure Kinder! Der Name Abraham war nicht damit verbunden.

Später haben andere Erfahrungen die Geschichte umgestaltet und mit »Abraham« verbunden: Jeder Mensch muss irgendwann in seinem Leben sein Liebstes loslassen: etwa wenn Vater oder Mutter, Sohn oder Tochter sterben, Freund oder Freundin … Für sie alle steht Abraham stellvertretend in dieser Geschichte.

Er spricht zu Gott: »Hier bin ich.« Das heißt: Ich bin ganz für dich da! Er sagt dasselbe aber auch zu Isaak und bekräftigt es sogar: »Hier bin ich, *mein Sohn*!«

Doch kann Abraham, wenn es um das Leben des Kindes geht, ebenso zu Gott stehen wie zum eigenen Sohn? Schließt hier die Treue zu Gott nicht die Treue zu Isaak aus?

Die Erzählung schildert keinen geschichtlichen Vorgang. Wenn sie vom »opfern« spricht, kann sich vieles mit diesem Wort verbinden: ein Unfall oder eine Krankheit, ein Vorfall, der das Leben kostet.

In dieser symbolischen Geschichte verliert Abraham seinen Sohn nicht. Oder könnte es sein, dass es eine Auferstehungsgeschichte ist, die von einem »Loslassen« spricht, in dem nichts verloren geht?

Die nächsten Seiten übertragen die schwierige Erzählung auf andere Situationen des Lebens.

Abraham, der Vater, und Isaak, der Sohn. Türkei, 1538.

Eng sitzen sie beieinander, während ein Engel ihnen das Opferlamm bringt. Der Vater versteht sich als Beschützer des Jungen; Isaak fühlt sich geborgen in der Hut Vaters.

»Sprich: Wir glauben an Allah und an das, was auf uns herabgesandt worden ist, und was herabgesandt worden ist auf Abraham und Ismael und Isaak und Jakob und die Stämme (Israels), und was gegeben worden ist Moses und Jesus und den Propheten von ihrem Herrn. Wir machen keinen Unterschied zwischen ihnen, und Ihm sind wir ergeben.« (Koran 3, 83.)

Marc Chagall, Der Tote auf der Dorfstraße, 1908.

Marc Chagall erinnert sich: »Eines Morgens, noch ehe es hell geworden war, drangen plötzlich Schreie von der Straße her zu den Fenstern herauf. Beim schwachen Schein des Nachtlichts konnte ich eine Frau erkennen, die allein durch die leeren Straßen lief. Sie ringt die Hände, schluchzt, fleht die noch schlafenden Bewohner an, ihrem Mann zu Hilfe zu kommen … Von allen Seiten strömen aufgeregte Leute herbei. Jeder redet, gibt Ratschläge … Die Tatkräftigen aber schieben die Frauen beiseite, zünden Kerzen an und beginnen inmitten des Schweigens mit lauter Stimme über dem Haupte des Sterbenden die Gebete zu sprechen …«

Jahre später erinnert sich Chagall an diesen Tag und malt sein Bild. Auf Straßen ist das Leben zu Hause, aber jeden kann der Tod dort ereilen. Dem Toten wurden die Schuhe schon ausgezogen. Am Hausgiebel darüber hängt ein Stiefel. Von allem unbetroffen davon bleibt der Straßenkehrer.

Einsam trauert der Mann auf dem Dach. Dort ist er nicht dem kopflosen Schrecken der Mitmenschen ausgeliefert. Können wir ihn »Abraham« nennen? Das Haus, auf dem er sitzt, ist nicht tot. Hinter den Fenstern brennt ein Licht. Hier trauern die Menschen mit. In ihrer Trauer nehmen sie den Tod an. Sie lassen ihn in ihr Leben und werden dadurch frei für einen neuen Tag.

Ganz anders geht es auf der rechten Straßenseite zu. Die Menschen dort flüchten vor dem plötzlichen Tod. Die Häuser dieser Seite bleiben dunkel. Die Blumentöpfe fallen vom Fensterbrett. Es sieht nicht so aus, als sei hier die Hoffnung zu Hause.

Was hat dieses Bild mit der Erzählung von Abraham und Isaak zu tun? Und wie ist es den folgenden Geschichten zuzuordnen?

Ganz anders als Abraham verhält sich der Soldat Beckmann. Er hat als Einziger den Krieg überlebt. Alle seine Kameraden sind gefallen. Seine Heimatstadt Hamburg liegt in Trümmern. Sein Haus ist zerstört, die Trümmer haben sein Kind begraben. Seine Frau ist zu einem anderen Mann gegangen. Nun sitzt Beckmann verzweifelt und müde an der Elbe. Er schläft ein und träumt:

Beckmann: Ach, du bist also der liebe Gott. Wer hat dich eigentlich so genannt, lieber Gott? Die Menschen? Ja? Oder du selbst?
Gott: Die Menschen nennen mich den lieben Gott.
Beckmann: Seltsam, ja, das müssen ganz seltsame Menschen sein, die dich so nennen. Das sind wohl die Zufriedenen, die Satten, die Glücklichen, und die, die Angst vor dir haben. Die im Sonnenschein gehen, verliebt oder satt oder zufrieden – oder die es nachts mit der Angst kriegen, die sagen: Lieber Gott! Lieber Gott! Aber ich sage nicht Lieber Gott, du, ich kenne keinen, der ein lieber Gott ist, du!
Gott: Mein Kind, mein armes –
Beckmann: Wann bist du eigentlich lieb, lieber Gott? Warst du lieb, als du meinen Jungen, der gerade ein Jahr alt war, als du meinen kleinen Jungen von einer brüllenden Bombe zerreißen ließt? Warst du da lieb, als du ihn ermorden ließt, lieber Gott, ja?
Gott: Ich habe ihn nicht ermorden lassen.
Beckmann: Nein, richtig. Du hast es nur zugelassen. Du hast nicht hingehört, als er schrie und als die Bomben brüllten. Wo warst du da eigentlich, als die Bomben brüllten, lieber Gott? Oder warst du lieb, als von meinem Spähtrupp elf Mann fehlten? Elf Mann zu wenig, lieber Gott, und du warst gar nicht da, lieber Gott. Die elf Mann haben gewiss laut geschrien in dem einsamen Wald, aber du warst nicht da, einfach nicht da, lieber Gott. Warst du in Stalingrad lieb, lieber Gott, warst du da lieb, wie? Ja? Wann warst du denn eigentlich lieb, Gott, wann? Wann hast du dich jemals um uns gekümmert, Gott?

Der Traum Beckmanns ist eine Szene aus dem Drama »Draußen vor der Tür« von Wolfgang Borchert, das er Ende 1946 schrieb. Borchert starb einen Tag vor der Uraufführung im Alter von 26 Jahren.

Als 1944 das Warschauer Getto in Flammen stand und die brennenden Häuser zu Gräbern wurden, erinnert sich kurz vor seinem Tode ein jüdischer Mann einer alten Geschichte, die auch von einem »Abraham« erzählt:

Mein Rabbi hat mir oft die Geschichte von einem Juden erzählt, der mit Frau und Kind der spanischen Inquisition entkommen war und über das stürmische Meer in einem kleinen Boot zu einer steinigen Insel trieb. Es kam ein Blitz und erschlug die Frau. Es kam ein Sturm und schleuderte sein Kind ins Meer. Allein, elend, hinausgeworfen wie ein Stein, nackt und barfuß, vom Sturm gepeitscht, von Donnern und Blitzen geschreckt, die Haare zerzaust und die Hände zu Gott erhoben, ist der Jude seinen Weg weiter gegangen auf die wüste Felseninsel und hat zu Gott gesagt:

»Gott von Israel – Ich bin hierhin geflohen, um Dir ungestört dienen zu können, um Deine Gebote zu tun und Deinen Namen zu heiligen. Du aber tust alles, damit ich nicht an Dich glaube. Solltest Du aber meinen, es wird Dir gelingen, mich von meinem Weg abzubringen, so sage ich Dir, mein Gott und Gott meiner Väter: Es wird Dir nicht gelingen. Du kannst mich schlagen, mir das Beste und Teuerste nehmen, das ich auf der Welt habe. Du kannst mich zu Tode peinigen – ich werde immer an Dich glauben. Ich werde Dich immer lieb haben, immer – Dir selbst zum Trotz!«

Und das sind auch meine letzten Worte an Dich, mein zorniger Gott: Es wird Dir nicht gelingen! Du hast alles getan, damit ich nicht an Dich glaube, damit ich an Dir verzweifle! Ich aber sterbe, genauso, wie ich gelebt habe, im unbeirrbaren Glauben an Dich.

»Sch'ma Israel! – Höre Israel! Der Ewige ist unser Gott, der Ewige ist einig und einzig! In Deine Hände empfehle ich meinen Geist.«

Zweimal geschehen schreckliche Dinge, die den Menschen alles nehmen, was sie lieben. Sie reagieren unterschiedlich. Der Heimkehrer Beckmann kann nicht sagen: »Hier bin ich!« Er fragt: »Wo warst du?« Der andere »Abraham« hingegen, dem Heimat, Frau und Kind genommen wurde, vermag »Hier bin ich!« zu sagen. Wie leben beide weiter?

Die oben erzählte Geschichte ist von Zvi Kolitz (1912–2002) in seiner Darstellung des Warschauer Gettos überliefert worden. Tomi Ungerer begleitet das jüdische Schicksal mit seinen Bildern.

Die Himmelsleiter

Jakob zog aus Beerscheba weg und ging auf Charan zu. Er kam an einen bestimmten Ort. Er musste dort nächtigen, denn die Sonne war untergegangen. Er nahm einen von den Steinen dieses Ortes, legte ihn unter seinen Kopf und schlief dort ein. Und ihm träumte:

Da! Eine Leiter, gestellt auf die Erde
und bis zum Himmel reichend.
Und da, Engel Gottes steigen auf,
schreiten an ihr nieder.
Und da! Da stand Er über ihm und sprach:
Ich bin's, der Gott deines Vaters Abraham
und der Gott Isaaks.
Ich bin bei dir,
ich will dich hüten, wo all hin du gehst,
und ich will dich heimkehren lassen zu
diesem Boden,
ja, ich verlasse dich nicht,
bis ich tat, was ich zu dir geredet habe.
Jakob erwachte aus seinem Schlaf und
sagte:
Er ist wirklich an diesem Ort,
und ich, ich wußte es nicht!
Er erschauerte und sprach:
Wie schauerlich ist dieser Ort!
Hier ist nichts anderes als das Haus
Gottes und das Tor des Himmels.

Marc Chagall, Die weiße Kreuzigung (Ausschnitt, → S. 245), 1938.

Der linke Holm dieser Leiter lehnt am Kreuzesstamm, der andere verliert sich im Licht, das vom Himmel einfällt. Es ist die Jakobsleiter, die selbst bei Untergang und Tod nicht fehlt: Wo »Jakob« – lebend wie sterbend – sein Haupt bettet, ist »Haus Gottes und Pforte des Himmels«.

Jakob stand früh am Morgen auf, nahm den Stein, den er unter seinen Kopf gelegt hatte, stellte ihn als Steinmal auf und goss Öl darauf. Dann gab er dem Ort den Namen Bet-El, Haus der Gottheit.

Genesis 28, 10–19

Jakob hatte seinen Bruder um das Recht der Erstgeburt betrogen. Um ihm für eine Weile aus dem Weg zu gehen, verlässt er sein Land, doch in der Fremde glaubt er sich ohne den Schutz des Gottes seiner Väter. Da deutet ein Traum seine Situation: Dort, wo er sich gelagert hat, verbindet eine Leiter Himmel und Erde. Gottes Engel steigen auf und nieder. Die Worte, die er hört, sagen ihm: »Überall, wo du, »Jakob«, dich befindest, ist »Haus Gottes und Pforte des Himmels«. Das ist neu. Die Götter gehörten stets zu Städten und Ländern, nicht zu einzelnen Menschen. Hier aber wird der Mensch zum Ort Gottes.

Jakobs Wege sind zugleich Israels Wege. Bei seiner Heimkehr bekommt er den Namen Israel (→ S. 58). Das gab der Himmelsleiter einen wechselnden Standort: mal in Löwengruben und Feueröfen, mal sogar im Vernichtungslager von Auschwitz. Der jüdische Maler Marc Chagall stellte die Jakobsleiter an das Kreuz des »Königs der Juden«. Sein Bild schildert den 9. November 1938, als Hitlers Schergen in Deutschland die Synagogen anzündeten und jüdische Häuser plünderten (→ S. 240). Was heißt da: »Haus Gottes und Pforte des Himmels«?

Mitlaufender Anfang

Die lateinische Sprache unterscheidet zweierlei Anfang. Mit dem Wort *initium* meint sie einen Anfang in Raum und Zeit. Der Anfang eines Weges heißt *initium viae*. Der Anfang des Lebens: *initium vitae*. Der Anfang eines Buches: *initium libri*. Solche Anfänge bleiben zurück.

Ein Anfang, der nicht zurückbleibt, sondern mitläuft, heißt im Lateinischen *principium*. Die Kindheit ist gewiss ein zurückbleibender Anfang. Sie ist aber auch ein mitlaufender Anfang, weil dieser Anfang das weitere Leben eines Menschen mitbestimmt.

Wenn die Bibel mit den Worten beginnt »Im Anfang schuf Gott Himmel und Erde …«, so heißt dieser Anfang im Lateinischen *principium*. Die Schöpfung ist ein mitlaufender Anfang.

Die Geschichten von Abraham, Isaak und Jakob sind ebenfalls Geschichten eines mitlaufenden Anfangs. Sie deuten auch die Gegenwart.

Jakobs Kampf mit Gott

In jener Nacht stand Jakob auf, nahm seine beiden Frauen, seine beiden Mägde sowie seine elf Söhne und überschritt die Furt des Jabbok. Sie alle ließ er den Fluss überqueren. Auch all sein Eigentum schaffte er hinüber.

Als er allein zurückgeblieben war, rang mit ihm ein Mann in der Nacht, bis die Morgenröte aufstieg.

Als der Mann sah, dass er ihn nicht überwältigen konnte, schlug er ihn aufs Hüftgelenk, so dass sich Jakobs Hüftgelenk ausrenkte.

Da sprach jener: Lass mich los; denn die Morgenröte bricht an. Jakob aber sagte: Ich lasse dich nicht, wenn du mich nicht segnest.

Dann fragte er ihn: Wie heißt du? Er antwortete: Jakob. Da sprach der Mann: Nicht mehr Jakob sollst du heißen, sondern Israel (Gottesstreiter); denn mit Gott und Menschen hast du gekämpft und hast gewonnen.

Nun forderte Jakob: Nenne mir doch deinen Namen! Jener aber entgegnete: Was fragst du nach meinem Namen? Dann segnete er ihn dort.

Und es ging ihm die Sonne auf; aber er hinkte wegen seiner Hüfte. *Genesis 32,23–32*

Diese Erzählung hat eine lange Geschichte hinter sich. Am Anfang stand eine Gespenstersage vom Kampf mit einem Flussdämon. Die Sage machte die Gefährlichkeit einer Flussüberquerung bewusst. Das spätere Israel hat die Sage mit dem Stammvater Jakob verbunden und daraus eine Kurzfassung der eigenen Geschichte mit Gott gemacht:

In der letzten Nacht, bevor Jakob zu Vater und Bruder zurückkehrt, tritt ihm ein Unbekannter in die Quere und verstrickt ihn in einen Kampf. Der Unbekannte gibt seinen Namen nicht preis. Als er merkt, dass er Jakob nicht überwältigen kann, fordert er, dass dieser ihn loslässt. Jakob aber verlangt, dass der Gegner ihn segnet. Sein

Segen befreit ihn von den Schrecken der Nacht. Daraufhin »geht ihm die Sonne auf«. Aus dieser Erfahrung kann er seinem Bruder, den er betrogen hatte, entgegentreten. Doch hinterlässt die Berührung des Angreifers ihre Spur: Er hinkt.

Jeder kann Jakob sein, wenn ihn Ungewissheit, Zweifel und Verlassenheit niederringen. Solche nächtlichen Kämpfe mögen Wochen, Monate und Jahre dauern. Es sind Strecken der Gottesnot, in denen Gott als Unbekannter, als Fremder und Feind erscheint. Weil aber »Gott« in keinem Bild darstellbar ist, zeigen die Maler Jakob im Kampf mit einem »Engel«. Dieser steht für den Nichtverfügbaren. Jakob sagt: »Ich lasse dich nicht, es sei denn, du segnest mich!«

Die mehrdeutige Geschichte weiß davon, was Israel in dunklen Nächten seines Kampfes mit Gott erfahren hat. Es ist eine Geschichte, die sich in jedem Menschenleben neu ereignen kann.

An Gott glauben heißt auch: mit Gott ringen. Hier wird erzählt, wie Jakob den Namen Israel erhielt – »der mit Gott kämpft«. In »Jakob« ist also ganz Israel eingeschlossen, und nicht allein Israel, sondern letztlich jeder Mensch, wenn er denn kämpft.

Das Bild »Jakob ringt mit dem Engel« hat Rembrandt im Jahr 1659 gemalt. Während Jakob sich abmüht, bleibt der Engel ohne Anstrengung.

Darunter ein Bild von René Magritte von 1928, auf dem ein Mensch – oder sind es zwei? Mann und Frau? – mit sich selbst oder miteinander kämpfen.

Doch auch Marc Chagall malte 1914 einen Jakobskampf, der sich im Innern des Menschen abspielt. Ein alter Jude sitzt auf dem Text der Bibel. Sein Herz ist schwer. Ein Auge hat er geöffnet, das andere geschlossen. Seine Hände sind sehr klein: Das eigene Leben konnte er selbst kaum bestimmen. Segen bedeutet in der Bibel nicht nur Sonnenschein …

Wo also und mit wem finden solche Jakobskämpfe statt?

Der Zug der Ausländer

Hoch über dem Nil im östlichen Wüstengebirge befinden sich die in den Fels geschlagenen Gräber von Beni Hassan mit gut erhaltenen Wandmalereien. Sie entstanden um 1900 v.Chr. in einer Zeit kultureller Blüte. Das berühmteste Gemälde dieser Gräber ist die »Karawane der Asiaten«.

Eine Gruppe von Männern, Frauen und Kindern, Eseln und Antilopen bewegt sich auf den verstorbenen Grabherrn zu. Die Menschen sind an ihrer bunten Kleidung und Haartracht als Ausländer erkennbar.

Der vorderste Mann der Gruppe, der eine Antilope führt und sich vor dem Grabherrn verbeugt, wird von der Inschrift als Anführer der Gruppe bezeichnet. Auf ihn folgt ein weiterer Mann im bunten Rock, der eine Antilope an den Hörnern hält. Darauf eine Gruppe von vier Männern, die mit

Von Kanaan nach Ägypten

Was bisher erzählt wurde, geschah im Land Kanaan. Nun wechselt der Schauplatz nach Ägypten. Dazu wird die Geschichte von Joseph und seinen Brüdern erzählt.

Dem Vater Jakob schreibt die Erzählung zwölf Söhne zu. Es sind die zukünftigen Ahnherren der zwölf Stämme Israels. Jakobs Lieblingssohn ist Joseph, der als Träumer gilt; bei den Brüdern ist er wenig beliebt. Als diese mit ihren Herden unterwegs sind, schickt Jakob den Josef zu ihnen, nach dem Rechten zu sehen. Josef trug auf diesem Weg den bunten Rock, den der Vater ihm geschenkt hatte. Als ihn die Brüder kommen sahen, wollten sie ihn töten, doch Ruben schlug vor, ihn in eine leere Zisterne zu werfen und dort ohne Wasser und Nahrung zu lassen. Als aber eine Karawane des Wegs kam, verkauften sie Josef für zwanzig Silberstücke. Die Brüder tauchten Josefs Rock in das Blut eines geschlachteten Ziegenbocks und gaben zu Hause an, er sei von einem wilden Tier zerrissen worden.

Mit der Karawane kam Josef nach Ägypten. Hier wurde er an Potifar, den Obersten der Leibwache des Pharao, weiterverkauft. Dieser lernte ihn schätzen und gab ihm hohe Ämter in seinem Haus. Vorübergehend in Ungnade gefallen, machte Josef aber erneut von sich reden durch seine Gabe der Traumdeutung. Als dem Pharao träumte, dass sieben fette Kühe von sieben mageren Kühen und sieben fette Ähren von sieben mageren Ähren verschlungen wurden, sagte Josef, dass Jahren des Überflusses Jahre des Hungers folgen würden, und schlug vor, Vorräte anzulegen für die Notzeit. Nachdem dann alles so eintraf, wie Josef vorausgesagt hatte, ernannte ihn der Pharao zum Wesir, seinem obersten Beamten.

Die Hungersnot betraf auch Jakob und seine Familie. Er sandte zehn seiner Söhne aus, in Ägypten einzukaufen. Nur Benjamin, den Jüngsten, behielt er bei sich, aus Angst, ihm könnte etwas zustoßen. Als die Zehn in Ägypten ankamen, erkannte Joseph sie sofort. Doch hatte er mit ihnen eine Rechnung offen und wollte nun sehen, was aus seinen Brüdern geworden war. Er gab vor, sie für Spione zu halten. Auch verlangte er, den jüngsten Bruder herzubringen. So mussten sie mit leeren Händen zurückkehren und sogar einen der Brüder als Geisel zurücklassen.

Vater Jakob weigerte sich zunächst, Benjamin mit nach Ägypten ziehen zu lassen. Aber da die Hungersnot immer größer wurde, stimmte er zu. Als Joseph nun den Benjamin sah, überwältigte ihn Rührung, doch mit seinen älteren Brüdern war er noch immer nicht quitt. Er ließ in Benjamins Sack einen wertvollen Silberbecher verstecken und schickte den abreisenden Brüdern gleich Leute hinter, Benjamin als Dieb festzunehmen. Als in dieser Situation aber Juda bat, an Benjamins Stelle ins Gefängnis zu gehen zu dürfen, konnte sich Josef nicht mehr zurückhalten und gab sich zu erkennen: »Ich bin Josef, euer Bruder!«

Nun wurde Jakob mit seiner ganzen Sippe nach Ägypten eingeladen. Dort lebten »die Kinder Israels« und vermehrten sich vierhundert Jahre lang. Darüber ging die Erinnerung an Josef und jede Sonderstellung verloren. Die »Kinder Israels« wurden Arbeitssklaven, bis schließlich Mose sie aufrief, Ägypten zu verlassen und in das ihnen verheißene Land Kanaan zurückzukehren (→ S. 66).

Dies alles wird in den Kapiteln 37–50 des Buches Genesis erzählt: eine farbige und spannende Geschichte.

Bögen und Speeren bewaffnet sind. Der letzte von ihnen wendet sich einem Esel zu, in dessen Satteltasche zwei Kinder untergebracht sind. Dem Esel folgt ein Junge mit einem Stab, anschließend vier Frauen, welche die gleichen bunten Gewänder wie die übrige Gruppe tragen. Nach einem weiteren Esel, der Lasten trägt, kommt ein Mann mit einer Leier. Den Schluss des Zugs bildet ein Mann mit Bogen, Köcher und einer Art Keule in der Hand. Die Männer tragen Sandalen, die sich von ägyptischer Machart unterscheiden. Die Kleidung ähnelt Gewändern aus Syrien. Da Frauen und Kinder zu der Gruppe zählen, sieht es nach Emigranten aus, die sich in Beni Hassan niederlassen möchten.

Vor den Fremden gehen zwei Ägypter. Der erste ist der Sohn des Grabherrn. Er hält dem (hier zu denkenden) verstorbenen Vater eine beschriebene Tafel vor. Hinter ihm ein »Aufseher der Jäger«.

Mose und die Gottesoffenbarung

David Roberts, Kolossalstatue Ramses' II., am 9. November 1838 in Abu Simbel gezeichnet.

Ägypten ist ein »Geschenk des Nils«. Hier leben Menschen seit der Altsteinzeit vor etwa 7000 bis 8000 Jahren. Über vier Jahrtausende herrschte eine Hochkultur, länger und großartiger als jede andere in der Geschichte der Menschheit. Im Auf und Ab der Geschichte kontrollierte Ägypten auch immer wieder die Levante, damals Kanaan genannt – die Länder zwischen Ägypten und Syrien.

Aus Kanaan holten sich die Ägypter Kupfer und vor allem Bauholz. Im Gegenzug lernten die Stadtfürsten Kanaans von den Ägyptern. Auch zogen immer wieder hungernde Menschen nach Ägypten. Der Nil sorgte verlässlich für ausreichende Ernten.

Der Pharao regierte das Land. Unter ihm war die Priesterschaft mit höchster Macht ausgestattet. Manchmal gab es auch Aufstände, die das Land schwächten. Aber im 13. Jahrhundert v. Chr. – die Zeit, von der hier erzählt wird – regierten mächtige Könige das Land. Der Pharao Sethos I. (1304–1290) und besonders sein Sohn Ramses II. (1279–1213) hinterließen monumentale Bauwerke als Zeugnisse ihrer Herrschaft. Von militärischen Stützpunkten aus kontrollierten sie auch Kanaan/Palästina. In den Erzählungen von ägyptischer Fronarbeit und dem Auszug einer Gruppe Israeliten wirken Erinnerungen an die Herrschaft dieser Könige nach.

Edward Poynter (1836–1919), Das Volk Israel in Ägypten, 1867.

Das große Schaubild schildert eine Phantasieszene zur israelitischen Sklavenarbeit in Ägypten. Die Darstellung der Tempel mit ihren mächtigen Türmen und den leuchtend farbig gefassten Flachreliefs geben jedoch einen zuverlässigen Eindruck von der Pracht ägyptischer Architektur.

Ägypten ist ein »Geschenk des Nils«. Die größten fruchtbaren Flächen liegen im Deltagebiet (Unterägypten). Die Randzonen des Nil bieten unterschiedlich breite Zonen für die Landwirtschaft (Oberägypten). Im Altertum galt das Gebiet von Assuan als Südgrenze Ägyptens.

Menschen lebten im Niltal seit der Altsteinzeit. Die ägyptische Hochkultur kennt schöpferische Phasen von ihren Anfängen bis zum Ende.

Im Grab eines Wesirs aus dem 14. Jahrhundert v. Chr. werden Arbeiten auf einer Baustelle geschildert. Es ist nicht erkennbar, wie weit sich hier Ägypter und Fremde mischen. Um Arbeitskräfte für seine ungeheuren Vorhaben zu gewinnen, bediente sich der Pharao hauptsächlich der »Hapiru«-Leute, die das Gebiet der Levante im 13. Jahrhundert verunsicherten und in Ägypten zu Arbeitsdiensten gezwungen wurden.

Unter Ramses III. kam es in Ägypten zum ersten bekannten Streik der Weltgeschichte, weil die Naturallöhne ausblieben. Die Parole lautete: »Wir haben Hunger!«

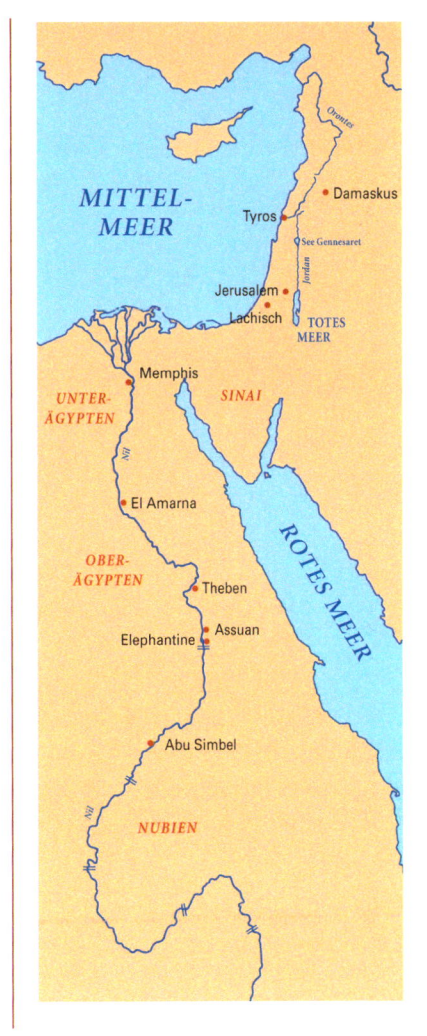

Der Jahwe-Name

Mose weidete die Schafe seines Schwiegervaters Jitro, des Priesters von Midian. Als er einmal die Schafe über die Steppe hinaustrieb, kam er zum Gottesberg Horeb. Dort erschien ihm der Bote Jahwes in einer Feuerflamme, mitten aus einem Dornbusch heraus. Als er hinschaute, siehe, da brannte der Dornbusch und verbrannte doch nicht.

Mose sagte: Ich will näher hingehen und mir die ungewöhnliche Erscheinung ansehen, um zu erfahren, warum der Dornbusch nicht verbrennt. Als Jahwe sah, dass Mose den Weg verließ, um sich das anzusehen, rief Gott ihn aus dem Dornbusch an: Mose, Mose! Er antwortete: Hier bin ich. Da sagte er: Komm nicht näher heran! Leg deine Sandalen ab; denn der Ort, wo du stehst, ist heiliger Boden. Dann fuhr er fort: Ich bin der Gott deines Vaters, der Gott Abrahams, der Gott Isaaks und der Gott Jakobs. Da verhüllte Mose sein Angesicht; denn er fürchtete sich, Gott anzuschauen.

Jahwe sprach: Ich habe das Elend meines Volkes, das in Ägypten weilt, gesehen. Den Notschrei über ihre Antreiber habe ich gehört. Ich kenne das Leid der Menschen. Darum bin ich herabgestiegen, um sie der Gewalt der Ägypter zu entreißen und in ein schönes, weites Land zu führen, in ein Land, in dem Milch und Honig fließen. So geh jetzt! Ich sende dich zum Pharao. Führe mein Volk, die Söhne Israels, aus Ägypten heraus!

Da hielt Mose Gott entgegen: Wer bin ich, dass ich zum Pharao gehen und die Israeliten aus Ägypten herausführen könnte? Gott sagte: Ich bin mit dir. Da sprach Mose zu Gott: Wenn ich zu den Israeliten komme und ihnen sage: Der Gott eurer Väter hat mich zu euch gesandt, werden sie mich fragen: Wie heißt er? Was soll ich ihnen darauf antworten? Da sprach Gott zu Mose: Ich bin der »Ich-bin-da«. Und er fuhr fort:

Marc Chagall, Mose vor dem brennenden Dornbusch, 1966.

So sollst du zu den Israeliten sagen: Der »Ich-bin-da« hat mich zu euch gesandt. Noch einmal sprach Gott zu Mose: So sollst zu den Israeliten sagen: Jahwe, der Gott eurer Väter, der Gott Abrahams, der Gott Isaaks und der Gott Jakobs, hat mich zu euch gesandt. Das ist mein Name für immer, und so wird man mich rufen in künftigen Generationen. *Exodus 3,1–15*

Die Erzählung schildert die Berufung des Mose zum Führer Israels, als dieser, fernab von Ägypten, die Schafe seines Schwiegervaters Jitro hütet.

Dort hat Mose eine Gotteserfahrung. Der Erzähler weiß, dass GOTT ein gestaltloses Geheimnis ist. Darum spricht er in Symbolen. Der Dornbusch zeigt die Unerreichbarkeit Gottes an: Man kann in ihn nicht eindringen. Feuer lockt und wärmt, zugleich gebietet es Abstand. Ein Dornbusch, der brennt, aber nicht verbrennt, ist etwas Unsagbares.

Die Erzählung zeigt Spuren von Bearbeitung: Zu Beginn sagt sie, es sei der *Bote* Jahwes, der in einer Feuerflamme erscheint. Später ist einfach von »Gott« die Rede.

Wenn in der Bibel Gott einen Menschen anruft, wird dieser immer mit Namen genannt: »Abraham! Abraham!« und hier: »Mose! Mose!« Der Angesprochene antwortet: »Hier bin ich« oder »Ich höre«. Doch er muss nicht »Hier bin ich!« sagen. Er kann auch Fragen stellen oder wie Mose »Gott etwas entgegenhalten«. Jakob hat sogar mit dem Unbekannten eine Nacht hindurch gekämpft. Die Freiheit des Menschen wird nicht ausgeschaltet.

Wir hören, der Jahwe-Name sei erst hier dem Mose mitgeteilt worden. Wir haben den Namen Jahwe aber bereits zu Beginn der Bibel kennengelernt. Ist er nachträglich in die früheren Texte eingesetzt worden? Oder sind diese Geschichten erst später geschrieben worden? Beide Möglichkeiten sind beteiligt. An die komplizierte Entwicklung der Bibel ist hier zu erinnern (→ S. 44 f.; 152 ff.).

Die Erzählung sagt nicht, wie Jahwe ist. Ein brennender Dornbusch, dessen Feuer nicht erlischt, bleibt Rätsel und Geheimnis. Als Mose nach dem Namen fragt, lautet die Antwort: »Ich bin der ›Ich bin da‹!« Ist das ein Name? Auch Jakob wurde abgewiesen, als er nach dem Namen seines nächtlichen Gegners fragte: »Was fragst du nach meinem Namen?«

Der »Ich bin da« oder der »Ich bin immer bei dir« ermutigt, im Vertrauen auf ihn die Wege ins Leben zu gehen.

Die Geschichte vom brennenden Dornbusch ist ein Schlüsseltext für das biblische Gottesverständnis.

Der Gottesname Jahwe

In der hebräischen Bibel begegnet der Gottesname mehr als 6000 Mal. Geschrieben wird er nur mit Konsonanten: JHWH, gesprochen Jachwe.

Seit etwa 300 v. Chr. meiden es Juden, den Gottesnamen auszusprechen (→ S. 154). Stattdessen lesen sie *adonai*, was gewöhnlich mit »der Ewige« wiedergegeben wird. In den später entstandenen jüdischen Schriften und im Neuen Testament kommt der Gottesname Jahwe nicht mehr vor.

Die bereits im 2. Jahrhundert v. Chr. entstandene Übersetzung der jüdischen Bibel ins Griechische spricht statt von Jahwe vom Kyrios, was im Deutschen mit »Herr« wiedergegeben wird. Der »Ich-bin-da« ist aber kein Herrscher und weder Mann noch Frau.

Die Gebetsanrede »Herr« lässt vom Erschaudern des frommen jüdischen Lesers vor dem Gottesnamen nichts mehr ahnen.

Jahwe zog vor ihnen her.
Jahwe kämpfte für sie.
Jahwe hemmte die Räder.
Jahwe schüttelte die Ägypter ins Meer.

Ist Gott nicht auch ein Gott der Ägypter? Warum schüttelt er sie ins Meer und rettet allein die Israeliten?

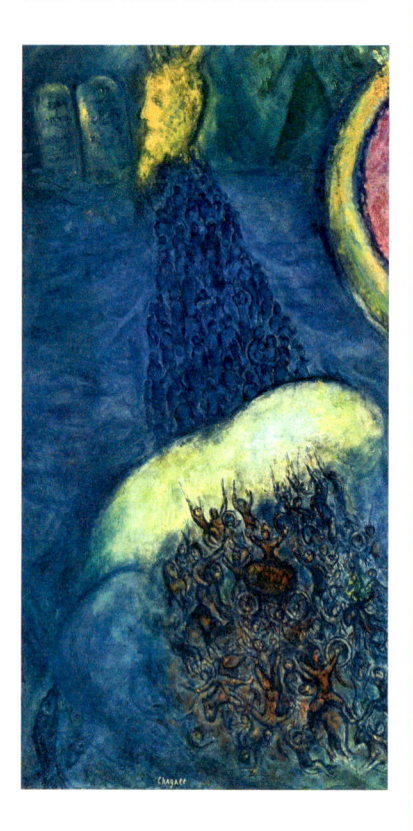

Marc Chagall, Mose, Israel und Ägypten (Ausschnitt aus: Mose vor dem brennenden Dornbusch, undatiert).

Ist es nicht erstaunlich, dass die Israeliten zusammen mit den Ägyptern eine einzige Gestalt bilden? Beide Völker zusammen im Bild des Mose? Die Wolke, welche Freund und Feind trennt, lässt beide nicht erkennen, wie sehr sie zusammengehören. Dies gilt nicht nur für Israel und dessen Feinde. Es gilt auch für heutige Gegner, für alle, mit denen wir nichts zu tun haben wollen.

Der Auszug aus Ägypten

Als nun der Pharao das Volk hatte ziehen lassen, führte sie Gott nicht den Weg durchs Philisterland, obwohl er der kürzere war; denn Gott dachte, es könnte das Volk gereuen, wenn Krieg bevorstünde, und wieder nach Ägypten umkehren wollen. Und in Kampfordnung zogen die Israeliten aus dem Lande Ägypten, und Jahwe zog vor ihnen her, am Tage in einer Wolkensäule, um ihnen den Weg zu zeigen, und bei Nacht in einer Feuersäule, um ihnen zu leuchten, damit sie bei Tag und Nacht wandern konnten. Niemals wich die Wolkensäule bei Tage noch die Feuersäule bei Nacht von der Spitze des Zuges.

Als dem König von Ägypten gemeldet wurde, dass das Volk geflohen sei, wandelte sich sein Herz und das seiner Großen und sie sprachen: Wie konnten wir nur Israel aus unserem Frondienst entlassen? Und er ließ seine Kriegswagen anspannen und nahm sechshundert auserlesene Streitwagen und was sonst an Wagen in Ägypten war mit Kämpfern auf jedem Wagen.

Als die Israeliten sahen, dass die Ägypter hinter ihnen her waren, fürchteten sie sich sehr und sprachen zu Mose: Gab es keine Gräber in Ägypten, dass du uns wegführen musstest, damit wir in der Wüste sterben? Was hast du uns da angetan, dass du uns aus Ägypten geführt hast? Haben wir dir nicht schon in Ägypten gesagt: Lass uns in Ruhe, wir wollen den Ägyptern dienen? Denn es ist besser für uns, den Ägyptern zu dienen, als in der Wüste zu sterben. Da sprach Mose zum Volk: Fürchtet euch nicht, stellt euch hin und seht die Hilfe Jahwes, die ihr heute erfahrt.

Da erhob sich der Engel Gottes, der vor dem Lager Israels herzog, und stellte sich hinter sie. Und die Wolkensäule vor ihnen erhob sich und trat hinter sie und kam zwischen das Heer der Ägypter und das Heer Israels. Dort war die Wolke finster, hier erleuchtete sie die Nacht. So kamen die Heere die ganze Nacht einander nicht näher.

Zur Zeit der Morgenwache schaute Jahwe auf das Lager der Ägypter aus der Feuersäule und der Wolke und hemmte die Räder ihrer Wagen und machte, dass sie nur schwer vorwärtskamen. Da sprachen die Ägypter: Lasst uns fliehen vor Israel, denn Jahwe kämpft für sie. Aber Jahwe sprach zu Mose: Strecke deine Hand aus über das Meer, damit das Wasser wiederkomme und herfalle über die Ägypter und über ihre Kriegswagen. Da reckte Mose seine Hand aus über das Meer, da kam das Meer wieder zurück und bedeckte Kriegswagen, die Gespanne und die ganze Macht des Pharao, so dass nicht einer von ihnen übrig blieb. Und Israel sah Ägypten tot am Ufer des Meeres liegen. Das Volk vertraute Jahwe und Mose, seinem Diener.

Exodus 13,17–14,31

Diese Erzählung ist mehr Sage als Geschichtsbericht. Gewiss hat sich die Sache nicht so ereignet. Sie wurde lange Zeit hindurch unterschiedlich erzählt. Dies lässt der Text immer noch erkennen:

Mal zieht *Jahwe* vor den Israeliten her, am Tage in einer Wolkensäule, bei Nacht in einer Feuersäule. Mal ist es der *Engel Jahwes*, der das Volk führt. »Engel« wie »Wolkensäule/Feuersäule« sind Bilder für den schützenden Gott.

Der Unterschied zwischen dem Gott Israels und den Göttern der Nachbarvölker aber ist dieser: In Ägypten und Mesopotamien verbanden sich die Götter mit Herrschaft. Sie überhöhten die Macht der Könige. Doch in dieser Geschichte gehört Jahwe, der Gott Israels, zu den Schwachen und Unterdrückten. Das ist eine neue Gottesidee. Jahwe will die Freiheit des Menschen.

Zu fragen bleibt, ob im Christentum dieses Gottesverständnis stets zum »Auszug aus Ägypten« ermutigt hat? Sind die christlich missionierten Völker in die Freiheit geführt worden? Ist ein Christ, der an den Gott Israels glaubt, ein Kämpfer für die Freiheit anderer?

Marc Chagall, Mose empfängt die Gesetzestafeln, undatiert.

Seite 69: Samuel Bak, »Höre, Israel« (Sh'ma Yisrael, 1991).

»Meine Bilder«, sagt Samuel Bak, »zeigen eine Welt, die zertrümmert wurde. Es ist unmöglich, sie wieder zu heilen, weil die zerbrochenen Dinge nie wieder heil werden können. Doch wir können immer noch etwas machen, das so aussieht, als ob es heil wäre, und damit leben.«

So malt er, was weiter bedacht und weiter gelebt werden muss. Das Wort vom Berg, der bebte, hallt darin nach. Aber kein Mose ist hier zu sehen, kein Israel und erst recht keine Wolke, die Jahwe verhüllt. So war es zwischen 1933 und 1945, als niemand dem jüdischen Volke zu Hilfe kam und Israel im Rauch von Auschwitz aufstieg, wie im Rauch eines Schmelzofens. Das Beben hat den Berg zerrissen. Nun liegt er vor uns als Trümmerhalde aus lauter zerbrochenen Tafeln mit hebräischen Worten und Buchstaben. Dennoch ragt die Weisung, wie zu leben ist, über alle Zerstörung hinaus: »Höre, Israel!« Wenn sich Gottes- und Menschenverlassenheit nicht wiederholen sollen, gilt weiterhin: »Ich bin Jahwe, dein Gott …«

Die Gesetzgebung am Sinai

Auf ihrem Weg aus Ägypten kamen die Israeliten in die Wüste Sinai. Dort lagerten sie gegenüber dem Berg. Mose stieg auf den Berg. Der ganze Sinai war in Rauch gehüllt wie von einem Schmelzofen, denn Jahwe war im Feuer auf ihn herabgestiegen. Der Berg bebte und Gott sprach zu Mose alle diese Worte:

Ich bin Jahwe, dein Gott, der dich aus dem Land Ägypten, dem Sklavenhaus, herausgeführt hat.

1. Du sollst keine anderen Götter neben mir haben. Du sollst dir kein Götterbild machen und kein Abbild von irgendetwas am Himmel droben, auf der Erde unten oder im Wasser unter der Erde. Du sollst dich nicht vor ihnen niederwerfen und ihnen nicht dienen.
2. Du sollst den Namen Jahwes, deines Gottes, nicht missbrauchen.
3. Achte den Sabbat, ihn zu heiligen! Sechs Tage darfst du arbeiten und jeden Dienst tun, aber der siebte Tag ist ein Ruhetag, Jahwe, deinem Gott, geweiht. An ihm darfst du keine Arbeit tun, weder du, noch dein Sohn, noch deine Tochter, noch dein Knecht, noch deine Magd, noch dein Vieh, noch der Fremde, der innerhalb deiner Tore Wohnrecht hat. Denn in sechs Tagen hat Jahwe Himmel, Erde und Meer gemacht und alles, was darin ist; am siebten Tag aber ruhte er. Darum segnete Jahwe den Sabbat und heiligte ihn.
4. Ehre deinen Vater und deine Mutter, damit du lange lebst in dem Land, das Jahwe, dein Gott, dir gibt.
5. Du sollst nicht morden.
6. Du sollst nicht die Ehe brechen.
7. Du sollst nicht stehlen.
8. Du sollst gegen deinen Nächsten nicht falsch aussagen.
9. Du sollst nicht das Haus deines Nächsten begehren.
10. Du sollst nicht begehren die Frau deines Nächsten, noch seinen Knecht oder seine Magd, sein Rind oder seinen Esel, noch irgendetwas, das deinem Nächsten gehört.

Mose aber näherte sich der dunklen Wolke, und Jahwe sprach zu Mose: Ich will dir die Steintafeln geben, auf denen ich die Gebote aufgeschrieben habe. Vierzig Tage und vierzig Nächte blieb Mose auf dem Berg.

Exodus 20,1–21; 24,18

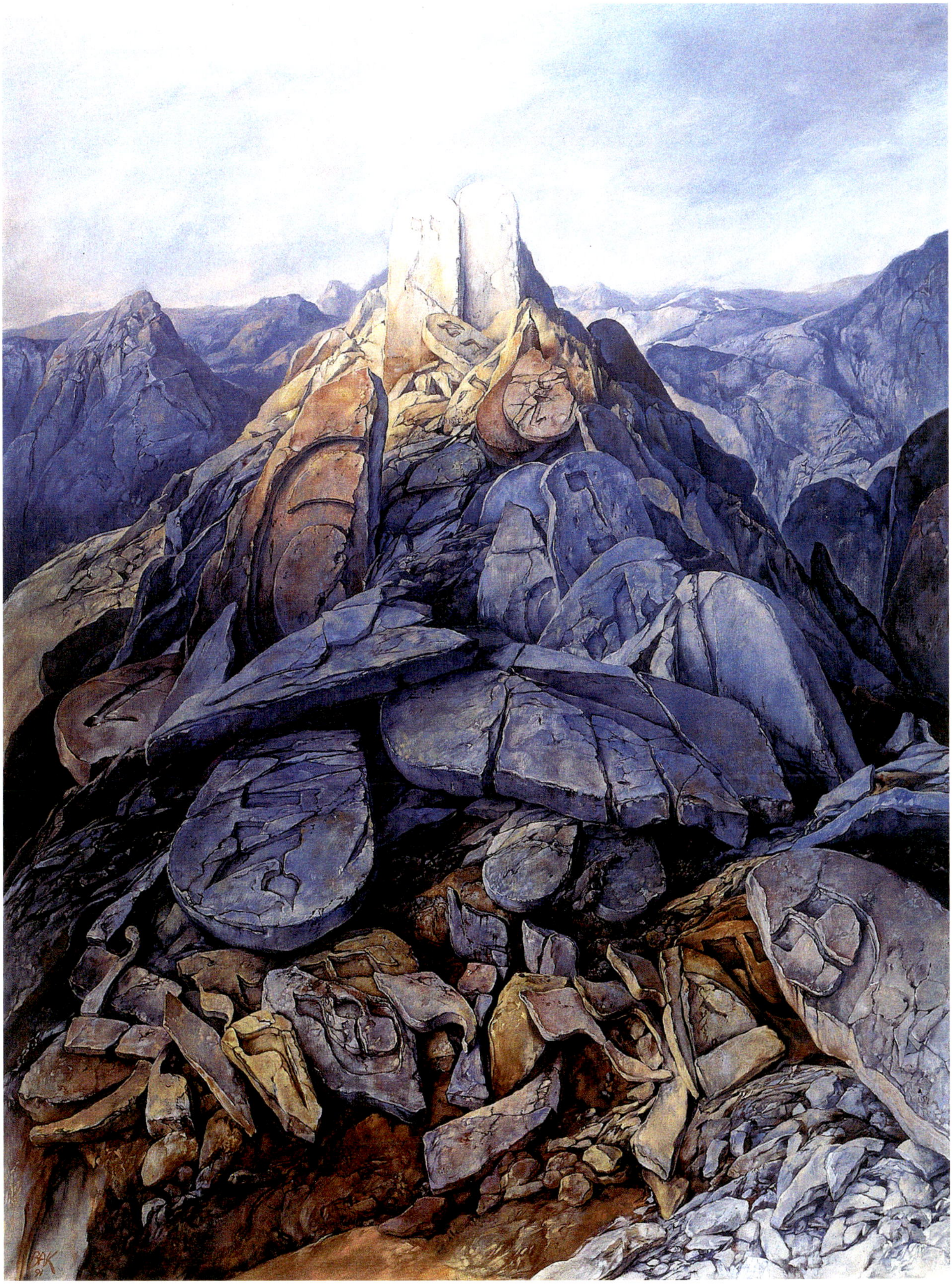

Die Haltung des Mose zeigt, dass er im nächsten Augenblick aufspringen wird – und es wird ein Panthersprung sein. Sein Auge hat soeben den Götzendienst Israels erblickt. Zorn erfasst ihn. Michelangelo hat die Wucht dieses Augenblicks in seinem Werk gestaltet.

Das goldene Kalb

Als das Volk sah, dass Mose noch immer nicht vom Berg herabkam, rottete es sich um Aaron zusammen und sagte zu ihm: Komm, mach uns Götter, die vor uns herziehen. Denn dieser Mose, der uns aus Ägypten heraufgebracht hat – wir wissen nicht, was mit ihm geschehen ist. Da antwortete Aaron: Nehmt euren Frauen, Söhnen und Töchtern die goldenen Ringe ab, die sie an den Ohren tragen, und bringt sie her! Da brachte alles Volk die goldenen Ohrringe zu Aaron. Der nahm sie entgegen und goss daraus ein Kalb. Da sagten sie: Das sind deine Götter, Israel, die dich aus Ägypten heraufgeführt haben. Aaron baute vor dem Kalb einen Altar auf und rief aus: Ein Fest für Jahwe ist morgen! So standen sie am folgenden Tag früh auf und brachten Brandopfer dar. Danach setzte sich das Volk zum Essen und Trinken und vergnügte sich.

Da sprach Jahwe zu Mose: Steig hinunter, denn dein Volk, das du aus Ägypten heraufgeführt hast, handelt schändlich. Schnell sind sie von dem Weg abgewichen, den ich ihnen gewiesen habe. Sie haben sich ein Kalb gegossen und werfen sich vor ihm zu Boden. Sie bringen ihm Schlachtopfer dar und sagen: Das sind deine Götter, Israel, die dich aus Ägypten heraufgeführt haben. Weiter sprach Jahwe zu Mose: Ich habe gesehen, dass dieses Volk ein störrisches Volk ist. Jetzt lass mich, damit mein Zorn gegen sie entbrennt und sie verzehrt.

Mose aber besänftigte Jahwe, seinen Gott, und sagte: Warum, Jahwe, soll dein Zorn gegen dein Volk entbrennen? Du hast es doch mit großer Macht und starker Hand aus Ägypten herausgeführt. Lass ab von deinem glühenden Zorn, und lass dich das Unheil reuen, das du deinem Volk antun wolltest. Denk an deine Knechte, an Abraham, Isaak und Israel, denen du bei dir selbst geschworen hast: Ich werde eure Nachkommen so zahlreich machen wie die Sterne des Himmels, und dieses ganze Land, von dem ich gesprochen habe, werde ich euren Nachkommen geben. Sie sollen es für immer besitzen.

Da gereute Jahwe das Unheil, das er seinem Volk angedroht hatte. Und Mose stieg vom Berg hinab, die zwei Tafeln des Gesetzes hielt er in der Hand. Sie waren Gottes Werk, und die Schrift, die auf den Tafeln eingegraben war, war Gottes Schrift.

Als Mose sich dem Lager näherte, sah er das Kalb und Reigentänze. Da entbrannte sein Zorn. Er warf die Tafeln und zerschmetterte sie am Fuße des Berges. Dann packte er das Kalb, das sie gemacht hatten, verbrannte es im Feuer und zerrieb es, bis es fein zermahlen war, und streute es ins Wasser und gab dies den Israeliten zu trinken.

Am nächsten Morgen sprach Mose zum Volk: Ich will zu Jahwe hinaufsteigen; vielleicht kann ich für eure Sünde Sühne erwirken. Mose kehrte zu Jahwe zurück und sagte: Ach, dieses Volk hat sich einen Gott aus Gold gemacht. Wenn du ihnen doch ihre Sünde vergeben wolltest! Wenn aber nicht, dann lösch mich aus dem Buch, das du geschrieben hast, aus.

Jahwe aber antwortete Mose: Geh, führe das Volk an den Ort, den ich dir genannt habe. Siehe, mein Engel wird vor dir hergehen. Am Tag aber, an dem ich Rechenschaft verlange, werde ich ihre Sünde mit ihnen abrechnen.

Und Jahwe schlug das Volk mit Unheil, weil sie das Kalb gemacht hatten, das Aaron anfertigen ließ. *Exodus 32,1–17*

Marc Chagall, Die Israeliten beten das Goldene Kalb an, 1931.

Im Alten Orient wurde die Kraft Gottes im Bild eines Stieres verehrt. Die Bibel verbindet damit Spott; sie sagt nicht Stier, sondern Kalb. Gott ist mit nichts Vorhandenem gleichzusetzen. Er übersteigt alle Worte und Bilder.

Von einem »Kalb« zu reden, ist bereits Hohn und Spott. Der eigentliche Streit ging es um das Bild eines Stieres, das von Kreta bis Mesopotamien göttliche Macht darstellt. Auch in Israel sollte der Stier die Macht Jahwes verkörpern, des Befreiers aus Unterdrückung.

Im Heiligtum zu Bet-El war das Stierbild vermutlich eine mit Goldblech überzogene Holzfigur, doch nicht einmal ein Gottesbild, sondern nur der tragende Sockel für den unsichtbaren Jahwe darauf. Im Gegensatz dazu will die Erzählung in diesem »goldenen Kalb« ein Symbol Jahwes sehen.

Mose reagiert drastisch: Er zwingt das Volk, das Bildnis zu Staub zu malen und den ins Wasser gegebenen Staub zu trinken. Sie müssen ihn verdauen und ausscheiden. Nachdrücklicher lässt sich die Ohnmacht eines Götzenbildes nicht demonstrieren.

Ich bin ein verzehrendes Feuer,
sagt Gott.
Stell dich zwischen diese Felsen,
sonst gehst du zugrunde.
Allein von hinten
kannst du mich schauen,
meines Mantels letzten Saum.

Da wurden des Mose Augen
gehalten,
damit sie nicht erblinden,
damit sein Herz nicht zerspringe
vor Schreck und Seligkeit.

Als er wieder aufsah,
sah er den Rücken Gottes überall.

Was ist der Rücken Gottes?
Sein Mantelsaum?
Was ist er nicht?

Kasimir Malewitsch, Schwarzes Quadrat, um 1913.

Der Rücken Gottes: »Mein Antlitz kann niemand sehen«

Mose sprach zu Jahwe:
Lass mich doch deine Herrlichkeit sehen!
ER sprach: Mein Antlitz kannst du nicht sehen,
denn nicht sieht mich der Mensch und lebt.
ER sprach:
Hier ist Raum bei mir.
Stell dich auf den Felsen:
Wenn dann meine Herrlichkeit vorübergeht,
setze ich dich in eine Kluft des Felsens
und schirme meine Hand über dich,
bis ich vorüber bin.
Hebe ich dann meine Hand weg,
siehst du meinen Rücken.
Aber mein Antlitz kann niemand sehen.

Exodus 33,18.20–23

Menschen haben sich seit jeher Gottesbilder geschaffen. Auf den Seiten 42 bis 44 sind viele dieser Bilder zu sehen. Es hat aber auch immer schon Kritik an solchen Vorstellungen gegeben. Der griechische Philosoph Xenophanes (etwa um 570–470 v. Chr.) sagte: »Wenn die Pferde Götter hätten, sähen sie wie Pferde aus.« Und weil es Menschen sind, die sich Gott vorstellen, bilden sie ihn nach menschlichem Maß.

Dem allgemeinen Wunsch, Gott in Bildern darzustellen, setzt die Bibel ein strenges Bilderverbot entgegen: »Du sollst dir kein Gottesbild machen!« (Ex 40,4a). Allerdings stammt dieses Bilderverbot nicht aus alter Zeit. Seine »Geburtsgeschichte« dürfte in der Erzählung vom »Goldenen Kalb« zu finden sein (→ S. 72 f.), denn hier wird Bildverehrung erstmals als Sünde bezeichnet. Das eigentliche Verbot wurde formuliert, nachdem sich der Ein-Gott-Glaube durchgesetzt hatte und die Tora in ihrer heutigen Form verfasst wurde.

Das Bilderverbot hat sich also erst spät entfaltet. Im Tempel zu Jerusalem standen bis zu seiner Zerstörung im Jahr 587 v. Chr. auch andere Götterbildnisse, obwohl der Tempel doch stets als das »Haus Jahwes« galt. Erst der Zweite Tempel, der nach dem Babylonischen Exil im 5. Jahrhundert v. Chr. neu errichtet wurde, blieb ohne jedes Gottesbild. Dort war das Allerheiligste ein dunkler Raum und ganz leer. Diese Leere verkörperte den, der durch nichts darstellbar ist.

Die Juden haben sich an das Bilderverbot bis zum heutigen Tag gehalten. Auch die Muslime, die von der Bibel lernten, lehnen jedes Gottesbild ab. Die Christen hielten es über 1200 Jahre lang ebenfalls so. Die antike Welt glaubte anfangs sogar, Christen wären religionslos, weil sie weder Tempel noch Gottesbild hatten.

Im Mittelalter aber brach das Bilderverbot im Christentum zusammen. Konnte Gott bis dahin nur im Symbol angedeutet werden – zum Beispiel durch das Symbol »Hand« oder »Licht« –, so fiel etwa seit 1250 alle Rücksicht weg: Nun malte man »Gott« in Menschengestalt, gewöhnlich als weisen alten Mann. Das hat dem Gottesverständnis sehr geschadet und zu vielen falschen Vorstellungen geführt.

Was man alles mit Gott machen kann

Man kann Gott verantwortlich machen für Hunger und Elend.
Man kann Gott leugnen, weil er sich nicht sehen lässt und Unglück nicht verhindert.
Man kann Gott mieten zu besonderen Anlässen: Er dient der Feierlichkeit und dem Umsatz.
Mann kann Gott nur für sich haben wollen und anderen – vor allem Andersdenkenden – Gott absprechen.
Man kann Gott für die eigene Macht gebrauchen, indem man sagt, alle Autorität komme von Gott.
Man kann im Namen Gottes Kriege führen, Menschen töten und sagen, das sei Gottes Wille.
Man kann mit dem Ruf »Gott will es!« Angriffe als Kreuzzüge tarnen und auf Soldatenuniformen »Gott mit uns« schreiben.
Das alles aber ist gott-los. Man kann mit Gott nichts »machen«, weder ihn gebrauchen noch ausnutzen, denn Gott ist Liebe, und daran hat nur Anteil, wer diese Liebe in sich selbst groß werden lässt.

Alfred Kubin, Der liebe Gott, 1899.

Die nie stattgefundene Landnahme

Die Karte zeigt wichtige Orte, die in den Erzählungen von der Landnahme erwähnt werden. Es sind die Gebiete des untergegangenen Königreichs Israel (→ S. 122–125). Als im 7. Jahrhundert im Königreich Juda Joschija (→ S. 134–139) herrschte, sah es dieser als seine Aufgabe an, das Gebiet des verlorenen Israel wieder zu gewinnen. Hinter »Josua« und seiner »Landnahme« verbergen sich also die Pläne eines Königs, der 600 Jahre später lebte. Joschija wünschte, das Volk Israel sollte wiedererstehen, jedoch streng getrennt von der einheimischen Bevölkerung, so weit sie nicht Jahwe allein verehrte. Sein Wunsch, das ganze Land Kanaan neu zu erobern, zerstob im Jahr 609, als ihn der Pharao Necho tötete. (→ S. 139).

Der Tod des Mose

Mose stieg aus der Steppe von Moab auf den Berg Nebo, gegenüber Jericho, und Jahwe zeigte ihm das ganze Land. Er sagte zu ihm: Das ist das Land, das ich Abraham, Isaak und Jakob versprochen habe: Deinen Nachkommen werde ich es geben. Ich habe es dich mit deinen Augen schauen lassen. Hinüberziehen wirst du nicht. Danach starb Mose. Man begrub ihn im Tal, in Moab. Bis heute kennt niemand sein Grab.

Die Israeliten beweinten Mose dreißig Tage lang. Danach war die Zeit des Weinens und der Klage um Mose beendet. Josua, der Sohn Nuns, war vom Geist der Weisheit erfüllt, denn Mose hatte ihm die Hände aufgelegt. *Deuteronomium 34,1–9*

Was nun in den folgenden Kapiteln geschildert wird, fand zum Glück niemals statt. Die Eroberung Kanaans unter Josua hat es nicht gegeben.

Die Eroberung des Landes

Nachdem Mose, der Knecht Jahwes, gestorben war, sprach Jahwe zu Josua, dem Diener des Mose: Mein Knecht Mose ist gestorben. Mach dich auf den Weg und zieh über den Jordan hier mit diesem ganzen Volk in das Land, das ich ihnen, den Israeliten, geben werde. Jeden Ort, den euer Fuß betreten wird, gebe ich euch, wie ich es Mose versprochen habe. Euer Gebiet soll von der Steppe und vom Libanon bis zum großen Strom, zum Eufrat, reichen – das ist das ganze Land der Hetiter – und bis hin zum großen Meer, wo die Sonne untergeht. Niemand wird dir Widerstand leisten können, solange du lebst. Wie ich mit Mose war, will ich auch mit dir sein. Ich lasse dich nicht fallen und verlasse dich nicht. Sei mutig und stark!

Da befahl Josua den Listenführern im Volk: Geht durch das Lager und befehlt den Leuten: Versorgt euch mit Lebensmitteln; denn in drei Tagen werdet ihr den Jordan hier überschreiten, um in das Land hineinzuziehen und es in Besitz zu nehmen, das Jahwe, euer Gott, euch zu eigen gibt.

Sie antworteten Josua: Alles, was du uns befohlen hast, wollen wir tun und dahin, wohin du uns schickst, werden wir gehen. Genauso, wie wir auf Mose gehört haben, wollen wir auch auf dich hören. Jahwe aber, dein Gott, möge mit dir sein, wie er mit Mose gewesen ist. Jeder, der sich deinem Befehl widersetzt und nicht deinen Anordnungen gehorcht, soll mit dem Tod bestraft werden. Sei nur mutig und stark! *Josua 1,1–11; 16–18*

Der Übergang über den Jordan

Am frühen Morgen brach Josua mit allen Israeliten auf. Als sie an den Jordan kamen, übernachteten sie dort, bevor sie ihn überschritten. Nach drei Tagen gingen die Listenführer durch das Lager und befahlen dem Volk: Wenn ihr die Bundeslade Jahwes, eures Gottes, seht und die Priester, die sie tragen, dann sollt auch ihr aufbrechen und ihr folgen.

Dann sagte Josua: Daran sollt ihr erkennen, dass ein lebendiger Gott mitten unter euch ist: Er wird die Völker des Landes vor euren Augen vertreiben. Seht, die Bundeslade Jahwes zieht vor euch her durch den Jordan. Sobald die Füße der Priester, die die Lade Jahwes tragen, des Herrn der ganzen Erde, im Wasser des Jordan stehen, wird das Wasser des Jordan, das von oben herabkommt, wie abgeschnitten sein und wie ein Wall dastehen. Als dann die Träger der Lade an den Jordan kamen und die Füße der Priester, die die Lade trugen, das Wasser berührten – der Jordan war aber während der ganzen Erntezeit über alle Ufer getreten –, da blieben die Fluten des Jordan stehen. Das von oben herabkommende Wasser stand wie ein Wall in weiter Entfernung, die zum Salzmeer fließenden Fluten dagegen liefen vollständig ab, und das Volk zog Jericho gegenüber durch den Jordan. Die Priester, die die Bundeslade Jahwes trugen, standen fest und sicher mitten im Jordan auf trockenem Boden, während ganz Israel trockenen Fußes hindurchzog. *Josua 3*

Alte Bibelbilder – aber auch heutige Kinderbibeln – schildern den Übergang über den Jordan nach dem gleichen Muster wie den Durchzug durch das Rote Meer. Dass das Wasser »wie eine Mauer« gestanden hätte, ist gewiss nicht wörtlich zu nehmen. Die Josua-Erzählungen sind keine Geschichtsberichte.

Hier wird wiederholt, was bereits beim Durchzug durchs Rote Meer gesagt wurde: So sagenhaft ist Jahwes Macht, dass er das Unmögliche möglich macht.

Gustave Doré, Der Fall der Mauern von Jericho, 1866.

Doré schildert die Bibel in einem wortwörtlichen Verständnis. Außerdem steigert er alles ins Äußerliche und Extreme, wie dies manche Hollywoodfilme auch tun.

»Keine Posaunen vor Jericho«. So nannten zwei israelische Archäologen ihr Buch über die Landnahme Josuas. Sie zeigen darin, dass die Beschreibung des Landes im Buch Josua nicht die Vergangenheit schildert, sondern die Zeit von König Joschija (639–609 v. Chr.) im Blick hat. Die Eroberung Jerichos hat nicht stattgefunden.

Die Eroberung Jerichos

Jericho hielt wegen der Israeliten die Tore fest verschlossen. Niemand konnte heraus und niemand konnte hinein. Da sagte Jahwe zu Josua: Sieh her, ich gebe Jericho und seinen König samt seinen Kriegern in deine Gewalt. Ihr sollt mit allen Kriegern um die Stadt herumziehen und sie einmal umkreisen. Das sollst du sechs Tage lang tun. Sieben Priester sollen sieben Widderhörner vor der Lade hertragen. Am siebten Tag sollt ihr siebenmal um die Stadt herumziehen und die Priester sollen die Hörner blasen. Wenn das Widderhorn geblasen wird und ihr den Hörnerschall hört, soll das ganze Volk in lautes Kriegsgeschrei ausbrechen. Darauf wird die Mauer der Stadt in sich zusammenstürzen; dann soll das Volk hinübersteigen, jeder an der nächstbesten Stelle.

Und es geschah so: Sieben Priester trugen die sieben Widderhörner vor Jahwe her und bliesen die Hörner und die Bundeslade Jahwes zog hinter ihnen her. Er ließ die Lade Jahwes die Stadt einmal umkreisen. Dann kam man zum Lager zurück und übernachtete im Lager. So zogen sie auch am zweiten Tag einmal um die Stadt herum und kehrten wieder ins Lager zurück. Das machten sie sechs Tage lang. Am siebten Tag aber brachen sie beim Anbruch der Morgenröte auf und zogen, wie gewohnt, um die Stadt, siebenmal; nur an diesem Tag zogen sie siebenmal um die Stadt. Als die Priester beim siebten Mal die Hörner bliesen, sagte Josua zum Volk: Erhebt das Kriegsgeschrei! Denn Jahwe hat die Stadt in eure Gewalt gegeben. Die Stadt mit allem, was in ihr ist, soll zu Ehren Jahwes dem Untergang geweiht sein. Hütet euch aber davor, von dem, was dem Untergang geweiht ist, etwas zu begehren und wegzunehmen. Alles Gold und Silber und die Geräte aus Bronze und Eisen sollen Jahwe geweiht sein und in den Schatz Jahwes kommen.

Darauf erhob das Volk das Kriegsgeschrei und die Widderhörner wurden geblasen. Als das Volk den Hörnerschall hörte, brach es in lautes Kriegsgeschrei aus. Die Stadtmauer stürzte in sich zusammen, und das Volk stieg in die Stadt hinein, jeder an der nächstbesten Stelle. So eroberten sie die Stadt. Mit scharfem Schwert weihten sie alles, was in der Stadt war, dem Untergang, Männer und Frauen, Kinder und Greise, Rinder, Schafe und Esel. Die Stadt aber und alles, was darin war, brannte man nieder; nur das Silber und Gold und die Geräte aus Bronze und Eisen brachte man in den Schatz im Haus Jahwes.

Jahwe war mit Josua und sein Ruhm verbreitete sich im ganzen Land.

Josua 6

Jericho ist zwar eine der ältesten Städte der Welt – mit Blütezeiten und Zeiten des Verfalls. Gegen Ende des 13. Jahrhunderts v. Chr. aber war Jericho nur ein kleines, unbefestigtes Städtchen. Es gab keine Mauern, die hätten einfallen können. Weitere Städte, von denen im Buch Josua gesagt wird, sie seien erobert worden, waren nicht einmal bewohnt.

So erzählt das Buch Josua in Kapitel 8 von der Eroberung und Zerstörung der Stadt Ai. Ausgrabungen zeigten, dass diese Stadt schon viel früher vernichtet wurde. Zur Zeit Josuas bestand Ai bereits nicht mehr. Die Archäologen sind sich deshalb einig, dass die Geschichte von der Landnahme Kanaans nicht stimmt. Es waren keine Israeliten, die hier erobernd eindrangen.

Aber warum erzählt die Bibel so?

Es gibt in Ägypten eine Inschrift aus dem Jahr 1207 v. Chr., die zum ersten Mal den Namen Israel als ein Volk in Kanaan erwähnt. Die Soldaten des Pharao Merenptach haben diesen Volksstamm besiegt. Zahlreiche nichtbiblische Texte und archäologische Funde bezeugen, dass Ägypten zu dieser Zeit Kanaan beherrschte. Das ägyptische Militär hatte dort Stützpunkte. Südlich des Sees Gennesaret bei Bet-Schean wurden die Mauern einer Garnison ausgegraben. Entstanden Unruhen, war das ägyptische Heer schnell an den Orten des Aufstands.

Auch war es der Pharao, der die Stadtfürsten Kanaans einsetzte oder wenigstens bestätigte. Als Vasallen Ägyptens mussten sie die Oberherrschaft des Pharao im Lande sichern. Sie trugen zum Unterhalt der ägyptischen Truppen bei und entrichteten dem Pharao regelmäßige Abgaben. Es gab ständige Kontakte mit der ägyptischen Oberherrschaft.

Die Städte Kanaans waren zu dieser Zeit kaum mehr als Verwaltungssitze für König, Königsfamilie und ein Gefolge von Verwaltungsleuten. Die Bauern lebten ringsum in Dörfern. Die Städte hatten keine schützenden Mauern, weil Ägypten das Land im Griff hielt und sicherte. Es ist darum undenkbar, dass die Ägypter nur zugeschaut hätten, wenn eine Gruppe von Flüchtlingen – noch dazu Flüchtlinge aus Ägypten – begonnen hätte, die ganze Provinz Kanaan zu verwüsten. Die Siegesnotiz des Pharao Merenptach teilt mit, dass das vorher nie erwähnte Israel im Jahr 1207 bereits zur Bevölkerung Kanaans zählte.

Die Israel-Stele des Pharao Merenptach

Im Jahr 1207 v. Chr. musste der Pharao Merenptach, Sohn Ramses' II., mehrere Angreifer abwehren. Nachdem er sie besiegt hatte, wurde auf dieser Stele die Freude der Ägypter beschrieben, den Frieden wiedergewonnen zu haben. Im Text heißt es:

»Alle Fürsten haben sich niedergeworfen und rufen Frieden … Kein einziger erhebt mehr sein Haupt.

Verwüstet ist Libyen. Hatti (ein Gebiet in Syrien) ist befriedet. Geplündert ist Kanaan mit allem Übel. Israel ist verwüstet und hat keinen Samen,

Alle Länder sind insgesamt in Frieden.«

Kanaanäische Fürsten, die dem Pharao Tributgaben bringen und sich ihm unterwerfen. Ägyptisches Grab aus der Zeit Thutmosis IV. (1422–1413 v. Chr.).

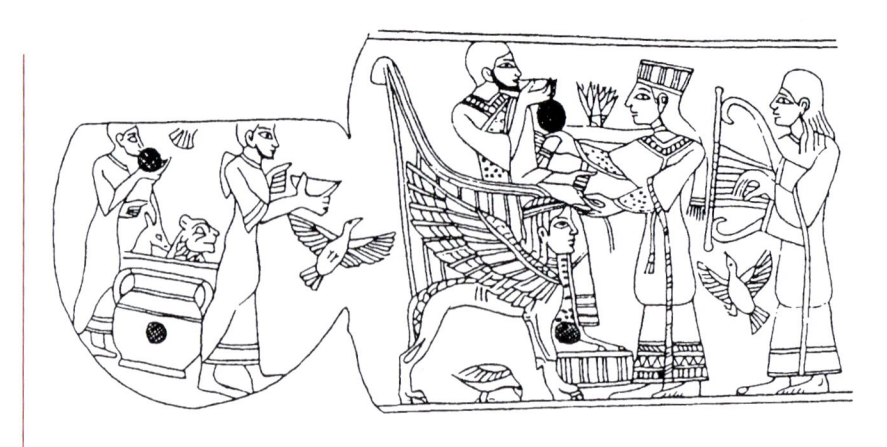

Diese Elfenbeinritzung aus Megiddo zeigt rechts den siegreichen Fürsten unter der geflügelten Sonnengottheit im Streitwagen. Hinter ihm trägt ein Diener das Krummschwert, das Schwert des Sieges. Zwei gefesselte und nackte Nomaden gehen dem Pferd voran.

Die linke Hälfte zeigt die Siegesfeier. Der König sitzt auf einem Thron, den geflügelte Mischwesen tragen. Die Königin reicht ihm den Siegestrunk. Er lässt sich von seinem Hofstaat feiern. Eine zweite Frau hinter ihr begleitet auf der Leier das Siegeslied. Ganz links, hinter dem Thron, tragen aufffliegende Vögel die Siegesbotschaft in alle Himmelsrichtungen.

Ein solches Königtum war für die Bevölkerung der Dörfer neu, jedoch selbstverständlich für die kanaanäischen Städte, die in Verbindung mit Ägypten standen (um 1250–1150).

Das eroberte Land

Wie Jahwe es seinem Knecht Mose befohlen hatte, so hatte es Mose Josua befohlen und so führte Josua es aus: Er unterließ nichts von all dem, was Jahwe dem Mose befohlen hatte. So nahm Josua dieses Land ein, das Gebirge und den ganzen Negev bis zum Fuß des Hermongebirges. Alle ihre Könige nahm Josua gefangen und schlug sie tot. Lange Zeit führte Josua gegen diese Könige Krieg. Es gab keine Stadt, die mit den Israeliten Frieden geschlossen hätte, alle musste man im Kampf nehmen. Denn von Jahwe war beschlossen worden, ihr Herz angesichts des Kampfes mit Israel zu verhärten, um sie dem Untergang zu weihen; Israel sollte keine Gnade bei ihnen walten lassen, sondern sie ausrotten, wie es Jahwe dem Mose befohlen hatte. Josua nahm das Land ein, genauso, wie es Jahwe zu Mose gesagt hatte, und Josua verteilte es als Erbbesitz an Israel. Dann war der Krieg zu Ende und das Land hatte Ruhe.

Josua 11,15–20

Warum erzählt das Buch Josua von einer Eroberung des Landes Kanaan durch die Israeliten, wenn doch diese Kriegszüge nie stattfanden? Um diese Frage zu beantworten, muss man wissen, wann das Buch Josua geschrieben wurde. Archäologen greifen dazu auf Jos 15,21–62 zurück. Dort wird das Gebiet des Stammes Juda beschrieben. Dieses Gebiet stimmt genau mit den Grenzen des Reiches Juda unter der Herrschaft von König Joschija überein. Einige Orte dieses Gebiets gab es sogar *nur* zur Zeit Joschijas. Dieser Text wurde also erst 600 Jahre später geschrieben oder überarbeitet.

Damals träumten die Menschen davon, wieder ein neues Groß-Israel zu werden. Das zu dieser Zeit angeblich im Tempel wiedergefundene Buch, das sich als Testament des Mose ausgibt (→ S. 134), versprach die Hilfe Jahwes, wenn sich das Volk ihm unterwerfe. Die Leute um König und Tempel waren überzeugt: Würde sich Israel zu Jahwe bekehren und keine anderen Götter mehr gelten lassen, dann würde auch Jahwe dem Volk keinen Sieg versagen. Und so träumten sie in die Vergangenheit ihre eigene Zukunft. Die Josuageschichte will zeigen, dass Jahwe zum Sieg führt, wenn alle ihm allein dienen.

Hinter dem Namen Josua verbirgt sich also der 600 Jahre späte lebende König Joschija. Er verbot die Verehrung der Götter Kanaans; Jahwe aber beschrieb er nach Art des assyrischen Großkönigs. Das machte aus dem Gott, der die Freiheit der Menschen will, einen Machthaber, der erbarmungslos tötet (→ S. 122 f.). Zugleich trennte Joschija sein Reich von allem, was er »Kanaan« nannte: Die Religionen und Kulte des Landes sollten vernichtet werden, so wie im Buch Josua die Vernichtung von Jericho, Ai und anderen Städten geschildert wird.

Wenn aber die Israeliten nicht als Fremde ins Land kamen, woher kamen sie dann? Sie kamen aus dem westjordanischen Bergland, nicht aus den Städten der fruchtbaren Gebiete. Sie kannten keine öffentlichen Bauten, keine Paläste, Tempel oder Speicherhäuser. Ihre Häuser waren ärmlich, die Dörfer unbefestigt. Das gefundene Werkzeug lässt auf Getreideanbau schließen. Man fand keine Waffen. Die ersten Israeliten waren demnach Hirten und Bauern. Statt mit anderen Völkern zu kämpfen, kämpften sie mit dem steinigen Boden und dichten Wäldern.

Die Geschichte Israels verlief also umgekehrt zur Schilderung der Bibel: Die Israeliten kamen nicht von außen nach Kanaan, sondern waren selbst Kanaanäer. Es gab keinen Massenauszug aus Ägypten und keine gewaltsame Eroberung des Landes. Die frühen Israeliten waren Einheimische. Auch wenn sie sich in späterer Zeit als Jahwegläubige gegen andere Kanaanäer abgrenzten: Sie waren ebenfalls Kanaanäer.

Die Karte zeigt die frühe israelitische Besiedlung um 1 200 v. Chr. Nicht in der Küstenebene, sondern im Bergland entstanden kleine dörfliche Wohnplätze. Man schätzt, dass es anfangs ungefähr 250 Orte waren mit insgesamt 45 000 Menschen. Daraus entwickelte sich schrittweise ein Netz aus Dörfern, Marktzentren und Städten. Im 10. Jahrhundert bildeten sich hier die Königreiche Israel und Juda. Im 8. Jahrhundert existierten mehr als 500 Ortschaften mit einer Bevölkerung von ungefähr 160 000 Menschen.

Die Israeliten kamen nicht von außen nach Kanaan – sondern aus dem Lande selbst. Es gab keinen Massenauszug aus Ägypten und ebenso wenig eine gewaltsame Eroberung des Landes. Die meisten Menschen, die das frühe Israel bildeten, waren Einheimische, also Kanaanäer.

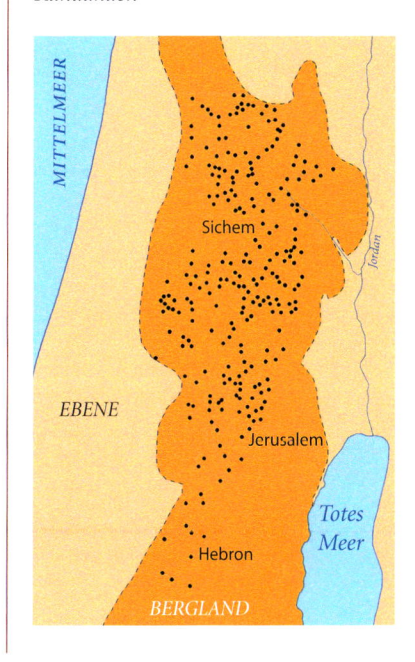

Diese Siegel aus Palästina zeigen einen König in engster Verbindung mit dem Sonnengott. Unter seinem Thron ist das Zeichen »Gold« zu sehen. Es steht hier für himmlisches Licht. Der König wird von einem, zwei oder vier Falken beschützt, die jedoch nur mit Flügeln angedeutet werden. Über ihm schwebt die geflügelte Sonnengottheit (vgl. S. 97). 10. bis 9. Jh. v. Chr.

Auf dem Weg zum Königtum

Dem Buch Josua folgt in der Bibel das Buch der Richter. Es erzählt von einer Zeit, in der Israel sich in Stämmen organisierte, aber noch kein Staat war. Das Stammesleben wurde von Männern geführt, die in der Bibel »Richter« heißen, obwohl sie mit Richtern im heutigen Sinne nichts zu tun hatten.

Dieses Buch der Richter ist ebenfalls voll Gewalt und kriegerischer Gesinnung. Wie das Buch Josua wurde es aus der Sicht einer späteren Zeit geschrieben. Weil man bereits wusste, dass die Geschichte des eigenen Volkes auf den Untergang Jerusalems und des Tempels im Jahr 587 v. Chr. zulief, betont auch dieses Buch, dass Jahwes Zorn gegen Israel entbrennt, wenn es die Götter Kanaans verehrt.

Der Zorn Jahwes

Die Israeliten taten, was Jahwe missfiel, und dienten den Baalen. Sie verließen Jahwe, den Gott ihrer Väter, der sie aus Ägypten herausgeführt hatte, und liefen anderen Göttern nach, den Göttern der Völker, die rings um sie wohnten. Sie warfen sich vor ihnen nieder und erzürnten dadurch Jahwe.

Als sie Jahwe verließen und dem Baal und den Astarten dienten, entbrannte der Zorn Jahwes gegen Israel. Er gab sie in die Gewalt von Räubern, die sie ausplünderten, und lieferte sie der Gewalt ihrer Feinde ringsum aus, sodass sie ihren Feinden keinen Widerstand mehr leisten konnten. Sooft sie auch in den Krieg zogen, war die Hand Jahwes gegen sie, und sie hatten kein Glück, wie Jahwe gesagt und ihnen geschworen hatte. So gerieten sie in große Not.

Jahwe aber setzte Richter ein, die sie aus der Gewalt der Räuber befreiten. Doch sie gehorchten auch ihren Richtern nicht, sondern gaben sich anderen Göttern hin und beteten sie an. Rasch wichen sie von dem Weg ab, den ihre Väter, den Geboten Jahwes gehorsam, gegangen waren. Doch sie handelten nicht wie ihre Väter. Sie ließen nicht ab von ihrem bösen Treiben und von ihrem störrischen Verhalten.

Da entbrannte der Zorn Jahwes gegen Israel. Er sagte: Weil dieses Volk meinen Bund übertreten hat, zu dem ich ihre Väter verpflichtet habe, und weil es nicht auf meine Stimme hört, werde auch ich kein einziges der Völker mehr vor ihren Augen vertreiben, die Josua bei seinem Tod noch übrig gelassen hat. Israel soll durch sie auf die Probe gestellt werden, ob es daran festhält, den Weg Jahwes zu gehen, wie es seine Väter taten, oder nicht. *Richter 2,11–22*

Während die Stämme Israels im Bergland friedlicher lebten, als es die Bücher Josua und Richter schildern, unterlagen die Städte Kanaans einem Verfall, der sich lange hinzog. Dazu trugen kriegerische Völker bei, die aus dem östlichen Mittelmeer kamen und sich an der Küste Kanaans niederließen. Da ihre genaue Herkunft unbekannt ist, nennt man sie die »Seevölker«. In der Bibel heißen sie Philister.

Die Philister waren überlegen in der Eisenverarbeitung und hatten deshalb auch überlegene Waffen. Zwar kämpften die Ägypter gegen die Eindringlinge, konnten sie aber nicht aus dem Land verdrängen. Erst recht waren die Israeliten den Philistern unterlegen, denn sie hatten kein eigenes Heer. Gab es Überfälle und Raubzüge im eigenen Land, so wurden die Männer der Umgebung zusammengerufen, um die Feinde zu vertreiben. Doch gelang dies nicht wirklich. Die israelitischen Kämpfer waren ja Bauern, die immer so schnell wie möglich nach Haus zurück wollten, um die Tiere zu versorgen oder die Felder zu bestellen. Doch weckten die Bedrohungen von außen schließlich den Wunsch, einen eigenen Staat mit einem König und einem Heer zu haben, wie es Ägypten und die meisten Nachbarvölker zeigten.

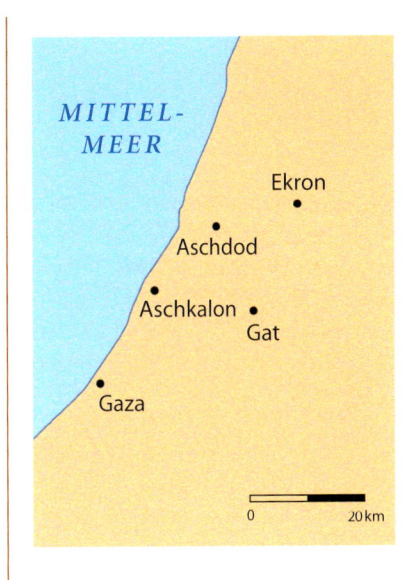

Die fünf Städte der Philister.

Die Herkunft der Seevölker ist nicht eindeutig geklärt. Die meisten werden aus dem östlichen Mittelmeer gekommen sein. Ihre Städte waren Gaza, Aschkelon, Gat, Aschdod und Ekron. David, der zunächst im Dienst eines Philisterfürsten stand, verwies sie in ihre Grenzen. Ebenso wie Israel gerieten die Philister später unter die Herrschaft der Assyrer, Babylonier und Perser. Die Römer leiteten den Landesnamen Palästina von den Philistern ab. Mit der Zeit vermischten sich die Philister mit den Kanaanäern und übernahmen auch deren Götter und Kulte.

Gefangene Philister. Tempel Ramses' III. in Theben. 12. Jahrhundert v. Chr.

Relief zur Erinnerung an den Sieg des Pharao Ramses II. über die Seevölker. Ein Teil der Seevölker ließ sich an der Mittelmeerküste nieder. Bekannt wurden sie als »Philister« durch ihre Kämpfe mit den Israeliten. Die Gefangenen, die ihren gebeugten Arm hochheben, machen die Unterwerfungsgeste.

Die ägyptische Gottheit Sobdu, »Herr der bergigen Fremdländer«, führt dem Pharao an langen Stricken Gefangene zu.

Über Jahrhunderte wird der König dargestellt, wie er seine Feinde niederschlägt. Er herrscht durch die Macht seiner Soldaten.

Das Volksbegehren und das Königsrecht

Als Samuel alt geworden war, versammelten sich alle Ältesten von Israel. Sie gingen zu Samuel nach Rama und sagten zu ihm: Bedenke, du bist nun alt, und deine Söhne gehen nicht auf deinen Wegen. Darum setze uns jetzt einen König ein, dass er uns regiere, wie es bei allen Völkern üblich ist. Aber Samuel missfiel es, dass sie einen König haben wollten.

Er sagte zu ihnen: Das werden die Rechte des Königs sein, der über euch herrschen wird: Er wird sich eure Söhne holen und sie für sich bei seinen Wagen und seinen Pferden einsetzen, auch müssen sie vor seinem Wagen herlaufen. Sie müssen sein Ackerland pflügen und seine Ernte einbringen, müssen seine Kriegsgeräte und seinen Streitwagenpark herstellen. Eure Töchter wird er an seinen Hof holen, damit sie ihm Salben zubereiten und kochen und backen. Eure schönsten Äcker, Weinberge und Ölbäume wird er euch wegnehmen und sie seinen Beamten geben. Darüber hinaus wird er von euren Saaten und Weinbergen den Zehnten erheben und ihn seinen Hofbeamten und Mitarbeitern geben. Eure Knechte und Mägde, eure besten jungen Leute und eure Esel wird er holen und sie in seinen Dienst stellen. Eure Schafherden wird er verzehnten, und ihr selber werdet seine Sklaven sein. Wenn es so weit ist, würdet ihr den König, den ihr euch erwählt habt, gern wieder los sein. Ihr werdet um Hilfe schreien, aber Jahwe wird euch nicht antworten.

Das Volk aber weigerte sich, auf Samuel zu hören. Es sagte: Nein! Ein König soll über uns herrschen. Wir wollen sein wie alle anderen Völker. Unser König soll uns Recht sprechen, er soll uns voran zu Felde ziehen und soll unsere Kriege führen.

Samuel hörte alle Worte des Volkes an und trug sie dann Jahwe vor. Darauf wies Jahwe Samuel an: Hör auf sie, und setze ihnen einen König ein! Da sagte Samuel zu den Israeliten: Geht nun heim, ein jeder in seine Stadt!

1 Samuel 8

Samuel nennt lauter Gründe, die dagegen sprechen. Es ist aber nicht wahrscheinlich, dass eine solche Kritik aufkam, noch bevor es Erfahrungen mit dem Königtum gab. Wahrscheinlich wird aus der Sicht einer späteren Zeit geschrieben. Dennoch wird im Folgenden von den Anfängen des Königtums sehr einfach gesprochen, wie es in früher Zeit gewesen sein kann:

Die Salbung Sauls zum König

Damals lebte in Benjamin ein Mann namens Kisch, ein vermögender Mann. Der hatte einen Sohn, Saul hieß er und war jung und schön. Unter den Israeliten war keiner stattlicher als er; um Haupteslänge überragte er alle.

Eines Tages nun gingen dem Vater Sauls alle seine Eselinnen verloren. Darum sagte Kisch zu seinem Sohn Saul: Nimm einen von den Knechten mit und mach dich auf den Weg, such die Eselinnen!

Sie durchquerten das Gebirge Efraim und durchstreiften das Gebiet von Schalischa, fanden sie aber nicht. Sie zogen durch die Gegend von Schaalim – ohne Erfolg; dann durchwanderten sie die Landschaft von Jemini und fanden sie auch dort nicht. Da sagte Saul zu seinem Knecht, der ihn begleitete: Komm, wir wollen umkehren, sonst macht sich mein Vater um uns noch mehr Sorgen als um die Eselinnen. Der Knecht erwiderte ihm: In dieser Stadt gibt es doch einen Gottesmann, der sehr angesehen ist; alles, was er sagt, trifft ein. Lasst uns jetzt noch zu ihm gehen; vielleicht kann er uns sagen, welchen Weg wir gehen sollen. Saul antwortete dem Knecht: Und wenn wir hingingen, was könnten wir dem Mann mitbringen? Das Brot in unseren Beuteln ist aufgegessen. Sonst haben wir nichts, was wir dem Gottesmann als Geschenk bringen könnten. Oder haben wir etwas? Darauf der Knecht: Sieh her, ich habe noch einen Viertel-Silberschekel. Den will ich dem Gottesmann geben, damit er uns Auskunft über den Weg gibt. Also gingen sie in die Stadt, wo der Gottesmann wohnte.

Als sie die Steige zur Stadt hinaufgingen, trafen sie einige Mädchen, die herauskamen, Wasser zu schöpfen. Die fragten sie: Ist der Seher hier? Sie antworteten ihnen: Ja, er ist hier, den Weg geradeaus. Beeilt euch aber, denn er ist soeben in die Stadt gekommen, weil die Bevölkerung heute ein Opferfest feiert. Wenn ihr in die Stadt kommt, werdet ihr ihn wohl noch treffen, bevor er zur Kulthöhe hinaufsteigt, um am Mahl teilzunehmen. Da stiegen sie weiter hinauf zur Stadt. Als sie zur Stadtmitte gekommen waren, kam ihnen gerade Samuel entgegen.

Nun hatte aber Jahwe, einen Tag bevor Saul kam, Samuel das Ohr für eine Offenbarung geöffnet und gesagt: Morgen um diese Zeit werde ich einen Mann aus dem Gebiet Benjamin zu dir schicken. Ihn salbe

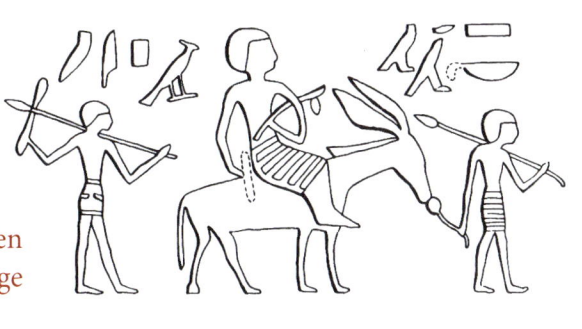

Die Stammesfürsten der Richterzeit ritten auf Eseln (Ri 5,10 10,4) und David auf einem Maultier (1 Kg 1,33–38). Die Söhne Davids brachten ihren Anspruch auf das Königtum durch die Anschaffung von Pferden und Wagen zum Ausdruck (2 Sam 15,1 1 Kg 1,5).

»Als sie die Steige zur Stadt hinaufgingen …« Die 22 m lange Treppe von Ebla in Syrien.

Häuser und Städte
Gebaut wurde mit Lehmziegeln. Man vermengte Lehm mit Strohhäcksel und Wasser und weichte die Masse einige Tage ein. Das Stroh verhindert, dass die Ziegel nach dem Trocknen brechen. Dann kommt die Lehmmasse in eine viereckige Form und trocknet mehrere Wochen in der Sonne. Deshalb fand die Produktion gewöhnlich im Sommer nach der Ernte statt, wenn Stroh vorhanden und wenig Regen zu erwarten war.

zum Fürsten über mein Volk Israel. Er soll mein Volk aus der Gewalt der Philister befreien; denn ich habe die Not meines Volkes Israel gesehen, ihr Schreien ist zu mir gedrungen.

Als Samuel Saul sah, gab ihm Jahwe ein: Das ist der Mann, von dem ich dir gesagt habe: Der soll über mein Volk herrschen. Saul trat mitten im Toreingang auf Samuel zu und fragte: Sag mir doch, wo ist hier das Haus des Sehers? Samuel antwortete Saul: Der Seher bin ich. Geh vor mir her zur Kulthöhe hinauf und iss heute mit mir. Morgen früh kannst du weiterziehen. Ich werde dir dann über alles Auskunft geben, was du auf dem Herzen hast.

Um die Eselinnen aber, die du vor drei Tagen verloren hast, brauchst du dir keine Gedanken mehr zu machen. Sie wurden inzwischen gefunden. Wem aber gehört die ganze Sehnsucht Israels? Gilt sie nicht dir und dem Hause deines Vaters?

Samuel nahm Saul und seinen Knecht mit. Er führte sie in die Halle und gab ihnen Ehrenplätze vor allen Geladenen; es waren etwa dreißig Männer. Und Saul aß mit Samuel an jenem Tag. Dann stiegen sie von der Kulthöhe in die Stadt hinab. Dort führte Samuel mit Saul ein Gespräch auf dem Dach. Früh am nächsten Morgen, als die Dämmerung anbrach, rief Samuel zu Saul aufs Dach hinauf: Steh auf! Ich will dir das Weggeleit geben. Saul machte sich auf und sie gingen miteinander. Als sie die Grenze des Stadtgebietes erreichten, sagte Samuel zu Saul: Befiehl dem Knecht vorauszugehen; du aber bleib hier stehen! Ich will dir einen Gottesspruch sagen.

Darauf nahm Samuel den Ölkrug, goss ihm Öl auf das Haupt, küsste ihn und sagte: Jahwe hat dich zum Fürsten über sein Erbe gesalbt. Wenn du jetzt von mir weggehst, wirst du zwei Männer treffen, die zu dir sagen werden: Die Eselinnen, nach denen zu suchen du fortgingst, sind gefunden worden. Wenn du von da weitergehst und zur Eiche von Tabor kommst, werden dir dort drei Männer begegnen, die zu Gott nach Bet-El hinaufziehen. Einer von ihnen wird ein Böckchen tragen, ein anderer drei Laib Brot und ein dritter einen Schlauch Wein. Die werden dir Frieden wünschen und dir zwei Brote geben; die sollst du von ihnen annehmen. Danach wirst du nach Gibeat-Elohim kommen, wo die Philister ihre Posten stehen haben. Wenn du dort in die Stadt hineingehst, wirst du eine Prophetengruppe treffen, die von der Kulthöhe herabkommt, vor ihnen her Harfe, Pauke, Flöte und Zither. Die werden in prophetischer Verzückung sein. Dann wird der Geist Jahwes über dich kommen, und du wirst wie sie in Ekstase geraten und in einen anderen Menschen verwandelt werden. Wenn du all diese Zeichen erlebst, dann tu, was sich dir aufdrängt; denn Gott ist mit dir.

Noch am gleichen Tag trafen alle jene Zeichen ein. Als sie nach Gibea kamen, zog ihnen tatsächlich eine Prophetengruppe entgegen und der Geist Gottes kam über ihn, und er geriet unter ihnen in prophetische Verzückung. Alle, die ihn von früher kannten, sahen, wie er zusammen mit den Propheten in Verzückung war. Da sagten die Leute zueinander: Was ist nur mit dem Sohn des Kisch? Ist Saul jetzt auch unter den Propheten?

Als er aus der Verzückung wieder herauskam, ging Saul nach Gibea. Da fragte Sauls Onkel ihn und seinen Knecht: Wo seid ihr denn gewesen? Er antwortete: Wir waren unterwegs, die Eselinnen zu suchen. Als wir sahen, dass sie nirgends zu finden waren, gingen wir zu Samuel. Sauls Onkel sagte: Erzähl mir doch, was Samuel euch gesagt hat. Saul antwortete seinem Onkel: Er teilte uns als sicher mit, dass die Eselinnen gefunden worden sind. Von der Verheißung des Königtums aber, die Samuel ihm mitgeteilt hatte, erzählte er ihm nichts. *Samuel 9,1–10,16*

Mit so viel Freude an Einzelheiten ist bisher in der Bibel nicht erzählt worden. Wir werden in eine ländliche Welt geführt. Da gehen Mädchen Wasser holen; ein »Seher« kommt zum Opferfest, um die Gaben zu segnen; die Sippe des Kisch hat seine Esel verloren, nun müssen Saul und ein Knecht Berg und Tal absuchen, um sie wiederzufinden. Ein König, der aus solchen Verhältnissen kommt, hat weder Palast noch Glanz. Er reitet auch nicht hoch zu Ross, sondern weiterhin auf einem Esel.

Es verwundert, dass Saul gewissermaßen heimlich zum König gesalbt wird. Drei Gaben werden ihm anschließend vorausgesagt: Die Esel werden wiedergefunden, so dass die Familie Sauls nicht verarmt; ihm werden Brot, Wein und Fleisch geschenkt als Zeichen des Segens; und er soll in eine Prophetenhorde geraten, die ihn mit Geist begabt.

Wir müssen nicht glauben, dass alles so geschehen ist, doch bekommen wir Verhältnisse geschildert, die in jener Zeit herrschten.

Dieses Dorf im Iran steht auf einem Tell aus dem Lehmschutt mehrerer tausend Jahre. Ähnliche Tells finden sich in Israel, Syrien und im Irak.

Lehmziegel haben viele Vorteile. Sie sind leicht zu fertigen, sind sichere Bauträger und sie isolieren gut. Damit der Regen sie nicht schnell auswäscht, wurden Wände und Dächer zusätzlich mit einer Mischung aus Lehm und Stroh verputzt. Dennoch bedurften die Häuser der häufigen Instandsetzung. Lehmziegel von ruinösen Gebäuden wurden nicht wiederverwendet. Man ebnete den Platz ein und errichtete darüber einen Neubau. Auf diese Weise wuchs der besiedelte Boden immer höher, so dass in der flachen Landschaft ein Hügel entstand, arabisch tell genannt, persisch tepe und türkisch hüyük. Manchmal erreichen die Überreste bedeutender Städte, die mehrere tausend Jahre besiedelt, also auch immer neu gebaut wurden, mehr als fünfzig Meter. Andere, unter denen sich nur die Ablagerungen kleiner Dörfer verbergen, ragen bloß einige Meter aus den umliegenden Feldern heraus.

Vom vielen Bücken wird man krumm,
vom vielen Nicken wird man dumm,
vom vielen Wegschaun wird man blind.
Werd anders, Kind.

Geh aufrecht und frag dich, ob alles stimmt.
Auch wenn man das Fragen dir übelnimmt:
Scher dich nicht um die Übelnehmer.
Sei unbequemer.

Das wird nicht ganz ohne Narben abgehn.
Aber möchtest du erst die unsern sehn?
Du sollst uns nicht bös sein und uns nicht verlachen.
Du sollst es einfach besser machen.

Wolf Harranth

David und Goliat

Als die Philister in Kanaan eindrangen, waren die Küstenstädte Gaza, Aschkalon und Aschdod noch ägyptische Zentren. Die Philister drängten die Ägypter zurück und übernahmen die Vormacht im Lande.

Wegen ihrer Kenntnisse in der Verarbeitung von Eisen waren sie den Völkern Kanaans mit Waffen und Werkzeug überlegen. Die Bibel zählt sie zu den gefährlichsten Feinden Israels. Nach anfänglichen Siegen verlor Saul im Kampf gegen die Philister sein Leben. Im jungen David, dem späteren König, aber fanden die Philister einen Gegner, der sie in Schach hielt. Sie wurden auf einen Landstreifen an der Küstenebene Kanaans zurückgedrängt. In den weiteren Jahrhunderten vermischten sich die Philister mit den Kanaanäern und übernahmen deren Götter und Kulte.

Der Name »Palästina« leitet sich von *Philister* und *Philistäa*, dem Land der Philister, ab (→ S. 63).

Die Philister zogen ihre Truppen zum Kampf zusammen. Auch Saul und die Männer Israels sammelten sich und traten zum Kampf gegen die Philister an. Die Philister standen an dem Berg auf der einen Seite, die Israeliten an dem Berg auf der anderen Seite; zwischen ihnen lag das Tal. Da trat aus dem Lager der Philister ein Vorkämpfer namens Goliat hervor. Er war sechs Ellen und eine Spanne groß. Auf seinem Kopf hatte er einen Helm aus Bronze und er trug einen Schuppenpanzer aus Bronze. Er hatte bronzene Schienen an den Beinen und zwischen seinen Schultern hing ein Sichelschwert aus Bronze. Sein Schildträger ging vor ihm her.

Goliat trat vor und rief zu den Israeliten hinüber: Warum seid ihr ausgezogen und habt euch zum Kampf aufgestellt? Bin ich nicht ein Philister und seid ihr nicht die Knechte Sauls? Wählt euch doch einen Mann aus! Er soll zu mir herunterkommen. Wenn er mich im Kampf erschlagen kann, wollen wir eure Knechte sein. Wenn ich ihm aber überlegen bin und ihn erschlage, dann sollt ihr unsere Knechte sein und uns dienen. Als Saul und ganz Israel diese Worte des Philisters hörten, erschraken sie und hatten große Angst. Jeden Morgen und jeden Abend kam der Philister und stellte sich kampfbereit hin – vierzig Tage lang.

David war der jüngste Sohn Isais aus Betlehem, der acht Söhne hatte. Er kehrte öfters vom Hof Sauls nach Betlehem zurück, um die Schafe seines Vaters zu hüten. Eines Tages sagte Isai zu seinem Sohn David: Sieh nach, ob es deinen Brüdern gut geht, und lass dir ein Pfand (als Lebenszeichen) von ihnen geben! Nimm für sie von diesem gerösteten Korn und diese zehn Brote und lauf damit zu ihnen ins Lager. Und diese zehn Käse bring dem Obersten der Tausendschaft! David brach früh am Morgen auf, überließ die Herde einem Wächter, lud die Sachen auf und ging, wie es ihm Isai befohlen hatte. Er ging zu seinen Brüdern und fragte, wie es ihnen gehe. Während er mit ihnen redete, trat aus den Reihen der Philister ihr Vorkämpfer hervor, der Philister namens Goliat aus Gat. Er rief die gewohnten Worte und David hörte es.

Als die Israeliten den Mann sahen, sagten sie: Er kommt nur, um Israel zu verhöhnen. David fragte die Männer, die bei ihm standen: Wer ist denn dieser Philister, dass er die Schlachtreihen des lebendigen Gottes verhöhnen darf? Als sein ältester Bruder Eliab hörte, wie er mit den Männern redete, wurde er zornig auf David. Er sagte:

Kleine Frage

Glaubst du
du bist noch
zu klein
um große
Fragen zu stellen?

Dann kriegen
die Großen
dich klein
noch bevor du
groß genug bist

Erich Fried

Dieses Bild von Annegert Fuchshuber zeigt deutlich den märchenhaften Charakter der Geschichte von David und Goliat.

Klara ärgert einen Tiger.

Doch nur 1x —

dann nie wieder!

Wozu bist du denn hergekommen? Wem hast du denn die Schafe in der Wüste überlassen? Ich kenne doch deine Keckheit und die Bosheit in dir. Du bist nur hergekommen, um den Kampf zu sehen. David erwiderte: Was habe ich denn jetzt wieder getan? Ich habe doch nur gefragt.

Als bekannt wurde, was David gesagt hatte, berichtete man davon auch in Sauls Umgebung und Saul ließ ihn holen. David sagte zu Saul: Niemand soll wegen des Philisters den Mut sinken lassen. Dein Knecht wird hingehen und mit diesem Philister kämpfen. Saul erwiderte ihm: Du kannst nicht zu diesem Philister hingehen, um mit ihm zu kämpfen; du bist zu jung, er aber ist ein Krieger seit seiner Jugend. David sagte zu Saul: Dein Knecht hat für seinen Vater die Schafe gehütet. Wenn ein Löwe oder ein Bär kam und ein Lamm aus der Herde wegschleppte, lief ich hinter ihm her, schlug auf ihn ein und riss das Tier aus seinem Maul. Und wenn er sich dann gegen mich aufrichtete, packte ich ihn an der Mähne und schlug ihn tot. Dein Knecht hat den Löwen und den Bären erschlagen und diesem Philister soll es genauso ergehen wie ihnen, weil er die Schlachtreihen des lebendigen Gottes verhöhnt hat. Jahwe, der mich aus der Gewalt des Löwen und des Bären gerettet hat, wird mich auch aus der Gewalt dieses Philisters retten. Da antwortete Saul: Geh, Jahwe sei mit dir. Und Saul zog David seine Rüstung an; er setzte ihm einen bronzenen Helm auf den Kopf und legte ihm seinen Panzer an, und über der Rüstung hängte er ihm sein Schwert um. David versuchte in der Rüstung zu gehen, aber er war es nicht gewohnt. Darum sagte er zu Saul: Ich kann in diesen Sachen nicht gehen, ich bin nicht daran gewöhnt. Und er legte sie wieder ab, nahm seinen Stock in die Hand, suchte sich fünf glatte Steine aus dem Bach und legte sie in die Hirtentasche, die er bei sich hatte und die ihm als Schleudersteintasche diente. Die Schleuder in der Hand, ging er auf den Philister zu.

Der Philister kam immer näher an David heran. Voll Verachtung blickte er David an, als er ihn sah; denn David war noch sehr jung, er war blond und von schöner Gestalt. Der Philister sagte zu David: Bin ich denn ein Hund, dass du mit einem Stock zu mir kommst? Und er verfluchte David bei seinen Göttern. Er rief David zu: Komm nur her zu mir, ich werde dein Fleisch den Vögeln des Himmels und den wilden Tieren zum Fraß geben. David antwortete dem Philister: Du kommst zu mir mit Schwert, Speer und Sichelschwert, ich aber komme zu dir im Namen Jahwes, des Gottes der Schlachtreihen Israels, den du verhöhnt hast. Heute wird dich Jahwe mir ausliefern. Ich werde dich erschlagen und dir den Kopf abhauen. Die Leichen des Heeres der Philister werde ich noch heute den Vögeln des Himmels und den wilden Tieren zum Fraß geben. Alle Welt soll erkennen, dass Israel einen Gott hat.

Als der Philister weiter vorrückte und immer näher an David herankam, lief auch David dem Philister entgegen. Er griff in seine Hirtentasche, nahm einen Stein heraus, schleuderte ihn ab und traf den Philister an der Stirn. Der Stein drang in die Stirn ein und der Philister fiel mit dem Gesicht zu Boden. So besiegte David den Philister mit einer Schleuder und einem Stein; er traf den Philister und tötete ihn, ohne ein Schwert in der Hand zu haben. Dann lief David hin und trat neben den Philister. Er ergriff sein Schwert, zog es aus der Scheide, schlug ihm den Kopf ab und tötete ihn. Als die Philister sahen, dass ihr starker Mann tot war, flohen sie. Die Männer von Israel und Juda aber griffen an, erhoben das Kriegsgeschrei und verfolgten die Philister. Nach der Verfolgung kehrten die Israeliten zurück und plünderten das Lager der Philister.

Als David zurückkehrte, nachdem er den Philister erschlagen hatte, führte ihn Sauls Heerführer Abner zu Saul. David hatte den Kopf des Philisters noch in der Hand. Saul fragte ihn: Wessen Sohn bist du, junger Mann? David antwortete: Der Sohn deines Knechtes Isai aus Betlehem.
1 Samuel 17

Diese Erzählung ist eine Sage. Im 2. Buch Samuel 21,19 heißt es, dass *Elchanan aus Betlehem* den Goliat erschlagen habe. Wahrscheinlich wurde die Erzählung von dem sonst unbekannten Elchanan auf David übertragen, um damit auszugleichen, dass David in jüngeren Jahren als Bandenführer im Dienst der verhassten Philister gestanden hat.

Die Sage lobt David aus der Sicht seines späteren Königtums. Sie zeigt ihn als den von Jahwe Erwählten. Wie die früher erzählten Geschichten betont auch diese Sage: Nicht Israel musste die Ägypter besiegen: es ist Jahwe, der für Israel kämpfte (→ S. 66). Auch mussten nicht Josuas Truppen Jericho erstürmen: es genügte, dass sie eine Prozession um die Stadt machten und dabei die Posaunen bliesen (→ S. 76). Ebenso kann ein junger Mensch unerfahren im Kampfe sein und nur eine Steinschleuder in der Hand halten: er ist überlegen, wenn Jahwe ihn erwählt hat.

Steinschleuder

Als Hirte hatte David immer eine Schleuder dabei, um damit die Tiere zu vertreiben, die seine Schafe bedrohten. Der Hirte legte einen Stein in die Schleuder, hielt sie an beiden Enden fest und wirbelte sie mit hoher Geschwindigkeit herum. Wenn er dann auf der einen Seite losließ, flog der Stein auf sein Ziel zu. Steinschleudern waren eine tödliche Waffe.

Davids Königtum

Krönung Davids. Psalmenhandschrift, 14. Jahrhundert n. Chr.

David wurde nicht zum König gekrönt, sondern gesalbt. Aber die deutschen Könige stellten sich in die Linie Davids, um ihrem Königtum ein biblisches Fundament zu geben. Sie stülpten ihre eigene Welt über das davidische Königtum. Darum wird David auf diesem Bild nach germanischer Tradition auf den Schild gehoben und gekrönt.

Kein Name wird in der Bibel häufiger genannt als David. Die Geschichten, die von ihm handeln, sind Glanzlichter hebräischer Erzählkunst, das Ergebnis unablässiger Überarbeitung.

Es ist unwahrscheinlich, dass David jemals Gebiete erobert hat, die mehr als zwei, drei Tagesmärsche von Jerusalem entfernt lagen. Jerusalem war im 10. Jahrhundert v. Chr. nur eine schlichte Bergfestung, noch ohne Schriftkultur. Die »Geschichte von Davids Aufstieg« ist frühestens zweihundert Jahre nach David geschrieben worden.

Bis zu diesem Zeitpunkt lebten die Erinnerungen an David in Volkserzählungen weiter. Er begann als Bandenführer in einer Zeit politischer Wirren und gewann die Unterstützung der Bevölkerung, so dass die Ältesten ihn zum Oberhaupt des Stammesgebiets Hebron ernannten. Bald verlagerte David das Zentrum seiner Macht nach Jerusalem und herrschte über die Bauern und Hirten der Region. Seine Zeit als Bandit, in der er in seiner Weise Menschen half, ihnen Schutz gewährte oder auch hochmütige Schafzüchter in ihre Grenzen verwies, schufen ihm eine Gefolgschaft von Sympathisanten und glühenden Anhängern …

Lange Zeit blieb es bei der mündlichen Überlieferung dieser Erinnerungen, die sich mit den Verhältnissen unmerklich veränderten. Als dann im späten 8. Jahrhundert das Königreich Juda einen unerhörten Aufschwung erlebte, Wirtschaft und Kultur blühten, Jerusalem zu einer Metropole heranwuchs und eine Palastkultur sich entfaltete, bildete sich am Hof eine Klasse königlicher Schreiber und Beamter. Erst jetzt begann man, alte mündliche Überlieferungen zu sammeln und diese im Rückblick nach eigenen Vorstellungen und Absichten zu überarbeiten.

Das vereinigte Königreich

David wird König von Juda

Danach befragte David Jahwe: Soll ich in eine der Städte Judas hinaufziehen? Und Jahwe sprach zu ihm: Zieh hinauf! David fragte: Wohin soll ich ziehen? Er antwortete: Nach Hebron. Da zog David dorthin mit seinen beiden Frauen.

Auch seine Männer, die bei ihm waren, ließ David hinaufziehen, jeden mit seiner Familie, und sie ließen sich in den Städten um Hebron nieder. Und die Männer von Juda kamen und salbten David dort zum König über das Haus Juda. *2 Samuel 2,1–4*

David wird König von Israel

Alle Stämme Israels kamen zu David nach Hebron. Sie sagten: Siehe, wir sind dein Fleisch und Bein. Schon früher, als Saul noch unser König war, hast du uns in den Kampf und wieder nach Hause geführt. Jahwe hat zu dir gesprochen: Du sollst der Hirt meines Volkes Israel sein, du sollst Israels Fürst werden. Und alle Ältesten Israels kamen zum König nach Hebron. Und sie salbten David zum König von Israel. *2 Samuel 5,1–3*

David erobert Jerusalem

Und der König zog mit seinen Männern nach Jerusalem gegen die Jebusiter, die Bewohner dieser Gegend. Sie aber sagten zu David: Du wirst hier nicht hereinkommen. Dennoch eroberte David die Burg Zion; das ist die (heutige) Stadt Davids. Und David ließ sich in der Burg nieder und nannte sie die Stadt Davids. Und David begann ringsum zu bauen. Und David wurde immer mächtiger, und Jahwe, der Gott Zebaoth, war mit ihm. *2 Samuel 5,6–10*

Der König ist »der Gesalbte«, hebräisch maschiach, *»Messias«. Dies war sein ursprünglicher Titel. Die Salbung mit Öl bereitete ihn für den Empfang des göttlichen Geistes vor. Für andere Menschen machte sie den König unantastbar.*

David war also König von Juda und Israel. Um dieses doppelte Königtum zu verstehen, ist es wichtig, die Landkarte anzuschauen. Juda hieß der südliche Landesteil, von dem später das Judentum seinen Namen abgeleitet hat. Es war das Bergland um Jerusalem und Hebron, in dem die Stämme Benjamin und Juda lebten. David

Israel und Juda im 9. Jahrhundert v. Chr.

Seite 93: Marc Chagall, König David, 1951. Hinter jedem König Israels steht David. Hier beherrscht er das Bild in voller Größe. Zu seinen Füßen die Davidsburg, davor Menschen, die dem König zujubeln. Die weiße Frauengestalt dürfte Batseba, die Geliebte des Königs sein, mit ihr verbunden eine zweite Frau (oder ihre »andere« Seite), die dem König einen Leuchter zuwendet. Unten ein alter Jude, oben der Künstler selbst mit Pinsel und Palette.

wurde zuerst von seinen eigenen Leuten – er gehörte zum Stamm Benjamin – zum König von Juda gewählt.

Die nördlichen zehn Stämme nannten sich Israel. Ihr Land war größer. Es hatte fruchtbare Ebenen und reichere Lebensverhältnisse. Hier war Saul zu Hause, während David aus Bethlehem in Juda kam. Durch seine Erfolge im Kampf gegen die Philister gewann David Ansehen unter den Stämmen Israels, so dass sie ihm das Königtum auch über ihr Gebiet anboten.

Jerusalem war eine alte kanaanäische Stadt. Der Name bedeutet »Gründung des (Gottes) Schalim«. Die Geschichte Jerusalems begann rund 700 Jahre vor David. Die Lage im Bergland schützte vor Angriffen, während die Städte an der belebten Küstenstraße mehrfach überfallen wurden.

Zur Zeit Davids, etwa um 980 v. Chr., gehörte Jerusalem weder zu Juda noch zu Israel. Die Stadt lag zwischen beiden Bereichen. Nachdem David sie erobert hatte, machte er Jerusalem zu seiner Residenz. Den vorhandenen kleinen Tempel und dessen Priester übernahm er für seine Herrschaft.

Seine Nachfolger haben in späterer Zeit das Königtum Davids immer prachtvoller geschildert und seine Eroberungen immer größer gemacht. Aber unter David gab es noch keine bürokratische Verwaltung und auch keine militärische Macht. David hielt sein Ansehen durch gelegentliche Kriegs- und Beutezüge aufrecht. Geschaffen wurde weniger ein Reich als ein Herrschaftsbereich, in dem sich David behauptete.

Der Verbund von Israel in Norden und Juda im Süden hielt nicht lange. Er brach bereits nach Salomo, dem Sohn Davids, auseinander. Die weitere Geschichte des Nordreichs Israel verlief zunächst glänzender als die des ärmeren Südreichs Juda, doch dauerte sie nur rund 200 Jahre. Um 722 v. Chr. haben die Assyrer das Nordreich zerstört. Das kleinere Südreich Juda überlebte weitere 135 Jahre. Dann kamen die Babylonier, eroberten Jerusalem und zerstörten die Stadt im Jahr 587 v. Chr. Damit endete die Geschichte der davidischen Könige.

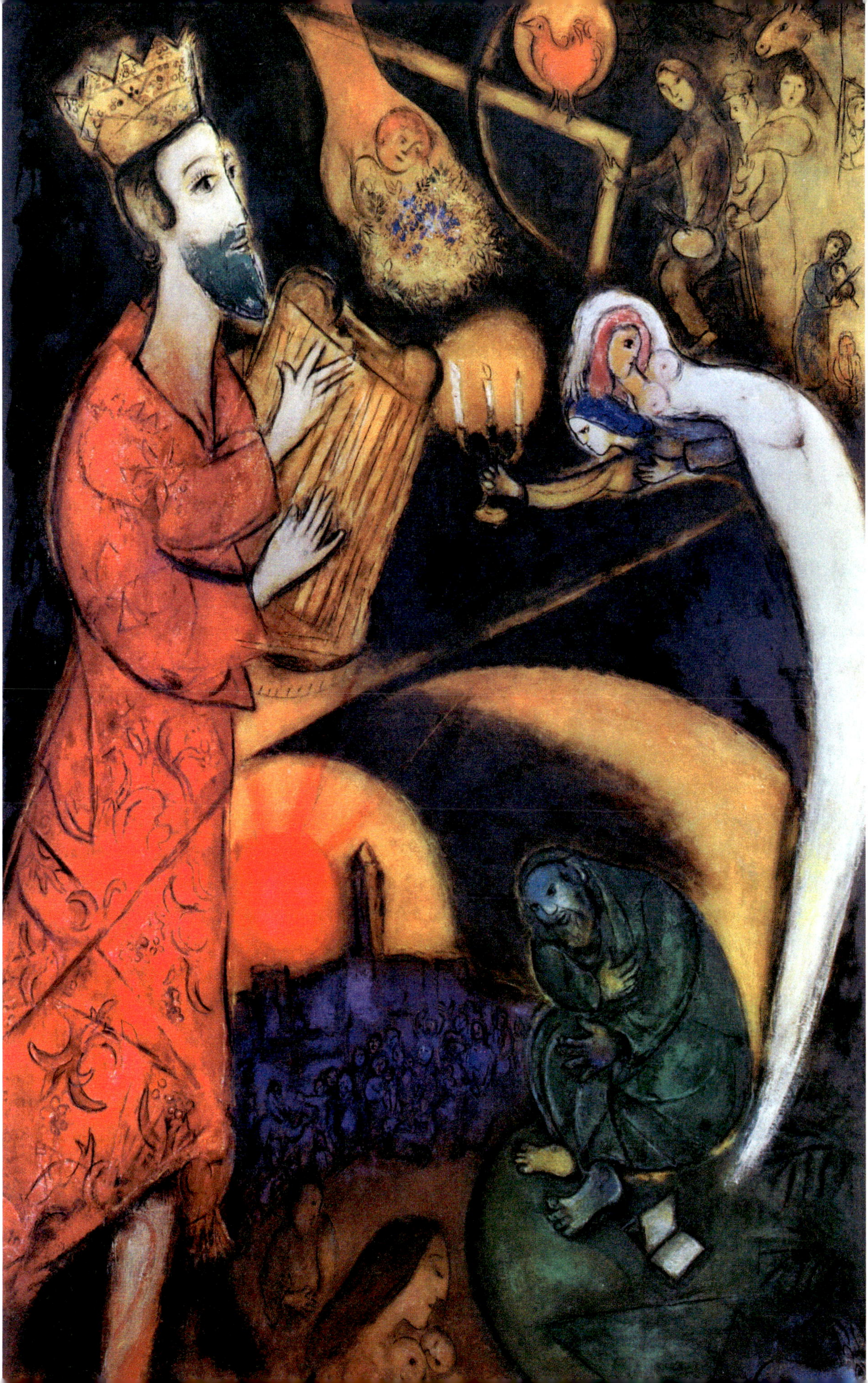

Königtum in Ägypten und Israel

Als David im 10. Jahrhundert v. Chr. König wurde, gab es das Königtum in Ägypten bereits seit zweitausend Jahren. Was ein König ist und wie jemand König wird, haben die Ägypter den Israeliten in großer Pracht und Herrlichkeit vorgestellt.

Schon zu Beginn der ägyptischen Geschichte vor dem Jahr 3000 v. Chr. waren der Himmelsgott Horus und der König miteinander verbunden. Dies zeigt eine der bedeutendsten Skulpturen: Der Himmelsgott hält seine schützenden Schwingen um das Haupt des Königs. Der König ist das sichtbare Bild der Gottheit. In ihm und seiner Herrschaft wirkt die höchste Gottheit. Darum spielt der König auf Erden die Rolle eines Gottes. Der König ist Stellvertreter der Götter; er ist verantwortlich für die Ordnung des Universums.

Als »Sohn des Re«, des Sonnengottes, ist der König ganz mit seinem göttlichen Vater verbunden. An den Wänden vieler ägyptischer Tempel wird erzählt, wie die Gottheit den König zeugte. Wenn es in der Bibel in Psalm 2,7 ebenso vom König heißt, »Mein Sohn bist du, heute habe ich dich gezeugt«, wird deutlich, wie sehr hier ägyptische Vorstellungen übernommen wurden.

Die schützenden Schwingen des Königsgottes Horus umfangen das Haupt des Pharao. Die Einheit von König und Gottheit findet darin ihren Ausdruck.

Diese Statue des Königs Chephren (2520–2494) ist die bedeutendste Plastik des Alten Reiches.

Der Gott Amun verkündet im Himmel seinen Plan, einen neuen König zu zeugen, dessen Vater er sein will.

1. Die Federnkrone kennzeichnet Amun als Gott des Geistes. Der ibisköpfige Götterbote Thot führt Amun zur Königin. Sie ist eine junge Frau und hat noch keinen Mann erkannt.

2. Himmlische Vorwegnahme: Zwei Wesen heben das sitzende Paar auf eine höhere Ebene. Amun und die Erwählte berühren einander leicht mit den Händen. Amun hält das Lebenszeichen in den Atem der Frau und legt es zugleich in ihren Schoß.

3. Nun beauftragt Amun den Schöpfergott Chnum, das göttliche Kind zu bilden.

4. Chnum bildet auf der Töpferscheibe das zu gebärende Kind und seine Seele. Die froschköpfige Geburtsgöttin Heket spendet dem Kind das Leben.

5. Der Botengott Thot verkündet der jungen Königin die Mutterschaft.

6. Die Königin, deren Schwangerschaft das Bild äußerst zart andeutet, wird von Chnum und Heket zur Geburt geleitet.

7. Stolz hält die Königin den erstgeborenen Sohn in ihren Armen. Eine Amme will das Kind zur Pflege in Empfang nehmen.

8. Hathor, die Göttin der Liebe, stellt Amun den neu geborenen Gottkönig vor, und Amun erkennt ihn als seinen Sohn an. Er ist »König auf dem Thron des Horus« ewiglich.

9. Der neugeborene Sohn Gottes wird den Göttern des Landes vorgestellt.

Der Pharao Haremhab (1345–1318) sitzt zur Rechten des Gottes Horus; das heißt, er hat Anteil an der Herrschaft Gottes. Ähnlich heißt es von Christus im Glaubensbekenntnis: »Sitzend zur Rechten des Vaters …«

In der Nachbarschaft zu Ägypten haben David und alle seine Nachfolger von Ägypten gelernt. Auch in Israel galt der König als »Sohn Gottes«. Bei der Königssalbung wurde gesungen: Jahwe spricht: »Ich selbst habe meinen König eingesetzt auf Zion, meinem heiligen Berg« (Ps 2,6). Mit Zion ist Jerusalem gemeint. Der Königstitel »Sohn Gottes« wird mal mit »Zeugung«, mal mit »Erwählung«, mal mit »Einsetzung« erklärt. Die Darstellungen auf dieser Seite veranschaulichen dieses ägyptische Königsverständnis. Viele Jahrhunderte später wurde der Sohn-Gottes-Titel auf Jesus übertragen.

Die Abhängigkeit von Ägypten hatte auch problematische Seiten, denn sie führte dazu, die Rolle des Königs kriegerisch zu verstehen: Der König musste die Feinde bekämpfen. Darum wird in Ägypten der Pharao immer wieder gezeigt, wie er Feinde vernichtet und versklavt. Die Sandalen des Pharao Tut-anch-Amun (um 1330 v. Chr.) zeigen auf ihrer Innenfläche gefesselte Feinde (→ S. 103). Der Pharao trampelte also auf seinen Gegnern herum, solange er tätig war. Ähnlich konnte auch der davidische König die Feinde abwehren, weil er der dazu von Jahwe als »Sohn« Berufene war. Das

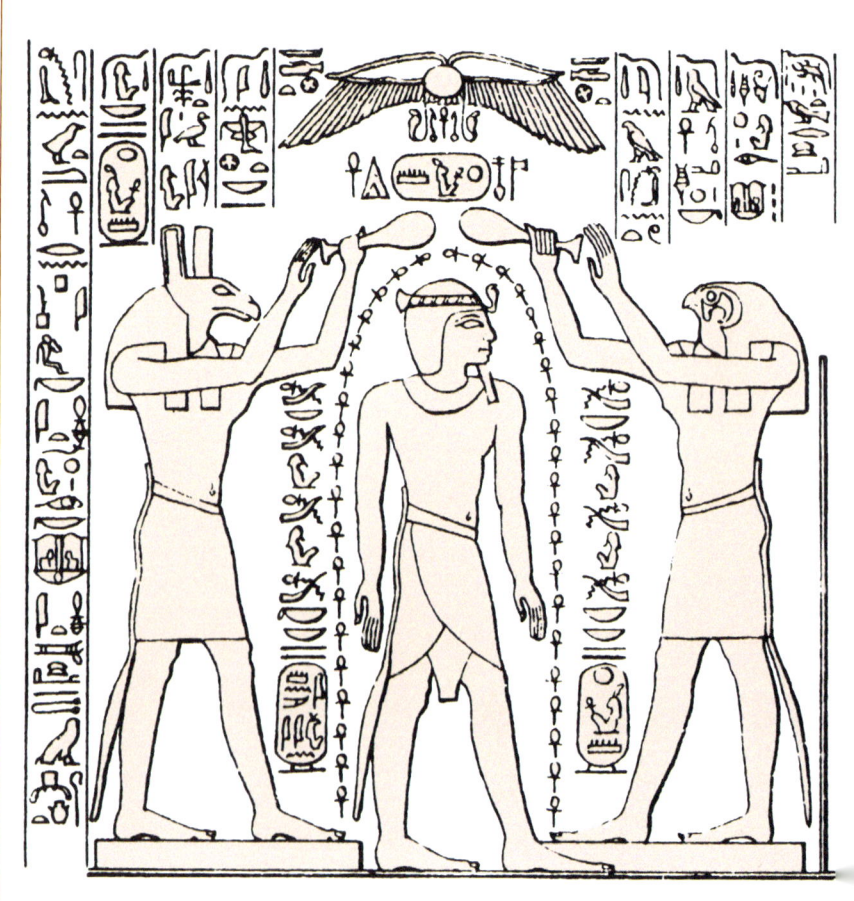

Die Nachzeichnung eines Reliefs aus Karnak zeigt einen Akt der Königsweihe: Die Götter Horus und Seth übergießen Amenophis III. (1403–1365) mit Wasser und bereiten ihn für sein Amt vor. Dieses Ritual macht den König zum »Sohn Gottes«.

Ein Grabrelief zeigt, wie der König als »Sohn des (höchsten Sonnengottes) Re« an der Schwelle des Jenseits seinem göttlichen Vater entgegentritt, Eingangsszene im Grab des Merenptach (1224–1204 v. Chr.) im Tal der Könige.

Jahwe spricht: »Ich selber habe meinen König eingesetzt auf Zion, meinem heiligen Berg. So verkünde ich denn den Beschluss Jahwes: Er sprach zu mir: ›Mein Sohn bist du. Heute habe ich dich gezeugt.‹«

Psalm 2,6 f.

In dieser Linie heißt es bei der Taufe Jesu:

Als Jesus aus dem Wasser stieg, sprach eine Stimme aus dem Himmel: »Du bist mein geliebter Sohn, an dir habe ich meine Freude.«

Mk 1,11

aber machte Jahwe zum Kriegsgott. Erst im Zusammenbruch des Reiches Juda im Jahr 587 (→ S. 142) wurde dem Volk bewusst, dass Macht und Gewalt keine Mittel der Gottesherrschaft sind.

Trotz aller Abhängigkeit von Ägypten ist das biblische Königsverständnis anders. Zwar ist auch hier der König der »Erwählte«, der »Sohn«, der »Erstgeborene«, den Jahwe selbst gezeugt und geboren hat. Aber das Volk ist in diese Erwählung einbezogen. Während in Ägypten die Gottessohnschaft den Pharao und seine Familie von allen anderen Menschen trennt, verbindet sich in Israel die Erwählung des Königs mit der Erwählung des ganzen Volkes.

Salomo, Erbauer des Tempels und Märchenkönig

Nach Davids Tod folgte ihm als König sein Sohn Salomo. Die Bibel beschreibt ihn als Friedensfürst, der an Weisheit und Reichtum alle Welt übertrifft. Er erbaute den Tempel in Jerusalem und, darüber gelegen, einen Palast von unerhörter Pracht. Sein Staatsgebiet gliederte er in zwölf Provinzen. Jede Provinz sollte ihn und seinen Hof einen Monat lang mit allem versorgen, was gebraucht wurde.

Der tägliche Unterhalt Salomos belief sich auf dreißig Kor Feinmehl, sechzig Kor gewöhnliches Mehl, zehn Mastrinder, zwanzig Weiderinder, hundert Schafe, nicht gerechnet die Hirsche, Gazellen, Rehe und das gemästete Geflügel. Denn er herrschte über das ganze Gebiet diesseits des Stromes. Er hatte Frieden nach allen Seiten. Juda und Israel lebten in Sicherheit von Dan bis Beerscheba. Ein jeder saß unter seinem Weinstock und seinem Feigenbaum, solange Salomo lebte. Salomo hatte viertausend Stallplätze für seine Wagenpferde und zwölftausend Mann als Besatzung für die Wagen …

Gott gab Salomo Weisheit und Einsicht in hohem Maß und Weite des Herzens – wie Sand am Strand des Meeres. Die Weisheit Salomos war größer als die Weisheit aller Söhne des Ostens und alle Weisheit Ägyptens. Er war weiser als alle Menschen. Sein Name war bekannt bei allen Völkern ringsum. Er verfasste dreitausend Sprichwörter und die Zahl seiner Lieder betrug tausend und fünf. Er redete über die Bäume, von der Zeder auf dem Libanon bis zum Ysop, der an der Mauer wächst. Er redete über das Vieh, die Vögel, das Gewürm und die Fische. Von allen Völkern kamen Leute, um die Weisheit Salomos zu hören, Abgesandte von allen Königen der Erde, die von seiner Weisheit vernommen hatten …

König Salomo ließ Leute aus ganz Israel zum Frondienst ausheben. Dieser umfasste 30 000 Fronpflichtige. Von ihnen schickte er abwechselnd jeden Monat 10 000 Mann auf den Libanon. Einen Monat waren sie auf dem Libanon und zwei Monate zu Hause. Adoniram leitete den Frondienst. Ferner hatte Salomo 70 000 Lastträger und 80 000 Steinhauer im Gebirge, nicht

Rekonstruktion von Jerusalem zur Zeit Salomos. Palast und Tempel liegen auf dem oberen Hügel. Mehr als der Tempel hatte damals der Palast Bedeutung, so dass der Tempel kaum mehr als eine »Palastkirche« war. Dieses Ineinander von Palast und Tempel wurde in späterer Zeit scharf kritisiert: »Sie (die Könige von Juda) legten ihre Schwelle neben meine Schwelle und setzten ihre Türpfosten neben meine Türpfosten, so dass zwischen mir und ihnen nur eine Wand war. So befleckten sie meinen heiligen Namen« (Ez 43,8). In Psalm 110,1 jedoch wird der König aufgefordert, sich zur Rechten Gottes zu setzen und bei ihm zu wohnen. Spätere Zeiten wollten den König nicht mehr als Besitzer des Tempels gelten lassen.

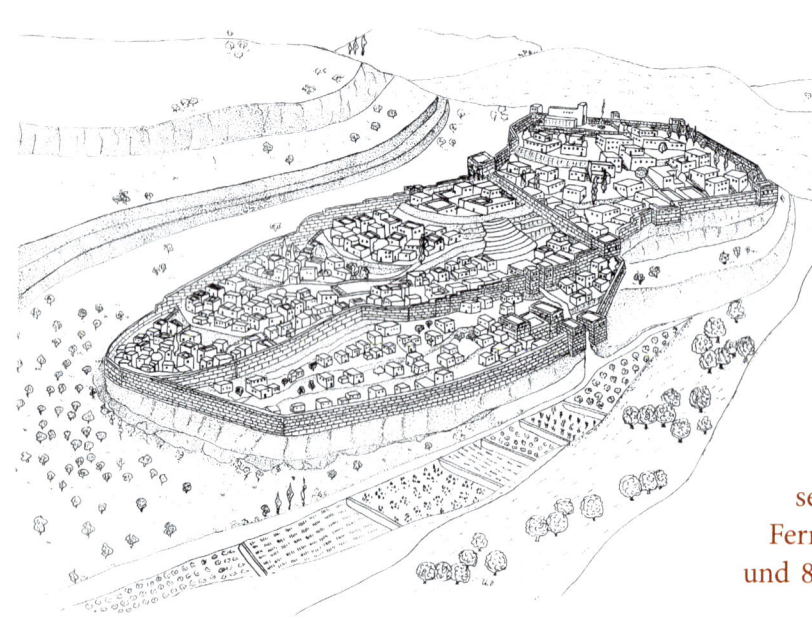

eingerechnet die 3 600 Werkführer unter dem Befehl der Statthalter, denen die Leitung der Arbeit oblag. Sie führten die Aufsicht über die Arbeiter. Der König ließ mächtige, kostbare Steine brechen, um mit Quadern das Fundament des Tempels zu legen. *1 Könige 5*

Das Gewicht des Goldes, das alljährlich bei Salomo einging, betrug sechshundertsechsundsechzig Goldtalente. Dabei sind nicht eingerechnet die Abgaben der Kaufleute und die Einnahmen, die von den Händlern, von allen Königen Arabiens und von den Statthaltern des Landes kamen … Alle Trinkgefäße des Königs Salomo waren aus Gold; ebenso waren alle Geräte des Palastes aus bestem Gold. Silber galt in den Tagen Salomos als wertlos; denn der König hatte eine Flotte auf dem Meer, zusammen mit den Schiffen Hirams. Einmal in drei Jahren kam die Flotte und brachte Gold, Silber, Elfenbein, Affen und Perlhühner. So übertraf König Salomo alle Könige der Erde an Reichtum und Weisheit. Alle Welt begehrte ihn zu sehen und die Weisheit zu hören, die Gott in sein Herz gelegt hatte. Alle brachten ihm Jahr für Jahr ihre Gaben: silberne und goldene Gefäße, Gewänder, Waffen, Balsam, Pferde und Maultiere. Salomo beschaffte sich Wagen und Besatzung dazu. Er hatte vierzehnhundert Wagen und zwölftausend Mann als Besatzung und brachte sie in die Wagenstädte sowie in die Umgebung des Königs nach Jerusalem. Der König machte das Silber in Jerusalem so häufig wie die Steine, und die Zedern so zahlreich wie die Maulbeerfeigenbäume in der Schefela.

Die Königin von Saba (im heutigen Jemen) hörte vom Ruf Salomos und kam, um ihn mit Rätselfragen auf die Probe zu stellen. Sie kam nach Jerusalem mit sehr großem Gefolge, mit Kamelen, die Balsam, eine gewaltige Menge Gold und Edelsteine trugen. Sie trat bei Salomo ein und redete mit ihm über alles, was sie sich vorgenommen hatte. Salomo gab ihr Antwort auf alle Fragen. Es gab nichts, was dem König verborgen war und was er ihr nicht hätte sagen können. Als nun die Königin von Saba die ganze Weisheit Salomos erkannte, als sie den Palast sah, den er gebaut hatte, die Speisen auf seiner Tafel, die Sitzplätze seiner Beamten, das Aufwarten der Diener und ihre Gewänder, seine Getränke und sein Opfer, das er im Haus Jahwes darbrachte, da stockte ihr der Atem. Sie sagte zum König: Was ich in meinem Land über dich und deine Weisheit gehört habe, ist wirklich wahr. Ich wollte es nicht glauben, bis ich nun selbst gekommen bin und es mit eigenen Augen gesehen habe. Und wahrlich, nicht einmal die Hälfte hat man mir berichtet; deine Weisheit und deine Vorzüge übertreffen alles, was ich gehört habe. *1 Könige 10*

Jack Levine, Die Planung des Tempels Salomos, um 1940.

König Salomo bespricht den Bauplan des Tempels mit König Hiram von Tyros.

Unten: Eine Rekonstruktion des salomonischen Tempels. Wahrscheinlich war der erste Tempel ein recht bescheidener Bau, von dem es keine Kenntnisse mehr gibt, doch wurde dieser Tempel mit dem Wachstum der Stadt und im Lauf der Zeit immer imposanter. Im Volk galt er trotz seiner späteren Veränderungen als Tempel Salomos.

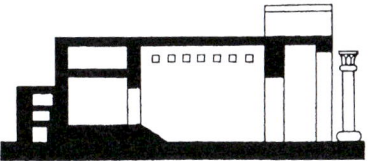

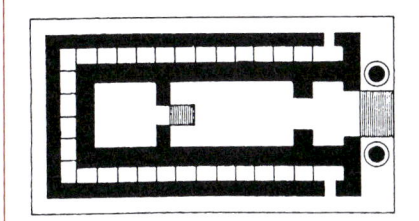

Piero della Francesca, Begegnung zwischen Salomo und der Königin von Saba, 1453–1455.

Dieses selten gemalte Thema schildert den Glanz höfischer Verhältnisse in Italien im 15. Jahrhundert. Vielleicht soll es zeigen, mit welcher Achtung sich unterschiedliche Religionen und Kulturen begegnen können. Die Hofdamen geben der Königin einen stattlichen Hintergrund; auch die Höflinge hinter dem König Salomo verkörpern Würde und Maß. Üppige Marmorverkleidungen veredeln den Raum.

Es scheint, als sollte dem Reichtum Ägyptens hier ein judäisches Gegenstück geboten werden. Aber der um das Jahr 950 v. Chr. zum König gesalbte Salomo hat bestenfalls bescheidene Spuren dieser Pracht entwickelt. Was über seine Handelsgeschäfte – Zedernholz und Gewürze, Zuchtpferde und Edelmetalle, Tempelausstattung und Geldwährungen – gesagt wird, zeugt zwar von wirklicher Welterfahrung, war aber noch nicht im Jerusalem des 10. Jahrhunderts zu gewinnen. Im obigen Text spiegeln sich Verhältnisse einer späteren Zeit, wie sie etwa von 700 bis 600 v. Chr. existierten, als die assyrische Weltmacht zeigte, was es alles gibt.

Wer also war Salomo und was tat er wirklich? Statt Kriege zu führen, setzte Salomo auf die Abgaben und Frondienste seiner Untertanen. Sein bescheidener Reichtum kam nicht aus aller Welt, sondern aus den (auch erpressten) Abgaben seiner Untertanen. Die Empörung, die das fand, war bereits dem Samuel als Kritik am Königtum in den Mund gelegt worden (→ S. 82). Auch konnten die Provinzen nicht in gleicher Weise zu solchen Abgaben herangezogen werden, denn ihre Gebiete waren unterschiedlich groß und unterschiedlich ertragreich. Den eigenen Stamm Juda scheint Salomo sogar von Abgaben verschont zu haben.

Diese Steuerpolitik erwies sich nach Salomos Tod als verfehlt: die Stämme Israels haben die auferlegten Lasten nicht weiter tragen wollen. Sie haben eine »Ägyptisierung« darin gesehen und sich von Salomo und von Jerusalem losgesagt (→ S. 102–106).

Die Herrschaft Davids über Juda und Israel wurde anfangs erleichtert, weil beide Gebiete Jahwe als ihren Hauptgott verehrten. Das war auch für den Tempelbau Salomos wichtig, der für Israel und Juda zum »Haus Jahwes« wurde. Aber Salomo baute nicht auf neuen Grund. Schon Jahrhunderte bevor David Jerusalem eroberte, gab es dort ein Sonnenheiligtum – zum Himmel hin offen. An dieses Sonnenheiligtum knüpfte Salomo an und verband damit die Verehrung Jahwes. Sein Spruch zur Tempelweihe wird folgendermaßen rekonstruiert:

> Damals sprach Salomo über das Haus,
> als er es zu bauen vollendet hatte:
> »Die Sonne(ngottheit) hat am Himmel kundgetan:
> Jahwe hat gesagt, er wolle im Dunkeln thronen.
> Baue mein Haus, ein erhabenes Haus für dich,
> um darin von neuem zu thronen.« *(Vgl. 1 Könige 8,12 f.)*

Das heißt: Der Sonnengott als ursprünglicher Eigentümer des offenen Tempelbezirks gibt Anweisung, ein Haus zu bauen, weil der mit ihm befreundete Jahwe seinen Wohnsitz im Dunkeln hat. Tatsächlich waren berühmte Sonnenheiligtümer im Alten Orient ohne Tempelhaus. Jetzt aber verlangt der Sonnengott ein gedecktes Haus für den in Jerusalem neu hinzukommenden Jahwe. Also baute Salomo im Heiligtum des Sonnengottes das Haus Jahwes. Die Gesamtanlage war beiden Gottheiten gewidmet. Für den Sonnengott wurde der Tempel nach Osten ausgerichtet, zur aufgehenden Sonne hin. Für Jahwe verblieb das Tempelinnere im Dunkel.

Salomos Tempel soll etwa 30 m lang gewesen sein, gegenüber dem großen Königspalast kaum mehr als eine königliche Hauskapelle. Erst als nach der Zerstörung Jerusalems der Tempel zum zweiten Mal errichtet wurde (→ S. 148 ff.), gewann er zentrale Bedeutung – als alleinige Wohnstatt Jahwes und Zentrum Jerusalems.

Im Tempel Salomos kamen zwei unterschiedliche Gottesvorstellungen des Alten Orients zusammen: die Idee des Sonnengottes und die Idee eines ursprünglichen Sturm- und Kriegsgottes. Jahwe vereinte beide Eigenschaften, wie dies der Psalm 104 schildert. Er verleiht Jahwe universale Züge.

Lobe Jahwe, meine Seele!
Jahwe, mein Gott, wie groß bist du!
Du bist mit Hoheit und Pracht bekleidet.
Du hüllst dich in Licht wie in ein Kleid,
du spannst den Himmel aus wie ein Zelt.
Du verankerst die Balken deiner Wohnung im Wasser.
Du nimmst dir die Wolken zum Wagen,
du fährst einher auf den Flügeln des Sturmes.
Du machst dir die Winde zu Boten
und lodernde Feuer zu deinen Dienern.
Du hast die Erde auf Pfeiler gegründet;
in alle Ewigkeit wird sie nicht wanken.
Einst hat die Urflut sie bedeckt wie ein Kleid,
die Wasser standen über den Bergen.
Sie wichen vor deinem Drohen zurück,
sie flohen vor der Stimme deines Donners.
Da erhoben sich Berge und senkten sich Täler
an den Ort, den du für sie bestimmt hast …

Psalm 104, 1–8

Die Teilung des Reiches

Der Jerobeam-Aufstand

Nach Salomos Tod folgte ihm sein ältester Sohn Rehabeam auf dem Thron. Das scheint in Jerusalem und im Gebiet von Juda problemlos gewesen zu sein. Nicht so in Israel, dem Gebiet der zehn Stämme. Es wird berichtet, man habe Rehabeam eingeladen, nach Sichem in das alte Zentrum des Nordens zu kommen, wahrscheinlich um den mit David geschlossenen Vertrag neu zu verhandeln (→ S. 86–88).

Dort flammte schon seit Davids Zeiten immer wieder Empörung auf. Die Nordstämme wollten sich nicht einfach dem Stamm Juda und der Herrschaft in Jerusalem unterwerfen. Schon Davids Sohn Abschalom hatte eine Revolte angeführt. Den nächsten Aufstand zettelte Scheba an, ein sonst unbekannter Mann aus dem Stamm Sauls. Er gab die Parole aus:

> Was geht uns David an?
> Seit wann gehört der Isai-Sohn zu uns?
> Ihr Männer Israels, auf! und nach Hause!   *2 Samuel 20,1*

Die Verbindung von Israel und Juda unter einem einzigen König wurde also immer schon in Frage gestellt. Davon erzählt auch der nächste Aufstand unter Jerobeam:

Jerobeam, ein Beamter Salomos, erhob sich gegen den König. Zu dem Aufstand kam es auf folgende Weise: Salomo baute den Millo und schloss damit die Lücke in der Stadtmauer seines Vaters David. Zu diesen Arbeiten war Jerobeam als wehrpflichtiger Mann eingezogen worden. Als Salomo sah, wie der junge Mann arbeitete, machte er ihn zum Aufseher über alle Fronarbeiten des Hauses Josef.

Als nun in jener Zeit Jerobeam einmal aus Jerusalem hinausging, begegnete ihm auf dem Weg der Prophet Ahija aus Schilo. Dieser trug einen neuen Mantel. Während beide allein auf freiem Feld waren, nahm Ahija den neuen Mantel und zerriss ihn in zwölf Stücke. Er sagte zu Jerobeam: Nimm dir zehn Stücke davon; denn so spricht Jahwe, der Gott Israels: Ich nehme Salomo das Königtum weg und gebe dir die zehn Stämme. Er ist von meinen Wegen abgewichen

Hungernde Ägypter, Relief am Aufgang der Pyramide des Unas, Sakkara, 2420 v. Chr.

Angesichts von Unterdrückung, Ausbeutung, Armut, Hunger und Not sind Aufstände und Revolutionen eher selten zu nennen. Der Jahweglaube aber ermutigt zur Freiheit. »Auszug aus Ägypten« heißt die Parole.

und hat meine Gebote und Satzungen übertreten. Doch werde ich ihm das Königtum, solange er lebt, nicht nehmen. Erst seinem Sohn werde ich das Königreich nehmen und dir zehn Stämme geben, damit du König von Israel sein sollst.

Salomo suchte nun Jerobeam zu töten. Doch dieser machte sich auf und floh nach Ägypten zu Schischak, dem König von Ägypten. Dort blieb er bis zum Tod Salomos. *1 Könige 11,26–40*

Die Sandalen Tut-anch-Amuns (um 1330 v. Chr.) aus seinem Grab. Der durchaus intime Blick auf die Innenfläche dieser Sandalen des Pharao zeigt, dass er von früh bis spät auf den gefesselten Feinden seines Reiches stand. Der Alttestamentler Othmar Keel nannte diese pharaonische und auch heute noch verbreitete Tätigkeit »das Erhalten der Weltordnung durch Trampeln«.

Der Hauptgrund für die Empörung gegen David und Salomo war die Unzufriedenheit der Nordstämme Israels. Sie waren mit dem Königtum in Jerusalem nur lose verbunden und wollten sich damit nicht endgültig abfinden. Sie konnten nicht vergessen, dass Saul als König einer der Ihren gewesen war und dass David ihn abgelöst und die Herrschaft von Israel auf Juda übertragen hatte. Es ist darum auch kaum zufällig, dass der Prophet aus Schilo, dem Norden Israels, kam und mit seinem zerschnittenen Mantel den Abfall von Jerusalem guthieß.

Anscheinend hatte Jerobeam noch zu Salomos Lebzeiten versucht, die Nordstämme von Jerusalem zu lösen. Das misslang und er floh nach Ägypten. Dort erhielt er Asyl beim Pharao Scheschonq I., der in der Bibel Schischak genannt wird. Scheschonq regierte von etwa 945 bis 925 v. Chr. Wann Salomo starb, ist nicht bekannt. Die Schwächen seiner Regierung werden unter seinem Sohn und Nachfolger Rehabeam deutlich.

Der Abfall der zehn Nordstämme

Rehabeam ging nach Sichem; dorthin war ganz Israel gekommen, um ihn als König einzusetzen. Jerobeam hörte davon, noch während er in Ägypten war, wohin er vor dem König Salomo hatte fliehen müssen. Daraufhin war er aus Ägypten zurückgekehrt.

Nun kamen Jerobeam und die ganze Versammlung Israels und sagten zu Rehabeam: Dein Vater hat uns ein hartes Joch auferlegt. Du aber erleichtere jetzt den harten Dienst deines Vaters und das schwere Joch, das er uns auferlegt hat. Dann wollen wir dir dienen.

Er antwortete ihnen: Geht zunächst weg, und kommt nach drei Tagen wieder zu mir! Als das Volk gegangen war, beriet sich König Rehabeam mit den älteren Männern, die zu Lebzeiten seines Vaters Salomo noch in dessen Dienst gestanden hatten. Er fragte sie: Was ratet ihr mir? Was soll ich diesem Volk antworten? Sie sagten zu ihm: Wenn du dich heute dem Volke unterwirfst und ihnen zu Willen bist, auf sie hörst und freundlich mit ihnen redest, so werden sie dir immer untertan sein.

Zwangsarbeiter in Ägypten, Grabmalerei, 14. Jh. v. Chr.

Doch Rehabeam überging den Rat, den die Alten ihm gegeben hatten. Er beriet sich mit den jungen Leuten, die mit ihm groß geworden waren und jetzt in seinem Dienst standen. Er fragte sie: Welchen Rat gebt ihr mir? Was sollen wir diesem Volk antworten, das zu mir sagt: Erleichtere das Joch, das dein Vater uns auferlegt hat? Die jungen Leute, die mit ihm groß geworden waren, sagten zu ihm: So sollst du diesem Volk antworten, das zu dir sagt: Dein Vater hat uns ein schweres Joch auferlegt; erleichtere es uns! So sollst du zu ihnen sagen: Hat mein Vater euch ein schweres Joch aufgebürdet, so werde ich euer Joch noch schwerer machen. Mein Vater hat euch mit Peitschen gezüchtigt, ich werde euch mit »Skorpionen« [das sind Geißeln mit Knoten und Stacheln] züchtigen.

Am dritten Tag kamen Jerobeam und das ganze Volk zu Rehabeam, wie der König ihnen gesagt hatte: Kommt am dritten Tag wieder zu mir! Und der König gab dem Volk eine harte Antwort. Er ließ den Rat der Älteren, den sie ihm gegeben hatten, beiseite. Er antwortete ihnen nach dem Rat der jungen Leute: Mein Vater hat euer Joch schwer gemacht. Ich werde euer Joch noch schwerer machen. Mein Vater hat euch mit Peitschen gezüchtigt, ich werde euch mit »Skorpionen« züchtigen.

Das Foto zeigt Scheschonq als Eroberer an der Tempelwand in Karnak.

Als ganz Israel sah, dass der König nicht auf sie hörte, gab das Volk ihm zur Antwort: Was geht uns das Haus Davids an? Wir haben keinen Erbbesitz beim Sohn Isais. In deine (eigenen) Zelte, Israel! Kümmere dich selbst um dein Haus, David! Und Israel begab sich zu seinen Zelten. Nur über die Israeliten, die in den Städten Judas wohnten, blieb Rehabeam König.

Und als Rehabeam den Adoriram, der die Fronarbeit beaufsichtige, hinschickte, steinigte ihn ganz Israel zu Tode. Dem König Rehabeam aber gelang es, in seinen Wagen zu steigen und nach Jerusalem zu entkommen. So fiel Israel vom Haus David ab und blieb abtrünnig bis zum heutigen Tag.

Als die Israeliten erfuhren, dass Jerobeam zurückgekehrt war, ließen sie ihn zur Versammlung rufen und machten ihn zum König über ganz Israel. Nur noch der Stamm Juda hielt jetzt zum Hause David.

1 Könige 12,1–19

Eugène Delacroix, Die Freiheit führt das Volk an, 1830.

Der Aufstand kommt aus dem Volk heraus. Er wird angeführt von einer Frau mit Fahne und Gewehr. Sie ist die Symbolgestalt für Freiheit. – Das Bild schildert die Julirevolution des Jahres 1830 in Frankreich, als Karl X. Verhältnisse alter Unterdrückung wiederherstellen wollte.

Ähnlich empörte sich Israel, als der König Rehabeam drohte, das Volk statt mit Peitschen mit Skorpionen zu züchtigen – das sind Geißeln, in die Knoten und eiserne Stacheln eingeflochten sind. Auch er glaubte, das Volk durch Unterdrückung ruhig halten zu können.

Durch den Abfall der Nordstämme vom Hause Davids entstanden zwei getrennte Herrschaftsgebiete von ungleicher Größe und Wirtschaftskraft.

Israel war ungefähr viermal so groß wie Juda. Es umfasste das mittelpalästinische Bergland, die Ebene von Jesreel mit den alten kanaanäischen Städten wie Megiddo und Bet-Schean, Galiläa und große Teile östlich des Jordans. Im Norden grenzte das Gebiet an die aufstrebenden Städte Tyrus und Sidon. Durch die Kontrolle der Küstenstraße von Ägypten nach Syrien war Israel außerdem an das internationale Geschehen angeschlossen. Schon bald entwickelte sich das Nordreich zu einem bedeutenden Staat.

Juda war auf das judäische Bergland, die Schefela und Teile des Negev beschränkt (→ Karte S. 179). Hier gab es keine fruchtbaren Ebenen, auch keine Nachbarschaftskontakte zur großen Welt. Alles konzentrierte sich auf Jerusalem, sodass Juda gewissermaßen ein »Stadtstaat mit Umgebung« war. Während im Nordreich Israel bereits unter Rehabeam eine Verwaltung mit Buchführung entstand, hinkte Jerusalem hinter dieser Entwicklung noch längere Zeit her.

Aber mit der Trennung von Jerusalem war das Nordreich Israel zunächst ohne Hauptstadt und ohne Tempel. Jerobeam griff darum auf die alten Heiligtümer des Landes zurück und machte Bet-El zum Staatsheiligtum. Er stellte dort ein Stierbildnis auf, das in seiner Kraft Jahwe darstellen sollte, der Israel aus Abhängigkeit und Knechtschaft herausführte. Hier ist wohl erstmals die Tradition des Auszugs aus Ägypten erzählt und gefeiert worden. Vielleicht hat sich Jerobeam als ein zweiter Mose gesehen, weil auch er Lebenszeit in Ägypten verbracht hat und wie Mose zurückkehrte, um die Stämme Israels von fremder Herrschaft zu befreien.

In späterer Zeit wurde aus der Sicht Jerusalems dieser Jahwe-Kult bewusst missdeutet, sodass wir nun folgende Schilderung vorfinden:

Die Königreiche Israel und Juda

Der Staatskult von Bet-El

Jerobeam dachte bei sich: Wenn dieses Volk hinaufzieht, um im Jahwe-Haus in Jerusalem Opferfeste zu feiern, wird sich sein Herz wieder seinem Herrn, dem König Rehabeam von Juda, zuwenden. Dann könnte die Königsherrschaft erneut an das Haus David fallen.

Mich werden sie töten und zu Rehabeam, dem König von Juda, zurückkehren.

So beschloss Jerobeam, zwei goldene Kälber anfertigen zu lassen, und sagte zum Volk: Ihr seid bereits zu viel nach Jerusalem hinaufgezogen. Hier sind deine Götter, Israel, die dich aus Ägypten heraufgeführt haben. Er stellte das eine Kalb in Bet-El auf, das andere stiftete er in Dan. Dies wurde der Anlass zur Sünde. Das Volk zog vor das eine in Bet-El und vor das andere in Dan.

Auch errichtete er Höhenheiligtümer und setzte Priester ein, die aus allen Teilen des Volkes stammten und nicht zu den Söhnen Levis gehörten. Jerobeam selbst stieg in Bet-El zum Altar hinauf, um den Kälbern zu opfern, die er hatte machen lassen. In Bet-El ließ er auch die Priester, die er für die Kulthöhen bestellt hatte, dabei mitwirken. *1 Könige 12,26–33*

Diese Darstellung stempelt Jerobeam zum Götzendiener. Statt im Bild des Stieres die Kraft Jahwes zu sehen, spricht der Text von einem Kalb und verhöhnt so den Kult von Bet-El. Das ist die spottende Antwort des Südreiches Juda, nachdem sich Israel von Jerusalem getrennt hatte und in der Verehrung Jahwes auf eigene und ältere Traditionen zurückgriff. Der spätere König Joschija nahm diese Verhöhnung des Jahwe-Kultes als Rechtfertigung, das Heiligtum von Bet-El zu zerstören (→ S. 135 f.).

Richard Seewald, Das goldene Kalb, 1957.

Das Nordreich Israel

Zwar hatte Jerobeam mit der Wahl der alten Stammesheiligtümer in Bet-El und Dan einen Ersatz für den Tempel zu Jerusalem gefunden, aber noch fehlte ein politisches Zentrum. Hier ließ sich nicht an eine Tradition anknüpfen. So verging einige Zeit, bis König Omri (887–875) als Zentrum seines Reiches die Stadt Samaria gründen konnte. Samaria ragt etwa 90 m über die umliegende Landschaft hinaus. Omri befestigte die Stadt mit Burg und Mauer. Er errichtete einen Königspalast und baute einen Tempel für Baal. Es ist anzunehmen, dass hier ebenfalls ein Jahwe-Tempel entstand. Bis zum Ende des Nordreiches blieb Samaria das Zentrum des Reiches Israel.

Omris Sohn Achab setzte die Linie seines Vaters erfolgreich fort. Wirtschaftlich und kulturell blühte das Land. Die Palastanlage von Samaria bezeugt in ihren Überresten Reichtum und Kunstsinn. Wenn er für Baal einen eigenen Tempel errichten ließ, ist zu bedenken, dass Baal kein ausländischer Gott war, sondern schon immer im Lande verehrt wurde. Wahrscheinlich gab es noch weitere Baal-Heiligtümer. Daneben war die Verehrung Jahwes und anderer Gottheiten selbstverständlich. Der Gedanke eines einzigen Gottes brauchte noch einige Jahrhunderte, um sich entfalten und durchsetzen zu können. Nur einen einzigen Kult zu dulden, hätte Intoleranz und Unterdrückung bedeutet. Wenn sich trotzdem in der Person des Propheten Elija entschiedener Protest gegen den Baalskult anmeldete, so mochte dies daran liegen, dass er die Verehrung Jahwes benachteiligt sah.

Emil Nolde, Prophet, 1912.

Der Prophet Elija

Im Nordreich Israel sind die Erzählungen um die Propheten Elija und Elischa zu Hause. Es sind Einzelgänger, die als Schamanen, Krankenheiler und Gottesmänner vorgestellt werden. Mit ihrem Wirken verbinden sich magische Vorstellungen, die dem heutigen Denken sehr fremd sind. Elija erscheint als ein Außenseiter, der für den reinen Jahweglauben kämpft und als entschiedener Gegner der Baalskulte auftritt.

Die Erzählungen von Elija stammen nicht aus seiner Zeit. Sie rücken den Kampf um die Verehrung des Einen Gottes bereits ins

9. Jahrhundert v. Chr. Doch handelt es sich um Legenden, die den geschichtlichen Elija nahezu ganz verwischen, weil die Interessen der späteren Bearbeiter sich darübergelagert haben. Die heute vorliegenden Texte schildern den Kampf eines entschlossenen Mannes für den reinen Jahweglauben – bei entschiedener Kampfansage gegen die Baalskulte.

Aber wenn es auch Legenden sind, so waren sie doch wirksamer, als es historische Erinnerungen hätten sein können. Die Figur des Elija wirkte weit über seine Zeit hinaus und berührt sogar Johannes den Täufer und Jesus von Nazaret. Kein Prophet wird im Neuen Testament öfter erwähnt als Elija. Sein Name begegnet 29 Mal. Im Modell des Elija wird später auch Jesus gedeutet (→ S. 177; 188; 190; 204; 226; 261).

Elija am Bach Kerit

Elija war Zeitgenosse und Gegenspieler von König Achab. Als Achab einen Tempel für Baal errichtete, kündigte ihm Elija als Antwort Jahwes eine Dürre- und Hungerzeit an:

Der Prophet Elija aus Tischbe sprach zu Achab: So wahr Jahwe, der Gott Israels, lebt, in dessen Dienst ich stehe: Es werden in diesen Jahren weder Tau noch Regen fallen, es sei denn auf mein Wort! Und es erging das Wort Jahwes an Elija: Geh weg von hier, wende dich nach Osten, und verbirg dich am Bach Kerit, der östlich vom Jordan fließt. Aus dem Bach kannst du trinken, und den Raben habe ich geboten, dich dort zu versorgen. Da ging er und tat nach Jahwes Wort; er ging und ließ sich nieder am Bach Kerit, der östlich vom Jordan fließt. Raben brachten ihm Brot am Morgen und Fleisch am Abend, und aus dem Bache trank er. Nach einiger Zeit aber trocknete der Bach aus; denn es war kein Regen im Lande gefallen. *1 Könige 17,1–7*

Richard Seewald, Elija am Bach Kerit, 1957.

Tau und Regen fallen drei Jahre nicht, aber Elija spricht kein Machtwort, diese Not zu brechen. Um dem Zorn des Königs zu entgehen, verbirgt er sich am Bach Kerit. Er leidet auch seinerseits unter der Hungersnot, doch Gott ernährt ihn auf wunderbare Weise durch Raben. Das ist ein Märchenmotiv: Ein Mensch, der sich guten Mächten anvertraut, findet den Tisch überall gedeckt, selbst in der Einöde, wo niemand ihn gastlich empfängt. Hilfe kommt Elija durch »Raben« zu. Das sind Aasfresser, sie gelten als unrein, und doch nimmt Elija von ihnen »Brot und Fleisch« entgegen.

Als auch der Bach Kerit austrocknet, begibt sich Elija in die phönizische Stadt Sarepta. Die Bewohner galten Jahwegläubigen als heidnisch und darum ebenfalls als »unrein«. Die Gastfreundschaft dieser einfachen Frau aber, die das Wenige mit Elija teilte, half ihm, die Hungersnot zu überstehen. Elija lernte, von »Unreinen« den Lebensunterhalt als aus der Hand Gottes zu nehmen.

Elija in Sarepta

Da erging das Wort Jahwes an Elija: Mach dich auf, und geh nach Sarepta, das zu Sidon gehört, und bleibe dort! Ich habe dort einer Witwe befohlen, dich zu versorgen. Und er machte sich auf und ging nach Sarepta. Als er an das Stadttor kam, traf er dort eine Witwe beim Holzlesen. Er rief sie an und sagte: Hole mir doch im Krug ein wenig Wasser zum Trinken! Als sie wegging, um es zu holen, rief er ihr nach: Bring mir auch einen Bissen Brot mit! Doch sie sagte: So wahr Jahwe, dein Gott, lebt: Ich habe keinen Vorrat außer eine Handvoll Mehl im Topf und ein wenig Öl im Krug. Ich lese gerade ein paar Stücke Holz auf und gehe dann heim, es für mich und meinen Sohn zuzubereiten. Das wollen wir noch essen und dann sterben.

Da sagte Elija zu ihr: Fürchte dich nicht! Geh heim, und tu, wie du gesagt hast. Doch bereite zuerst für mich einen kleinen Fladen, und bring ihn mir heraus! Danach kannst du für dich und deinen Sohn etwas zubereiten. Denn so spricht Jahwe, der Gott Israels: Das Mehl im Topf soll nicht ausgehen und der Ölkrug nicht versiegen bis zu dem Tag, an dem Jahwe wieder Regen auf den Erdboden sendet.

Da ging sie hin und tat, was Elija gesagt hatte. Und sie hatte zu essen, sie mit ihm und ihrem Sohn, Tag für Tag. Das Mehl im Topf ging nicht aus, und der Ölkrug versiegte nicht, wie Jahwe durch Elija versprochen hatte.

1 Könige 17,8–16

Richard Seewald, Der Ölkrug der Witwe, 1957.

Ähnliche Geschichten von einer wunderbaren Speisung begegnen in Märchen und Legenden aller Welt. Im Märchen vom »Tischlein-deck-dich« ist das Wunderbare scheinbar alltäglich da. In der Legende verbindet sich das Wunder mit historischen Orten, historischer Zeit und historischen Namen. Denn die Legende will beglaubigen, dass das Wunderbare in dieser Welt erfahrbar ist, aber sie fordert auch auf, das Notwendige zu teilen aus der Sicherheit, dass es für alle reicht. Die »Speisung der Fünftausend« durch Jesus wurde von dieser Geschichte angeregt (→ S. 204).

Elija erweckt den Sohn der Witwe zum Leben

Nach diesen Ereignissen geschah es, dass der Sohn der Witwe, der das Haus gehörte, erkrankte. Die Krankheit verschlimmerte sich, bis zuletzt kein Atem mehr in ihm blieb. Da sagte sie zu Elija: Was habe ich mit dir zu schaffen, Mann Gottes? Du bist nur zu mir gekommen, um meine Schuld vor Gott zu erinnern und meinem Sohn den Tod zu bringen. Er aber sprach zu ihr: Gib mir deinen Sohn! Und er nahm ihn von ihrem Schoß, trug ihn hinauf ins Obergemach, in dem er wohnte, und legte ihn auf sein Bett. Dann rief er zu Jahwe und sagte: Jahwe, mein Gott, willst du sogar über die Witwe, in deren Haus ich wohne, Unheil bringen und ihren Sohn sterben lassen? Und er streckte sich dreimal über das Kind hin, rief zu Jahwe und flehte: Jahwe, mein Gott, lass doch das Leben in dieses Kind zurückkehren! Und Jahwe hörte auf die Stimme Elijas. Das Leben kehrte in das Kind zurück, und es wurde wieder lebendig. Elija nahm das Kind und brachte es vom Obergemach ins Haus hinab und gab es seiner Mutter. Elija sprach: Siehe, dein Sohn lebt. Da sagte die Frau zu Elija: Jetzt weiß ich, dass du ein Mann Gottes bist und dass das Wort Jahwes in deinem Munde Wahrheit ist.

1 Könige 17,17–24

Als der Sohn der Witwe auf den Tod hin erkrankt, macht die Mutter Elija Vorwürfe. Sie meint, die Anwesenheit eines »Gottesmannes« in ihrem Haus habe Elijas Gott genauer hinschauen lassen, so dass er ihre bisherigen Sünden bemerkte, um sie daraufhin mit dem Tod ihres Sohnes zu bestrafen. Elija nimmt das Kind vom Schoß der Mutter und trägt es ins Obergemach. Er will beim folgenden Tun allein sein. Das dreimalige Ausstrecken über dem toten Kind soll nach antiker Anschauung die Lebenskraft des Gesunden auf den Toten übertragen.

Von Elischa wird nach gleichem Muster ebenfalls eine Totenerweckung erzählt (2 Kön 4,8–37). Diese Geschichten haben auch die Totenerweckungen bei Markus 5,21–43 und Lukas 7,11–17 geprägt. Sie rücken dort Jesus in das Bild des Elija und wollen sagen, dass in Jesus der Geist des Elija erneut zur Wirkung gekommen ist.

Erweckungsgeschichten werden auch außerhalb der Bibel erzählt. Die folgende stammt von Philostratos, einem Schriftsteller am Hof des römischen Kaisers Septimius Severus (3. Jh. n. Chr.). Sie schildert das »Leben des Apollonius von Tyana«. Darin erzählt Philostratos von der Erweckung einer jungen Frau:

Ein Mädchen, im Begriff zu heiraten, schien gestorben zu sein, und der Bräutigam folgte der Bahre. Er klagte über den frühen Tod seiner Braut. Rom trauerte mit ihm, denn das Mädchen gehörte einer Konsularenfamilie an. Apollonius kam gerade hinzu und erfuhr von dem Leid.

Er sagte: »Setzt die Bahre ab! Ich werde euch die Tränen stillen, die ihr über das Mädchen weint.« Und sogleich fragte er, wie es heiße. Die Menge dachte, er wolle eine Rede halten, wie es beim Leichenbegräbnis üblich ist, um die Totenklage anzuregen. Aber stattdessen berührte er das Mädchen nur und flüsterte ihm zu. Er erweckte es vom scheinbaren Tod. Und das Mädchen sprach und ging in das Haus ihres Vaters. Die Verwandten des Mädchens wollten dem Apollonius 150 000 Sesterzen geben. Aber er sagte, er wolle sie dem Mädchen zur Mitgift hinzufügen.

Ob er noch einen Lebensfunken in ihr entdeckte, den die Ärzte nicht bemerkt hatten … oder ob das Leben wirklich erloschen war und er es durch die Wärme seiner Berührung wieder herstellte, ist ein äußerst schwieriges Problem, welches weder ich noch die, welche anwesend waren, lösen können.

Otto Pankok, Johannes der Täufer, 1936.

Die Götterwette auf dem Karmel

Nach langer Zeit erging das Wort Jahwes an Elija: Geh und zeig dich dem Achab! Ich will Regen auf die Erde senden. Da ging Elija hin, um sich Achab zu zeigen. Die Hungersnot in Samaria aber war groß. Und es geschah, als Achab Elija sah, rief er: Bist du es, du Verderber Israels? Elija entgegnete: Nicht ich habe Israel ins Verderben gestürzt, sondern du und das Haus deines Vaters, indem ihr die Gebote Jahwes übertreten habt und den Baalen nachgelaufen seid. Doch nun sende Boten aus, und versammle ganz Israel zu mir auf dem Karmel, auch die vierhundertfünfzig Propheten des Baal und die vierhundert Propheten der Aschera.

Da sandte Achab zu allen Söhnen Israels und ließ sie auf dem Karmel zusammenkommen. Und Elija trat vor das ganze Volk und rief: Wie lange noch wollt ihr auf zwei Krücken hinken? Wenn Jahwe der wahre Gott ist, dann folgt ihm! Wenn aber Baal es ist, dann folgt diesem! Doch das Volk gab keine Antwort. Da sagte Elija zum Volk: Ich allein bin übrig geblieben als Prophet Jahwes; die Propheten des Baal aber sind vierhundertfünfzig. Man gebe uns zwei Stiere. Sie sollen sich einen auswählen, ihn zerteilen und auf das Holz legen, aber kein Feuer anzünden. Und ich werde den anderen Stier zubereiten und auch kein Feuer anzünxden. Dann ruft den Namen eures Gottes an, und ich, ich werde den Namen Jahwes anrufen. Der Gott, der mit Feuer antwortet, der ist der wahre Gott. Da antwortete das ganze Volk: So ist es recht.

Sie nahmen den Stier, den er ihnen gab, und bereiteten ihn zu. Dann riefen sie vom Morgen bis zum Mittag den Namen des Baal an: Baal, erhöre uns! Doch es kam kein Laut, und niemand gab Antwort. Sie hüpften um den Altar, den sie gebaut hatten. Um die Mittagszeit verspottete Elija sie und sagte: Ruft lauter! Er ist doch ein Gott. Er könnte beschäftigt sein oder er könnte austreten gegangen oder verreist sein. Vielleicht schläft er und wacht dann auf. Da schrien sie mit lauter Stimme und ritzten sich nach ihrem Brauch mit Schwertern und Lanzen wund, bis das Blut an ihnen herunterfloss. Doch es kam kein Laut, keine Antwort, keine Erhörung.

Nun sagte Elija zum ganzen Volk: Tretet her zu mir! Das Volk trat zu ihm hin, und Elija baute den zerstörten Altar Jahwes wieder auf. Um den Altar zog er einen Graben, dann schichtete er das Holz auf, zerteilte den Stier und legte ihn auf das Holz. Und er sagte: Füllt vier Krüge mit Wasser, und gießt es über das Brandopfer und das Holz! Und er sagte: Tut es noch einmal! Und sie taten es zum zweiten Mal. Dann sagte er: Tut es zum dritten Mal! Und sie taten es zum dritten Mal. Das Wasser lief rings um den Altar. Auch den

Graben füllte er mit Wasser. Dann trat Elija an den Altar und sprach: Jahwe, Gott Abrahams, Isaaks und Israels, heute soll man erkennen, dass du Gott bist in Israel und ich dein Knecht und dass ich alles in deinem Auftrag tue. Erhöre mich, Jahwe, erhöre mich, damit dieses Volk erkennt, dass du, Jahwe, der wahre Gott bist und du selbst ihr Herz zur Umkehr wendest. Da fiel das Feuer Jahwes herab und verzehrte das Brandopfer, das Holz, die Steine und die Erde und das Wasser im Graben leckte es auf. Alles Volk sah es, warf sich auf das Angesicht nieder und rief: Jahwe ist Gott, Jahwe ist Gott! Elija aber befahl ihnen: Ergreift die Propheten des Baal! Keiner von ihnen soll entkommen. Man ergriff sie, und Elija ließ sie zum Bach Kischon hinabführen und schlachtete sie dort.

Dann sagte Elija zu Achab: Geh hinauf, iss und trink; denn ich höre das Rauschen des Regens. Während Achab wegging, um zu essen und zu trinken, stieg Elija zur Höhe des Karmel empor. Und er sagte zu seinem Diener: Geh hinauf, und schau auf das Meer hinaus! Dieser ging hinauf, schaute hinaus und meldete: Es ist nichts zu sehen. Elija befahl: Geh noch einmal hinauf! So geschah es sieben Mal. Beim siebten Mal meldete der Diener: Eine Wolke, klein wie eine Menschenhand, steigt aus dem Meer herauf. Darauf sagte Elija: Geh, und sag zu Achab: Spanne an und fahre zu Tal, damit der Regen dich nicht aufhält. Unterdessen verfinsterte sich der Himmel durch Sturmwolken, und es fiel ein starker Regen. *1 Könige 18*

Als die Elija-Erzählungen geschrieben wurden, ging es darum, den Ein-Gott-Glauben durchzusetzen. Das geschah etwa 400 Jahre nach Elija, als der Glaube an den einen und einzigen Gott zur Überarbeitung aller bisherigen Erzähltraditionen führte (→ S. 42 ff.). An die Stelle des Programms »Jahwe *und* Baal« rückte die Parole »Jahwe *oder* Baal«. Diese Parole wurde erstmals unter König Joschija (→ S. 135) vorgetragen. Aus seiner Sicht fragt hier Elija: »Wie lange wollt ihr noch auf zwei Krücken hinken? Wenn Jahwe der wahre Gott ist, so folgt ihm! Wenn aber Baal es ist, folgt diesem!« Natürlich weiß die Erzählung von Anfang an, dass Jahwe allein der wahre Gott ist und Baal nur ein Popanz – eine Überzeugung, die sich erst im 5. Jahrhundert durchsetzte (→ S. 146).

Die vierhundert Baalspriester und deren Ermordung sind darum Zutaten einer späteren Zeit und frei erfunden. Es bleibt allerdings empörend, dass hier Andersglaubende mit Tod und Ausrottung bedroht werden, und sei es auch »nur« in Gedanken und Geschichten. Die heidnische Welt mit ihren vielen Gottheiten war religiös tolerant. Warum missachtet und bekämpft der Ein-Gott-Glaube

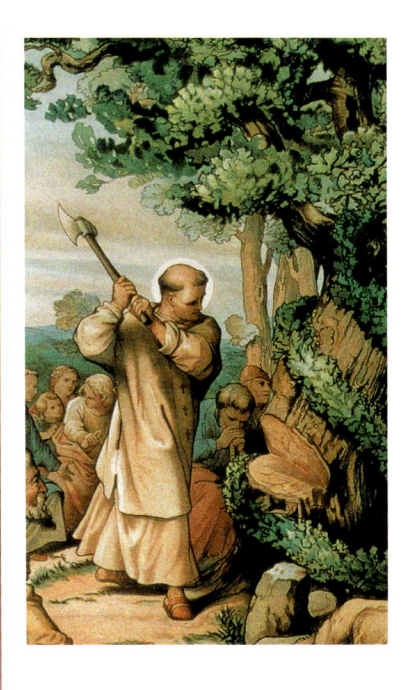

War Bonifatius auch ein Elija?

Obwohl viele Hessen bereits den Glauben angenommen hatten, opferten viele noch heimlich Bäumen und Quellen, andere taten dies ganz offen … Da unternahm es Bonifatius, eine ungeheure Eiche, die mit ihrem alten heidnischen Namen die Jupitereiche genannt wurde, zu fällen. Als er nun damit begonnen hatte, verwünschte ihn die große Menge der Heiden als einen Feind ihrer Götter. Als er jedoch nur ein wenig den Baum angehauen hatte, wurde sofort die Eiche von göttlichen Wehen geschüttelt und stürzte mit gebrochener Krone zur Erde und barst in vier Teile … Darauf aber erbaute der hochheilige Bischof aus dem Holzwerk dieses Baumes ein Bethaus und weihte es zu Ehren des heiligen Apostels Petrus.

Rudolf von Fulda

abweichende Glaubensformen? Richtig verstanden muss er für die Einheit und Zusammengehörigkeit aller Menschen eintreten.

Jener Elija, der hier gegen die Baalspriester wütet, empfing von einer heidnischen Frau Unterkunft und Lebensunterhalt (→ S. 110). Die Elija-Legenden regen an, über Toleranz nachzudenken.

Elija am Berg Horeb

Achab erzählte Isebel alles, was Elija getan, und dass er alle Propheten des Baal und der Aschera mit dem Schwert getötet hatte. Da schickte Isebel einen Boten zu Elija und ließ ihm sagen: Die Götter sollen mir dies und das antun, wenn ich morgen um diese Zeit dein Leben nicht einem jeden von ihnen gleich mache. Da fürchtete sich Elija. Er machte sich auf und ging weg, um sein Leben zu retten.

Er kam nach Beerscheba in Juda und ließ dort seinen Diener zurück. Er selbst ging eine Tagesreise weit in die Wüste hinein. Dort setzte er sich unter einen Ginsterstrauch und wünschte sich den Tod. Nun ist es genug, Jahwe, sagte er. Nimm mein Leben, denn ich bin nicht besser als meine Väter. Dann legte er sich nieder und schlief unter dem Ginsterstrauch ein. Doch siehe, ein Engel rührte ihn an und sprach: Steh auf und iss! Und als er aufblickte, lag neben seinem Kopf Fladenbrot, das in glühender Asche gebacken war, dazu ein Krug mit Wasser. Er aß und trank und legte sich wieder hin. Und der Engel Jahwes kam zum zweiten Mal, rührte ihn an und sprach: Steh auf und iss, denn sonst ist der Weg zu weit für dich. Da stand er auf, aß und trank und ging in der Kraft dieser Speise vierzig Tage und vierzig Nächte bis zum Gottesberg Horeb. Dort ging er in eine Höhle, um darin zu übernachten.

Da traf ihn das Wort Jahwes: Was suchst du hier, Elija? Er sagte: Ich eiferte für Jahwe, weil die Söhne Israels deinen Bund verlassen, deine Altäre zerstört und deine Propheten mit dem Schwert getötet haben. Ich allein bin übrig geblieben, doch nun trachten sie auch mir nach dem Leben. Da sprach er: Komm heraus, und stell dich auf den Berg vor Jahwe! Und siehe, Jahwe zog vorüber: Es kam ein starker, heftiger Sturm, der die Berge zerriss und die Felsen zerbrach. Doch Jahwe war nicht im Sturm. Nach dem Sturm kam ein Erdbeben. Doch Jahwe war nicht im Erdbeben. Und nach dem Beben kam ein Feuer. Doch Jahwe war nicht im Feuer. Und nach dem Feuer kam ein leises Wehen. Als Elija das hörte, verhüllte er sein Gesicht mit seinem Mantel, trat hinaus und stellte sich an den Eingang der Höhle.

1 Könige 19,1–13a

Wir hielten vor einem kleinen türkischen Kloster, in dem Derwische lebten, die jeden Freitag tanzten. Das grüne Bogentor zeigte auf dem Türbalken eine bronzene Hand – das heilige Zeichen Mohammeds. Wir traten in den Hof. Aus einer Zelle kam ein Derwisch auf uns zu; er legte grüßend die Hand auf Brust, Lippen, Stirn. Wir setzten uns. Der Derwisch sprach von den Blumen, die wir rundum sahen, und vom Meer, das zwischen den spitzen Blättern des Lorbeerbaumes blitzte. Später begann er, über den Tanz zu sprechen.
»Wenn ich nicht tanzen kann, kann ich nicht beten. Ich spreche durch den Tanz zu Gott.«
»Was für einen Namen gebt ihr Gott, Ehrwürden?«
»Er hat keinen Namen«, antwortete der Derwisch. »Gott kann man nicht in einen Namen pressen. Der Name ist ein Gefängnis, Gott ist frei.«
»Wenn Ihr ihn aber rufen wollt? Wenn es notwendig ist, wie ruft Ihr ihn?«
»Ach!«, antwortete er. »Nicht: Allah. Ach! werde ich ihn rufen.«
Ich erbebte.
»Er hat recht«, murmelte ich.

Nikos Kazantzakis

»Achab erzählte Isebel alles, was Elija getan, auch dass er alle Propheten mit dem Schwert getötet habe.« Die Königin Isebel soll darauf geantwortet haben, mit Elija genauso zu verfahren. Das ist für Elija Anlass zur Flucht und schließlich auch zu seiner Mutlosigkeit.

Der Weg zum »Gottesberg« führt in den Negev, »eine Tagesreise weit«. Die lebensfeindliche Wüste entspricht dem lebensmüden Mann. Was kann ihn hier noch ermutigen? Die Sonne brennt, die Verlassenheit ist grenzenlos, die Erschöpfung nimmt bald überhand. So wünscht er nur noch zu sterben.

In dieser Situation greift der »Engel Jahwes« ein. Er bringt Elija ein »Glühsteinbrot« und einen Krug Wasser. Elija isst und trinkt davon, legt sich erneut schlafen, aber wird ein zweites Mal berührt: »Steh auf und iss! Du hast noch einen weiten Weg!« Daraufhin wandert Elija »in der Kraft dieser Speise vierzig Tage und vierzig Nächte bis zum Gottesberge Horeb«. Die Vorstellung vom Berg als Wohnsitz Gottes findet sich im gesamten Orient. Sie begegnet immer noch in einem Denken, das den »Himmel« als Wohnort Gottes »oben« sieht.

Die Höhle im Gottesberg mag ein bergender Zufluchtsort sein, aber Elija wird herausgerufen. Ein Sturm kommt, der Berge zerreißt und Felsen zerbricht, doch Jahwe ist nicht im Sturm. Danach ein Erdbeben; nach dem Beben ein Feuer. Jedes Mal wird die Anwesenheit Jahwes in diesen Gewalten verneint. Dem mächtigen Geschehen folgt schließlich »eine Stimme verschwebenden Schweigens«, »ein ganz leiser Hauch«, »ein leises Wehen«, was in der Bibel, die Jahwe sonst mit Blitz und Donner verbindet, einzigartig ist.

Der selbst gewalttätige Elija, der in seiner Götterwette auf dem Karmel noch den Gott beschwor, »der mit Feuer antwortet«, muss sein Gottesverständnis korrigieren. Doch ist das »leise Wehen«, wie Elija es erlebt, gewiss nicht entspannter oder gar freundlicher, sondern nun vollends unheimlich.

Elijas Leben endet auf einmalige Weise. Im einsamen Bergland wird er von Elischa, seinem Schüler, begleitet. Er überträgt ihm seinen eigenen Geist. Dann erlebt Elischa, wie sein Meister von einem feurigen Wagen in den Himmel entrückt wird (→ S. 259). Die Tradition Israels aber rechnet mit seiner Wiederkehr in der Endzeit. Sowohl mit Johannes dem Täufer als auch mit Jesus verband sich die Vorstellung, in ihnen sei Elija wiedergekommen.

Quangli Liang, Meditation, 1996.

Nicht im Erdbeben oder Sturm,
nicht im Feuer,
sondern ein verschwebendes
Schweigen, kaum spürbar.
ein leiser Hauch.

Von Gott kann man nicht sprechen,
wenn man nicht weiß,
was Sprache ist.

Tut man es dennoch,
so zerstört man seinen Namen.

Günter Eich

Propheten

Ursprünglich ist der Prophet nicht der, der etwas voraussagt, sondern der, der etwas heraussagt. König und Tempel stellten beamtete Propheten ein. Da der Staat sie bezahlte, sagten sie am liebsten nur, was im Interesse der Politik lag. Geschenke, die sie annahmen, beeinflussten ihre Stellungnahme. Micha kritisierte: »So spricht Jahwe gegen die Propheten: Sie verführen mein Volk. Haben sie etwas zu beißen, rufen sie: Friede! Wer ihnen aber nichts ins Maul steckt, dem sagen sie den Heiligen Krieg an« (Mi 3,5).

Gegenüber solchen Männern, die in ihre eigene Tasche hinein prophezeiten, war der aufrechte Prophet unbestechlich und für König und Volk unbequem. Der Prophet konnte an sich selbst irre werden, müde und mutlos. Jeremia musste Verfolgung, Kerker und schließlich Verschleppung ertragen. Der Prophet Urija wurde durch König Jojakim hingerichtet. Amos wurde auf Grund einer Anzeige des Oberpriesters von Bet-El des Landes verwiesen, denn der Denunziant hatte gegenüber dem König gemeint: »Das Land vermag seine Worte nicht zu ertragen.«

»Mir bricht das Herz in der Brust, alle meine Glieder zittern«, klagte Jeremia. Durchweg waren die Propheten keine Schriftsteller sondern Redner. Sie verschafften sich Gehör durch eine deftige Sprache und ungewöhnliche Bilder. Sie beobachteten die Öffentlichkeit, den Tempelbetrieb und die Politik und maßen alles am Willen Gottes. So traten sie öffentlich auf, warnten, drohten, machten Mut oder verurteilten. Nicht Weissagungen über die Zukunft waren ihr Thema, sondern das Geschehen der Gegenwart.

Das Prophetenwort kam von der Straße. Dort gewann es seine Schärfe, wurde abgewiesen oder war umstritten. Als Wort eines Außenseiters stand es quer zum Denken und Glauben der meisten. Aber es weckte die Nachdenklichen, gab Anlass zu fragen.

Wenn ein Volk, eine Zeit, eine Kirche keine Propheten mehr hat, besteht Gefahr. Propheten sagen, was »die Oberen« nicht gern hören. Propheten beobachten ihre Zeit. Sie sehen mit dem »dritten Auge«. Sie sehen, wovor andere sich verschließen und verkriechen. Propheten schaffen heilsame Unruhe. Propheten halten lebendig.

Du hast mich überredet, Jahwe,
und ich habe mich überreden lassen;
du hast mich gepackt und
überwältigt.

Zum Gespött bin ich geworden den
ganzen Tag,
jeder macht sich über mich lustig.

Ja, so oft ich rede, muss ich schreien,
«Gewalt und Unterdrückung!», muss
ich rufen.
Denn den ganzen Tag lang bringt mir
das Wort Jahwes nur Spott und Hohn.

Sage ich aber:
Ich will nicht mehr an ihn denken
und nicht mehr in seinem Namen
sprechen!, so ist es mir, als brenne
in meinem Herzen ein Feuer,
eingeschlossen in meinem Innern.

Ich quälte mich, es auszuhalten und
konnte nicht;
hörte ich doch das Flüstern der
Vielen:
Grauen ringsum! Zeigt ihn an!
Wir wollen ihn anzeigen.

Meine nächsten Bekannten warten
alle darauf, dass ich stürze: Vielleicht
lässt er sich betören, dass wir ihm
beikommen können
und uns an ihm rächen.

Jer 20,7–10

Samuel Bak, Der Beobachter, 1971.

In sich hineinschauen und über sich hinaussehen: der Prophet.

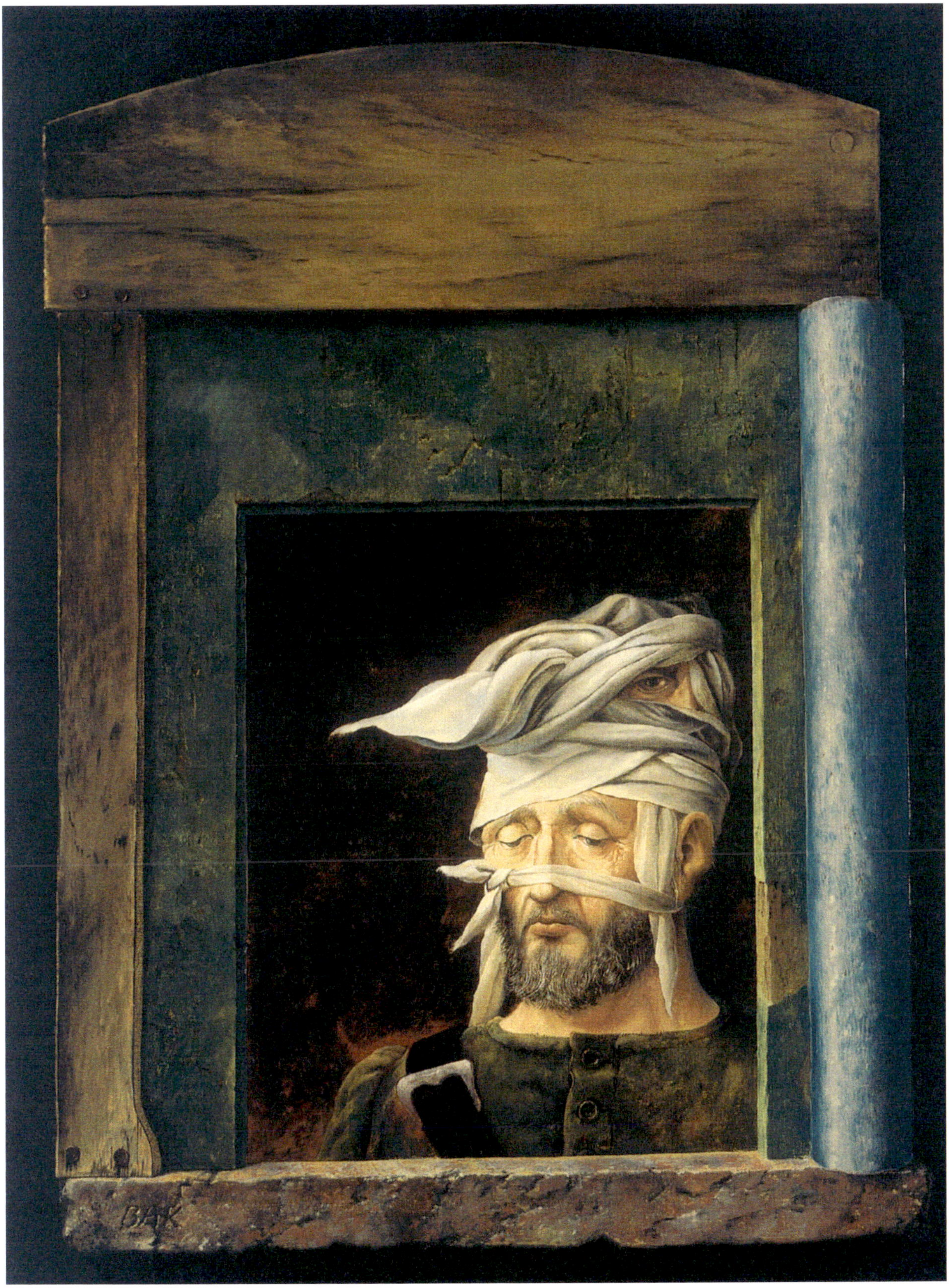
BAK

Der Prophet Amos

Die Erzählungen über Elija sind ein Gemisch aus »Dichtung und Wahrheit«, entstanden aus den Interessen einer späteren Zeit. Worte des historischen Elija bewahrt diese Sammlung nicht.

Der erste Prophet, dessen Sprüche als eigenes Buch vorliegen, heißt Amos. Er sprach »im Namen Jahwes« für den Traum von einer gerechten und menschenfreundlichen Gesellschaft.

Karikatur auf die Wiedererrichtung des Königtums in Frankreich 1814.

Zur Zeit des Amos – es sind die Jahre um 760 v. Chr. – entwickelte sich Armut im Lande. Geschäftstüchtige Großbauern, Kaufleute, Beamte und Militärs erwarben immer mehr Grundbesitz. Während in früherer Zeit lauter Kleinbauern das Land ernährten, diktierten jetzt Großgrundbesitzer den Markt und die Preise. »Sie fressen mein Volk auf«, kritisierte nach ihm der Prophet Micha, »sie ziehen den Leuten die Haut ab und zerbrechen ihnen die Knochen; sie zerstückeln sie wie Fleisch für den Kochtopf« (Mi 3,3).

Viele Kleinbauern konnten die Risiken bei schwankenden Ernteerträgen und die Belastungen durch staatliche Abgaben und Frondienste nicht mehr ausgleichen. Sie wurden gezwungen, Kredite aufzunehmen, um zu überleben. Dadurch gerieten sie in Abhängigkeit von der reichen Oberschicht. Wenn sie die Kredite nicht zurückzahlen konnten, verloren sie ihren Besitz.

Schon im Jahrhundert zuvor wurde das Kreditrecht beklagt: »Mein Mann, dein Knecht, ist gestorben … Nun kommt der Gläubiger, um sich meine beiden Söhne als Sklaven zu nehmen« (2 Kön 4,1). Konnte ein Kredit nicht zurückgezahlt werden, wurde zunächst der Acker verpfändet. Genügte dies nicht, mussten Söhne wie Töchter in Schuldknechtschaft gegeben werden; das heißt, sie mussten unter Verlust elementarer Rechte für den Gläubiger die Schulden der Sippe abarbeiten. »Mit Geld die Hilflosen kaufen, für ein paar Sandalen die Armen«, kritisiert Amos. Völlig mittellos geworden, war es den meisten nicht mehr möglich, sich noch einmal auszulösen und erneut hochzuarbeiten. So gerieten sie in Dauerknechtschaft und konnten in Fremdsklaverei abgeschoben werden. Andere fanden sich mit dem Dasein als besitzlose Tagelöhner ab, um wenigstens ihre Freiheitsrechte zu bewahren.

Darmstadt, im Juli 1834

Im Jahr 1834 sieht es aus, als würde die Bibel Lügen gestraft. Es sieht aus, als hätte Gott die Bauern und Handwerker am 5ten Tage, und die Fürsten und Vornehmen am 6ten gemacht, und als hätte der Herr zu diesen gesagt: »Herrschet über alles Getier, das auf Erde kriecht«, und hätte die Bauern und Bürger zum Gewürm gezählt.

Das Leben der Vornehmen ist ein langer Sonntag, sie wohnen in schönen Häusern, sie tragen zierliche

Das Gericht über Samaria

Seht den maßlosen Terror in der Stadt an und die Unterdrückung, die dort herrscht. Sie treten das Recht mit Füßen – Spruch Jahwes –, sie sammeln Schätze in ihren Palästen mit Gewalt und Unterdrückung. Darum – so spricht Gott Jahwe: Ein Feind wird das Land umzingeln; er reißt deine Macht nieder, und deine Paläste werden geplündert. So spricht Jahwe: Von den Söhnen Israels, die in Samaria auf ihrem Diwan sitzen und auf ihren Polstern aus Damaskus, wird genauso viel übrig bleiben, wie von einem Lamm, das ein Löwe verschlingt. So wie ein Hirt aus dem Rachen des Löwen gerade noch zwei Schenkelknochen herausreißt. Hört und schärft es ein dem Hause Jakob – spricht der Herr Jahwe: Ja, der Tag kommt, da ich Israel für seine Verbrechen strafen werde; dann werde ich zerstören die Altäre von Bet-El; die Hörner des Altars werden abgehauen und fallen zu Boden. Ich zerschlage den Winterpalast und die Sommervillen, die elfenbeingeschmückten Häuser werden verschwinden, und mit den vielen Häusern ist es zu Ende – spricht Jahwe. *Amos 3,9–15*

Die Beugung des Rechts

Weil ihr von den Hilflosen Pachtgeld erpresst und ihr Getreide besteuert, baut ihr Häuser aus behauenen Steinen – aber wohnen werdet ihr nicht darin. Ihr legt euch prächtige Weinberge an – doch trinken werdet ihr den Wein nicht. Ja, ich kenne eure zahlreichen Verbrechen und eure ständigen Vergehen. Ihr bringt den Unschuldigen in Not, ihr lasst euch bestechen und weist den Armen ab bei Gericht. Darum schweigt in dieser Zeit, wer klug ist; denn es ist eine böse Zeit. Sucht das Gute, nicht das Böse; damit ihr am Leben bleibt, und damit Jahwe wirklich mit euch ist, wie ihr sagt. Hasst das Böse, liebt das Gute, und bringt bei Gericht das Recht zur Geltung! Vielleicht ist Jahwe dann gnädig. *Amos 5,7–15*

Der wahre Gottesdienst

Ich hasse eure Feste, ich verabscheue sie. Ich kann eure Versammlungen nicht riechen. Eure Brandopfer sind mir zuwider, ich habe kein Gefallen an euren Gaben; das Mahlopfer eures Mastviehs will ich nicht sehen. Hör auf mit dem Geplärr deiner Lieder! Dein Harfenspiel will ich nicht hören, sondern das Recht soll strömen wie Wasser, die Gerechtigkeit wie ein nie versiegender Bach. *Amos 5,21–24*

Kleider, sie haben feiste Gesichter und reden eine eigene Sprache; das Volk aber liegt vor ihnen wie Dünger auf dem Acker. Der Bauer geht hinter dem Pflug, der Vornehme aber geht hinter ihm und dem Pflug und treibt ihn mit dem Ochsen am Pflug, er nimmt ihm das Korn und lässt ihm die Stoppeln. Das Leben des Bauern ist ein langer Werktag; Fremde verzehren seine Äcker vor seinen Augen, sein Leib ist eine Schwiele, sein Schweiß ist das Salz auf dem Tisch des Vornehmen.

Georg Büchner

George Grosz, Der Fresser, 1939.

Georg Grosz, Die Besitzkröten, 1939.

George Grosz, Sonnenfinsternis, 1926.

Am Kabinettstisch thront ein Feldmarschall. Ihn kennzeichnet der blutige Säbel und das Kreuz in Schwarzweißrot. Er empfängt Weisungen von einem Vertreter der Rüstungsindustrie. Mit ihm am Tisch sitzt der Ministerrat – kopflose Leute und Befehlsempfänger des Kapitals. Der Pappesel mit Scheuklappen vertritt das Volk: es frisst blindgläubig die Papiere der Presse in sich hinein. Unter dem Tisch zeigen Gefängnisse und Tod die Folgen dieser wahnwitzigen Sitzung. Das Dollarzeichen verdunkelt die Sonne, stellt aber klar, welche Gottheit hier herrscht.

»Jahwe als Gott der Armen« ist das Programm des Amos. Er war über die sozialen Schinder erbittert wie keiner zuvor. »Ich will ein Feuer gegen Juda schicken, dass es die Paläste Jerusalems frisst« (2,5). Amos kritisiert eine Entwicklung, die breite Bevölkerungskreise in die Verelendung zwingt: Die Vermögenden erwerben Landgut um Landgut, bis sie die Herren ganzer Landstriche sind; die bisherigen Besitzer werden zu Schuldnern und Leibeigenen. Amos deckt die Bestechlichkeit der Gerichte auf. »Ihr lasst euch bestechen und weist den Armen ab bei Gericht« (5,12). Statt Recht zu sprechen, bringen sie neues Unrecht.

Die Propheten Israels tragen die Forderung nach sozialer Gerechtigkeit wie niemand vor ihnen und niemand nach ihnen in der Alten Welt in den Gang der Geschichte. Sie tun es in einer Sprache, deren Kraft und Schärfe bis heute nicht gelitten hat. Doch ist die Botschaft immer noch unterwegs, umgesetzt zu werden. Als Christenheit und Kirche für die Sache der Armen und Unterdrückten keine Anwälte mehr waren, fand Jahwes Wille, wie er von Amos vertreten wurde, jenseits der kirchlichen Welt neue Resonanzböden – im frühen Kommunismus und im Sozialismus.

Die soziale Anklage der Propheten wurde im Namen eines Gottesglaubens erhoben, mit dem sich die Würde und Rechte des Menschen verbinden. Für Amos hatte Israel keine Zukunft mehr, falls die Verantwortlichen des Volkes nicht sofort ihre verdrängte Schuld einsahen und ihr soziales Handeln änderten: »Seht, ich lasse den Boden unter euch schwanken. Dann gibt es auch für die Schnellsten keine Flucht mehr. Dem Starken versagen die Kräfte, auch der Held kann sein Leben nicht retten … Dem Läufer helfen seine Beine nichts, noch rettet den Reiter sein Pferd …« (2,13–15).

Tatsächlich machten die Assyrer eine Generation später dem Staat Israel ein Ende.

Die Ausweisung des Propheten

Amazja, der Priester von Bet-El, ließ Jerobeam, dem König von Israel, melden: Mitten im Haus Israel zettelt Amos gegen dich Aufruhr an; das Land vermag alle seine Worte nicht mehr zu ertragen. Denn so sagt Amos: Jerobeam stirbt durch das Schwert, und Israel wird verschleppt, verschleppt aus seinem Lande.

Zu Amos aber sagte Amazja: Geh, Seher, flüchte ins Land Juda! Dort iss dein Brot, und tritt dort als Prophet auf! Aber in Bet-El sprich nicht noch einmal als Prophet; denn ein Heiligtum des Königs ist dies hier und ein Staatstempel.

Da antwortete Amos und sagte: Ich bin kein Prophet und auch kein Prophetenschüler, sondern ein Viehzüchter und ziehe Maulbeerfeigen. Aber Jahwe hat mich von meiner Herde weggeholt und zu mir gesagt: Geh und tritt als Prophet vor mein Volk Israel!

Amos 7,10–15

Amos stammte aus Thekoa im Südreich, 17 Kilometer südlich von Jerusalem. Hier lebte er als Bauer mit einer eigenen Rinder- und Maulbeerfeigenzucht, bis er um das Jahr 760 – in einer Zeit wirtschaftlicher Blüte – im Nordreich Israel, vor allem in der Hauptstadt Samaria und wahrscheinlich auch am Reichsheiligtum Bet-El öffentlich auftrat. Der hier von Amos kritisierte Jerobeam ist Jerobeam II., der etwa zweihundert Jahre nach jenem Jerobeam regierte, welcher Israel von Jerusalem löste und das Nordreich begründete (→ S. 102–107).

Der Gott, den Amos vertrat, war nicht der Gott der Heiligtümer, der Opfer und Wallfahrten, sondern der Anwalt der Hilflosen und Schwachen: »Ich hasse eure Feste, ich verabscheue sie. Ich kann eure Versammlungen nicht riechen …, eure Brandopfer sind mir zuwider …, vielmehr ströme das Recht wie Wasser, die Gerechtigkeit wie ein nie versiegender Bach« (5,21ff.). Eine solch sozial verstandene Frömmigkeit erschreckte Staat und Religion Israels zum äußersten – ähnlich wie die »Theologie der Befreiung« die Katholische Kirche erschreckt hat. Und so klagte der Oberpriester am Reichsheiligtum Bet-El den unbequemen Propheten als »unerträglich für das Land« beim König an und betrieb seine Ausweisung. Über Amos' weiteres Schicksal ist nichts bekannt.

George Grosz, Die Stützen der Gesellschaft, 1926.

Vorn hält der alte Herr ein Bierglas in der Hand, das Hakenkreuz dient ihm als Krawattenschmuck. Aus seiner Schädeldecke steigen Militärphantasien. Dahinter der Journalist mit Zeitungen unter dem Arm, einem Palmzweig als Friedenssymbol und einem Nachttopf auf dem Kopf als Zeichen beschränkten Geistes. Dann ein Sozialdemokrat, der mit der Parole »Sozialismus ist Arbeit« (also: nur kein Streik!) die herrschenden Verhältnisse stützt. Schließlich ein Militärseelsorger, der Frieden predigt, während hinter seinem Rücken das Militär marschiert, hinten schon die Häuser brennen – und bald die Synagogen.

Die Eroberung Samarias und das Ende des Nordreiches

Im 9. Jahrhundert hatte sich in Mesopotamien das neuassyrische Reich entwickelt. Mit großer Grausamkeit führte es Kriege und machte Eroberungen nach Nordosten, Norden und Westen bis zum Mittelmeer. Die Feinde wurden abschreckend behandelt und vielfach umgesiedelt. Der König Salmanassar III. (858–823) griff erstmals Israel an. Sein Nachfolger führte diese Politik fort, zog nach Palästina und machte Tyrus, Sidon, Israel, Philistäa und Damaskus tributpflichtig. Im folgenden Jahrhundert führte König Tiglat-Pileser III. (745–726) gewaltige Feldzüge nach Syrien und Babylonien. Sein Sohn Salmanassar V. (726–722) eroberte Samaria, die Hauptstadt Israels nach zwei- bis dreijähriger Belagerung im Jahr 722.

Im zwölften Jahr des Königs Ahas von Juda wurde Hoschea König von Israel. Gegen ihn zog Salmanassar, der König von Assur. Hoschea musste sich ihm unterwerfen und ihm Tribut entrichten.

Dann aber entdeckte der König von Assur, dass Hoschea an einer Verschwörung beteiligt war und den jährlichen Tribut an den König von Assur nicht mehr überbrachte. Daher ließ ihn der König von Assur festnehmen und gefesselt ins Gefängnis werfen. Dann zog der König von Assur herauf nach Samaria und belagerte es drei Jahre lang. Er eroberte die Stadt, verschleppte Israel nach Assur, weil die

Söhne Israels gegen Jahwe, ihren Gott, gesündigt hatten, der sie aus Ägypten, aus der Gewalt des Pharao heraufgeführt hatte, und weil sie fremde Götter verehrten.

Und die Söhne Israels ersannen Dinge gegen Jahwe, ihren Gott, die nicht recht waren. Sie bauten sich Kulthöhen in all ihren Städten. Sie errichteten Steinmale und Ascherabilder auf jedem hohen Hügel und unter jedem grünen Baum. Auf allen Kulthöhen brachten sie Opfer dar und taten böse Dinge, um den Zorn Jahwes zu wecken. Aber Jahwe hatte Israel und Juda durch alle seine Propheten gewarnt: Kehrt um von euren bösen Wegen, beachtet meine Befehle und meine Gebote. Aber sie wollten nicht hören, sondern versteiften ihre Nacken wie ihre Väter. Sie machten ein Gussbild, zwei Kälber, und machten eine Aschera, beteten das ganze Heer des Himmels an und dienten dem Baal.

Darum wurde Jahwe über Israel zornig. So wurde Israel aus seinem Land weggeführt in die Verbannung nach Assur, und das ist so bis zum heutigen Tag.
2 Könige 17

Ausschnitt aus einem assyrischen Relief, um 650 v. Chr.

Krähen und Gänsegeier fallen über die Leichen getöteter Feinde her.

Unten: Relief Sargons II., 720–705 v. Chr.

Von einem Rammbock aus liest ein Assyrer eine Botschaft an die Belagerten vor; wahrscheinlich geht es um die Aufforderung, sich zu ergeben.

Bisher war immer davon die Rede, dass Jahwe seinem Volk jeden Sieg schenke: Er führte sie aus ägyptischer Knechtschaft, er ließ die Mauern Jerichos einfallen, er gab fremde Städte und Völker in die Hand des Mose, des Josua, der Richter … Aber nun haben die Assyrer Samaria belagert und erobert, die gebildeten Israeliten in entfernte Länder umgesiedelt und dafür fremde Menschen ins Land gebracht. Ist Jahwe, der Gott Israels, nicht mehr willens, seinem Volk zu helfen? Kann man immer noch sagen, dass Jahwe ein freies Volk will, wenn er Israel durch die Hand der Assyrer auslöscht?

Tatsächlich beendete der Fall Samarias die Geschichte des Nordreiches. Niemand hatte gedacht, dass Jahwe dies zulassen würde. Nun deutete man das Geschehen als Gottesgericht. Man führte alles auf eine einzige Ursache zurück und sagte: Jahwe verstieß Israel, wie er es durch alle seine Knechte, die Propheten, angedroht hatte. Aber Israel wollte nicht hören, sondern versteifte seinen Nacken, wie schon die Väter es taten, und diente dem Baal.

Damit begann auch ein neues Denken. Jahwe konnte die Seite wechseln und sich mit fremden Völkern verbünden, damit Israel erkenne: »Höre, Israel, Jahwe, unser Gott, Jahwe ist einzig!« Diese spätere Sicht machte den König von Assyrien zu einem Werkzeug in der Hand Gottes.

Seite 122: Monumentaler geflügelter Stier vom Tor der Zitadelle Sargons II., 721–705 v. Chr.

Daneben: Relief Sargons II., 720–705 v. Chr.

Die assyrische Armee greift eine befestigte Stadt an. Belagerungsrampen und Rammböcke werden eingesetzt. Die Größe der assyrischen Soldaten macht die Überlegenheit der Assyrer deutlich.

Relief Tiglat-Pilesers III., 745–727 v. Chr.

Assyrische Soldaten tragen vier Statuen von Gottheiten aus Gaza weg: vorneweg zwei thronende Göttinnen; eine dritte, viel kleinere Göttin steht in einem Schrein. Als vierter folgt eine männliche Gottheit mit vier Hörnern, einer Axt und einem Blitzbündel in der Hand; offensichtlich ein Wetter- und Kampfgott.

Die Umsiedlung der Bevölkerung

Der König von Assur brachte Leute aus Babel, Kuta, Awa, Hamat und Sefarwajim in das Land und ließ sie anstelle der Söhne Israels in den Städten Samarias wohnen. Und sie nahmen Samaria in Besitz und wohnten in seinen Städten. *2 Könige 17,24*

Die neuen Siedler kamen nur schubweise. Natürlich brachten sie ihre eigenen Götter mit, vermischten sich aber im Lauf der Zeit mit den Einheimischen. Doch wurde nicht die gesamte Bevölkerung umgesiedelt, sondern nur die Oberschicht, und selbst diese nur in Auswahl. Der neue Befehlshaber, Sargon II. (721–705), berichtet: »Ich belagerte und eroberte Samaria, führte als Beute 27 290 Einwohner weg. Die übrigen Einwohner beließ ich in ihrer sozialen Stellung. Ich setzte über sie einen meiner Beamten und legte ihnen die Abgabe des früheren Königs auf.« Durchweg werden solche Angaben überhöht; dennoch lassen sie erkennen, dass nur ein kleiner Teil der Bevölkerung das Land verlassen musste. Von »zehn verlorenen Stämmen Israels« nach dem Ende des Nordreiches kann keine Rede sein. Deshalb blieb auch der alte Jahweglaube im Lande intakt, selbst wenn die neu angesiedelten Menschen dieser Glaubenswelt zunächst fremd gegenüberstanden.

Die Religion der neuen Bevölkerung

Doch machte sich jedes Volk seine eigenen Götter und stellte sie in den Höhentempeln auf. Jedes Volk tat so in der Stadt, in der es lebte. Sie verehrten auch Jahwe. Sie setzten aus ihren eigenen Reihen Priester für die Kulthöhen ein, die für sie in den Höhentempeln opferten.

So verehrten sie Jahwe und dienten zugleich ihren Göttern nach den Bräuchen der Völker, aus denen man sie weggeführt hatte. Bis zum heutigen Tag leben sie nach ihren früheren Bräuchen. Sie fürchten Jahwe nicht und halten sich nicht an die Satzungen und Bräuche, an das Gesetz und die Gebote, auf die Jahwe die Nachkommen Jakobs, dem er den Namen Israel gab, verpflichtet hat. Was ihre Väter getan haben, das tun auch ihre Kinder und Kindeskinder bis zum heutigen Tag. *2 Könige 17,29–41*

Natürlich brachten die neuen Siedler in der nunmehr assyrischen Provinz Samaria ihre eigenen Götter mit und verehrten sie. Zugleich übernahmen sie aber auch Jahwe, den Gott Israels. Zu dieser Zeit hatte sich der Glaube an einen einzigen Gott noch nicht durchgesetzt.

Die obige Schilderung aus der Sicht Jerusalems will die Samaritaner ihrer Zeit zu Menschen fremder Herkunft stempeln, die eine Mischreligion praktizieren und deswegen mit dem Judentum keine Gemeinschaft haben könnten. Selbst zur Zeit Jesu dachte man unter Juden noch so (→ S. 216).

Historisch ist dieses Urteil falsch, denn die Mehrzahl der Israeliten verblieb im Lande und verehrte Jahwe weiterhin. Erst die aus dem Babylonischen Exil heimgekehrten Judäer waren es, die sich unversöhnlich von den Samaritanern abgrenzten und den Neuansiedlern »bis zum heutigen Tag« die Verehrung fremder Gottheiten anlasteten.

Relief aus dem Palast Sanheribs in Ninive, (705–681).

Als der assyrische König Sanherib die gut befestigte Stadt Lachisch erobert hatte (→ S. 128), ließ er das Geschehen in seinem Palast in Ninive in einem Relief schildern. Hier werden Judäerinnen ins Exil geführt. Es ist die beste Darstellung der Kleidung von Frauen in dieser Zeit.

Jerusalem und das Südreich Juda

Unter dem Nachfolger von König Salomo war das vereinigte Königreich Israel und Juda auseinandergebrochen. Israel hatte sich von Jerusalem und Juda losgesagt und ein eigenes Königtum gegründet (→ S. 104).

Nun stand Juda mit seiner Hauptstadt Jerusalem als ein schwaches Land allein. Das Nordreich Israel war größer und reicher. Es besaß fruchtbare Ebenen und gute Verbindungen zu den Nachbarn im Norden. Die Stammesgebiete Judas hingegen beschränkten sich auf bergiges Land und Steppe. Dennoch konnten im 9. und 8. Jahrhundert an einigen Orten auch größere Bauwerke entstehen. Neben Jerusalem entwickelte sich besonders Lachisch als zweite befestigte Stadt im judäischen Bergland (→ S. 128).

Der Tempel in Jerusalem war weiterhin Zentrum des judäischen Königtums. Während der 350 Jahre seines Bestehens wurde er wiederholt renoviert, vielleicht auch erweitert und mit neuer Ausstattung versehen. Vermutlich hatte er in dieser Zeit einen großen Zustrom von Besuchern und Besucherinnen, die Geschenke mitbrachten. Auch für die Menschen im untergegangenen Königreich Israel wird der Tempel zu Jerusalem seine Bedeutung nicht verloren haben.

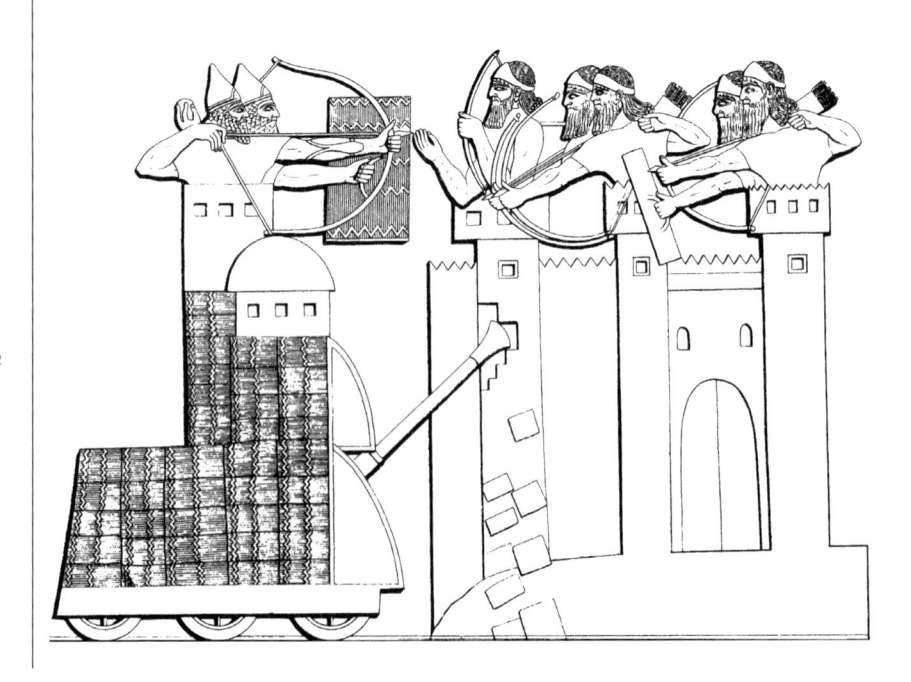

Der assyrische König Asarhaddon (681–669) hält einen ägyptischen Prinzen und den König von Sidon an einem Zügel; der Zügel ist an einem Ring im Unterkiefer bzw. an der Unterlippe der beiden befestigt.

Eine Stadt wurde belagert, wenn sie für einen direkten Angriff zu stark befestigt schien. Belagerungen konnten manchmal mehrere Jahre dauern. Um die Stadt durch eine Bresche in der Mauer sturmreif zu machen, schüttete man einen Damm auf, der vom Lager der Angreifer zur Stadtmauer führte und als Rampe für die Sturmböcke diente. Sturmböcke waren fahrbare Gestelle mit beweglich aufgehängten Baumstämmen, mit denen man die Stadtmauer rammte, um sie einzustoßen. Gegen die Pfeile, Speere und Steine der Verteidiger schützte man sich durch fahrbare große Schutzdächer, ebenso gegen siedendes Öl oder Pech, das von den Mauern auf die Angreifer gegossen wurde.

Bogenschützen hatten große Bedeutung in der Kriegsführung. König Achab von Israel (→ S. 108) wurde im Kampf gegen die Aramäer durch eine Pfeilwunde getötet.

Bei Kämpfen Mann gegen Mann benutzten die Assyrer ein Kurzschwert. Wenn eine Stadt eingenommen war, gab es oft brutale Vernichtungsaktionen.

Die assyrische Bedrohung

Während man noch glaubte, in einigermaßen ruhigen Zeiten zu leben, entwickelte sich im fernen Mespotamien eine Militärmacht, die bald alle Völker ringsum in Schrecken versetzte. Hier hatte es Jahrhunderte früher bereits einmal ein assyrisches Reich gegeben, danach ein mittelassyrisches Reich, aber beide waren untergegangen. Nun war ein neuassyrisches Reich erstanden, das zunächst die Bergvölker und Nomaden der benachbarten Steppen angriff. Mit der Thronbesteigung von Tiglat-Pileser III. (745–727) gerieten auch Israel und Juda unter dessen Bedrohung mit vorher nicht gekannter Gewalt. Um nicht vernichtet zu werden, unterwarfen sich viele Kleinkönige den Assyrern. Sie zahlten oft freiwilligen Tribut, um jedem Angriff vorzubeugen. Die Bedrohung wurde für Juda jedoch akut, als der erst 20 Jahre alte Achas König in Jerusalem war. Zu dieser Zeit stieß der assyrische König bis an die Grenze Ägyptens vor. Späher und Spione des jungen Königs in Jerusalem konnten die assyrischen Truppen beobachten und aus der Nähe verfolgen, wie brutal sie mit Widerstand umgingen.

König Achas setzte vorbeugend seine Verteidigungswerke instand. So wie Jerusalem an Ägypten Tribut gezahlt hatte, war er jetzt auch gegenüber Assur dazu bereit. In vorauseilendem Gehorsam schickte Achas sogar den ganzen Tempel- und Palastschatz an Tiglat-Pileser und erklärte sich freiwillig zu dessen Vasall. Darum verschonte Tiglat-Pileser zunächst das Reich Juda. Er fiel in Damaskus und im Norden Israels ein, besetzte die Städte und verschleppte Teile der Bewohner nach Assur.

Relief aus dem Palast Sanheribs in Ninive, 705–681.

Ein assyrischer Soldat (links), begleitet von einem Judäer, der als Mitglied der Palastgarde seinen Bart nach assyrischer Mode pflegt.

Tributbringer mit Stadtmodellen auf einem Relief Sargons II. (720–705 v. Chr.).

Erstürmung der Stadt Lachich. Detail eines assyrischen Reliefs aus dem Palast des Sanherib in Ninive, um 700 v. Chr.

Lachisch

Nach Jerusalem war Lachisch die bedeutendste Stadt in Juda. An der Kreuzung wichtiger Straßen kontrollierte sie den Handel und politische Vorgänge. Darum war die Stadt auch stark befestigt. Ausgedehnte Grabungen haben erwiesen, dass sie lange Zeit unter ägyptischem Einfluss gestanden hat. Um 1400 v. Chr. gab es sogar einen direkten Botenverkehr von Lachisch nach Ägypten. Um 1150 v. Chr. ist die Stadt zerstört worden. Sie wurde danach erst wieder im 10. Jahrhundert dörflich besiedelt. In der Folgezeit setzte erneut die Befestigung von Lachisch ein. Am höchsten Punkt der Stadt entstand eine Palastfestung, die schrittweise durch Kasernen erweitert und gesichert wurde.

Im Jahr 701 belagerte der assyrische König Sanherib Lachisch, eroberte sie und äscherte sie ein. Reliefs aus Sanheribs Palast zeigen eindrucksvoll, wie die Stadt gestürmt wurde. Infolge dieses Feldzugs war Lachisch lange von Jerusalem abgetrennt, wurde unter König Joschija aber wieder aufgebaut und erneut befestigt. Doch als im Jahr 587 Jerusalem von den Babyloniern erobert wurde, fiel auch Lachisch. Nach dem Exil kehrten die Judäer dorthin zurück. Im Laufe des 2. Jahrhunderts v. Chr. wurde Lachisch schließlich aufgegeben.

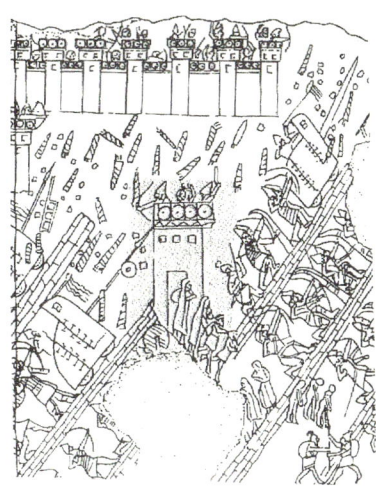

Während die Verteidiger den Angreifer noch verzweifelt mit Pfeilen eindecken, strömen aus dem Tor unter ihnen bereits die ersten Gefangenen heraus.

Die Rekonstruktion zeigt Lachisch zur Zeit seiner Belagerung von 701 v. Chr. durch assyrische Truppen. Die innere Stadtmauer hatte eine Stärke von 4 m, die äußere Mauer von 6 m. Besonders gesichert war die 27 m breite Toranlage. Die Befestigung wurde im 10. Jahrhundert durch Rehabeam errichtet, den Sohn Salomos. Riesigen Platz nimmt der Palast des Gouverneurs in der Mitte der Stadt ein.

Assyrische Truppen zerstören die Befestigung der Stadt Lachisch. Relief aus dem Palast des Sanherib in Ninive, um 700 v. Chr.

Noch heute vermittelt der Tell mit seinem 45 m hohem Siedlungsschutt (→ S. 85) einen mächtigen Eindruck vom ehemaligen Lachisch.

Der Prophet Jesaja

Zu dieser Zeit mischte sich in Jerusalem der Prophet Jesaja in die politische Szene ein. Er beschrieb den befürchteten assyrischen Einmarsch in einer Form, als mache er Propaganda für den starken Feind:

Kein Müder ist unter ihnen, keiner, der stolpert, keiner, der einnickt und schläft. Bei keinem löst sich der Lendenschurz, bei keinem reißt ein Schuhriemen. Ihre Pfeile sind scharf, all ihre Bogen gespannt; die Hufe ihrer Pferde hart wie Kiesel, die Wagenräder dem Sturmwind gleich. Es ist ein Lärm wie das Brüllen des Löwen, wie wenn ein Junglöwe brüllt. Er knurrt und packt seine Beute, er schleppt sie fort, und niemand kann sie ihm entreißen. Und es grollt über ihnen an jenem Tag wie das Tosen des Meeres. Wohin man blickt auf Erden: nur Finsternis voller Angst; Wolken verdunkeln das Licht. *Jesaja 5,27–30*

Michelangelo, Der Prophet Jesaja, Fresko aus der Sixtinischen Kapelle, Rom, Vatikan, 1512–15.

Doch diese Rede weckte nur Unverständnis und Ablehnung. Man deutete sie als Parteinahme für die Assyrer und bezichtigte Jesaja des Hochverrats. Jesaja verteidigte sich:

Denn so sprach Jahwe zu mir, als seine Hand mich packte und mich davon abhielt, den Weg dieses Volkes zu gehen: Nennt nicht alles Verschwörung, was dieses Volk Verschwörung nennt. Was sie fürchten, braucht nicht auch ihr zu fürchten; wovor sie erschrecken, müsst nicht ihr erschrecken. Jahwe sollt ihr heilig halten; vor ihm sollt ihr euch fürchten, vor ihm allein erschrecken. Er wird der Zufluchtsort sein für die beiden Reiche Israels, aber auch der Stein des Anstoßes, der Fels, an dem man zu Fall kommt. Klappnetz und Falle wird er sein für alle, die in Jerusalem wohnen. Viele stolpern darüber, fallen und zerschellen; sie verstricken und verfangen sich. *Jesaja 8,11–15*

Nachdem das viel größere und reichere Nordreich Israel zerstört und zur assyrischen Provinz geworden war, muss sich die Bevölkerung des Kleinstaates Juda sehr verlassen gefühlt haben. Juda war nun der einzige Staat, der (vorläufig) noch selbstständig blieb.

Inzwischen war auf König Achas dessen Sohn Hiskija gefolgt. Dieser änderte die Außenpolitik Judas. Er setzte auf ein Bündnis mit Ägypten, um die assyrische Abhängigkeit wieder abzuschütteln. Jesaja aber blieb seiner Linie treu. Den Versuch, auf die Seite Ägyptens zu wechseln, sah er als Ausdruck mangelnden Gottvertrauens:

Weh denen, die nach Ägypten hinabziehen, um Hilfe zu finden, und sich auf Pferde verlassen, auf die Menge ihrer Wagen vertrauen und auf ihre zahlreichen Reiter, die aber auf den Heiligen Israels nicht schauen und nach Jahwe nicht fragen.

Darum hört Jahwes Wort, ihr Sprüchemacher, die ihr über das Volk in Jerusalem herrscht. Seht, ich lege einen Grundstein in Zion, einen harten und kostbaren Eckstein, ein sicheres Fundament: Wer glaubt, braucht nicht zu fliehen. Und ich werde das Recht zur Richtschnur machen und zur Wasserwaage die Gerechtigkeit.

Jesaja 31,1; 28,14–17

»Gott mit uns« war der Wahlspruch des preußischen Königshauses und der deutschen Kaiser. Noch während des Zweiten Weltkriegs trugen die Soldaten der Wehrmacht den Spruch auf ihren Koppelschlössern.

Als König Achas Gott für seine Politik in Anspruch nahm, bestritt ihm Jesaja diese Gleichsetzung von Politik und Gotteswillen.

Jesaja meinte, der Verzicht auf militärische Aufrüstung, im Vertrauen auf Gott, würde das Überleben des Staates Juda sichern. Seine Zeitgenossen konnten diese Bewertung nicht akzeptieren. Der Verlauf der Geschichte indes hat Jesaja bestätigt.

Erstmals in der Religionsgeschichte wird hier Gott in einen Gegensatz zur staatlichen und militärischen Macht gerückt. Anders gesagt: Jesaja bestreitet dem König und seiner Regierung, Jahwe für die eigenen militärpolitischen Ziele in Anspruch zu nehmen. Nie zuvor wurde in der Weltgeschichte die Synchronschaltung von Königtum und Gotteswillen aufgebrochen. Hier durchbricht Jesaja eine jahrtausende alte Gleichsetzung: Jahwe lässt sich von den Machtinteressen des davidischen Königtums nicht in Anspruch nehmen.

Man mag Jesaja einen Träumer nennen, wenn man die folgende Friedensrede liest. Aber dieser Text ist das Urmodell der modernen Friedensbewegung, dessen Worte bis ins Plenum der Vereinten Nationen in New York reichen:

Michael Mathias Prechtl, Das utopische Prinzip Hoffnung wird erst wahr, wenn sich Wolf und Schaf in Liebe umarmen, 1985.

Jesajas Friedenstraum

Ein Reis wird wachsen aus dem Baumstumpf Judas,
ein junger Trieb aus seinen Wurzeln sprießen.
Auf ihm wird ruhen der Geist Jahwes:
Geist der Weisheit und der Einsicht,
Geist des Rates und der Stärke,
der Geist der Gotteserkenntnis
 und der Furcht Jahwes.

Er richtet nicht nach dem Augenschein
 und entscheidet nicht nach dem Hörensagen,
 sondern er wird die Hilflosen in Gerechtigkeit
 richten und für die Armen des Landes
 entscheiden, wie es recht ist.
 Dann wird der Wolf beim Lamme zu Gast
 sein, der Leopard beim Böckchen lagern.
 Kalb und Löwe weiden zusammen,
 ein kleiner Junge kann sie hüten.
 Kuh und Bärin freunden sich an,
 ihre Jungen liegen beieinander.
 Der Löwe frisst Häcksel wie das Rind.
 Der Säugling spielt am Schlupfloch der
 Natter, das Kind patscht mit der Hand in
 die Höhle der Schlange.

Man tut nichts Böses mehr, begeht
 kein Verbrechen auf meinem heiligen Berg; denn die Erde wird voll
 sein der Erkenntnis Jahwes, wie von
 Wassern, die das Meer bedecken.
Jesaja 11,1–9

Dies ist der Entwurf einer neuen Welt, ein Gegenentwurf zu den Verhältnissen in Juda, als die Assyrer anrückten. Das herrschende Königshaus wird wie ein Baum fallen. Aus dem Wurzelstock des Geschlechts aber soll ein neuer König hervorgehen, den der Geist der Weisheit und des Verstandes prägt.

Die Folgen einer solchen Herrschaft beschreibt Jesaja in ungewöhnlichen Bildern eines paradiesischen Friedens. Für Jesaja besteht die eigentliche Herrschertugend darin, dass der König den Elenden und Hilflosen, den Witwen und Waisen hilft. Nur so führt er die Sache Jahwes. Geschieht dies, »dann weiden Kalb und Löwe beieinander und ein kleiner Junge kann sie hüten«.

Hinter den Bildern dieser Erwartung steht der Glaube, am Anfang des Menschengeschlechts habe Friede zwischen Menschen und Tieren geherrscht. Der heutige Leser setzt dagegen, von Anfang an habe das Gesetz vom »Fressen und Gefressenwerden« gegolten. Ist damit die Friedensvision Jesajas abgetan? Franz von Assisi lehrte, den »Wolf zu umarmen«. Es war eine Anleitung, wie man Feinde zu Freunden macht. Wo das geschieht, können selbst kleine Kinder, schutzlos wie sie sind, mit »Löwen« und »Nattern« spielen.

Relindis Agethen, Franz von Assisi und der Wolf, 1983.

Den Wolf umarmen

Bei der Stadt Gubbio in Italien trieb sich ein Wolf umher, der auch Menschen anfiel. Furcht vor ihm ergriff alle Bürger. Niemand fühlte sich noch sicher. Als nun der heilige Franz von Assisi nach Gubbio kam, beschloss er, den Wolf aufzusuchen. Die Bürger warnten Franz vor dem sicheren Tod. Zugleich stiegen sie auf ihre Dächer, um zu sehen, was geschähe.

Schon eilte der Wolf mit offenem Rachen auf Franz zu, aber Franz umarmte den Wolf einfach und – o Wunder – ging dann Seite an mit ihm in die Stadt hinein. Alle Bürger liefen zusammen, und Franz handelte mit ihnen einen Friedensvertrag aus: Die Bürger sollten den Bruder Wolf aufnehmen und ernähren, und der Wolf würde niemandem ein Leid antun.

Die Auffindung des Gesetzbuches

Es ist das Jahr 622 v. Chr. In Jerusalem regiert als König Joschija (639–609), gerade erst 24 Jahre alt. Bereits mit acht Jahren ist er König geworden, was nicht heißt, dass ein achtjähriges Kind wirklich regieren darf. Die Macht liegt bei den Beamten des Hofes und des Tempels. Ganz vorn stehen der Staatsschreiber Schafan und der Oberpriester Hilkija.

Eines Tages lässt Hilkija dem König mitteilen, bei Bauarbeiten im Tempel sei das Testament des Mose gefunden worden, ein »Zweites Gesetz«, das Mose vor seinem Tod verfasst habe.

Das ist eine unwahrscheinliche Angabe, denn zu dieser Zeit ist Moses bereits mehr als 600 Jahre tot. Auch gab es zu seinen Lebzeiten unter den Hirten und Bauern des Landes weder Schreiber noch Schreibstuben. Das angebliche Testament war in Wirklichkeit eine Schrift von Reformern, die den Tempel, den König und das Volk enger an den Gott Israels binden wollten. Dafür nahmen sie die Autorität des Mose in Anspruch. Ihr neues Gesetz sollte als Gesetz des Mose gelten. Der zentrale Text lautet:

Höre, Israel! Jahwe, unser Gott, Jahwe ist einzig. Darum sollst du Jahwe, deinen Gott, lieben mit ganzem Herzen, mit ganzer Seele und mit ganzer Kraft.

Marc Chagall, Mose empfängt die Gesetzestafeln, 1931.

Diese Worte, auf die ich dich heute verpflichte, sollen auf deinem Herzen geschrieben stehen. Du sollst sie deinen Söhnen wiederholen. Du sollst von ihnen reden, wenn du zu Hause sitzt und wenn du auf der Straße gehst, wenn du dich schlafen legst und wenn du aufstehst. Du sollst sie als Zeichen um das Handgelenk binden. Sie sollen zum Schmuck auf deiner Stirn werden. Du sollst sie auf die Türpfosten deines Hauses und an deine Stadttore schreiben (…).

Wenn dich morgen dein Sohn fragt: Warum achtet ihr auf die Satzungen, die Gesetze und Rechtsvorschriften, auf die Jahwe, unser Gott, euch verpflichtet hat?, dann sollst du deinem Sohn antworten: Wir waren Sklaven des Pharao in Ägypten und Jahwe hat uns mit starker Hand aus Ägypten geführt. Jahwe hat vor unseren Augen gewaltige, unheilvolle Zeichen und Wunder an Ägypten, am Pharao und an seinem ganzen Haus getan, uns aber hat er dort herausgeführt, um uns in das Land, das er unseren Vätern mit einem Schwur versprochen hatte, hineinzuführen und es uns zu geben.

Jahwe hat uns verpflichtet, alle diese Gesetze zu halten und Jahwe, unseren Gott, zu fürchten, damit es uns das ganze Leben lang gut geht und er uns Leben schenkt, wie wir es heute haben. Nur dann werden wir (vor Gott) im Recht sein, wenn wir darauf achten, dieses ganze Gesetz vor Jahwe, unserem Gott, so zu halten, wie er es uns zur Pflicht gemacht hat. *Deuteronomium 6,4–25*

Der Kampf um den Monotheismus

Nachdem der Staatsschreiber Schafan dem König Joschija aus dem Buch vorgelesen hatte, wird folgendes berichtet:

Da sandte der König hin und ließ alle Ältesten Judas und Jerusalems bei sich zusammenkommen. Er ging zum Haus Jahwes hinauf mit allen Männern Judas und allen Bewohnern Jerusalems, und den Priestern und Propheten und allem Volk, jung und alt. Und er las ihnen alle Worte des Bundesbuches vor, das im Haus Jahwes gefunden worden war.

Dann trat der König auf das Podium und schloss vor Jahwe diesen Bund: Er wolle Jahwe folgen, auf seine Gebote, Mahnungen und Satzungen von ganzem Herzen und ganzer Seele achten und die Vorschriften des Bundes einhalten, die in diesem Buch niedergeschrieben sind. Das ganze Volk trat dem Bund bei.

Hierauf befahl der König, alle Gegenstände aus dem Tempel Jahwes hinauszuschaffen, die für den Baal, die Aschera und das ganze Himmelsheer angefertigt worden waren. Er ließ sie außerhalb Jerusalems verbrennen.

Auch setzte er die Götzenpriester ab, die in den Städten Judas und in der Umgebung Jerusalems dem Baal, der Sonne, dem Mond, den Bildern des Tierkreises und dem ganzen Himmelsheer geopfert

Bilderstürme hat es immer wieder gegeben. Wenn nur noch Jahwe verehrt werden darf, von dem es kein Bild geben kann, werden die Bilder anderer Gottheiten zum Ärgernis. Judentum und Islam sind bildlose Religionen.

Auch im Christentum hat es etwa bis zum Jahr 1200 kein Gottesbild gegeben. Der Kaiser von Byzanz, Leo III., ließ eine große Christusstatue vernichten und verbot Christusbilder. Während der Reformation hat man in vielen Kirchen die Bilder zerstört, ohne ihren künstlerischen Wert zu achten.

Frans Hogenberg, Bildersturm der niederländischen Calvinisten, 1566.

hatten. Die Aschera ließ er aus dem Haus Jahwes hinausschaffen, verbrennen und zu Staub zermahlen. Er riss auch die Gemächer nieder, in denen die Frauen Schleier für die Aschera webten.

Alle Priester holte er aus den Städten Judas weg und machte die Kulthöhen, auf denen die Priester geopfert hatten, unrein … Er steckte das Höhenheiligtum in Brand, zermalmte die Aschera zu Staub und verbrannte sie.

Auch die Totenbeschwörer und Zeichendeuter, die Hausgötter, Götzen und alle Scheusale, die im Land Juda und in Jerusalem zu sehen waren, schaffte Joschija ab.

So befolgte er die Worte des Gesetzes, das der Priester Hilkija im Haus Jahwes gefunden hatte. *2 Könige 23,1–24*

Die Reformparole lautete: »Höre Israel! Jahwe unser Gott, Jahwe ist einer!« Die Verehrung Jahwes verträgt sich nicht mit der Verehrung anderer Gottheiten.

Mit dieser Parole sollte die Geschichte von Jahrtausenden umgekehrt werden. Immer war es selbstverständlich gewesen, viele Götter zu verehren: den Sonnengott, den Mondgott, die Götter der Natur, des Wetters und der Fruchtbarkeit. Deren Heiligtümer gehörten zur Tradition des Landes. Doch sollte jetzt nur noch der Hauptgott Israels verehrt werden, der seinen Tempel in Jerusalem hatte. Die anderen Gottheiten mochten die Nachbarvölker haben, in Israel wurden ihre Standbilder verboten. Das war für das Volk nicht selbstverständlich, es gab Widerstand. Die Menschen fühlten sich der Himmelskönigin verbunden. Sie wollten die ihnen vertrauten Götter nicht aufgeben.

Die Reformkreise um König Joschija in Jerusalem wussten um diese Neigung des Volkes. Weil ihnen in dieser Situation Worte zu schwach erschienen, griffen sie auf Druckmittel zurück, die sie von den Assyrern kannten. Diese bestraften den Bruch von geschlossenen Verträgen mit äußerster Härte. Nach diesem Muster sollte auch die Allein-Verehrung Jahwes gesichert werden:

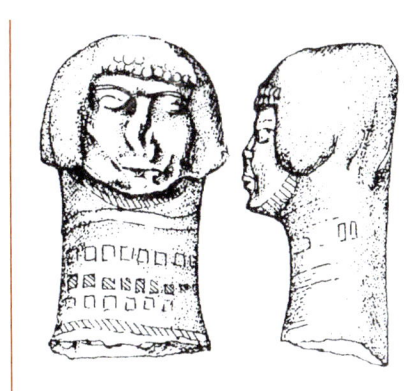

Hunderte solcher Figuren aus dem 8. und 7. Jahrhundert wurden in Jerusalem und Judäa in großer Zahl gefunden. Vermutlich sind es Kopien einer weiblichen Gottheit, die im Tempel zu Jerusalem verehrt wurde. Der reiche »mehrstöckige« Halsschmuck gab den Figuren ein stolzes Aussehen.

Wenn du aus einer deiner Städte, die Jahwe, dein Gott, dir als Wohnort gibt, hörst: Niederträchtige Menschen haben ihre Mitbürger von Jahwe abgebracht, indem sie sagten: Gehen wir, und dienen wir anderen Göttern, die ihr bisher nicht kanntet, dann sollst du untersuchen und nachforschen und genau ermitteln. Und ist es wahr …, dann sollst du die Bürger dieser Stadt unbedingt mit scharfem Schwert erschlagen, du sollst an ihnen und an allem, was darin lebt, auch am Vieh, mit scharfem Schwert den Bann vollstrecken. Und alle Beute sollst du auf dem Marktplatz zusammentragen und die Stadt und die gesamte Beute als Ganzopfer für Jahwe, deinen Gott, im Feuer verbrennen. Für immer soll sie ein Schutthügel bleiben und nie wieder aufgebaut werden.   *Deuteronomium 13,13–17*

So wie die Völker dem Großkönig der Assyrer ihre Treue schwören mussten, sollte sich Israel Jahwe unterwerfen. Der Übertritt zu einer anderen Gottheit sollte sogar als todeswürdiges Verbrechen gelten, ganz so wie die Assyrer verfuhren, wenn ein abhängiges Volk sich von ihnen lossagte:

Wenn dein Bruder, der dieselbe Mutter hat wie du, oder dein Sohn oder deine Tochter oder deine Frau, mit der du schläfst, oder dein Freund, den du liebst wie dich selbst, dich heimlich verführen will und sagt: Gehen wir, und dienen wir anderen Göttern – die du und deine Vorfahren noch nicht kanntet, von den Göttern

A. Paul Weber, Der Denunziant, 1947.

Die Maßnahmen

Die Faulen werden geschlachtet
die Welt wird fleißig

Die Häßlichen werden geschlachtet
die Welt wird schön

Die Narren werden geschlachtet
die Welt wird weise

Die Kranken werden geschlachtet
die Welt wird gesund

Die Traurigen werden geschlachtet
die Welt wird lustig

Die Alten werden geschlachtet
die Welt wird jung

Die Feinde werden geschlachtet
die Welt wird freundlich

Die Bösen werden geschlachtet
die Welt wird gut

Erich Fried

der Völker, die rings um euch wohnen …, dann sollst du nicht auf ihn hören, keine Nachsicht für ihn kennen und ihn nicht decken.

Sondern du sollst ihn anzeigen. Wenn er hingerichtet wird, sollst du als Erster deine Hand gegen ihn erheben, dann erst das ganze Volk.

Und du sollst ihn steinigen, dass er stirbt. Denn er hat versucht, dich von Jahwe, deinem Gott, abzubringen, der dich aus Ägypten geführt hat, aus dem Sklavenhaus. Ganz Israel soll davon hören, damit sie sich fürchten und in deiner Mitte nicht noch einmal solch einen Frevel begehen. *Deuteronomium 13,7–12*

Es ist allerdings einzuschränken, dass diese furchtbaren Drohungen nur aufgeschrieben, aber nicht praktiziert worden sind. Niemand im Lande hätte die Macht gehabt, solche Maßnahmen durchzusetzen. Doch allein so zu denken, hat dem Glauben an Gott in späteren Jahrhunderten, zumal in christlicher Zeit, sehr geschadet. Glaube und Gewaltausübung vertragen sich nicht.

Der Zusammenbruch der Reformbewegung

König Joshija und die Gruppe seiner Reformer hatten weitreichende Pläne. Neben der religiösen Reform ging es ihnen um eine soziale Neuordnung. Das Elend der verarmten Unterschicht sollte behoben werden. Darum minderten sie die Steuerlasten. Nur noch jedes dritte Jahr sollten Steuern gezahlt werden und zwar ausschließlich für die Armen vor Ort (Dtn 14,28; 26,12 f.). Man durfte nicht mehr lebensnotwendige Dinge pfänden, zum Beispiel die Handmühle, auf der das Mehl für das tägliche Brot gemahlen wird (24,6). Dem Gläubiger wurde verboten, in das Haus des Schuldners einzudringen, um sich passende Pfänder auszusuchen (24,10 f.). Alle sieben Jahre sollten Kreditgeber auf ihre Forderung verzichteten, »denn eigentlich sollte es bei dir gar keine Armen geben«. Die Schuldsklaverei wurde auf sechs Jahre beschränkt. Damit der Entlassene nicht hilflos vor dem Nichts stand, hieß es jetzt: »Du sollst ihn nicht mit leeren Händen entlassen. Du sollst ihm von deinen Schafen und Ziegen, von deiner Tenne und deiner Kelter so viel mitgeben, wie er tragen kann« (15,13 f.).

Zu keiner anderen Zeit entwickelte die Jahwe-Religion eine solch reformerische Kraft. Wäre für dieses Programm mehr Zeit als ein Jahrzehnt verfügbar gewesen, hätten sich die Verhältnisse in Israel deutlich über das Niveau anderer Völker heben können.

Doch der Traum der Reformer zielte auf ein Groß-Israel, eine »Landnahme«, für die man sich als Modell eigenen Handelns die Vorgänge im Buch Josua ausmalte (→ S. 74–79). Aber Joschija hatte nicht mit Ägypten gerechnet. Keineswegs wollte der Pharao Necho II. (619–595), nachdem die Assyrer schwächelten, das Land einem judäischen Kleinkönig überlassen. Necho sah sich selbst im Lande um, ließ Joschija nach Megiddo kommen und ihn dort umbringen (2 Kön 23,28–30). Der damals noch junge Jeremia klagte:

Ach, Herr Jahwe,
wahrhaftig schwer hast du dieses Volk und Jerusalem getäuscht,
indem du sagtest: »Heil wird euch werden«.
Doch nun geht das Schwert uns an die Kehle! *Jeremia 4,10*

Der vom ägyptischen Pharao eingesetzte neue König gehörte nicht nicht mehr zu den Reformern. Er nahm den Vielgötterkult und die alte Prachtentfaltung wieder auf und missachtete die Rechte der Armen. Dafür attackierte ihn Jeremia in schärfster Form:

Weh dem, der seinen Palast mit Ungerechtigkeit baut und seine Gemächer mit Unrecht, der seinen Nächsten umsonst arbeiten lässt und ihm seinen Lohn nicht gibt! Der sagt: Ich baue mir ein geräumiges Haus und luftige Obergemächer! Und der sich hohe Fenster einsetzt, mit Zedernholz täfelt und mit roter Farbe bemalt. Bist du König geworden, um mit Zedernholzbauten zu wetteifern? Hat dein Vater nicht auch gegessen und getrunken, und trotzdem für Recht und Gerechtigkeit gesorgt? Und ging es ihm nicht gut? Er hat den Schwachen und Armen zum Recht verholfen. Darum ging es ihm gut. Heißt nicht dies, mich zu erkennen? – Spruch Jahwes. Doch deine Augen und dein Herz sind nur auf deinen Gewinn gerichtet, auf das Blut des Unschuldigen, das du vergießt, auf Unterdrückung und Erpressung, die du verübst. *Jeremia 22,13–17*

Im Netz des Kriegsgottes. Er hält mit der linken Hand ein Netz, das mit Gefangenen gefüllt ist. Einer von ihnen versucht zu entkommen – vergeblich, denn der Gott stößt ihn mit der Keule zurück. Das Netz ist an einem Stab befestigt, den ein löwenköpfiger Adler bekrönt.

Im Nahkampf dient das Netz als Waffe. Es wird über den Gegner geworfen, der sich darin verfängt und dann überwältigt werden kann. So wie der Großkönig von Assyrien die Völker in sein Netz verstrickte, sollte sich Juda Jahwe unterwerfen.

Die wenigen Jahre joschijanischer Herrschaft hatten nicht ausgereicht, um das neue soziale Denken in allen Kreisen zu verwurzeln. Jeremia klagte: »Das ist die Stadt, von der erwiesen ist: Alles in ihr ist Unterdrückung!« (Jer 6,6).

Unbestritten blieb allerdings die religiöse Seite der Reform. Mit der Zentralisierung der Jahweverehrung in Jerusalem und der Verfolgung anderer Kulte sah die Tempelpriesterschaft ihre eigenen Interessen abgedeckt. Nun stand sie selbst im Zentrum und kassierte

Seite 141 oben: A. Paul Weber, Die Kathedrale, 1941.

Die Kathedrale ist nur noch Fassade, die notdürftig gestützt wird. Dahinter ist alles leer. Auch Kirchen werden heute aufgegeben, verkauft und umgenutzt.

»Nur wenn ihr gerecht miteinander umgeht … will ich bei euch wohnen an dieser Stätte …«

Unten: Martial Leiter, Moderne Welt, 1995.

Marc Chagall, Der Prophet Jeremia, 1956.

alle Einnahmen, die sich mit dem Opferkult im Tempel verbanden. Sich auch sozial einzusetzen, hielt sie nicht für ihre Sache. Und obwohl mal die Ägypter, mal die Babylonier Juda bedrohten, beruhigten die Priester sich und das Volk damit, dass der Tempel, das Haus Jahwes, eine zuverlässige Garantie sei. Dem allerdings widersprach Jeremia entschieden: »Sie sind doch alle, vom Kleinsten bis zum Größten, nur auf Gewinn aus; vom Propheten bis zum Priester betrügen sie alle. Den Schaden meines Volkes möchten sie leichthin heilen, indem sie rufen: Heil, Heil! Aber kein Heil ist da.« Die Priesterschaft antwortete auf diese Kritik mit Feindschaft.

Jeremias Tempelrede

Die ägyptische Oberherrschaft unter dem Pharao Necho hatte nur vier Jahre gedauert. Schon 604 v. Chr. verdrängte der neubabylonische Königs Nebukadnezzar die Ägypter. Als Juda in diesen Jahren zwischen Babylon und Ägypten hin und her taktierte, erschien Nebukadnezzar im Jahre 598 vor Jerusalem zu einer Strafaktion. Die Stadt konnte ihre Zerstörung nur dadurch verhindern, dass sie sich rechtzeitig ergab.

Jeremia hat in diesen Jahren vor einer Schaukelpolitik gewarnt, aber niemand wollte ihn hören. Man glaubte, Jahwe werde niemals Jerusalem in die Hand der Feinde fallen lassen, da er ja bereits einmal, im Jahr 701, die belagernden Assyrer vertrieben habe. Der Tempel als Haus Jahwes sei eine sichere Überlebensgarantie. Da nahm Jeremia im Tempel selbst das Wort:

Hört das Wort Jahwes, all ihr Judäer, die ihr durch diese Tore gekommen seid, um Jahwe anzubeten. So spricht Jahwe, Israels Gott: Verlasst euch nicht auf die trügerischen Worte: Der Tempel Jahwes, der Tempel Jahwes, der Tempel Jahwes ist hier! Denn nur wenn ihr gerecht miteinander umgeht, wenn ihr die Fremden, die Waisen und Witwen nicht unterdrückt, kein unschuldiges Blut an diesem Ort vergießt und anderen Göttern nicht nachlauft, euch selbst zum Schaden, nur dann will ich bei euch wohnen an dieser Stätte, in dem Land, das ich euren Vätern gab für ewige Zeiten.

Seht doch ein, dass ihr euch stützt auf trügerische Worte, die nichts nützen. Ihr stehlt, mordet, brecht die Ehe, schwört Meineide, opfert dem Baal und lauft anderen Göttern nach, die euch nichts angehen –, und kommt dann daher, tretet in diesem Haus, das meinen Namen trägt, vor mich hin und sagt: Wir sind geborgen! und tut weiter, was ich verabscheue. Ist denn dieses Haus, das meinen Namen trägt, für euch nur eine Räuberhöhle? Gut, dann werde auch ich es so sehen – Spruch Jahwes …

Die Priester, die Propheten und das ganze Volk hörten, wie Jeremia diese Worte vor dem Haus Jahwes vortrug. Und die Priester, die Propheten und alles Volk schrien: Jetzt musst du sterben! Da sagten die Priester und Propheten zu den Obersten und zum ganzen Volk: Dieser Mann hat den Tod verdient; denn er hat gegen diese Stadt geweissagt, wie ihr mit eigenen Ohren gehört habt. Jeremia aber erwiderte: Jahwe hat mich gesandt, gegen dieses Haus und gegen diese Stadt all die Worte zu sagen, die ihr gehört habt. Nun also, bessert euer Verhalten und hört auf die Stimme Jahwes, eures Gottes! Aber das sollt ihr eindeutig wissen: Wenn ihr mich tötet, bringt ihr unschuldiges Blut über euch, über diese Stadt und ihre Einwohner. Denn in Wahrheit, Jahwe hat mich zu euch gesandt, damit ich euch alle diese Worte in die Ohren rufe.

Jeremia 7,2–11; 26,7–15

Jeremias Kampf für eine Unterwerfung unter Babylon wurde als »Feindpropaganda« und »Wehrkraftzersetzung« abgelehnt. Man nahm ihn fest und ließ ihn in einer Zisterne verschwinden. Doch das Schicksal Jerusalems war besiegelt, wie es Jeremia gesagt hatte.

Relief vom Palast des assyrischen Königs Assurbanipal, 668–631 v. Chr.

Der Weg in die Gefangenschaft. Ein Ehepaar mit Kind wird von einem Krieger fortgeführt.

Lachisch-Relief Sanheribs aus Ninive, um 700 v. Chr.

Judäische Gefangene auf dem Weg ins Exil.

Das Ende des Reiches Juda

Am siebten Tag des fünften Monats – es war das neunzehnte Jahr des Königs Nebukadnezzar, des Königs von Babel – rückte Nebusaradan, der Kommandant der Leibwache und Knecht des Königs von Babel, in Jerusalem ein. Er steckte das Haus Jahwes, den königlichen Palast und alle Häuser Jerusalems in Brand. Jedes Haus eines Großen ließ er in Flammen aufgehen. Auch die Stadtmauern Jerusalems rissen die Truppen nieder. Den Rest der Bevölkerung, der noch in der Stadt geblieben war, sowie alle, die zum König von Babel übergelaufen waren, und den Rest der Handwerker führte Nebusaradan in die Verbannung. Nur von den armen Leuten im Land ließ der Kommandant der Leibwache einige als Wein- und Ackerbauern zurück.

Die bronzenen Säulen am Haus Jahwes zerschlugen die Babylonier und nahmen die Bronze mit nach Babel. Auch die Töpfe, Schaufeln, Messer und Becher sowie alle bronzenen Geräte, die man beim Tempeldienst verwendete, nahmen sie weg. Ebenso nahm der Kommandant der Leibwache die Kohlenpfannen und die Schalen weg, alles, was aus Gold oder Silber war ...

Der Kommandant der Leibwache nahm ferner den Oberpriester Seraja, den zweiten Priester Zefanja und die drei Schwellenwächter mit. Aus der Stadt nahm er einen Hofbeamten mit, der Kommandant der Soldaten war, und fünf Leute, die zur Umgebung des Königs gehörten, sowie den Schreiber des Heerführers und schließlich sechzig Mann vom Volk des Landes, die sich noch in der Stadt fanden.

Und Nebusaradan nahm sie fest und brachte sie zum König von Babel nach Ribla. Der König von Babel ließ sie in Ribla in der Landschaft Hamat hinrichten. So wurde Juda von seinem Lande in die Verbannung weggeführt. *2 Könige 25,8–21*

Dies alles geschah im Jahr 586 v. Chr. Die Babylonier waren offensichtlich über die Vorgänge in Jerusalem gut informiert, denn sie befreiten Jeremia aus seiner Gefangenschaft. Das Angebot, nach Babylon überzusiedeln oder zu gehen, wohin er wolle, nahm Jeremia nicht an; er wollte beim eigenen Volk bleiben.

Mit diesen Vorgängen brach die Eigenstaatlichkeit des Königreichs Juda nach über 400 Jahren vollständig ab. Es begann die Zeit der Verbannung und einer vollständigen Neuorientierung.

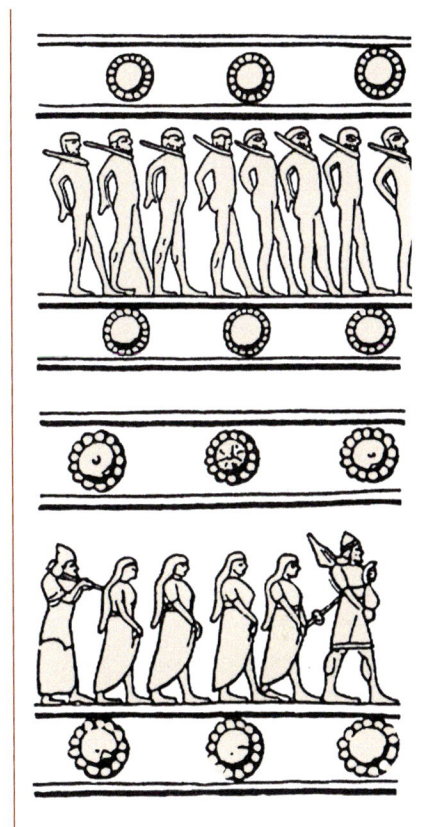

Bronzerelief von den Toren des Palastes Salmanassers III., 858–824.

Kriegsgefangene der Assyrer. Die Männer werden nackt und kurzgeschoren in Halsgabeln abgeführt; die Frauen müssen das Kleid hochheben.

Exilszeit und Neuanfang

Felix Nussbaum, Gefangene in Saint-Cyprien, 1942.

Sieben Gefangene sitzen um eine grob gezimmerte Kiste, die als Tisch dient; zwei weitere bleiben in Distanz zur Gruppe. In der Mitte ein Globus aus Pappe, den ein Stacheldraht zusammenhält. Die Männer schauen sich den kaputten Globus an, offenbar ratlos. Der Maler selbst ist auch darunter. Er trägt ein Bündel geschultert, als wolle er ausbrechen. Aber der Stacheldrahtzaun reicht bis zum oberen Bildrand.

Juda im Exil

Die Judäer waren in Babylonien nicht verstreut untergebracht, sie lebten offenbar in eigenen Ortschaften beieinander. Sie scheinen auch nicht unterdrückt oder gar versklavt gewesen zu sein. Sie konnten Häuser bauen, Gärten und Felder anlegen, Handel treiben und ein normales Leben führen. So schlossen sie sich enger zusammen, diskutierten ihre jüngste Vergangenheit und entwickelten neue Gottesdienstformen.

Die Zerstörung der Stadt Jerusalem und des Tempels hatte alle bisherigen Sicherheiten vernichtet. Darüber wird dumpfe Verzweiflung geherrscht haben. Was über die Jahrhunderte hin Priester und Tempelpropheten über Jahwes Versprechen angesagt hatten, war widerlegt. Lag die Ohnmacht Jahwes nicht offen vor aller Augen? Kümmerte er sich überhaupt noch um sein Volk? War dies das Ende Israels?

Zwar hatte die Reformbewegung das Strafgericht Gottes vorausgesehen. Doch stellten sich jetzt andere Fragen: Waren die Reformpläne wirklich richtig gewesen? Oder hatte man gar andere Götter erzürnt, die in Babylon und Ägypten mit strahlendem Glanz verehrt wurden? Ging es dem Volk nicht besser, als es noch die Himmelskönigin neben Jahwe verehrte?

Solche Fragen werden die Menschen im Exil unaufhörlich beschäftigt haben. Ihre Trauerarbeit in den Jahren nach der Katastrophe lässt sich in den Klageliedern erkennen, die damals entstanden:

S chwer gesündigt hat Jerusalem. Darum ist sie zum Gespött geworden. Alle ihre Verehrer verachten sie, weil sie ihre Blöße gesehen. Sie selbst aber seufzt und wendet sich ab. Ihre Unreinheit klebt an ihrem Säumen, ihr Ende hat sie nicht bedacht. Entsetzlich ist sie heruntergekommen, ohne dass einer sie tröstet. Sieh doch mein Elend an, Jahwe, der Feind spielt sich groß auf. Der Feind streckte seine Hand aus nach all ihren Schätzen. Zusehen musste sie, wie Heiden in ihr Heiligtum drangen; ihnen hattest du doch verboten, sich dir zu nahen in der Gemeinde. All ihre Bewohner seufzen auf der Suche nach Brot. Sie geben ihre Kostbarkeiten für Nahrung, nur um am

Babylon. Der wichtigste Zugang zur Stadt führte durch das Ischtar-Tor, das heute im Pergamon-Museum in Berlin zu sehen ist. Die äußere Fassade ist fast 14 m hoch. Die Mauern waren mit glasierten Reliefziegeln verkleidet. Sie zeigen auf blauem Grund den Stier des Wettergottes Adad und die drachenartige Gestalt des Marduk.

Edvard Munch, Der Schrei, 1895.

Schrei laut zu Jahwe,
stöhne, du Tochter Zion!
Lass wie einen Bach die Tränen rinnen,
Tag und Nacht!
Nie gönne dir Ruhe!
Dein Auge raste nicht!
Auf, wimmere bei Nacht,
bei Beginn der Nachtwachen,
schütte wie Wasser dein Herz aus vor dem Angesicht Jahwes.
Erhebe zu ihm deine Hände
für deiner Kinder Leben,
die vor Hunger verschmachten an allen Straßenecken!
Sieh doch, Jahwe, und schau:
Wem hast du solches getan?
Klagelieder 2,18–20a

Leben zu bleiben. Sieh doch, Jahwe, und schau, wie sehr ich verachtet bin. Schaut doch und seht, ihr alle, die ihr des Weges zieht, ob ein Schmerz ist wie mein Schmerz, den man mir angetan, mit dem Jahwe mich geschlagen hat am Tag seines glühenden Zornes. *Klagelieder 1,8–12*

Hier wird der erste Schritt getan, den erlebten Zusammenbruch als eigene Schuld anzuerkennen, um für die Zukunft daraus zu lernen. Dennoch fiel es schwer, alles anzunehmen, was die Propheten kritisiert hatten. Bisher hatte man sie geschmäht. Man hatte sie als Nestbeschmutzer beschimpft. Das Schicksal Jeremias stand noch vor aller Augen. Jetzt aber wurden ihre Worte angesichts des Zusammenbruchs neu bedacht. Nachdem es den Tempel nicht mehr gab, bedachte man die verfehlte Geschichte in Gottesdiensten, wie es sie vorher nicht gab. Wie sollte es weitergehen?

An der Diskussion beteiligten sich schriftgelehrte und priesterliche Reformkreise. Außerdem dabei waren der Prophet Ezechiel und ein unbekannter Prophet, der als der »Zweite Jesaja« (Deuterojesaja) bezeichnet wird. Sie durchdachten erneut die Reformentwürfe, die bereits unter König Joschija verfolgt worden waren. Jetzt erschienen diese Reformpläne als die einzig mögliche Zukunft des eigenen Glaubens. Es war der namentlich unbekannte »Zweite Jesaja«, der in diesen Jahren den entscheidenden Durchbruch als »Wort Gottes« formulierte:

Ich bin Jahwe, und sonst niemand; außer mir gibt es keinen Gott. Ich habe dir den Gürtel angelegt, ohne dass du mich kanntest, damit man vom Aufgang der Sonne bis zu ihrem Untergang erkennt, dass es außer mir keinen Gott gibt.« *Jesaja 45,5 f.*

Die Propheten hatten zwar immer schon gemahnt, nur Jahwe als Gott anzuerkennen – inmitten von lauter »Götzen mit tönernen Füßen«. Doch nun brach die Erkenntnis durch, dass es überhaupt nur einen einzigen Gott gibt! Dass der eigene Gott der Gott aller Völker und Menschen ist!

Damit hörte der Jahweglaube auf, der ausschließliche Gott Israels zu sein. Der Gedanke eines einzigen Gottes schloss bereits die Einheit des Menschengeschlechts und die universale Gültigkeit der Menschenrechte in sich ein – auch wenn bis zu dieser Erkenntnis noch ein langer Weg zurückzulegen blieb.

Nun fließen in Jahwe alle Vorstellungen zusammen, welche die Völker in ihren Göttern verehrt haben: der Sonnengott Ägyptens, der Mondgott mesopotamischer Völker, die Gottheiten der Fruchtbarkeit, des Lebens und der mütterlichen Fürsorge … Nicht mehr sind die geschaffenen Dinge göttlich, vielmehr ist Gott in allem – und alles belebend:

> Du hast den Mond gemacht als Maß für die Zeiten, /
> die Sonne weiß, wann sie untergeht.
> Du sendest Finsternis und es wird Nacht, /
> dann regen sich alle Tiere des Waldes.
> Die jungen Löwen brüllen nach Beute, /
> sie verlangen von Gott ihre Nahrung.
> Strahlt die Sonne dann auf, so schleichen sie heim /
> und lagern sich in ihren Verstecken.
> Nun geht der Mensch hinaus an sein Tagwerk, /
> an seine Arbeit bis zum Abend.
> Jahwe, wie zahlreich sind deine Werke! /
> Mit Weisheit hast du sie alle gemacht, /
> die Erde ist voll von deinen Geschöpfen.
> Da ist das Meer, so groß und weit, /
> darin ein Gewimmel ohne Zahl: kleine und große Tiere.
> Sie alle warten auf dich, /
> dass du ihnen Speise gibst zur rechten Zeit.
> Gibst du ihnen, dann sammeln sie ein; /
> öffnest du deine Hand, werden sie satt an Gutem.
> Verbirgst du dein Gesicht, sind sie verstört; /
> nimmst du ihnen den Atem, so schwinden sie hin /
> und kehren zurück zum Staub der Erde.
> Sendest du deinen Geist aus, so werden sie alle erschaffen /
> und du erneuerst das Antlitz der Erde.
> Ewig währe die Herrlichkeit Gottes; /
> er erfreue sich seiner Werke.
> Ich will Gott singen, solange ich lebe, /
> will meinem Gott spielen, solange ich da bin.
>
> *Psalm 104,19–33*

Du Namenloser

Du Namenloser
in allzu viel Namen
Deine Gelehrten lassen nur
Ernsthaftes zu …

Ich bin nicht ernst
Ich will Namen …
Ich nenne Dich Anis und Augentrost
Bibernell Efeu Holunder
Lavendel Malve Rosmarin
Salbei Thymian Wermut

Ich weiß
dass dies alles nur
Schnörkel sind
am Rand Deines Namens

Ich nenne Dich Adler und Stier
Löwe Katze Bär Hund
Ich zähle alle Elemente auf
Ich nenne die Farben
Ich summe Töne Halbtöne her
die Pausen der Töne den Nachhall

und ich weiß

Ich umkreise auch so
Deinen unsäglichen Namen
Zebaoth
Elohim
Schaddai
Adonai
Jahwe
…
Aber ich nahe barfuß
mit kleiner
mutiger Liebe
Denn Du
heißt auch
Immanuel
Abba

Josef Fink

Die Heimkehr und der Neubau des Tempels

Das Exil dauerte nicht so lange, wie Jeremia es vorausgesagt hatte. Schon nach 50 Jahren eroberte Kyros, der König der Meder und Perser, das Babylonische Reich. Die Stadt Babylon ergab sich im Jahr 539 v. Chr., offenbar ohne großen Widerstand. Kyros war für jene Zeit ein ungewöhnlich toleranter Herrscher. Die von ihm besiegten Völker behandelte er mit Milde. Er schaffte die Fronarbeit in Babylon ab und ließ die zerstörten Häuser wieder aufbauen. Ein Ziel seiner Politik war es, die verschleppten Völker in ihre Heimatländer zurückzuführen. Dem Gott der Juden erwies er die gleiche Achtung wie den Göttern Babylons:

Im ersten Jahr des Kyros, des Königs von Persien, erfüllte sich, was Jahwe durch Jeremia gesprochen hatte. Jahwe erweckte den Geist des Kyros, des Königs von Persien, dass er in seinem ganzen Reich mündlich und schriftlich den Befehl verkünde:

So spricht Kyros, der König von Persien: Alle Reiche der Erde hat mir Jahwe, der Gott des Himmels, gegeben. Er hat mir aufgetragen,

Das persische Reich im 5. Jahrhundert v. Chr.

ihm in Jerusalem in Juda ein Haus zu bauen. Wer von euch zu seinem Volk gehört – sein Gott sei mit ihm –, ziehe hinauf nach Jerusalem in Juda und baue das Haus Jahwes, des Gottes Israels; denn er ist der Gott, der in Jerusalem wohnt.

Jeden, der vom Volk dieses Gottes übrig geblieben ist, sollen dabei die Nachbarn, wo er sich als Fremdling aufhielt, mit Silber und Gold unterstützen, mit beweglicher Habe und Vieh, sowie mit freiwilligen Gaben für das Haus dieses Gottes in Jerusalem.

Da machten sich die Familienoberhäupter von Juda und Benjamin sowie die Priester und Leviten, alle, deren Geist Gott erweckte, auf den Weg nach Jerusalem, um dort das Haus Jahwes zu bauen. Alle ihre Nachbarn unterstützten sie mit Silber und Gold sowie mit wertvollen Dingen; hinzu kamen die freiwilligen Spenden für den Tempel. Auch gab König Kyros die Geräte aus dem Hause Jahwes zurück, die Nebukadnezzar aus Jerusalem weggeschleppt hatte. Das war ihre Zahl: 30 goldene Opferschalen, 1000 silberne Opferschalen, 29 Räucherpfannen; 30 goldene Becher, 410 silberne Becher, 1000 sonstige Geräte. Insgesamt waren es 5400 Geräte aus Gold und Silber. Das alles brachten die Verschleppten mit, als sie aus Babel nach Jerusalem zurückkehrten. *Esra 1,1–11*

Der sogenannte Kyrus-Zylinder berichtet, wie Kyrus II., der König der Meder und Perser, im Jahr 540/39 Babylon erobert hat.

Die Münzen aus Sidon und Samaria zeigen den Perserkönig, der friedlich grüßend im Wagen stehend das Land durchzieht, 5./4. Jahrhundert.

Es war allerdings nicht so, dass alle Juden die Rückkehr nach Jerusalem mit Ungeduld erwartet hätten. Viele hatten sich so gut im neuen Lande eingelebt, dass sie lieber dort blieben. Sie wussten, dass Jerusalem in Trümmern lag. Die Armut in Judäa verlockte nicht, den Lebensstandard des reichen Babylonien aufzugeben.

Erst im Jahr 520 fand sich eine Mehrheit bereit, nach Jerusalem zurückzukehren. Natürlich versuchten die meisten, ihre früheren Wohnsitze zurückzugewinnen, doch waren die besten Wohnplätze

Gewiss gab es im Tempel Gebete, Gesänge, Prozessionen, auch Bereiche für Lehrgespräche und Schriftlesung. Aber die eigentliche Mitte war die Darbringung von Opfern, zumal von Tieropfern.

Auf dem Brandopferaltar wurden Rinder, Schafe, Ziegen ... vollständig verbrannt.

Neben diesen Brandopfern gab es Schlachtopfer: das Blut der geschlachteten Tiere sprengte man an einen Altar; die Priester bekamen einen bestimmten Anteil Fleisch und Fett; den Rest verzehrte der Opfernde gemeinsam mit Familie und Freunden an heiliger Stätte.

und Felder inzwischen nicht unbenutzt geblieben. Zurückgebliebene Judäer und allerlei Ausländer hatten sich dort festgesetzt und dachten nicht daran, ihre Häuser und Ländereien an die Heimkehrer abzutreten. Das führte zu Konflikten und wohl auch blutigen Zusammenstößen. Aufs Ganze gesehen setzten sich die Heimkehrer durch; sie waren der geistig überlegene Teil des Volkes. Sie betrieben auch den Wiederaufbau des Tempels und die Neubefestigung von Jerusalem. Allerdings nahmen sie für diese Aufgaben das ganze Volk bis nach Samaria in Anspruch.

Mit dem Neubau des Tempels wurde um das Jahr 520 begonnen. Vermutlich gab es vorweg einen Meinungsstreit, denn nicht für alle war es selbstverständlich, die Erneuerung des Volkes an den Tempelbau zu binden. Jeremia hatte ja gewarnt, nicht zu viel Tempelgläubigkeit zu haben. Außerdem blieb der Wiederaufbau des Tempels von Persiens Gnaden abhängig. Das große Bauprojekt verstärkte sogar die Bindung an die persische Oberherrschaft.

Sie kamen mit dem Bau gut voran und vollendeten den Bau, wie der Gott Israels es geboten und wie Kyros und Darius sowie Artaxerxes, die Könige von Persien, es befohlen hatten. Und fertig wurde das Haus im sechsten Jahr der Regierung des Königs Darius. Alle Israeliten, die Priester, die Leviten und die übrigen, die aus der Verbannung heimgekehrt waren, feierten voll Freude die Einweihung dieses Hauses Gottes. Und sie opferten zur Einweihung des Hauses Gottes hundert Stiere, zweihundert Widder und vierhundert Lämmer, dazu als Sühneopfer für ganz Israel zwölf Ziegenböcke, gemäß der Zahl der Stämme Israels. Auch bestellten sie für den Gottesdienst in Jerusalem Priester nach ihren Klassen und die Leviten nach ihren Abteilungen, wie es das Buch des Mose vorschreibt.

Esra 6,14–18

Nach fünfjähriger Bauzeit wurde der Tempel eingeweiht. Es war kein völliger Neubau, da er auf den Ruinen des alten Tempels hochgezogen wurde. Zeit und Mittel erlaubten nur eine bescheidene Lösung. Der Prophet Haggai fragte: »Ist unter euch noch einer, der diesen Tempel in seiner früheren Herrlichkeit gesehen hat? Und was seht ihr jetzt? Erscheint er euch nicht wie ein Nichts?«

Und weil es kein Gottesbild gab und auch keins angefertigt werden durfte, blieb das Allerheiligste leer. Der leere Raum als Symbol für den Unfassbaren. Und nur noch einmal im Jahr, am Versöhnungstag Jom Kippur, durfte allein der Hohepriester diesen Raum betreten.

Räucheraltar aus der israelitischen Stadt Megiddo, 10./9. Jh. v. Chr.

Auf hebräisch heißt Altar »Schlachtstätte«. Die vier Altarhörner, mit Kupfer oder Gold überzogen, wurden mit dem Blut der Opfertiere bestrichen.

Unvorstellbar viele Tiere sind im Laufe der Jahrhunderte im Tempel zu Jerusalem – wie in allen übrigen Tempeln der Alten Welt – geschlachtet und geopfert worden. Das Blut floss in Strömen.

Diese Gestalt des Gottesdienstes ist heutigen Menschen fremd geworden. Dass Gott daran »Wohlgefallen« haben sollte, scheint nicht mehr vorstellbar.

Doch bereits die Propheten des 8. und 7. Jahrhunderts haben sich kritisch zum Opferkult geäußert. Hosea sagte: »Liebe will ich, nicht Schlachtopfer! Gotteserkenntnis statt Brandopfer!« (6.6.) Und bei Amos lesen wir: »Ich hasse eure Feste, ich verabscheue sie ... Eure Brandopfer sind mir zuwider ... Das Recht soll strömen wie Wasser, die Gerechtigkeit wie ein nie versiegender Bach« (→ S. 119)

Die Entstehung der Bibel

Aber nicht nur der Tempel wurde neu errichtet. Zur gleichen Zeit waren andere dabei, die bisherige Geschichte Israels aufzuschreiben. Dafür lagen zwar alte Überlieferungen vor, doch die Erfahrungen, die zum Zusammenbruch der beiden Reiche Israel und Juda geführt hatten, ließen nicht zu, diese Überlieferungen unverändert zu übernehmen. Es ging vor allem darum, den neuen Gottesglauben darzustellen, damit es nie wieder zu einem Vielgötterkult käme.

Alle waren sich einig, dass die Verehrung der Götter Kanaans den Zorn Jahwes geweckt hatte. Sie fragten jetzt nicht, ob ein König fähig oder unfähig gewesen war, sondern kannten nur noch ein Maß: Welcher König hat Jahwe gedient, welcher war ein Diener anderer Gottheiten?

An der Bearbeitung der alten Überlieferungen beteiligten sich unterschiedliche Gruppen. Zwei Richtungen lassen sich erkennen. Die erste Gruppe bildeten *Priesterkreise*, denen es vor allem um den Tempel und die Frömmigkeit ging. Sie führten als größte Neuerung die Feier des Sabbats ein. Damit niemand den Sabbat für gering schätze, beschrieben sie die Erschaffung der Welt im Modell der Sieben-Tage-Woche, die mit dem Sabbat endet: Gott selbst ruhte am siebten Tag und heiligte ihn. (→ S. 24).

Die zweite Gruppe wurde stärker von der prophetischen Linie bestimmt. Sie setzte fort, was zur Zeit König Joschijas als Reform des Jahwe-Glaubens begonnen worden war.

Die Arbeiten und Diskussionen über die neue Lebensordnung Israels mögen bereits in Babylonien begonnen haben. Mit der Rückkehr nach Jerusalem bekamen diese Arbeiten größere Dringlichkeit. Der folgende Text beschreibt eine Situation, die sich nach den Jahren des Wiederaufbaus ergab. Im Mittelpunkt steht der persische Kommissar »für das Gesetz des Himmelsgottes«, der zugleich jüdischer Priester war:

Das ganze Volk versammelte sich geschlossen auf dem Platz vor dem Wassertor. Es forderte Esra, den Schriftgelehrten, auf, das Buch mit dem Gesetz des Mose zu holen, das Jahwe Israel anbefohlen hatte. Und Esra, der Schriftgelehrte, stand auf einer hölzernen Kanzel, die man für diesen Zweck errichtet hatte. Er öffnete das Buch vor den Augen des ganzen Volkes. Und als er das Buch aufschlug, erhob sich das Volk. Und Esra pries Jahwe, den großen Gott, und das ganze Volk antwortete mit erhobenen Händen: Amen, amen! Dann verneigten sich alle und warfen sich vor Jahwe nieder mit dem Gesicht zur Erde.

Und Esra las aus dem Gesetz vor auf dem Platz vor dem Wassertor, den Männern und Frauen und denen, die es verstehen konnten – vom frühen Morgen bis zum Mittag. Und die Ohren des ganzen Volkes waren auf das Buch des Gesetzes gerichtet. Aber alles Volk weinte, als es die Worte des Gesetzes hörte. Da sprach Esra zu ihnen: Dieser Tag ist Jahwe, eurem Gott, heilig. Seid nicht traurig, und weint nicht! Nun geht, esst fette Speisen und trinkt süßen Wein! Schickt auch denen etwas, die nichts haben. Und seid unbekümmert, denn die Freude an Jahwe ist eure Stärke.

Da ging alles Volk nach Hause, um zu essen und zu trinken und auch anderen davon zu geben und ein großes Freudenfest zu begehen. Sie hatten die Worte verstanden, die man ihnen gesagt hatte.

Vgl. Esra 8,1–12

Marc Chagall, Sabbat, 1910.

Eine enge Stube. Dunkelheit hinter dem Fenster. Fünf nach zehn zeigt die Uhr an. Freitagabend. Der Sabbat-Gottesdienst hat stattgefunden. Alle Lampen und Lichter brennen. Niemand spricht. Jeder ist für sich, aber doch keiner allein.

»Wenn Israel der Welt nur dieses eine Geschenk, den siebten Tag als Ruhetag, gemacht hätte, es wäre mehr als der Beitrag manch anderen Volkes zu einem menschenwürdigen Leben.«

Jehudo Epstein

Die Verlesung des Gesetzes löste allseitige Trauer aus, wahrscheinlich wegen der vielen Verbote und Strafankündigungen, die damit verbunden waren. Esra versuchte, die Trauer zu mildern, indem er den Tag zu einem Festtag erklärte und das Volk aufforderte, es sich gut gehen zu lassen mit Essen und Trinken, ohne die Armen zu vergessen.

Die hier dem Volk verkündete *Tora* (»Weisung« oder »Gesetz«) war der erste »Wortgottesdienst« der Geschichte. Er könnte die lange Arbeit an der neuen Ordnung abgeschlossen haben. Die zwei Entwürfe, die anfangs neben- und gegeneinander standen, wurden nun zusammengefasst. Aus der Priesterschrift stammt das Schöpfungsgedicht, die zweite Redaktionsgruppe stellte die Erzählungen von der Erschaffung des Menschen daneben (→ S. 21–29). Das Buch, das wir heute die »Bibel« nennen, ist aus dieser Zusammenarbeit entstanden, wie sie unter König Joschija und nach dem Neubeginn in Jerusalem begann. Sie hat im 5. Jahrhundert mit der Tora, dem »Gesetz«, ihre Grundlegung gewonnen.

Nachdem Esra erfahren hatte, dass man bereits wieder dabei sei, sich mit anderen Kulten zu vermischen, notierte er: »Sie haben für sich und ihre Söhne Frauen genommen und sich mit den Völkern des Landes vermischt. Die Obersten und Beamten waren bei diesem Treuebruch die ersten. Als ich das hörte, zerriss ich Gewand und Mantel, raufte mir Haare und Bart und saß voll Entsetzen da.« (Esra 9,2 f.) Rigoros befahl er den Männern, ihre ausländischen Ehefrauen zu verstoßen, weil diese die Bindung an Jahwe, den einen und einzigen Gott Israels, gefährden könnten. Dazu schärfte er ein, das Sabbatgebot strickt einzuhalten und Abgaben für den Unterhalt des Tempels zu zahlen.

»Fragt mich nicht, ob eine Welt ohne Juden, eine Welt ohne Tora bedeutet. Aber eine Welt ohne Tora ist eine Welt ohne Juden.«

Jehudo Epstein

Der Jahwe-Name verschwindet

Je mehr sich die Überzeugung durchsetzte, dass Jahwe der einzige wirkliche Gott ist, desto mehr wurde dieser Gottesname nun unpassend. Wenn viele Gottheiten verehrt werden, müssen sie Namen haben. Zu Hause genügt es, die eigene Mutter Mama zu nennen. Wenn sich die eigene Mama aber mit Müttern anderer Kinder trifft, braucht sie einen zusätzlichen Namen. Jahwe war über Jahrhunderte der Hauptgott Israels, doch eben nicht der einzige. Auch andere Völker hatten ihren Hauptgott neben weiteren Gottheiten. Nachdem aber nur noch ein einziger Gott geglaubt wurde, wurde dessen Name unnötig. Jetzt erinnerte der Name an die Zeit, in der Jahwe ein Gott unter anderen Göttern war. Das wirkte nun störend. So fiel sein Name in den Büchern, die seitdem entstanden, immer mehr aus. In den Büchern »Ester« und »Kohelet« (Prediger) fehlt er ganz. Das Buch Kohelet spricht schlicht von »Gott«. In noch späteren Büchern wird anstatt »Gott« einfach nur »der Himmel« gesagt.

Als im 3. Jahrhundert v. Chr. die hebräische Bibel ins Griechische übersetzt wurde, ist überall dort, wo im Hebräischen Jahwe steht, *ho kyrios*, »der Herr« eingesetzt worden. Die Übersetzungen ins Deutsche und viele andere Sprachen haben es genauso gemacht. Aber statt von Jahwe nunmehr vom »Herrn« zu sprechen, ist eine fragwürdige Entscheidung. Diese Rede macht Gott »zum Mann«. Gott ist aber weder männlich noch weiblich zu denken. Er ist auch

Marc Chagall, Jude mit Tora, 1925.

Die Tora-Rolle trägt er in seinem rechten Arm, die linke Hand legt sich schützend darauf. Für ihn ist die Tora mehr als eine Sammlung von Einzelbestimmungen, sie ist das Geschenk der göttlichen Weisung für das jüdische Volk, auf die das Volk mit »Freude an der Tora« antwortet: »Ja, deine Weisungen sind meine Lust, sie sind meine Ratgeber« (Ps 119,24). »Wie lieb hab ich dein Gesetz, den ganzen Tag hab ichs im Sinn« (Ps 119,97).

nicht einfach mit »Herrschaft« zu verbinden. Der »Ich-bin-da« meint keinen Herrscher. Immer wenn Bibelübersetzungen oder Gebete vom »Herrn« sprechen, muss man wissen, dass im Originaltext »Jahwe« zu lesen ist.

Weil nun der eine und einzige Gott keinen Eigennamen mehr brauchte, haben die Judäer den Namen bald nicht mehr benutzt. Später haben sie sogar ganz darauf verzichtet, den Jahwe-Namen beim Lesen der Bibel auszusprechen, so dass heute niemand mehr weiß, wie er einmal gesprochen wurde, denn im Hebräischen werden nur Konsonanten geschrieben, keine Vokale (→ S. 13). Dort steht der Gottesname als JHWH zu lesen. Im 19. Jahrhundert haben manche gemeint, diese vier Konsonanten seien als »Jehova« zu lauten. Der wissenschaftliche Betrieb spricht den Namen heute jedoch als »Jachwe«.

Die Erfindung der Synagoge

Die Synagoge ist in der antiken Welt eine ganz neue Form religiösen Lebens. Der Gottesdienst ist nicht mehr an den Tempel gebunden. Er ist auch nicht auf Priester angewiesen. Gebet und Schriftlesung treten an die Stelle der Opfer. Alles, was geschieht, geht aus der Gemeinde selbst hervor. Die Gottesdienstgemeinschaft besteht aus »Laien« und wird von »Laien« geleitet.

Die Reform unter König Joschija wollte nur noch den Tempel in Jerusalem dulden. Alle anderen Heiligtümer wurden bekämpft und zerstört. Als die Judäer aber im Exil waren, ohne Tempel und Opferaltar, entwickelten sie eine Form des Gottesdienstes, die in jedem Winkel der Welt möglich ist. Gebet und ein Bedenken des Willens Gottes, wie er sich in der Bibel kundtut, sollen genügen. Priester braucht man dazu nicht. Es reichen zehn Menschen, um eine Gottesdienstgemeinde zu bilden. Darum entstehen Synagogen seitdem in Städten und Dörfern, in der Fremde wie in Israel, mal als einfache Versammlungsräume, mal als festliche Bauten.

Grabungen zeigen, dass es kein einheitliches Schema für die Synagoge gegeben hat. Auch heute gibt es für den Bau von Synagogen keine verbindlichen Vorschriften. Eine Synagoge ist ein Gemeindehaus. Überall wo eine Gemeinde zusammenkommt, kann eine Synagoge entstehen.

Die Ruinen der Synagoge von Gamla.

Gamla liegt acht Kilometer östlich des Sees Gennesaret und war eine bedeutende jüdische Stadt mit einer großräumigen Synagoge aus der Zeit Jesu. Im Jüdisch-Römischen Krieg fiel die Stadt im Winter 67 n. Chr. in die Hände der Römer. Sie wurde zerstört und geriet in Vergessenheit. Erst 1967 wurden ihre Ruinen wiederentdeckt.

Rekonstruktion der Synagoge von Gamla.

Tempel und Synagogen haben bis zur Zerstörung Jerusalems und des Tempels im Jahre 70 n. Chr. nebeneinander bestanden. Bei Wallfahrten nach Jerusalem boten Synagogen den Pilgergruppen Raum zu eigenen Gottesdiensten. Der aus Gebet und Schriftlesung bestehende »Wortgottesdienst« der Christen ist aus der Tradition der Synagoge hervorgegangen. Erstmals in der Religionsgeschichte wurden in Synagogen heilige Schriften vom Volk gelesen und bedacht.

In Synagogen finden aber nicht nur Gottesdienste statt, sie sind auch Lehrhäuser. Der jiddische Name für Synagoge heißt *Schul*. In manchen Ländern lernen Kinder dort Lesen und Schreiben. Auch Versammlungen, Vorträge und Diskussionen finden hier statt; manchmal gehört ein Restaurant dazu. Synagogen sind Gemeindehäuser. In der Vergangenheit fanden durchreisende Fremde in der Synagoge eine Herberge, manchmal sogar eine Arbeitsvermittlung.

Ehemals hessische Dorfsynagogen.

Einmal im Jahr ist es den Kindern erlaubt, in der Synagoge ungehindert vergnügt zu sein. Die Lichter scheinen mit neuem Feuer zu brennen. Der heilige Schrein steht offen, die Tora-Rollen, alle in Festtagsmäntelchen, werden eine nach der anderen herausgenommen. Die Synagoge ist festlich wie ein hoher Tempel. Die Männer tanzen, die Tora-Rollen in den Händen, und die Kinder stampfen und tanzen mit ihnen.
Wir rennen wie die Wilden um das Pult des Vorbeters, laufen auf der

Die Synagogenschule

In Israel gingen nur Jungen zur Schule. Sie mussten, wenn sie 13 Jahre alt wurden, in der Synagoge aus der Tora vorlesen können. Schon als kleine Buben unterrichtete sie ihr Vater zu Hause. Für manche begann die Schulzeit bereits mit vier oder fünf Jahren, spätestens mit sieben Jahren. Es gab nur ein einziges Schulbuch: die Tora. Sie stand im Mittelpunkt des Unterrichts. Sie war die erste Schrift für die Kleinen, ihr Übungsbuch zum Lesenlernen – und sie war noch das letzte Wort des alten und sterbenden Menschen.

Die Lehrer in den Synagogenschulen hatten zugleich einen Hauptberuf, zum Beispiel als Bauarbeiter, Landmann, Töpfer, Weber oder Nagelschmied. Von dieser Berufsarbeit lebten sie. Darum konnten auch arme Kinder die Synagogenschule besuchen, weil ihre Lehrer nicht auf ein Schulgeld angewiesen waren.

Manche Lehrer zeigten sich besonders kinderlieb. Sie schnitzten Buchstaben aus Holz und tauchten sie in duftenden Bienenhonig. Dann durften die Lernanfänger die hölzernen Buchstaben ablecken. So lernten sie diesen Buchstaben genau kennen und sollten zugleich erfahren: »Wie süß ist deine Tora, Gott!«

Mit acht oder neun Jahren konnten begabte Kinder oft schon große Teile der Tora und der Prophetenschriften auswendig. Sie lernten immer laut, damit alles tief in sie eindrang und ein Leben lang erfüllte. So wurde »die Saat der Gelehrsamkeit« gesät und die jüdische Überlieferung weitergegeben.

Besonders gute Schüler durften in Lehrhäusern weiterstudieren. Sie lebten dann in Gemeinschaft mit ihrem Lehrer, den sie Rabbi nannten und der sie zu Gelehrten der Schrift heranbildete.

Das Rad und das Pünktlein

Rabbi Jizchak Meir ging an einem Spätsommerabend mit seinem Enkel im Hof des Lehrhauses umher. Da sagte er: »In einer Schule müssen alle nötigen Dinge da sein: Zimmer und Tische und Stühle, und einer wird Verwalter und einer Hausmeister und so fort. Und dann kommt der böse Widersacher und reißt das innerste Pünktlein heraus, aber alles andere bleibt wie zuvor. Und das Rad dreht sich weiter, nur das innerste Pünktlein fehlt.« Der Rabbi hob die Stimme: »Aber Gott helfe uns: man darf's nicht geschehen lassen!«

Vom Lernen

Rabbi Elieser hatte einen Schüler, der im Flüsterton lernte. Aber nach drei Jahren hatte er das Gelernte vergessen. Darum merke: Tu deinen Mund auf und lies: tu deinen Mund auf und lerne, damit dir dein Lernen erhalten bleibe.

Rabbi Chanina sagte: Viel habe ich von meinen Lehrern gelernt; von meinen Kollegen mehr als von meinen Lehrern; von meinen Schülern mehr als von ihnen allen.

Rabbi Simon sagte: Wenn drei an einem Tisch essen und sich dabei über Worte der Tora unterhalten, so ist es, als hätten sie vom Tisch Gottes gegessen.

einen Seite hinauf, auf der anderen hinunter. Jeder stösst und jagt den anderen. In unseren Händen rasseln Klappern. Wir machen einen schrecklichen Lärm. Der Synagogendiener verkriecht sich in einem Winkel, wahrscheinlich aus Angst, wir würden die Wände niederreißen. Da sieht er, dass die Bücher fast vom Pult fallen und ruft uns zu: »Bitte, Kinder, hört doch auf! Genug! Ihr ruiniert ja die ganze Synagoge!«
Bella Chagall

Der Einbruch des Hellenismus

Dieses fast 6 × 3 m große Mosaik wurde 1831 bei Ausgrabungen in Pompeji gefunden. Es schildert die Schlacht bei Issos im Jahr 333 v. Chr., in der Alexander gegen Dareios antrat, den Großkönig des Persischen Reiches. Beide Könige – zur Linken Alexander der Große, zur Rechten Dareios – stehen sich Angesicht zu Angesicht gegenüber: Alexander mit dem unbedingtem Willen, den persischen König im Kampf zu treffen, die Perser mit Pferden und Streitwagen bereits verwirrt und zur Flucht ansetzend. Das Mosaik ist im 2. Jahrhundert v. Chr. vermutlich nach einer älteren Vorlage entstanden.

Alexander der Große

Unbeständig ist die Macht der Völker in der Weltgeschichte. Das Land Kanaan, später Palästina genannt, beherrschten für lange Zeit die Ägypter. Ihnen folgten die Assyrer, die Babylonier, schließlich die Perser. Mit Alexander dem Großen (356–323) trat zum ersten Mal ein Feldherr auf, der aus Griechenland kam und mit seinen Feldzügen das größte Reich der Antike begründete. Damit geriet der gesamte Alte Orient unter den Einfluss griechischer Kultur und Politik. Allerdings achteten auch die Griechen – ähnlich wie die Perser – die Religion der eroberten Länder. Griechischer Geist sollte Alexanders Reich friedlich durchdringen. Tatsächlich ist aus dieser Politik eine internationale Einheitskultur erwachsen.

Nach Alexanders frühem Tod – er starb mit nur 33 Jahren – brach sein Herrschaftsgebiet auseinander. Alexanders Jugendfreund und Kriegsgefährte Ptolemäus übernahm Ägypten; kultureller Mittelpunkt wurde die nach Alexander umbenannte Stadt Alexandria. Das syrische Reich regierte Seleukos von Antiochia aus. Auch er war ein ehemaliger Feldherr Alexanders. Beide Reiche, das im Norden und das im Süden, stritten sich um die palästinischen Landstriche. Zunächst fiel Judäa an die Ptolemäer in Ägypten. Die Gemeinden in Jerusalem und Juda ertrugen deren Oberherrschaft anfangs bereitwillig, denn dem Tempelstaat Jerusalem-Juda wurde Unabhängigkeit zugestanden. Statt eines Königs regierte hier nun der Hohepriester. Die Judäer konnten denken, einen Glanz alter Selbstständigkeit wiedererlangt zu haben.

Allerdings bestimmte die hellenistische Lebensart zunehmend das öffentliche Geschehen. Bald wurde überall griechisch gesprochen, wurden griechische Namen, griechische Kleidung, dann auch griechische Bräuche und Lebensformen bevorzugt. Die ärmere Landbevölkerung hielt zwar an jüdischer Lebensweise fest, aber wer wirtschaftliche Interessen verfolgte und Handel trieb, passte sich an die hellenistische Welt an. Immer mehr Juden suchten den Kontakt mit der heidnischen Gesellschaft. Dabei standen ihnen die alten Gesetze, die getrennte Lebensbereiche verlangten, sehr im Wege. Aus einer ablehnenden Sicht wird diese Entwicklung im Buch der Makkabäer beschrieben:

Es begab sich folgendes: Der Makedonier Alexander, der Sohn des Philippus, König von Mazedonien, war aus Griechenland ausgezogen und hatte Darius, den König der Perser und Meder besiegt. Als erster König von Griechenland wurde er dessen Nachfolger. Viele Kriege hat er geführt, befestigte Städte erobert und Könige der Erde hingemordet. Bis an die Grenzen der Welt ist er gezogen und viele Völker hat er ausgeplündert. Als aber die Welt vor ihm verstummt war, wurde sein Herz überheblich und stolz. Er stellte eine gewaltige Heeresmacht auf, wurde Herr über Länder, Völker und Fürsten und machte sie tributpflichtig. Doch dann sank er aufs Krankenlager und sah seinen Tod nahen. Er rief seine Fürsten zusammen, die mit ihm aufgewachsen waren, und verteilte sein Reich unter sie, solange er noch lebte. Zwölf Jahre hatte Alexander regiert, als er starb.

Da übernahmen die Fürsten die Herrschaft, jeder in seinem Bereich. Nach seinem Tod setzten sie sich die Königskrone auf; ebenso hielten es ihre Nachkommen für lange Zeit. Viel Unheil brachten sie über die Erde. Ein besonders gottloser Spross ging aus ihnen

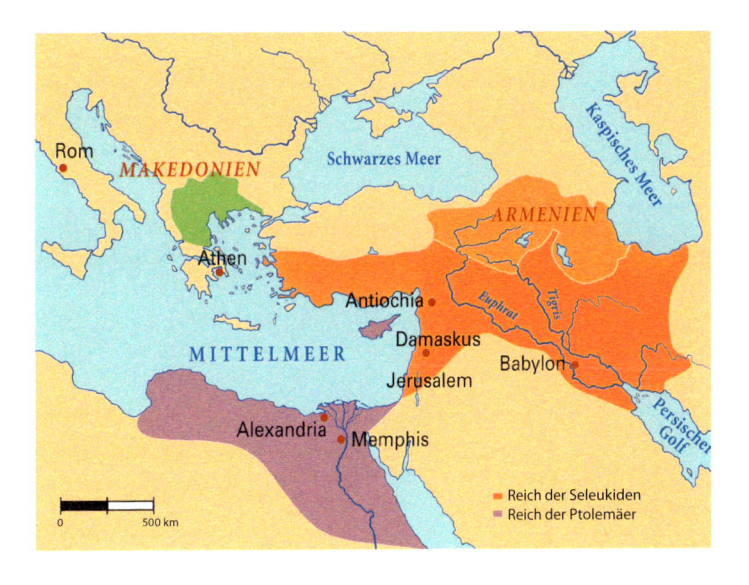

Die Nachfolgereiche Alexanders des Großen um 200 v. Chr.: Im Süden (violett) das Reich der Ptolemäer, im Norden (orangebraun) das Reich der Seleukiden.

Münze mit dem Kopf Ptolemäus' II. (282–246 v. Chr.) auf der einen Seite; auf der anderen Seite der Adler der Ptolemäer und die Inschrift »Jehuda«.

Hellenistische Städte wurden planmäßig angelegt. Monumentale Bauten und Plätze gliederten den Raum. Entlang den Säulenstraßen befanden sich Geschäfte und Handwerksbetriebe, die zum Schauen und Kaufen lockten. Die Bevölkerung dieser Städte in Palästina setzte sich aus Juden und unterschiedlichen Völkern der griechischen Welt zusammen.

hervor, Antiochus Epiphanes, der Sohn des Königs Antiochus. Er war in Rom als Geisel gewesen und trat im Jahr 137 griechischer Herrschaftszeit die Regierung an.

Zu dieser Zeit traten in Israel Verräter am Gesetz auf. Sie redeten auf viele ein und sagten: Wir wollen uns mit den Heiden, die rings um uns herum leben, verständigen; denn seit wir uns von ihnen abgesondert haben, geht es uns schlecht. Dieser Vorschlag gefiel ihnen, und einige aus dem Volk fanden sich bereit, zum König zu gehen. Der König gab ihnen die Erlaubnis, nach den Gewohnheiten der fremden Völker zu leben. Man errichtete in Jerusalem eine Sportschule, wie sie dem Brauch der heidnischen Völker entspricht, und sie stellten sich die Vorhaut wieder her [um die Beschneidung rückgängig zu machen]. So fielen sie vom heiligen Bund ab, vermischten sich mit den Heiden und verkauften sich zu Schandtaten.

1 Makkabäer 1,1–15

Zu dieser Zeit lebten Juden bereits weit zerstreut in der griechischen Welt. Sie lernten dort eine Lebensform kennen, die auch für sie faszinierend war. Selbst die Jerusalemer Priesterkreise waren davon beeindruckt. Aber jüdisches Leben nach der Tora und griechische Kultur ließen sich nicht einfach miteinander verbinden. Es entstand ein ständiger Konflikt der unterschiedlichen Lebensformen.

Das Griechentum kam in Mode; man fiel ab zu der fremden Lebensart. Schließlich kümmerten sich die Priester nicht mehr um den Dienst am Altar; der Tempel galt in ihren Augen nichts, und für die Opfer hatten sie kaum mehr Zeit. Dafür gingen sie eilig auf den Sportplatz, sobald die Aufforderung zum Diskuswerfen erging, um an dem Spiel, das die Tora verbot, teilzunehmen. Die Ehren ihres Vaterlandes achteten sie gering, die griechischen Auszeichnungen dagegen fanden sie besonders attraktiv. Das wurde ihnen allerdings böse vergolten, denn gerade die, denen sie alles nachmachten und denen sie ganz gleich werden wollten, wurden ihre Feinde und Peiniger. Es ist nämlich keine Kleinigkeit, sich über die göttlichen Gesetze hinwegzusetzen, wie die Folgezeit deutlich machte.

2 Makkabäer 13–17

Die Verfolgung der jüdischen Religion

Bisher hatten die griechischen Herrscher die Rechte und das Eigenleben der Jerusalemer Gemeinde respektiert. Dass es nun anders kam, lag wesentlich an der jüdischen Priesterschaft selbst, die den neuen König Antiochus IV. Epiphanes geradezu einlud, sich in die inneren Angelegenheiten Jerusalems einzumischen. Jerusalem wurde in eine hellenistische Stadt umgewandelt, der bisherige Ältestenrat zum griechischen Stadtrat. Nicht länger sollte die Tora Grundlage des jüdischen Lebens sein. Diese Entwicklung spaltete die Bevölkerung in Befürworter des Griechentums und entschiedene Gegner.

Nicht lange darauf sandte der König einen alten Athener; der sollte die Juden zwingen, die Gesetze ihrer Väter aufzugeben und nicht mehr nach Gottes Gesetzen zu leben. Auch sollte er den Tempel zu Jerusalem entweihen und nach dem olympischen Zeus benennen. Diese widerwärtige Bosheit war selbst für die große Menge kaum zu ertragen. Die Heiden erfüllten das Heiligtum mit zügellosem Treiben und Gelagen. Auch brachten sie vieles hinein, was nicht hineingehörte. Der Brandopferaltar wurde angefüllt mit vom Gesetz verbotenen Opfern. Weder war es möglich, den Sabbat zu halten noch die alten Feste zu begehen, ja, man durfte überhaupt nicht mehr bekennen, ein Jude zu sein. Vielmehr trieb man die Juden jeden Monat am Geburtstag des Königs mit roher Gewalt zum Opfermahl, und am Fest des Dionysos zwang man sie, zu Ehren des Dionysos mit Efeu bekränzt in der Prozession mitzugehen. In den

Die Inschrift dieser Münze lautet »König Antiochus«. Es ist Antiochus IV. (175–164 v. Chr.), der Jerusalem in eine griechische Stadt umwandeln wollte, dort für Zeus einen Altar errichtete und den Juden die Verehrung ihres Gottes untersagte. Das löste offenen Aufstand und den jüdischen Befreiungskrieg aus.

Griechische Vasenmalerei mit einer Unterrichtsszene, 5. Jahrhundert v. Chr.

Links die einfache Kleidung der Priester aus weißem Linnen; dazu Hut und Gürtel. Der Hohepriester trug ein blaues Gewand, darüber einen Umhang mit reicher Stickerei. Die Tasche auf seiner Brust war mit Edelsteinen besetzt, die turbanartige Kopfbedeckung war blau.

benachbarten griechischen Städten hatte man ein Gebot erlassen, mit den Juden ebenso zu verfahren und Opfermahlzeiten zu veranstalten. Wer sich aber nicht entschließen wolle, zur griechischen Lebensweise überzugehen, sei hinzurichten. Das dadurch entstandene Elend muss man selbst gesehen haben! *2 Makkabäer 6,1–9*

Antiochus wollte mit scharfem Durchgreifen die Verhältnisse in seinen Völkern vereinheitlichen. Weil sich unterworfene Völker anderswo der hellenistischen Kultur geöffnet hatten – zwar nicht immer freudig, so schließlich doch fügsam –, mochte er damit auch in Jerusalem gerechnet haben. Hier aber galten andere Traditionen. Der Bund mit dem einen Gott Israels erlaubte kein Hinken auf zwei Krücken. Je mehr der König Druck ausübte, desto hartnäckiger wurde die Gegenwehr. Der von Antiochus eingesetzte Hohepriester Menelaos wird sich gefügt haben und mit ihm ein großer Teil der hellenistisch gesonnenen Priesterschaft. Andere passten sich an aus Angst. Die Widerständler, die »lieber sterben wollten, als sich durch Speisen unrein zu machen und den heiligen Bund zu entweihen« (1 Makk 1,63), waren anfangs sicherlich nicht zahlreich. Zunächst sind sie untergetaucht; dann nahmen sie aber nicht allein gegen die Religionsgesetze des Königs, sondern gegen die hellenistische Lebensform insgesamt den Kampf auf. Dass Tora und Festzeiten, Sabbat und Tempel einfach abgesetzt und entweiht wurden, führte schließlich zu einen Befreiungskampf gegen die griechische Herrschaft insgesamt. Und tatsächlich gelang es, die Freiheit Jerusalems und des Tempels zurückzuerobern.

Der Feuerofen

Die Verfolgung unter Antiochus IV. Epiphanes hat Schriften angeregt, die den religiösen Widerstand bestärkten. Das Buch Daniel entstand zu dieser Zeit, wahrscheinlich zwischen 168 und 165. Die darin erzählte Geschichte spielt zwar in der Zeit der Babylonischen Gefangenschaft, doch hinter dieser Fassade steht die griechische Herrschaft unter Antiochus IV.:

König Nebukadnezzar ließ ein goldenes Standbild machen, sechzig Ellen hoch und sechs Ellen breit, und ließ es in der Provinz Babel aufstellen. Dann sandte er Boten aus, um alle seine Statthalter und Beamten zur Einweihung des Standbildes einzuladen. Diese kamen und stellten sich vor dem Standbild auf.

Da verkündete der Herold mit mächtiger Stimme: Ihr Männer aus allen Völkern, Nationen und Sprachen, hört den Befehl! Sobald ihr den Klang der Hörner, Pfeifen und Zithern, der Harfen, Lauten und Sackpfeifen und aller anderen Instrumente hört, sollt ihr niederfallen und das goldene Standbild anbeten, das König Nebukadnezzar errichtet hat. Wer aber nicht niederfällt und es anbetet, wird noch zur selben Stunde in den glühenden Feuerofen geworfen.

Sobald daher alle Völker den Klang der Hörner, Pfeifen und Zithern, der Harfen, Lauten und Sackpfeifen und der anderen Instrumente hörten, fielen die Männer aus allen Völkern, Nationen und Sprachen sogleich nieder und beteten das goldene Standbild an, das König Nebukadnezzar errichtet hatte.

Zur gleichen Zeit traten einige Chaldäer auf und verklagten die Juden. Sie sagten zum König Nebukadnezzar: König, mögest du ewig leben. Du, König, hast doch selbst den Befehl erlassen, dass jeder niederfallen und das goldene Standbild anbeten soll. Wer aber nicht niederfällt und es anbetet, soll in den glühenden Feuerofen geworfen werden. Nun sind da einige Juden, denen du die Verwaltung der Provinz Babel anvertraut hast. Diese Männer missachten dich, König. Sie verehren deine Götter nicht und beten das goldene Standbild, das du errichtet hast, nicht an.

Da befahl Nebukadnezzar, die Männer zu holen. Der König sagte zu ihnen: Ist es wahr: Ihr verehrt meine Götter nicht und betet das goldene Standbild nicht an, das ich errichtet habe? Welcher Gott kann euch dann

Richard Seewald, Lobgesang der drei Jünglinge im Feuerofen, 1957.

aus meiner Gewalt erretten? Sie erwiderten dem König Nebukadnezzar: Wenn überhaupt jemand, so kann nur unser Gott, den wir verehren, uns erretten; auch aus dem glühenden Feuerofen und aus deiner Hand, König, kann er uns retten. Tut er es aber nicht, so sollst du, König, dennoch wissen: Auch dann verehren wir deine Götter nicht und beten das goldene Standbild nicht an, das du errichtet hast.

Da wurde Nebukadnezzar wütend; sein Gesicht verzerrte sich vor Zorn. Er ließ den Ofen siebenmal stärker heizen, als man ihn gewöhnlich heizte. Dann befahl er, einige der stärksten Männer aus seinem Heer sollten die Männer fesseln und in den glühenden Feuerofen werfen. Da wurden die Männer, wie sie waren – in ihren Mänteln, Röcken und Mützen und den übrigen Kleidungsstücken – gefesselt und in den glühenden Feuerofen geworfen. Weil aber nach dem strengen Befehl des Königs der Ofen übermäßig geheizt worden war, töteten die herausschlagenden Flammen die Männer, die Schadrach, Meschach und Abed-Nego in den Feuerofen warfen. Doch sie gingen mitten in den Flammen umher, lobten Gott und priesen Gott: Das Feuer berührte sie nicht; es tat ihnen nichts zuleide und belästigte sie nicht.

Da erschrak der König Nebukadnezzar und fragte seine Staatsräte: Haben wir nicht drei Männer gebunden ins Feuer geworfen? Da sehe ich aber vier Männer frei umhergehen mitten im Feuer, ohne irgendeinen Schaden; und der vierte sieht aus wie ein Göttersohn. Da trat Nebukadnezzar an die Öffnung des brennenden Feuerofens, und rief: Ihr Knechte des höchsten Gottes, steigt heraus und kommt her! Da kamen Schadrach, Meschach und Abed-Nego aus dem Feuer heraus. Nun versammelten sich auch die Statthalter und die Staatsräte des Königs, um diese Männer zu sehen, über deren Leib das Feuer keine Macht gehabt hatte: das Haar ihres Hauptes war nicht versengt, ihre Mäntel waren nicht verändert, nicht einmal Brandgeruch war an ihnen. Nebukadnezzar hob an und sagte: Gepriesen sei der Gott, der seinen Engel gesandt und seine Knechte errettet hat, die auf ihn vertrauten und das Gebot des Königs übertraten und ihren Leib hingaben, um keinen anderen Gott verehren und anbeten zu müssen als allein ihren Gott.

Daniel 3

Richard Seewald, Jona wird vom Fisch verschlungen, 1957.

Jona war drei Tage und drei Nächte im Bauch des Fisches:
»Aus der Tiefe der Unterwelt schrie ich um Hilfe.
Mich umschlossen die Fluten, alle Wellen und Wogen schlugen über mir zusammen.
Die Urflut umspülte mich. Doch du holtest mich lebendig aus dem Grab herauf, Jahwe, mein Gott.«

Jona 2,1–6

Diese Legende ist nicht historisch, sondern symbolisch zu verstehen. Darum wäre es falsch, nach der Konstruktion des »Feuerofens« und seinen technischen Merkmalen zu fragen. Tatsächlich hat es solche »Feueröfen« an vielen Orten dieser Welt gegeben: in Jerusalem, in den Judengettos des Mittelalters, in den Ländern der Judenvertreibungen, inmitten christlicher Gemeinden, die ihre jüdischen Mitbürger schikanierten, in deutschen Städten, als im November 1938 die Synagogen brannten, und zumal in den Konzentrations- und Vernichtungslagern des NS-Regimes, in denen Millionen Juden ihr Leben ließen, weil sie zu diesem Volk Israel gehörten – ob sie nun »gläubig« waren oder nicht.

»Wer ist der Gott, der euch aus meiner Gewalt errettet?«, fragte der »König der Könige« die drei Männer. Ihre Antwort: »Wenn es sein soll, kann unser Gott, den wir verehren, uns erretten. Tut er es aber nicht, so sollst du, König, wissen: Auch dann verehren wir deine Götter nicht und werfen uns vor dem goldenen Standbild, das du errichtet hast, nicht nieder.« Mit ihrer Antwort heben sie den Machtanspruch selbst einer vernichtenden Gewalt auf.

Allerdings hat Israel unaufhörlich erfahren, dass Feueröfen, Löwengruben (Daniel 6) und verschlingende Fischbäuche (Das Buch Jona) ihre Opfer nicht wieder hergeben, denn Feuer verzehrt, Löwen verschlingen, das Meer wird zum Grab. Das ist das Gesetz dieser Welt. Wenn solche Glaubensgeschichten trotzdem sagen, dass Flammen nicht verbrennen, Raubtiere nicht fressen, der Abgrund sein Opfer nicht behält, so sprechen sie von einer Rettung durch Untergang und Tod hindurch. Darin sind sie bereits als »Ostergeschichten« zu verstehen.

Das Danielbuch entwickelt Hoffnung über den Tod hinaus: »Von denen, die im Land des Staubes schlafen, werden viele erwachen, die einen zum ewigen Leben, die anderen zur Schmach, zu ewigem Abscheu« (12,2). Diese Vorstellung ist neu. Sie erwartet eine doppelte »Auferstehung«, für die Frommen zum Leben, für die Frevler zur Schmach. Damit wird zum ersten Mal die Hoffnung auf ein Gericht formuliert, das die Gerechtigkeit schafft, die in dieser Weltzeit nicht zu erreichen ist. Es ist die Hoffnung geschundener Menschen, die sich nicht damit abfinden wollen, nur die Opfer gottloser Verhältnisse zu sein.

Richard Seewald, Daniel in der Löwengrube.

Hat dein Gott, Daniel, dich vor den Löwen erretten können?
Daniel sagte: Mein Gott hat seinen Engel gesandt und den Rachen der Löwen verschlossen.
So wurde Daniel aus der Grube herausgeholt; man fand an ihm nicht die geringste Verletzung, denn er hatte seinem Gott vertraut.

Daniel 6,21–24

Die christliche Bibel

Das Zweite oder Neue Testament

Jesus in den Evangelien

Das Neue Testament ist eine Sammlung von 27 Schriften. Die ältesten sind die Briefe des Apostels Paulus. Sie schildern die frühen Jahre des Christentums in hellenistischen Gemeinden (→ S. 268). Obwohl die Briefe des Paulus früher geschrieben wurden als die Evangelien, erfahren wir in ihnen vom historischen Jesus nicht viel.

Alles, was wir vom historischen Jesus wissen, verdanken wir den vier Evangelien. Ihre Verfasser sind unbekannt. Keiner von ihnen war ein Schüler Jesu und keiner ist Jesus begegnet. Die spätere Zeit hat den Verfassern der Evangelien die Namen Matthäus, Markus, Lukas und Johannes gegeben. Sie haben die Erinnerungen an Jesus Jahrzehnte nach dessen Tod zusammengetragen.

Aufmerksame Leser merkten schon früh, dass alle Evangelien bestimmte Texte gemeinsam haben, zum Beispiel die Passionsge-

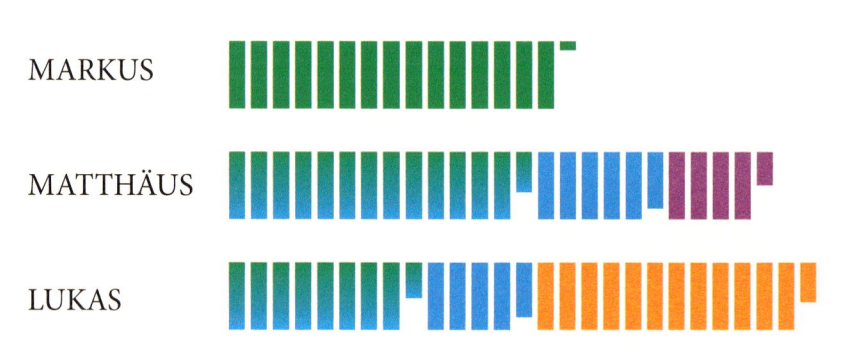

■ *Markusevangelium*

■ *Mit dem Markusevangelium übereinstimmende Texte*

■ *Übereinstimmungen im Matthäus- und Lukasevangelium*

■ *Sondergut*

MARKUS

MATTHÄUS

LUKAS

schichten. Die größten Gemeinsamkeiten finden sich bei Markus, Matthäus und Lukas; hier gibt es Übereinstimmungen bis in Einzelheiten hinein. Das lässt fragen, wer von wem abgeschrieben hat. Oder: Welches Evangelium wurde zuerst geschrieben und was haben die späteren verändert?

Mit viel Spürsinn und Aufwand konnte die Forschung herausfinden, dass zuerst das kurze Markusevangelium entstand. Markus schrieb es um das Jahr 70. Er griff Geschichten und Sprüche auf, die noch mündlich umliefen, vielleicht auch schon in kleineren Sammlungen vorlagen. Dieses Material stellte er in einen erfundenen Zusammenhang: Er dachte sich einen Weg aus, den Jesus gegangen sein könnte – mit Jerusalem als Ziel –, und reihte seine Erzählungen auf diesem Weg aneinander. Das Nacheinander der Geschichten bildet wie von selbst eine Zeitfolge.

Die später entstandenen Evangelien des Matthäus und Lukas haben von Markus die meisten Texte übernommen, aber nach ihren eigenen Interessen verändert. Außerdem benutzten sie eine

Sammlung von Jesusworten, die man als Spruchquelle bezeichnet (→ S. 264). Schließlich hat jeder von ihnen noch Texte aufgenommen, die bis dahin kaum bekannt waren. Diese Materialien – zum Beispiel die Kindheitserzählungen (→ S. 276–281) – werden als Sondergut bezeichnet.

Matthäus schrieb sein Evangelium in den 80er Jahren. Zu jener Zeit lagen die jüdischen Jesusgemeinden bereits in heftigem Streit mit den Synagogengemeinden. Darum hat Matthäus »seinem« Jesus manchmal Worte in den Mund gelegt, die der historische Jesus von Nazaret nie gesprochen hätte. Der historische Jesus wollte kein Schimpfwort gegen andere gelten lassen (vgl. Mt 5,22 f.); doch Matthäus lässt in Kapitel 23 seinen »Jesus« einen ganzen Kübel Hohn und Spott über die jüdischen Schriftgelehrten und Pharisäer ausschütten. Was in dieser Rede der »Jesus« des Matthäus sagt, gibt die feindliche Einstellung der Judenchristen gegenüber den Vertretern der Synagogengemeinde wieder, die sich in den Jahren zuvor entwickelt hatte. Die Evangelien schildern also nicht die Situation der Jesuszeit um das Jahr 30, sondern verbinden Jesus mit Konflikten, wie sie erst zwei Generationen später entstanden sind.

So ist der Jesus, der in den Evangelien spricht, jeweils der Jesus des Markus, der Jesus des Matthäus, der Jesus des Lukas und der Jesus des Johannes. Alle vier Jesusbilder übermalen den historischen Jesus. Wir müssen also immer fragen, wie die Zeit des Evangelisten die Jesuszeit überdeckt.

Von allen drei Evangelien unterscheidet sich das zuletzt entstandene Johannesevangelium am meisten. Der »Jesus«, der darin spricht, benutzt Worte und Begriffe, die er in den voraufgegangenen Evangelien nicht kennt. Das Reich Gottes ist hier nicht mehr sein Thema; er erzählt bei Johannes auch keine Gleichnisse, aber er führt Gespräche, wie sie bei Markus, Matthäus und Lukas nicht vorkommen.

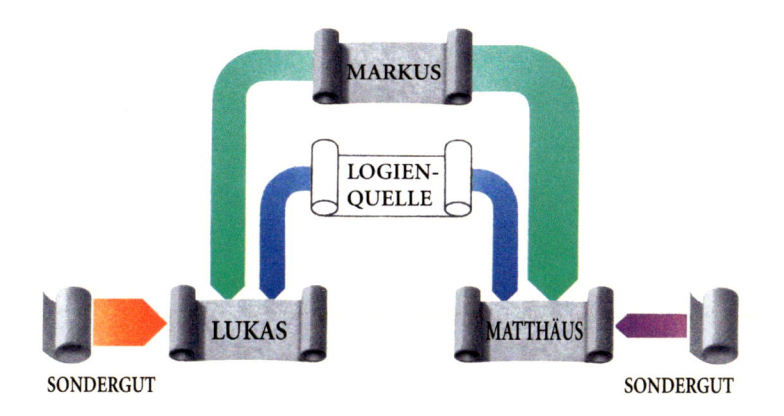

Einerseits:

Ich aber sage euch: Jeder, der seinem Bruder auch nur zürnt, soll dem Gericht verfallen sein; und wer zu seinem Bruder sagt: Du Dummkopf!, soll dem Spruch des Hohen Rates verfallen sein; wer aber zu ihm sagt: Du (gottloser) Narr!, soll dem Feuer der Hölle verfallen sein.

Mt 5,22

Andererseits:

Ihr Schriftgelehrten und Pharisäer, ihr Heuchler! Ihr seid wie die Gräber, die außen weiß angestrichen sind und schön aussehen; innen aber sind sie voll Knochen, Schmutz und Verwesung. So erscheint auch ihr von außen den Menschen gerecht, innen aber seid ihr voll Heuchelei und Ungehorsam gegen Gottes Gesetz.

Mt 23,27 f.

Der berühmte Theologe und Arzt Albert Schweitzer (1875–1965) schrieb eine »Geschichte der Leben Jesu-Forschung«. Er meinte, dass diese Forschung nicht den historischen Jesus sichtbar mache, sondern stets nur das Jesusbild des jeweiligen Verfassers zeige. Der geschichtliche Jesus von Nazaret bleibe für immer unbekannt.

Trotzdem hat die Forschung nicht aufgehört, die überlieferten Texte kritisch zu befragen. Sie hat auch neue Erkenntnisse gewonnen. In diesem Buch sind viele Ergebnisse dieser historischen Forschung zu finden. Dennoch bleibt richtig, dass wir die Evangelien mit Augen lesen, die Jesus meistens anders und moderner sehen wollen, als er gewesen sein kann.

Jesusbilder

Auf einem Hügel trägt Jesus das Kreuz. Die Stadt im Hintergrund ist Jerusalem. Rund um den Hügel haben zahlreiche Maler ihre Staffelei aufgestellt, um den kreuztragenden Jesus zu malen. Aber die meisten von ihnen malen etwas ganz anderes. Was zu sehen ist, hat zwar mit biblischen Szenen zu tun, doch sind es andere Inhalte. Einige Maler blicken auch nicht auf Jesus, sondern auf die Arbeit ihrer Kollegen. Doch auch diese malen nicht, was sie sehen. Zwei von ihnen entwickeln sogar kuriose Themen wie den Kopf eines gehörnten Teufels oder das Porträt einer jungen Frau mit dämonischen Tieren. Dennoch tun alle so, als seien sie mit »Abgucken« beschäftigt. Nur der Maler ganz unten widmet sich dem kreuztragenden Jesus, wie man es eigentlich von jedem erwarten sollte.

Ähnliches geschieht schon seit 2000 Jahren. Auch zu Lebzeiten haben die Menschen Jesus unterschiedlich gesehen und gedeutet. Seine Angehörigen sagten: »Er ist von Sinnen« (Mk 3,21). Jesus selbst erklärte den Mitmenschen in Nazaret: »Nirgends hat ein Prophet so wenig Ansehen wie in seiner Heimat, bei seinen Verwandten und in seiner Familie« (Mk 6,4). Nach seinem Tod entstanden noch mehr abweichende Ansichten. Paulus wollte über den geschichtlichen Jesus nichts sagen, sondern nur seinen Tod am Kreuz deuten und jenen Christus verkünden, den er in Visionen erlebt hat. Die später entstandenen Evangelien stammen ebenfalls nicht von Augenzeugen. Sie malen viermal, je nach Verfasser und Zeit, ein anderes Jesusbild. Seine geschichtliche Gestalt scheint manchmal nur schwach durch. Die Kirche hat versucht, aus diesen unterschiedlichen Entwürfen ein einheitliches Bild zu entwickeln, doch wissen wir heute, dass dies nicht möglich ist.

Dennoch bleibt es wichtig, mit stets besseren Methoden das Leben und Wirken Jesu zu erforschen. Was über ihn gesagt wird, muss aus gewonnenen Erkenntnissen belegbar sein. Selbst wenn wir dann immer noch den Malern gleichen, wie sie hier zu sehen sind, so unterscheiden wir uns von ihnen vielleicht doch durch kritische Fragen. Der historische Jesus ist nicht erreichbar, aber eine Ahnung seiner geschichtlichen Gestalt sollte möglich sein.

ASPICIENTES IN AUCTOREM FIDEI. HEB. XII.

Christiani nomen ille frustra sortitur, qui Christum minime imitatur. D. August. de ver. Christ.

Anfänge

Der See Gennesaret in Galiläa liegt an der alten Küstenstraße, die von Ägypten nach Mesopotamien führte. Bis zum Jahr 722 v. Chr. gehörte Galiläa zum Königreich Israel. Dann eroberte der assyrische König Tiglat-Pileser Israel, so dass das Land assyrische Provinz wurde (→ S. 122). Unter Herodes Antipas blühte Galiläa wirtschaftlich auf, wurde aber stark römisch geprägt. Das führte zu Spannungen im Lande, die sich in jüdischen Untergrundbewegungen entluden.

Jesus der Galiläer

»Er zog durch ganz Galiläa…«, heißt es im Markusevangelium. Wie sah das Land zur Zeit Jesu aus? Vom Jahr 37 bis zum Jahr 4 v. Chr. regierte Herodes der Große. Überall in seinem Reich betrieb er eine gigantische Bautätigkeit, nur nicht in Galiläa. Als ihm sein Sohn Herodes Antipas in der Herrschaft von 4 v. Chr. bis 39 n. Chr. folgte, änderte sich die Situation. Antipas baute keine heidnischen Tempel mehr wie sein Vater, aber seinen Regierungssitz in Sepphoris, später in Tiberias, errichtete Antipas nach dem Muster moderner römischer Städte.

Die Bevölkerung war in ihrer Mehrheit jüdisch, doch hellenistischer Einfluss prägte das Land bereits seit Jahrhunderten (→ S. 160–164). Die griechisch-römische Kultur zeigte sich in Sprache, Kleidung und Brauch und vor allem in der Anlage von Stadien, Theatern, Bädern und reichen Villen. Solche Bauwerke gab es zwar nicht in Dörfern wie Nazaret, wohl aber in Sepphoris, Tiberias und Magdala. Sepphoris war der Verwaltungssitz für Untergaliläa, nur eine Stunde Fußweg von Nazaret entfernt. Der jüdische Geschichtsschreiber Josephus nannte Sepphoris später die »Zierde ganz Galiläas«. Im Jahr 18 n. Chr. gründete Antipas eine zweite Stadt, am See Gennesaret gelegen, und nannte sie Tiberias. Sepphoris wie Tiberias waren hellenistisch-römische Städte. Mit dem Bau beider Städte förderte Antipas auch die Entwicklung des galiläischen Umfeldes.

Galiäa war bäuerlich geprägt, aber nicht abgeschnitten von der Welt. Internationale Straßen führten durch Untergaliläa; sie erschlossen auch das Gebiet um den See Gennesaret. Das westlich vom See gelegene kleine Dorf Nazaret war die Heimat Jesu. Hier war seine Familie zu Hause. Wir wissen nichts von seiner Kindheit, denn die Geschichten, die Matthäus und Lukas erzählen, sind spät entwickelte Legenden (→ S. 276–281). Hingegen gilt die Überlieferung als verlässlich, der Vater Jesu sei ein Bauhandwerker gewesen. Zu dieser Zeit gab es für Kinder noch keine freie Berufswahl. In der Regel folgten die Söhne in Berufen, in denen auch die Väter tätig waren – als Bauern, Handwerker oder Händler. Von Geburt und Erziehung her war Jesus darum vielfach festgelegt. Umso mehr müssen wir fragen, warum er nicht in seinem erlernten Beruf als Bauhandwerker blieb, sondern in den zwanziger Lebensjahren in einer ganz ungewöhnlichen Weise ausbrach?

Soweit wir Wissen und Lehre des erwachsenen Jesus kennen, kann man sagen, dass er über gute Kenntnisse von Brauchtum, Religion und Geschichte des jüdischen Volkes verfügte.

Beth Schean, griechisch Skythopolis, liegt 24 km südlich vom See Gennesaret: eine römische Stadtanlage mit überwiegend jüdischer Bevölkerung: Geradlinige Säulenstraßen, großzügige Bauten und Plätze, Arkaden, Sportanlagen und Bäder. Das Theater hatte ursprünglich drei Zuschauerränge, von denen nur der unterste erhalten blieb.

Jesus geht zu Johannes dem Täufer

Wann und warum Jesus seine Familie in Nazaret und zugleich seine Berufsarbeit verlassen hat, ist nicht bekannt. In der Wüste hatte ein Mann von sich reden gemacht, der als Prophet angesehen wurde und gewaltiges Aufsehen erregte:

Arcabas, Johannes der Täufer, 1985.

Es war im fünfzehnten Jahr der Regierung des Kaisers Tiberius; Pontius Pilatus war Statthalter von Judäa, Herodes Tetrarch von Galiläa … Da erging in der Wüste das Wort Gottes an Johannes, den Sohn des Zacharias. Und er zog in die Gegend am Jordan und verkündigte dort überall Umkehr und Taufe zur Vergebung der Sünden. Das Volk zog in Scharen zu ihm hinaus, um sich von ihm taufen zu lassen.

Er sagte zu ihnen: Ihr Schlangenbrut, wer hat euch denn gelehrt, dass ihr dem kommenden Gericht entrinnen könnt? Bringt Früchte hervor, die eure Umkehr zeigen, und fangt nicht an zu sagen: Wir haben ja Abraham zum Vater. Denn ich sage euch: Gott kann aus diesen Steinen Kinder Abrahams machen. Schon ist die Axt an die Wurzel der Bäume gelegt; jeder Baum, der keine gute Frucht hervorbringt, wird umgehauen und ins Feuer geworfen. Da fragten ihn die Leute: Was sollen wir also tun? Er antwortete ihnen: Wer zwei Gewänder hat, der gebe eines davon dem, der keines hat, und wer zu essen hat, der handle ebenso. Es kamen auch Zöllner zu ihm, um sich taufen zu lassen, und fragten: Meister, was sollen wir tun? Er sagte zu ihnen: Verlangt nicht mehr, als festgesetzt ist. Auch Soldaten fragten ihn: Was sollen denn wir tun? Und er sagte zu ihnen: Misshandelt niemanden, erpresst niemanden, begnügt euch mit eurem Sold! Das Volk war voll Erwartung und alle überlegten im Stillen, ob Johannes nicht vielleicht selbst der Messias sei.

Lukas 3,1–15

Zu diesem Mann, der allen das Gericht Gottes ansagte, kamen die Leute aus Jerusalem und ganz Judäa. Warum lebte er in der Wüste, wenn er doch die Menschen erreichen und ändern wollte? Mit dem Tempel zu Jerusalem wollte er nichts zu tun haben, wie andere Propheten vor ihm. Die üblichen Formen des Gottesdienstes und der Opfer hielt er für unglaubwürdig. Er wählte die Wüste als Raum der Freiheit und der Gottesnähe. Darum war auch sein Aussehen anders: das Kleid aus Kamelhaaren, rauh; Heuschrecken und wilder Honig als Nahrung. Diese Haltung kritisierte den Lebensstil in den hellenistischen Städten. Wenn alle gut leben wollen, muss einer, der das damit verbundene Unrecht sieht, für sich selbst eine andere Lebensform suchen.

Möglicherweise war für Johannes – und später auch für Jesus – das Vorbild des Propheten Elija wirksam. Die Legenden von Elija und Elischa bewegten die Menschen immer noch. Von Elischa heißt es: »Solange er lebte, zitterte er vor niemand, und keiner der Sterblichen herrschte über seinen Geist.« Das ist ein Maßstab, den Johannes wie auch Jesus für sich gelten ließen.

Zu diesem Johannes in der Wüste kommt nun eines Tages Jesus. Aus den Bindungen in Nazaret hatte er sich gelöst, um ein anderes Leben zu beginnen. Dafür kann ihm die Gestalt des Elija ein Vorbild gewesen sein. Aber auch in der griechischen Welt hatte er Menschen wie Elija kennen lernen können. Schon seit Generationen bewunderten viele den berühmten Diogenes. Die Szene, wie Alexander der Große, der mächtigste Mann seiner Zeit, dem armen, fast nackten Diogenes begegnet war, hatte sich weit herumgesprochen: Als Diogenes vor seiner Tonne sitzt, gibt ihm der große Alexander einen Wunsch frei. Diogenes' berühmte Antwort: »Geh mir aus der Sonne.«

Solche Männer mögen in Lumpen herumlaufen, doch sind sie Könige. Sie verzichten auf Kleidung, auf Schuhe, auf jeden Luxus. Sie sind frei von Abhängigkeiten.

Wir wissen nicht, wie lange Jesus bei Johannes war und was er in dessen Nähe tat. Irgendwann hat er sich von Johannes getrennt, um einen anderen Weg einzuschlagen. Die Einsamkeit der Wüste, den Leibrock aus Kamelhaar und die Ernährung aus den knappen Vorräten der Natur sah er nicht als seine Sache an. Er wollte unter Menschen leben, zu Menschen sprechen und sich jenen zuwenden, die arm dran waren. So finden wir ihn bald auch zurück in seiner galiläischen Heimat, in den Dörfern am See Gennesaret, in der Auseinandersetzung mit vielen Menschen. Er ging zu ihnen, wo sie lebten, sprach mit ihnen, ließ sich von ihnen einladen, saß mit ihnen zu Tisch, aß und trank – so dass einige ihn nun sogar einen »Fresser und Säufer« schimpften.

In jenen Tagen kam Jesus aus Nazaret in Galiläa und ließ sich von Johannes im Jordan taufen. Und als er aus dem Wasser stieg, sah er, dass der Himmel sich öffnete und den Geist wie eine Taube auf ihn herniedersteigen. Und eine Stimme aus dem Himmel sprach: Du bist mein geliebter Sohn, an dir habe ich Gefallen gefunden.

Mk 1,9–11

Jesus begann über Johannes zu reden: Was habt ihr denn sehen wollen, als ihr in die Wüste hinausgegangen seid? Ein Schilfrohr, das im Wind schwankt? Oder was habt ihr sehen wollen, als ihr hinausgegangen seid? Einen Mann in feiner Kleidung? Leute, die fein gekleidet sind, findet man in den Palästen der Könige. Oder wozu seid ihr hinausgegangen? Um einen Propheten zu sehen? Ja, ich sage euch: Ihr habt sogar mehr gesehen als einen Propheten … Und wenn ihr es gelten lassen wollt: Ja, er ist Elija, der wiederkommen soll. Wer Ohren hat, der höre!

Mt 11,7–9,14

Die Ablehnung Jesu in seiner Heimat und in seiner Familie

Statt nach Jerusalem oder in andere Städte zu gehen, kehrte Jesus nach Galiläa zurück. Doch war es keine Rückkehr ins Elternhaus, an die Seite seiner Geschwister. Er war jetzt ein anderer und machte von sich reden. Als er nach Nazaret kam, wollten die Leute wissen, was aus dem geworden war, der lange unter ihnen gelebt und gearbeitet hatte und den jeder zu kennen glaubte:

Als Sabbat war, fing er an, in der Synagoge zu lehren. Und viele, die ihm zuhörten, waren bestürzt. Sie sagten: Wo der das herhat? Was ist das schon für eine Weisheit, die ihm da gegeben ist? Und: Solche Krafttaten sollen durch seine Hände geschehen? Ist das nicht der Handwerker, der Sohn der Maria, der Bruder des Jakobus und Joses und Judas und Simon? Und leben nicht seine Schwestern hier bei uns? So nahmen sie Anstoß an ihm und lehnten ihn ab. Da sagte Jesus zu ihnen: Nirgends gilt ein Prophet so wenig wie in seiner Heimat, bei seinen Verwandten und in seiner Familie. Und er konnte dort keine einzige Krafttat tun; nur einigen Kranken legte er die Hände auf und heilte sie. Und er wunderte sich über ihren Unglauben. Dann zog er in den umliegenden Dörfern einher und lehrte. *Markus 6,1–6*

Handwerker hatten damals kein hohes Ansehen; sie standen unter den Bauern. Solange Jesus in Nazaret zu Hause war, fiel er niemandem auf. Nachdem er fortgegangen war und jetzt zurückkehrte, nahm er sich heraus, in der Synagoge das Wort zu ergreifen. Das verwunderte die Leute von Nazaret.

Die vier Brüder Jesu werden hier mit Namen genannt. Dass die Namen seiner Schwestern nicht ebenfalls genannt werden, hat mit der Stellung der Frauen im Alten Orient zu tun. Selbst in deutschen Dörfern haben Mütter noch in den 1960er Jahren, wenn sie die Schulzeugnisse ihrer Kinder unterschrieben, mit dem Namen ihres Mannes unterschrieben: »Frau Rudolf Müller«. Ganz ähnlich bleiben Namen und Zahl der Schwestern Jesu ungenannt.

Der Vater dieser Kinderschar wird nicht erwähnt. Vielleicht lebte er nicht mehr. Aber nicht allein die Dorfbewohner von Nazaret, auch die Mutter und alle Geschwister scheinen von Jesus irritiert gewesen zu sein. Sicherlich schämten sie sich seiner, wie dies zwei andere Szenen schildern:

Jesus ging in ein Haus und wieder kamen so viele Menschen zusammen, dass er und die Jünger nicht einmal mehr essen konn-

---

Palästina zur Zeit Jesu

· Nach dem Tod Herodes des Großen kam das Gebiet von Samaria und Judäa unter die Herrschaft des römischen Statthalters (ab 6 n. Chr.).

· In Galiläa, der Heimat Jesu, sowie östlich des Jordan regierte Herodes Antipas (4 v. Chr. – 39 n. Chr.), ein Sohn Herodes des Großen.

· Das Gebiet nordöstlich von Galiläa unterstand Philippus (4 v. Chr. – 34 n. Chr.), einem weiteren Herodessohn.

· Das Gebiet der Zehn Städte (Dekapolis) unterlag keiner Fremdherrschaft.

ten. Als seine Angehörigen davon hörten, machten sie sich auf den Weg, um ihn mit Gewalt zurückzuholen; denn sie sagten: Er ist von Sinnen. *Markus 3,20 f.*

Da kamen seine Mutter und seine Brüder; sie blieben vor dem Haus stehen und ließen ihn herausrufen. Es saßen viele Leute um ihn herum und man sagte zu ihm: Deine Mutter und deine Brüder stehen draußen und fragen nach dir. Er erwiderte: Wer ist meine Mutter und wer sind meine Brüder? Und er blickte auf die Menschen, die im Kreis um ihn herumsaßen, und sagte: Das hier sind meine Mutter und meine Brüder. Wer den Willen Gottes erfüllt, der ist für mich Bruder und Schwester und Mutter. *Markus 3,31–35*

Das Verhältnis Jesu zu Mutter und Geschwistern ist offenbar lange gestört gewesen. Die Evangelien nennen Äußerungen Jesu, die recht kühl wirken. In der orientalischen Welt ist die Familie eine geschlossene Gesellschaft. Deren Herrschaft und Gültigkeit stellt Jesus in Frage:

Als Jesus redete, rief eine Frau aus dem Volk: »Selig ist die Frau, deren Leib dich getragen hat und an deren Brust du getrunken hast.« Jesus erwiderte: »Ja, selig sind die, die Gottes Wort hören und halten.« *Lukas 11,27 f.*

Ihr sollt nicht denken, ich sei ein Friedensapostel. Nein, ich bringe Ärger und Streit. Ab jetzt wird sich eine fünfköpfige Familie so zerstreiten, dass drei gegen zwei stehen und zwei gegen drei. Der Vater wird sich mit dem Sohn zerstreiten, die Mutter mit der Tochter und die Schwiegermutter mit der Schwiegertochter.
Lukas 12,51–53; Matthäus 10,34–36

Warum ist Jesus so familienkritisch? Die Machtverhältnisse jener Zeit unterstellten den Sohn, die Tochter und Schwiegertochter der Autorität der Eltern oder des ältesten Bruders. Jesus selbst war aus diesem Verbund ausgebrochen. Für ihn galt eine höhere Ordnung: Wer an Vater und Mutter, Brüder und Schwestern gebunden bleibt, wird nicht frei für den eigenen Weg und nicht für Gott.

Wenn die Evangelien von Jesus und seiner Mutter sprechen, wird ein gespanntes Verhältnis deutlich. Nach dem Tode Jesu haben die Mutter Maria und sein Bruder Jakobus jedoch Anschluss an die Jesusbewegung gefunden. Der als »Herrenbruder« bezeichnete Jakobus gehörte schließlich sogar zu den »Säulen« der Gemeinde in Jerusalem.

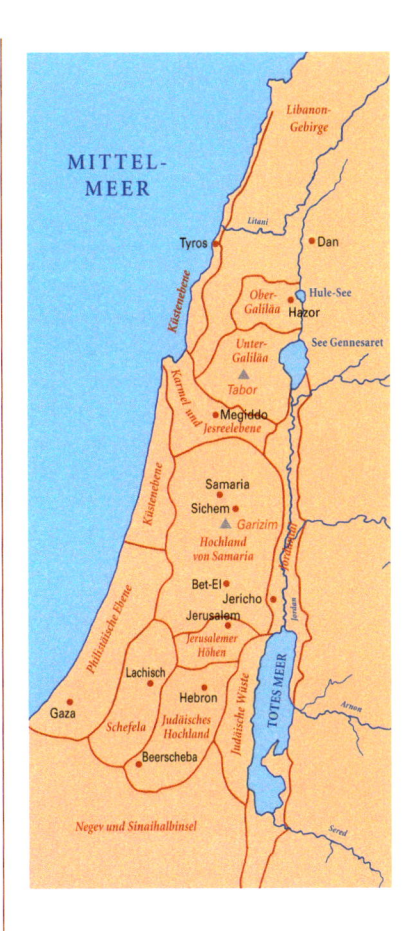

Die Landschaften Palästinas

Die lange Küstenebene unterbricht nur das Karmelgebirge. Nördlich davon beginnt das phönizische Gebiet. Hinter dem Küstenstreifen erhebt sich bergiges Land. Zwischen Galiläa im Norden und Samaria im Süden schiebt sich die Jesreelebene.

Bis zur Wasserscheide, etwa auf der Linie Jerusalem – Sichem, steigt das Land beständig an. Dahinter fällt es steil zum Jordan und Toten Meer ab. Der Jordangraben liegt bis zu 420 m unter dem Meeresspiegel.

Jenseits des Jordan folgt erneut ein steiler Aufstieg. Danach geht das Gelände in hügeliges, dann in flaches Gebiet über, das sich in die Arabische Wüste hinein fortsetzt.

Das Leben im Dorf

Die Häuser bestanden gewöhnlich aus ungebrannten Lehmziegeln und mussten darum mit viel Aufwand instand gehalten werden, damit Dach und Wände regenfest blieben (→ S. 222).

Das typische Haus war um einen Hof herum gebaut. Eine Außentreppe führte auf die flach gedeckten Dächer, die vielseitig genutzt wurden. Man trocknete hier Getreide, fand sich aber auch gern zum Essen zusammen. Auf dem vorderen Haus steht eine Laubhütte. Das Haus auf der linken Straßenseite hat ein Obergemach. Auf dem Hausdach gegenüber ist eine Schlafhütte zu sehen. Im Sommer ist das Dach ein beliebter Schlafplatz.

Das Leben spielte sich meistens im Hof ab. Hier wurde das Korn gemahlen und das tägliche Brot gebacken. Brot war das Hauptnahrungsmittel. Da das Fladenbrot dünn und knusprig war, wurde es gebrochen. Sowohl das tägliche Backen des Brotes als auch die Bereitung des Essens war Aufgabe der Frauen.

Die Straßen und Wege im Dorf waren eher eng und boten Schatten, aber kaum so sauber, wie die Zeichnungen vorgeben. Abfälle und der Mist der Tiere bedeckten die Wege. Müllabfuhr und Kanalisation gab es nicht. Die hygienischen Zustände müssen elend gewesen sein. Ungeziefer aller Art und Parasiten plagten Menschen und Tiere. Krankheit und ein früher Tod waren mehr Regel als Ausnahme. Viele Frauen starben im Kindbett, auch die Kindersterblichkeit war hoch.

Die meisten Menschen ernährten sich einfach, denn Armut und Not waren an der Tagesordnung.

Viele Häuser in Israel sehen noch so aus wie vor 2000 Jahren.

Die Reichen konnten sich Brot aus Weizenmehl erlauben, das Volk aß Gerstenbrot. Regelmäßig Fisch und Fleisch zu essen war nur wenigen möglich. Die jüdischen Speisevorschriften erlaubten nur das Fleisch von Wiederkäuern mit gespaltenen Hufen – also Rind, Schaf und Ziege – keinesfalls aber vom Schwein. Die Tiere mussten zudem rituell geschlachtet werden. Unter den Meerestieren waren nur jene »koscher«, das heißt zum Verzehr erlaubt, die Flossen und Schuppen hatten.

Das fruchtbare Galiläa bot jedoch Gartenfrüchte in großer Vielfalt an: Gemüse wie Bohnen, Kürbisse, Zwiebeln, Lauch und Knoblauch gab es reichlich. Weintrauben und Olivenöl fehlten ebenso wenig. Käse und Butter wurden aus Schafs- oder Ziegenmilch hergestellt. Salz lieferte das Tote Meer. Honig diente als Süßstoff.

Die Mehrheit der Dorfbewohner waren Kleinbauern, die für Nahrungsmittel sorgten, aber auch Flachs anbauten, aus dem Stoffe gefertigt wurden. Daneben gab es Schaf- und Ziegenhirten – und es gibt sie bis zum heutigen Tag. Bauhandwerker, Weber und Färber konnten ebenfalls im Dorf leben. Schreiber, Schriftgelehrte und Ärzte traf man eher in den Städten.

Ganz anders als die Bauern in den Dörfern lebten reiche Leute in den Städten. Die Häuser hatten Möbel – Betten, Truhen, Tische, Stühle –, waren aus Stein gebaut und konnten großen Luxus bieten. Das gilt insbesondere für die hellenistischen Städte, wie sie von Herodes dem Großen und Herodes Antipas gegründet wurden.

Der heutige Blick auf Häuser in Jerusalem zeigt immer noch dasselbe Bild, das auch im Altertum zu sehen war.

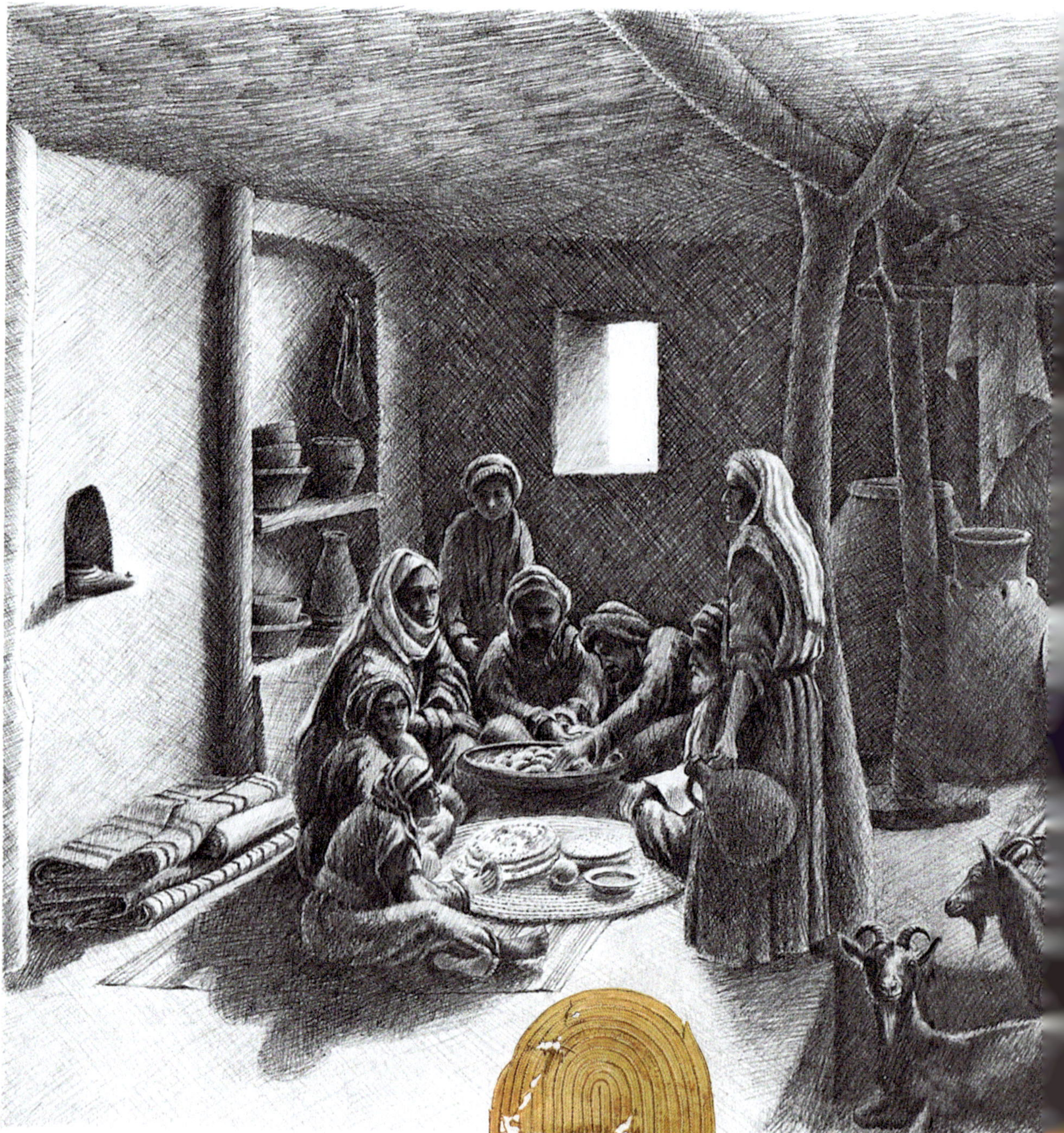

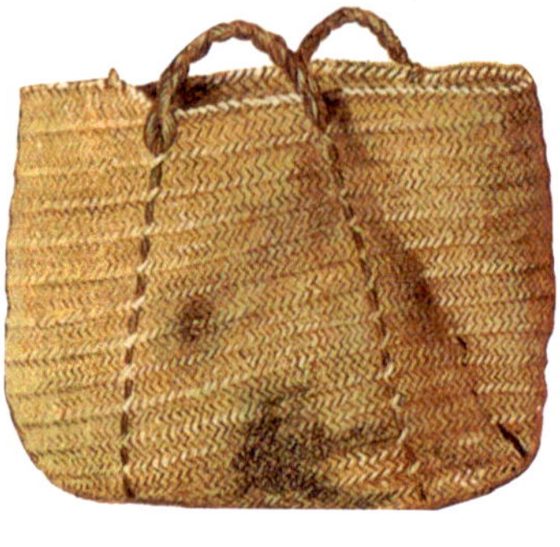

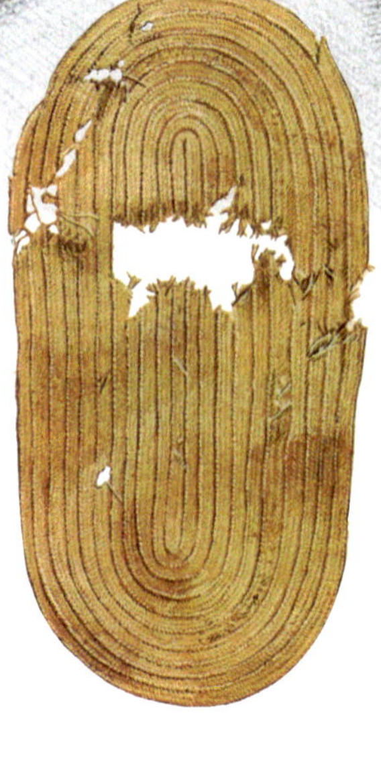

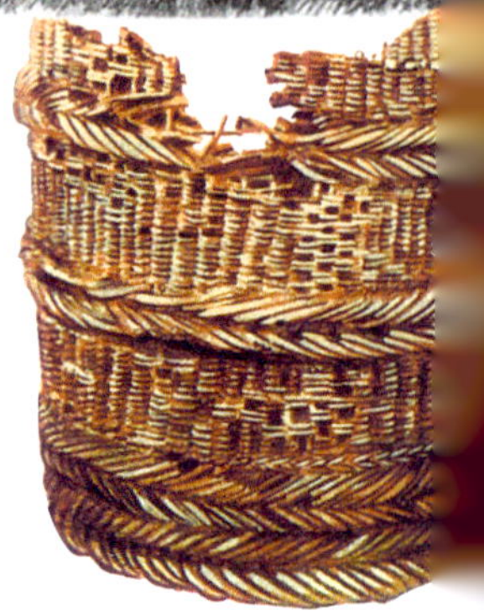

Im Haus

Eine Familie bei der Mahlzeit. Tisch und Stühle gibt es nicht. Alle essen aus einer Schüssel und greifen mit der Hand zu. Es galt als unschicklich, gleichzeitig mit einem anderen zuzulangen. Messer und Gabel fehlten. Fast immer gehörte zum Essen frisch gebackenes Fladenbrot. Vor der Mahlzeit wurden die Speisen gesegnet; nach dem Essen dankte man Gott dafür.

Unter dem Rauchloch im Dach befindet sich die Feuerstelle mit offenem Herd. An der Stange hängen Vorräte, damit sie Tieren unzugänglich sind; daneben stehen Wasserkrüge. Gegenüber im Raum liegen Matten und Decken zum Schlafen. Man schlief gewöhnlich auf dem Boden. Geschirr aus Ton steht im Regal. Vor der Wohnebene ist der tiefer gelegene Bereich für das Kleinvieh.

Das Leben in Haus und Hof war den Frauen anvertraut. Zu ihren täglichen Arbeiten gehörte das Wasserholen, Getreidemahlen, Kochen, die Kinderbetreuung und die Sorge für die Haustiere. Frauen und Mädchen mussten auch die Wolle kämmen, spinnen und Stoffe für den Eigenbedarf weben. Doch sobald die Feldarbeit viele Hände brauchte, halfen sie auch dort oder sie hüteten die Tiere.

Die Häuser der einfachen Leute waren durchweg ohne Möbel, doch zweifellos besaßen die Reichen Tische, Stühle und Betten, wie sie im gesamten Römischen Reich verbreitet waren.

Die Tasche, die Binsenmatte und der Weidenkorb wurden in einer Höhle am Toten Meer gefunden. – Daneben zwei Jungen beim Mühlespiel. Ein solches Mühlespiel wurde in der Synagoge von Kafarnaum entdeckt. Der Würfel stammt aus Jerusalem.

Die Arbeit der Bauern

Die Geschichte Israels ist bäuerlich geprägt. Selbst als Saul zum König gesalbt worden war, pflügte er noch auf dem Felde.

Die Bestellung der Felder beginnt mit dem ersten Frühregen im Herbst. Ein damaliger Pflug hatte nur einen Holzdorn mit Eisenspitze. Man konnte damit nicht sehr tief pflügen und schon gar nicht den Boden umwenden. Die Pflugspitze riss nur die Erde auf, so dass der Regen eindringen und die Saat in gelockertes Erdreich fallen konnte.

Zur Ernte des Getreides wurde die Sichel benutzt. Die geschnittenen Halme band man zu Bündeln und brachte sie mit Eseln zum Dreschplatz. Der Boden der Dreschtenne musste sorgfältig geglättet und mit Häckselstroh

Beim Dreschen. Ein Bericht von 1925 schildert die Situation auf einem Dreschplatz: »Drei Dreschtafeln, jetzt mit Eisen besetzt, früher mit Steinen, waren im Gebrauch. Eine Dreschtafel wurde von einem Pferd, die zweite von zwei Eseln mit Joch, die dritte von einem Maultier gezogen. Außerdem arbeiteten noch ohne Dreschtafel drei gekoppelte Ochsen und zwei gekoppelte Esel, alle von Männern oder Knaben getrieben, damit sie mit ihren Hufen die Körner aus den Ähren herausdrückten.«

gehärtet werden, damit das Korn nicht in die Erde gedrückt wurde. Meist zogen Rinder die Dreschtafel, die auf ihrer Unterseite mit harten Steinen besetzt war. Ein Mann stand auf der Dreschtafel und trieb die Zugtiere an.

Wird das gedroschene Stroh von der Tenne abgehoben, bleibt ein Gemenge von Körnern, Strohresten, Spreu und Staub zurück. Bei einem milden Wind wird dies Gemenge mit der Worfelgabel gegen den Wind hochgeworfen. Das schwere Korn fällt herunter, während der Wind die leichte Spreu weiterweht. Mehrfaches Worfeln war vermutlich die Regel.

Anschließend musste das Korn gesiebt werden, dann wurde die Kornmenge gemessen. Ehrlichkeit galt hier vor Gott als selbstverständlich.

Beim Worfeln. Das Korn als das wertvollste Ergebnis auf dem Worfelplatz wurde bewacht. Es galt die gesetzliche Pflicht, davon den Zehnten und die Priesterabgabe zu zahlen. Neben dem Korn fiel Grobhäcksel an; es wurde als Viehstreu benutzt, auch als Heizmaterial für den Backofen oder als Bindemittel für den Lehmputz an Hauswänden und auf dem Dach. Der Feinhäcksel (Spreu) war wichtiger. Er diente als Viehfutter, war aber auch Bindemittel für Produkte aus Ton wie Backöfen und Kochherde.

Rund um den See Gennesaret lebten die Menschen vom Fisch. Der jüdische Geschichtsschreiber Josephus berichtet, wie während des Jüdisch-Römischen Kriegs (67–70 n. Chr.) Boote organisiert wurden, um den Aufständischen zu helfen: »Darauf brachte er alle Boote auf dem See zusammen, 230 an der Zahl.« Diese Boote waren nur für vier Mann Besatzung geeignet. 1986 aber wurde am Ostufer ein gut erhaltenes Boot etwa aus der Zeit Jesu gefunden. Es ist 8 m lang, 2,5 m breit und konnte 15 Erwachsene sowie fünf Mann Besatzung aufnehmen.

Schüler und Helfer

Jesus machte von sich reden und fand Aufmerksamkeit. Seine Zuhörer spürten, dass er »mit Vollmacht« sprach. Da blieb es nicht aus, dass sich auch junge Leute einstellten, die er faszinierte. Die Evangelien geben uns davon einen Eindruck, der aber gewiss nicht den tatsächlichen Vorgang darstellt:

Als Jesus am See von Galiläa entlangging, sah er Simon und Andreas, den Bruder des Simon, wie sie Wurfnetze auf dem See auswarfen. Sie waren nämlich Fischer. Da sagte er zu ihnen:

Die Zeichnung zeigt einen Fischer mit Wurfnetz im Wasser stehend. In den Booten dahinter legen vier Männer ein großes Netz aus. Am Strand sind Netze zum Trocknen aufgehängt. Davor stehen zwei Fischkörbe. Die dreizackige Gabel diente zum Fischstechen; daneben ein Angelhaken.

Kommt her, folgt mich nach! Ich werde euch zu Menschenfischern machen. Sogleich ließen sie ihre Netze liegen und folgten ihm.
   Als er ein Stück weiterging, sah er Jakobus, den Sohn des Zebedäus, und seinen Bruder Johannes. Sie waren im Boot und richteten ihre Netze (zum Auswerfen) her. Und sofort rief er sie. Da ließen sie ihren Vater Zebedäus mit seinen Tagelöhnern im Boot zurück und folgten Jesus nach.   *Markus 1,16–20*

Elija galt als ein Prophet, der andere in seine Nachfolge ruft. In jungen Leuten konnte er die Sehnsucht wecken, es ihm gleichzutun: sich nach seinem Vorbild zu kleiden, ein magisches Machtwort zu sprechen und Wunder zu wirken, wie er durch das Land zu ziehen und Armen beizustehen ...

Aus den Hinweisen auf Elija in den Evangelien lässt sich nahezu das gesamte Leben und Wirken Johannes des Täufers und Jesu nachvollziehen.

Bernhard Lang

Wäre es so gewesen, wie hier geschildert wird, müsste man sich über solche Söhne sehr verwundern: Während der Berufsarbeit alles hinwerfen, den Vater ratlos zurück lassen und einem eher fremden Mann folgen? Doch ist der tatsächliche Vorgang hier auch gar nicht gemeint. Vielmehr wird ein Erzählmuster aus der Elija-Geschichte nachgeahmt:

Elija traf Elischa, den Sohn Schafats. Er war gerade mit zwölf Gespannen am Pflügen; er selbst pflügte mit dem zwölften. Im Vorbeigehen warf Elija seinen Mantel über ihn. Sogleich verließ Elischa die Rinder, eilte Elija nach und bat ihn: Lass mich noch meinem Vater und meiner Mutter den Abschiedskuss geben; dann werde ich dir folgen. Elija antwortete: Geh, aber komm dann zurück! Bedenke, was ich an dir getan habe. Elischa ging von ihm weg, nahm seine zwei Rinder und schlachtete sie. Mit dem (hölzernen) Joch der Rinder kochte er das Fleisch und setzte es den Leuten zum Essen vor. Dann stand er auf, folgte Elija und trat in seinen Dienst.

1 Könige 19,19–21

Es soll deutlich werden, dass die Berufung durch einen »Gottesmann« kein Bedenken und Zaudern erlaubt. Als ein Schüler zu Jesus sagt: Lass mich erst heimgehen und meinen Vater begraben, antwortet ihm Jesus: Folge mir nach; lass die Toten ihre Toten begraben! (Mt 8,22).

Eine weitere Nachfolgegeschichte erzählt von der Berufung des Zöllners Levi. Dieser Levi wird in der Liste der »zwölf Apostel« nicht erwähnt; der Kreis der Helfer und Mitarbeiter Jesu war nämlich immer viel größer und bestand aus Männern und Frauen.

Und wieder ging er hinaus an den See. Da liefen alle Leute ihm zu, und er lehrte sie. Als er weiterging, sah er Levi, den Sohn des Alphäus, am Zoll sitzen. Und er sagte zu ihm: Folge mir! Und Levi stand auf und folgte ihm nach.

Als danach Jesus in Levis Haus beim Essen war, aßen viele Zöllner und Sünder zusammen mit ihm und seinen Schülern. Es waren ja schon viele, die ihm folgten. Als nun die Schriftgelehrten, die zur Gruppe der Pharisäer gehörten, sahen, dass er mit Zöllnern und Sündern aß, sagten sie zu seinen Schülern: Wie kann er zusammen mit Zöllnern und Sündern essen? Jesus hörte es und sagte: Nicht die Gesunden brauchen einen Arzt, sondern die, denen es schlecht geht. Nicht bin ich gekommen, Gerechte zu rufen, sondern Sünder.

Markus 2,13–17

Auch die Berufung des Levi folgt dem Muster der bisherigen Nachfolgegeschichten. Doch hier kommt Sprengstoff in die Szene, denn Zöllner waren im Volk umstritten. Sie zogen für den Landesherrn Weg- und Brückensteuern ein, auch Steuern für Salz und Marktwaren. Zwar waren diese Zöllner jüdische Landsleute, sie halfen aber dem Herodes Antipas wie den Römern die Kassen zu füllen. Dabei fiel immer auch Geld für sie selbst ab, so dass man sie für korrupt hielt und nicht für vertrauenswürdig.

Dass Jesus sich mit solchen Leuten einlässt, die nach allgemeiner Überzeugung ein schmutziges Geschäft führen, empört »die Schriftgelehrten«. Für viele waren Zöllner »unreine« Menschen; mit solchen zu essen verbot die Tora (Lev 10,10). Aber trotz der Bemerkung bei Matthäus, bis Himmel und Erde vergehen, werde nicht der kleinste Buchstabe des Gesetzes vergehen (→ S. 195), kümmert sich Jesus hier nicht um rein oder unrein. Er schafft eine völlig neue Situation – wie immer, wenn es um Tischgemeinschaft geht: Er setzt sich mit Gebildeten und Ungebildeten an einen Tisch, mit Schriftgelehrten und Pharisäern ebenso wie mit solchen, die von der Tora wenig oder nichts verstehen, jedenfalls nicht nach der Tora leben.

Bei der Eintreibung der Steuern durch die Steuerpächter strichen die Pächter große Gewinne in die eigenen Taschen. Waren wurden sehr hoch besteuert; zusammen mit dem Zehnten und der Tempelsteuer war die Steuerlast ruinös.

Oben: Vorder- und Rückseite einer Münze Herodes' des Großen.
Darunter: Vorder- und Rückseite einer Münze des Kaisers Tiberius.
Dritte Reihe: Vorder- und Rückseite einer Münze des Herodes Antipas.
Untere Reihe: Vorder- und Rückseite einer Münze des Pontius Pilatus.

Jüdische Silbermünze, 4. Jahrhundert v. Chr.

Die Forschung weiß nicht, wer diese sitzende Gestalt auf einem Rad mit Flügeln ist. Die Schrift verrät nur das Land: Jehud = Judäa. Denkbar ist der Prophet Elija (→ S. 109). Der Vogel auf der ausgestreckten Hand erinnert an den Raben, der Elija in der Wüste mit Nahrung versorgte.

Römisches Fresko, etwa 20 n. Chr.

Hier stellt sich ein griechischer Wanderlehrer vor. Sandalen, ein Stock, auf der rechten Schulter ein Fell, links die Reisetasche umgehängt. Mehr besitzt er nicht.

Die Sendung der Schüler

Jesus zog durch die benachbarten Dörfer und lehrte. Er rief die Zwölf zu sich und sandte sie aus, jeweils zwei zusammen. Er gab ihnen die Vollmacht, die unreinen Geister auszutreiben, und er gebot ihnen, außer einem Wanderstab nichts auf den Weg mitzunehmen, kein Brot, keine Vorratstasche, kein Geld im Gürtel, kein zweites Hemd und an den Füßen nur Sandalen. Und er sagte zu ihnen: Bleibt in dem Haus, in dem ihr einkehrt, bis ihr den Ort wieder verlasst. Wenn man euch aber in einem Ort nicht aufnimmt und euch nicht hören will, dann geht weiter und schüttelt den Staub von euren Füßen, zum Zeugnis gegen sie. Die Zwölf machten sich auf den Weg und riefen die Menschen zur Umkehr auf. Sie trieben viele Dämonen aus und salbten viele Kranke mit Öl und heilten sie.

Markus 6,6–13

Wer sich Schüler Jesu nannte, war auch »gesendet« als Bote des Reiches Gottes. Diese Schülerschaft war anfangs gewiss nicht auf zwölf begrenzt. Vermutlich fand ihr Aufbruch auch mehr als einmal statt.

Mit der Aussendung verbanden sich vier Verbote: kein Brot, keine Tasche, kein Geld, niemals zwei Untergewänder. Erlaubt waren Wanderstab und Sandalen. Die Wanderprediger sollten vor allem nichts mit Geld zu tun haben. Und zu zweit sollten sie gehen – vielleicht als Mann und Frau.

Woher kommen solche Regeln? Jesus hat sie nicht selbst erfunden, sondern aus der Überlieferung übernommen. Er orientierte sich an Elija, aber auch am Vorbild griechischer Weisheitslehrer, die zu seiner Zeit arm wie Diogenes in den hellenistischen Städten auftraten. All diese Wanderprediger verbanden radikale Armut mit Freiheit. Die griechischen Wanderprediger suchten gern die Stadt, den Marktplatz, das Fest und die Menge auf. Jesus schickte seine Boten jedoch nicht in die Städte, sondern aufs Land. Auch wenn sie dort nicht weit wandern mussten – Reisen in Untergaliläa gehen kaum über eine Tagesreise hinaus – so machten viele doch die weiteste Reise, die damals möglich war: jene über die Schwelle eines fremden Hauses.

Sie trugen keinen Ranzen, weil sie weder Nahrung noch sonst etwas erbetteln durften. Sie sollten die Kranken an Körper und Geist heilen, deren Schmerz lindern und dafür Tischgemeinschaft in Anspruch nehmen, keinesfalls Almosen.

Als Jahre später Paulus auf Reisen war, galt für ihn ein ganz anderes Konzept. Er wollte seine Nahrung mit eigener Hände Arbeit verdienen. Offene Tischgemeinschaft als Gegengabe an die Botschafter war nicht mehr angesagt. Und die erste christliche Gemeindeordnung, die »Zwölfapostellehre«, mochte bereits keine Wanderprediger mehr. Höchstens zwei Tage sollten sie noch bleiben dürfen, denn angenehmer waren inzwischen ortsansässige Lehrer, die sich nicht mehr den Kranken zuwendeten, sondern nur noch »dem Wort und der Lehre widmeten«. Für Jesus aber war die Einkehr in den Häusern, die Zuwendung zu den Menschen und die Erfahrung der Tischgemeinschaft das Herz seiner Bewegung.

Die Botschaft lautete: »Die Zeit ist erfüllt. Das Reich Gottes ist nahe. Kehrt um und glaubt an das Evangelium.« (Mk 1,14 f.) Gemeint war der gegenwärtige Tag. Die Herrschaft Gottes soll nicht irgendwann beginnen – heute, nicht morgen.

Dieses Marmorrelief, um 300 n. Chr., zeigt Jesus in der Gestalt eines griechischen Philosophen. Wie diese trägt er ein Gewand, das die Brust frei lässt. Barfuß sitzt er auf einem Berg und lehrt; zu seinen Füßen die lauschende Menge.

Diogenes und Alexander (→ S. 177), römisches Relief in einer Nachzeichnung von 1767.

Links sitzt Diogenes in seiner Tonne; darauf der Hund. Rechts Alexander der Große. Die Legende erzählt, Alexander habe den Philosophen aus Neugier besucht und versprochen, ihm einen Wunsch zu erfüllen. Diogenes Wunsch: »Geh mir aus der Sonne.«

Das Evangelium vom Reich Gottes

Reich Gottes – jetzt!

»Das Reich Gottes kommt nicht so, dass man es beobachten könnte; man wird auch nicht sagen: siehe, hier! oder: dort! Denn siehe, das Reich Gottes ist mitten unter euch.«
Lk 17,20b–21

Jesus vertrat eine Lebensform, die er als »Herrschaft Gottes« oder »Reich Gottes« verstand. Damit ist keine jenseitige Welt gemeint, kein Himmel, sondern eine Lebensweise in der Welt der Menschen. In Gleichnissen und durch seinen eigenen Umgang mit den Menschen zeigt er, wie die »Herrschaft Gottes« aussehen kann. Im Gleichnis vom großen Festmahl stellt er seinen Traum vom Gottesreich vor: dass Arme und Reiche, Sklaven und Freie, Frauen und Männer, Schriftgelehrte zwischen Zöllnern und Sündern miteinander am Tisch sitzen. Niemand soll ausgeschlossen bleiben; die aus den reichen Häusern sollen zusammen mit denen von den Hecken und Zäunen, Hinterhöfen und Favelas essen.

Um ein solches Evangelium anzunehmen, muss man nicht Mitglied einer christlichen Kirche sein. Auch Muslime, Hindus oder Buddhisten …, selbst Atheisten können das Reich-Gottes-Programm Jesu akzeptieren, ohne aufzuhören, Muslime, Hindus, Buddhisten oder Atheisten zu sein. Offene Tischgemeinschaft wird verlangt, Geschwisterlichkeit des Lebens.

Jesus hat zweimal erklärt, worin die »Mitte des Gesetzes« besteht.

Als »Summe« seiner Lehre wie der gesamten biblischen Überlieferung nennt er die »Goldene Regel«: »Alles nun, was ihr wollt, dass es euch die Menschen tun, das sollt auch ihr ihnen tun; denn darin besteht das Gesetz und die Propheten« (Mt 7,12). Das ist eine unerhörte Zusammenfassung, die alle Menschen für gleich nimmt. Zu dieser Orientierung braucht es nicht einmal die »Heilige Schrift«, weil bereits Vernunft und Natur den Weg weisen. Jesu Programm von der Herrschaft Gottes gibt dieser Linie jedoch Profil. Offene Tischgemeinschaft, Solidarität mit Bettlern, Kranken und alle Arten von Randständigen spitzt das egalitäre Denken beispiellos zu.

In der Lehre Jesu gilt größte Allgemeinheit. Von Juden oder Nichtjuden ist kaum die Rede; es geht um Menschen. In allen seinen Gleichnissen handeln Menschen, nicht Juden, Griechen oder sonstige Gruppen: Ein *Mensch* sät Samen auf seinen Acker, sät ein Senfkorn aus, findet einen Schatz im Acker, sucht ein verlorenes Schaf, bereitet ein großes Mahl …; ein *Mann* lädt zum Gastmahl,

In den Evangelien nach Markus, Matthäus und Lukas begegnet der Begriff »Reich Gottes« über 80 Mal. Im übrigen Neuen Testament hat er nur eine Randstellung. Das zeigt eine Verschiebung des Interesses im Frühchristentum an.

Jesu Botschaft wird bei Mk 1,15 so zusammengefasst: »Die Zeit ist erfüllt, und die Gottesherrschaft ist (nahe) gekommen. Kehrt um und glaubt an diese gute Botschaft!«

Jesus hat das Reich Gottes durch Gleichnisse umschrieben. Dafür nahm er Ereignisse, Erfahrungen und Bilder des Alltags. Seine Lehre meint die Welt der Menschen: wie sie ist und wie sie werden soll.

hatte zwei Söhne, war reich, hatte einen Verwalter …; eine *Frau* mengt Sauerteig in drei Saton Mehl, sucht ihre Drachme; eine *Witwe* kam zu einem Richter … und so weiter.

Für den Erzähler und Weisheitslehrer Jesus ist Gott eingebunden in den Alltag des Lebens. »Er lässt seine Sonne aufgehen über die Bösen und über die Guten und lässt regnen über Gerechte und Ungerechte« (Mt 5,45). Auch hier größte Allgemeinheit. Überall gibt es Menschen, die aufrechte Mitmenschlichkeit leben, und solche, die sich diesem Anspruch verweigern. Auch wenn Jesus Jude war und zum eigenen Volk sprach, vertrat er doch ein Ethos, das Juden, Samariter und Heiden verbindet.

An anderer Stelle fasst Jesus die Mitte des Gesetzes so zusammen: »Du sollst den Herrn, deinen Gott lieben mit ganzem Herzen, mit ganzer Seele und mit allen deinen Gedanken. Das ist das wichtigste und erste Gebot. Ebenso wichtig ist das zweite: Du sollst deinen Nächsten lieben wie dich selbst. An diesen beiden Geboten hängt das ganze Gesetz samt den Propheten« (Mt 22, 37–40).

Seine Geschichte vom barmherzigen Samaritaner lehrt, dass »der Wille Gottes« nicht auf Heilige Schrift oder Tempel eingeengt werden darf. Der Gedanke, in einem Straßengraben zwischen Jerusalem und Jericho Gottes Willen zu begegnen, hat weder Priester noch Levit berührt.

Karl Hofer, Der Rufer, 1935.

Die Bergpredigt

In der Geschichte Israels steht Jesus in einer langen Reihe großer Lehrer. Gewöhnlich nennen wir diese Lehrer »Propheten«. Sie haben ihr Lehramt nicht »erlernt« und sich auch kein Wissen angeeignet, das nur weiterzusagen wäre.

Was Propheten sagen, drängt sich ihnen von innen her auf. Ihre Erkenntnis ist nicht ergrübelt oder erforscht. Sie hassen Redensarten und Floskeln, alles, was schon fertig zu sein scheint. Auch ihr eigenes Wort gilt ihnen nicht als fertige Rede. Sie tragen mehr im Herzen als auf den Lippen. Sie sind »schweren Mundes und schwerer Zunge«.

Jesus stand in der Linie der Propheten Israels, in der Nachfolge von Amos, Hosea, Jesaja und Jeremia. Seine Angriffe auf die Verderbnisse der Zeit, seine Zusage göttlicher Gnade für die, »die zerschlagenen und demütigen Geistes sind«, folgt mit voller Absicht dem Muster der großen Propheten.

Will Herberg, jüdischer Philosoph und Theologe

Otto Pankok, Die Bergpredigt, 1936.

In der Reihe der Lehrer Israels steht auch Jesus. »Er war ein Prophet, mächtig in Wort und Tat vor Gott und dem ganzen Volk« (Lk 24,19). Tief war er mit der Tradition Israels verbunden. Die Tora wollte er nicht aufheben, sondern von ihrer Mitte her verständlich machen.

Was hier »Bergpredigt« genannt wird, vermittelt eine falsche Vorstellung. Jesus hat nicht gepredigt, sondern gelehrt. Aber es handelt sich nicht einmal um eine wirkliche Rede, sondern um einzelne Sprüche, die in der frühen Jesusbewegung zitiert wurden. Diese Sprüche wurden später gesammelt und nach Stichworten zusammengestellt. Erst seit etwa 500 Jahren nennt man diese Sammlung »Bergpredigt«.

Zu bedenken ist auch, dass diese Sprüche rund 50 Jahre nach dem Tod Jesu in das Matthäusevangelium übernommen wurden. Zu dieser Zeit lebte die Jesusbewegung des Matthäus im Streit mit Schriftgelehrten und Pharisäern. Sagt Jesus nun: »Wenn eure Gerechtigkeit nicht weit größer ist als die der Schriftgelehrten und der Pharisäer, werdet ihr nicht in das Himmelreich kommen« (Mt 5,20), so ist anzunehmen, dass der historische Jesus nicht so gesprochen hat. Matthäus gibt hier »Jesus« jene Zuhörer, die er für seine aktuelle Auseinandersetzung um das Jahr 80 mit Schriftgelehrten und Pharisäern braucht.

Verwunderlich?

Die Welt kann nicht regiert werden nach dem Evangelio,
denn das Wort ist zu wenig und zu eng;
ergreift wenig;
der Tausendmann nimmt es nicht an.

Martin Luther

Vom Salz der Erde und vom Licht der Welt

Ihr seid das Salz der Erde. Wenn aber das Salz seinen Geschmack verliert, womit kann man es wieder salzig machen? Es taugt zu nichts mehr; es wird weggeworfen und von den Leuten zertreten. Ihr seid das Licht der Welt. Eine Stadt, die auf einem Berg liegt, kann nicht verborgen bleiben. Man zündet auch nicht ein Licht an und stülpt ein Gefäß darüber, sondern stellt es auf den Leuchter; dann leuchtet es allen im Haus. So soll euer Licht vor den Menschen leuchten, damit sie sehen eure guten Taten und preisen euren Vater im Himmel.

Matthäus 5,13–16

Otto Pankok, Jesus, 1936.

In Jesus sind »Gesetz und Propheten« erfüllt

Denkt nicht, ich sei gekommen, das Gesetz und die Propheten aufzuheben. Ich bin nicht gekommen, um aufzuheben, sondern um zu erfüllen. Denn wahr ist es, das sage ich euch: Bis Himmel und Erde vergehen, wird nicht der kleinste Buchstabe des Gesetzes vergehen, bevor nicht alles geschehen ist. Wer auch nur eines von den kleinsten Geboten aufhebt und die Menschen entsprechend lehrt, der wird im Himmelreich der Kleinste sein. Wer sie aber hält und halten lehrt, der wird groß sein im Himmelreich. Darum sage ich euch: Wenn eure Gerechtigkeit nicht weit größer ist als die der Schriftgelehrten und der Pharisäer, werdet ihr nicht in das Himmelreich kommen.

Matthäus 5,17–20

Aus dem Wortschatz unserer Kämpfe

Komm, Mensch geh weg. Hörst du schlecht. Ich glaube wirklich, du bist taub. Idiot. Siehst du, jetzt blutest du, ich hab dir's ja gleich gesagt, geh weg. Aber du wolltest ja nicht hören. So was Dummes. Du kriegst gleich noch mal eine, wenn du jetzt nicht abhaust. Wo kommen wir denn da hin. Läuft mir einfach übern Weg.

Ich sage dir zum letzten Mal, du sollst dich verziehen. Los, verduften, hab ich gesagt.

Hat man schon so was gesehen. Du hast sie wohl nicht alle, was. Sowas von schwerhörig ist mir noch nicht vorgekommen. Du glaubst wohl, mit mir kannst du das machen. Da hast du dich aber ganz schön getäuscht. Ich habe dich gewarnt. Also, entweder oder.

Bitte, wie du willst. Ich bin auch bloß ein Mensch. Alles hat seine Grenzen. Wer nicht hören will, muß fühlen. Aha, jetzt, siehst du, ich hab's dir doch gleich gesagt, aber du wolltest ja nicht hören. Du mußtest partout deinen Dickkopf durchsetzen. Jetzt hast du's. Mit Vernunft ist bei dir offenbar nichts auszurichten. Du hast es dir selbst zuzuschreiben. Ich kann nicht mehr tun als dich warnen. Wenn du nicht hören willst. Wenn es im Guten nicht geht, bitte.

Jetzt schau sich einer den an. Wie er jetzt tut. Als wäre ihm weiß Gott was für ein Unrecht geschehen. Was bleibt mir denn anderes übrig, Mensch. Du willst es doch gar nicht anders …

Martin Walser

George Grosz, Krawall der Irren, 1915/16.

Vom Töten und von der Versöhnung

Ihr habt gehört, dass zu den Alten gesagt worden ist: Du sollst nicht töten; wer aber jemand tötet, soll dem Gericht verfallen sein. Ich aber sage euch: Jeder, der seinem Bruder auch nur zürnt, soll dem Gericht verfallen sein.

Wenn du deine Opfergabe zum Altar bringst und dir dabei einfällt, dass dein Bruder etwas gegen dich hat, so lass deine Gabe dort vor dem Altar liegen; geh und versöhne dich zuerst mit deinem Bruder, dann komm und opfere deine Gabe. *Matthäus 5,21–24*

Vom Schwören

Ihr habt gehört, dass zu den Alten gesagt worden ist: Du sollst keinen Meineid schwören, und: Du sollst halten, was du dem Herrn geschworen hast. Ich aber sage euch: Überhaupt nicht schwören! Euer Ja sei ein Ja, euer Nein ein Nein; alles andere stammt vom Bösen.
Matthäus 5,33–37

Von der Vergeltung

Ihr habt gehört, dass gesagt worden ist: Auge für Auge und Zahn für Zahn. Ich aber sage euch: Dem Bösen nicht widerstehen! Sondern: Wenn dich einer auf die rechte Backe schlägt, halt ihm auch die andere hin. Und wenn dich einer vor Gericht bringt, um dir den Leibrock zu nehmen, dann lass ihm auch den Mantel. Und wenn dich einer zwingen will, eine Meile mit ihm zu gehen, dann geh zwei mit ihm. Wer dich bittet, dem gib, und wer von dir borgen will, den weise nicht ab.
Matthäus 5,38–42

Von der Feindesliebe

Ihr habt gehört, dass gesagt worden ist: Du sollst deinen Nächsten lieben und deinen Feind hassen. Ich aber sage euch: Liebt eure Feinde und betet für die, die euch verfolgen. So werdet ihr Söhne eures Vaters im Himmel. Er lässt ja seine Sonne aufgehen über Bösen und Guten, und lässt regnen auf Gerechte und Ungerechte. Wenn ihr nur die liebt, die euch lieben, welchen Lohn könnt ihr dafür erwarten? Tun das nicht auch die Zöllner? Und wenn ihr den Friedensgruß nur euren Brüdern bietet – was tut ihr damit über Maß? Tun nicht die aus den Völkern dasselbe? Seid also vollkommen, wie euer himmlischer Vater vollkommen ist.
Matthäus 5,43–48

Vom Richten

Richtet nicht, damit ihr nicht gerichtet werdet! Denn wie ihr richtet, so werdet ihr gerichtet werden. Und: Mit welchem Maß ihr messt, wird euch gemessen werden. Warum siehst du den Splitter im Auge deines Bruders, aber den Balken in deinem Auge beachtest du nicht? … Zieh zuerst den Balken aus deinem Auge, dann kannst du hinsehen, um den Splitter aus dem Auge deines Bruders herauszuziehen.
Matthäus 7,1–5

Einen der ältesten Gesetzestexte hat der babylonische König Hammurabi (1728–1686 v. Chr.) in Stein meißeln lassen. Es ist eine Sammlung aus noch älterer Zeit mit 282 Paragraphen. Darin heißt es:

§ 196 Wenn ein Mann das Auge eines anderen zerstört, wird man sein Auge zerstören.

§ 197 Wenn ein Mann einem andern ein Glied zerbricht, zerbricht man auch ihm ein Glied.

§ 199 Wenn er das Auge eines Untergebenen zerstört oder den Knochen eines Untergebenen bricht, so zahlt er die Hälfte von dessen Kaufpreis.

§ 200 Wenn ein Mann einem anderen Mann seines Standes die Zähne ausschlägt, schlägt man auch ihm die Zähne aus.

Wer zum Schwert greift, zum Messer, zum Gewehr, wird nur zu rasch seinen Henkern und Bedrückern gleich: Hier am Schreibtisch bin ich völlig einverstanden. Doch wer grundlos zu 25 Jahren Arbeitslager verdammt wird, wer seinen Namen verliert, jeden Morgen und jeden Abend gefilzt wird, täglich bis zur Erschöpfung robotet, zu Verhören geschleift wird … für den hören sich solche Reden wie das Geschwätz satter Spießer an … Mit Güte kommt man gegen das Böse nicht an.

Alexander Solschenizyn (1918–2008)

Januar 1636. Es herrscht Religionskrieg: Kaiserliche Truppen bedrohen die evangelische Stadt Halle. Nachts stoßen Kundschafter auf einen Bauernhof vor der Stadt. Halle soll im Schlaf überfallen werden. Bei den Bauersleuten befindet sich die stumme Kattrin, die niemand für gescheit hält.

»Bet, armes Tier, bet!«, sagt die Bäuerin zu Kattrin. »Wir können nix machen gegen das Blutvergießen. Wenn du schon nicht reden kannst, kannst doch beten. Er hört dich, wenn dich keiner hört. Ich helf dir.« Alle knien nieder. Die Bäuerin betet: »Lass die Stadt nicht umkommen mit alle, wo drinnen sind und ahnen nix … und mach, dass der Wächter nicht schläft, sondern aufwacht, sonst ist es zu spät …«

Das geht so dahin, doch während die Bauersleute weiter beten, hat sich Kattrin fortgeschlichen und ist aufs Dach geklettert. Die Leiter hat sie nachgezogen und beginnt nun, eine Trommel zu schlagen, um die schlafende Stadt zu wecken.
Die Bäuerin: »Hör auf der Stell auf mit Schlagen, du Krüppel!«
Der Bauer: »Sie hat den Verstand verloren.«

Die Soldaten fluchen und drohen, sie vom Dach zu schießen. Kattrin trommelt weiter. »Zum allerletzten Mal«, droht der Offizier: »Hör auf mit Schlagen!« Kattrin trommelt weinend so laut sie kann. Da schießen die Soldaten, Kattrin wird getroffen und sinkt zusammen. Aber ihre letzten Schläge werden von den Sturmglocken der Stadt abgelöst. Die Menschen sind gewarnt, und in den Aufbruch der Stadt fällt der Schlusssatz der Szene. »Sie hat's geschafft«, sagt ein Soldat, hinreichend deutlich, um an das Wort Jesu am Kreuz »Es ist vollbracht!« zu erinnern.

Nach Bertolt Brecht, Mutter Courage und ihre Kinder, 1938/39.

Vom Beten – Das Vaterunser

Wenn ihr betet, macht nicht viele Worte, denn euer Vater weiß, was ihr braucht, noch ehe ihr ihn bittet. So sollt ihr beten:

Unser Vater im Himmel, dein Name werde geheiligt,
Dein Reich komme,
Dein Wille geschehe wie im Himmel, so auf Erden.
Gib uns heute das Brot, das wir brauchen.
Und erlass uns unsere Schulden,
wie auch wir sie unseren Schuldnern erlassen haben.
Und führe uns nicht in Versuchung, sondern rette uns vor dem Bösen.

Ja, wenn ihr den Menschen ihre Verfehlungen vergebt, dann wird euer himmlischer Vater auch euch vergeben. Wenn ihr aber den Menschen nicht vergebt, dann wird euch euer Vater eure Verfehlungen auch nicht vergeben. *Matthäus 6,5–15*

Die Gebetsanrede »Unser Vater« weckt Gedanken an Liebe und Fürsorge. Die Ergänzung »… im Himmel« meint: So sehr Gott als Vater nahe ist, bleibt er doch entzogen.
    Geheiligt wird der Name Gottes, wenn die Menschen ihn durch ihr Leben preisen.
    Die Bitte »Dein Reich komme« nennt das Schlüsselwort der Botschaft Jesu. Das »Reich« wird anschaulich im Bild des Festmahls, zu dem alle geladen sind. Doch gehört dieses Reich nicht bloß der Zukunft, sondern es ist schon da, »mitten unter uns«. Wo Gottes Wille getan, sein Name geheiligt wird, verwirklicht sich die »Herrschaft« Gottes. Die ersten drei Bitten deuten sich gegenseitig.
    Die folgenden Wir-Bitten wenden sich dem Menschen zu. Die Brotbitte richtet sich auf alles, was zum Leben notwendig ist.
    Die Bitte um Vergebung verlangt Gegenseitigkeit. Vergebung findet, wer selbst vergibt.
    Die sechste Bitte meint eine Versuchung, in der sich der Mensch verliert und alle Jüngerschaft an ihr Ende kommt.
    Die siebte Bitte, vor dem Bösen gerettet zu werden, blickt auf eine Welt, die den Menschen zum Verhängnis werden kann: durch Vorurteile, Traditionen, Ausbeutung, Kriege … Das macht den Mensch zum Opfer, doch als Opfer erneut zum Täter. So lässt ihn das Böse nicht los.

Das Fresko aus der dänischen Dorfkirche in Keldby schildert die Gebete zweier Menschen: Der eine betet zum Gekreuzigten und seinen fünf Wunden. Auf dem Spruchband steht: »Gott, erbarme dich meiner, ich habe gesündigt.« Der andere hat nur Wünsche: Noch mehr schöne Stoffe und Kleider, eine Truhe mit Geld, ein Fass Wein, ein gutes Pferd und leckeres Essen, das die Köchin gerade abschmeckt.

Nicht Wohltätigkeit, sondern Tischgemeinschaft

Als Jesus an einem Sabbat in das Haus eines führenden Pharisäers zum Essen kam ... sagte er zu dem Gastgeber: Wenn du mittags oder abends ein Essen gibst, so lade nicht deine Freunde oder deine Brüder, deine Verwandten oder reiche Nachbarn ein. Sonst laden auch sie dich wieder ein, und damit ist alles vergolten. Nein, wenn du ein Essen gibst, dann lade Arme, Krüppel, Lahme und Blinde ein. Du wirst selig sein, denn sie können es dir nicht vergelten ... Als einer der Gäste das hörte, sagte er zu Jesus: Selig, wer im Reich Gottes am Mahl teilnehmen darf.

Jesus sagte zu ihm: Ein Mann veranstaltete ein großes Festmahl und lud viele dazu ein. Als das Fest beginnen sollte, schickte er seinen Diener und ließ den Gästen, die er eingeladen hatte, sagen: Kommt, es steht alles bereit! Aber einer nach dem andern ließ sich entschuldigen. Der erste ließ ihm sagen: Ich habe einen Acker gekauft und muss jetzt gehen und ihn besichtigen. Bitte, entschuldige mich! Ein anderer sagte: Ich habe fünf Ochsengespanne gekauft und bin auf dem Weg, sie mir genauer anzusehen. Bitte, entschuldige mich! Wieder ein anderer sagte: Ich habe geheiratet und kann deshalb nicht kommen. Der Diener kehrte zurück und berichtete alles seinem Herrn. Da wurde der Herr zornig und sagte zu seinem Diener: Geh schnell auf die Straßen und Gassen der Stadt und hol die Armen und die Krüppel, die Blinden und die Lahmen herbei. Bald darauf meldete der Diener: Herr, dein Auftrag ist ausgeführt; aber es ist immer noch Platz. Da sagte der Herr zu dem Diener: Dann geh auf die Landstraßen und vor die Stadt hinaus und nötige die Leute zu kommen, damit mein Haus voll wird.

Lukas 14,12–24

Frans Hals, Offiziere der Georgsschützen beim Mahl, 1616.

Bei Tisch wollen die Menschen unter ihresgleichen sein. Sie laden Freunde und Gäste ein, die zu ihnen »passen«. Wer eingeladen wurde, lädt wieder ein, denn Essen geben und nehmen schafft Verpflichtungen. Die Tischgemeinschaft der »Georgsschützen«, die Frans Hals hier zeigt, vereint Männer, die »unter sich« bleiben.

Lukas, dessen Gemeinde in guten Verhältnissen lebte, hat in den Eingeladenen wohlhabende Christen seiner Zeit gesehen: Auch diese schafften es nicht, ihre eigenen Geschäfte dem viel größeren Fest unterzuordnen. Der Gastgeber in dieser Geschichte aber reagiert in einer Weise, die alle Regeln und Wahrscheinlichkeiten überbietet: Nichts anderes will er, als das Haus zu füllen und die Tische zu besetzen, einerlei mit wem. Diese Umkehrung der ursprünglichen Tischordnung ist total: Alle erreichbaren Bettelarmen werden anstelle der »Bürger« ins Festhaus gebeten.

Lukas hängt dem Gleichnis einen Vergeltungsgedanken an: »Das aber sage ich euch: Keiner von denen, die eingeladen waren, wird an meinem Mahl teilnehmen.« Er will damit nicht die Armen trösten, sondern die Reichen warnen. Das aber war nicht der Ton Jesu. Jesus endete sein Gleichnis mit der Feststellung: »… nötige alle hereinzukommen, damit mein Haus gesteckt voll werde«.

Eine Tischgemeinschaft – heute ebenso wie früher – unterliegt festen Regeln: was, wo, wie, wann und mit wem die Leute essen. Hier aber wird gesagt, das Reich Gottes hebe diese Unterschiede auf. Die von Jesus gedeutete Gottesherrschaft wird beschrieben als eine Mahlgemeinschaft, die mit jedem Hergelaufenen gemein macht und dabei alle Unterschiede des Standes, Ranges und Geschlechts missachtet. Angesichts der Regeln, die unser Leben bestimmen, kann man das für geschmacklos und provokant halten.

»Dieses Gleichheitsdenken Jesu in seinem Reich-Gottes-Verständnis ist erschreckender als alles, was wir uns vorgestellt haben. Selbst, wenn wir es nie annehmen können, sollten wir doch nie versuchen, es wegzuerklären und als etwas anderes, als es ist, auszugeben« (John Dominic Crossan).

In diesem Film von Luis Buñuel (1961) sitzen in bunter Reihe Reiche und Arme, Gebildete und Ungebildete zusammen. Wer zu einem solchen Essen einlädt, mutet Tischgenossen zu, die nicht jedem gefallen. Jesus meint, im »Reich Gottes« solle diese Tischgemeinschaft möglich sein. Und da er auch selbst tat, was sein Gleichnis beschreibt, beschimpfte man ihn als Freund von Zöllnern und Sündern.

Der Gast

In Algerien ist es unruhig. Alles deutet darauf hin, dass die Araber einen Aufstand vorbereiten. Daru, der Lehrer einer Dorfschule im Hochland, soll einen arabischen Gefangenen in die Stadt bringen. Er sträubt sich. Würden die Franzosen angegriffen, so würde Daru wohl auf ihrer Seite kämpfen. Aber Polizeidienste für sie leisten? Der Gefangene ist über Nacht sein Gast. Muss er ihm da nicht den Weg in die Freiheit eröffnen?
»Hast du Hunger?«
»Ja«, sagte der Gefangene. Daru legte zwei Gedecke auf. Er nahm Mehl und Öl, knetete in einer Schüssel Fladenteig und zündete den kleinen Butangas-Backofen an. Während der Fladen buk, ging er hinaus, um im Schuppen Käse, Eier, Datteln und Kondensmilch zu holen. Als er wieder ins Zimmer trat, war die Dämmerung hereingebrochen. Er zündete Licht an und bediente den Araber. »Iss«, sagte er. Als sie gegessen hatten, sah der Araber den Lehrer an. »Bist du der Richter?«
»Nein. Ich behalte dich bis morgen hier.« Später holte Daru ein Feldbett aus dem Schuppen und stellte es quer zu seinem eigenen Bett auf. Der Gefangene legte sich auf die Decken. Als Daru ihn am nächsten Morgen wachrüttelte, schaute ihn der Araber mit einem so angstvollen Ausdruck an, dass der Lehrer einen Schritt zurückwich. »Hab keine Angst. Ich bin's. Komm und iss.«

Später brachen sie auf. Daru sollte den Gefangenen in die Stadt bringen. Sie machten sich auf den Weg und gelangten nach einer Stunde Wegs an eine Gabelung. Daru steckte dem Araber ein Päckchen hin. »Nimm«, sagte er. »Es sind Datteln, Brot und Zucker drin. Damit kannst du zwei Tage durchhalten. Und da hast du tausend Francs.«
Der Araber nahm das Päckchen, als wisse er nicht, was er mit diesen Gaben anfangen soll. »Jetzt pass auf«, sagte der Lehrer, »das ist der Weg nach Tinguit. Du hast zwei Stunden zu gehen. In Tinguit befinden sich die Behörden und die Polizei. Sie erwarten dich.« Dann zwang er ihn zu einer Vierteldrehung nach Süden. »Das ist die Piste, die über die Hochebene führt. In einem Tagesmarsch kommst du zu den ersten Nomaden. Sie werden dich aufnehmen und beschützen, wie ihr Gesetz es verlangt.« Panische Angst erfüllte das Gesicht des Arabers. »Ich gehe jetzt«, sagte Daru und wandte sich um.
Er war schon ein gutes Stück entfernt, als er stehen blieb und zurückblickte. Der Hügel war leer. Daru zögerte, dann kehrte er um und keuchte erneut die Anhöhe hinauf. Oben blieb er atemlos stehen. Im leichten Dunst entdeckte er den schon weit entfernten Araber mit beklommenem Herzen, der langsam dahinschritt auf dem Weg zum Gefängnis.

Nach Albert Camus

Gastgeber und Gast

Im Jahr 1042 war Magnus Olafson König von Dänemark geworden. Gegen ihn hatte ein Gefolgsmann, Thorfin, einen Aufstand versucht und einen Verwandten des Königs erschlagen. Die ausgesandten Häscher konnten den flüchtigen Thorfin jedoch nicht auftreiben.

Nun begab es sich, dass der König eines Tages zu einem Mahl einlud. Die Gäste trafen ein, hatten aber noch nicht Platz genommen, als ein struppiger Mann, allen unbekannt, ohne Gruß zum Tisch drängte, ein Brot davon griff und sofort in den Mund steckte. Das war eine unerhörte Missachtung des Gastgebers. Der König brauste auf: »Wer bist du?« Der Fremde kaute sein Brot zu Ende, dann sagte er: »Ich bin Thorfin.« Da wurde Magnus Olafson bleich; er rang um seine Fassung, bis er schließlich sagen konnte: »Wahrhaftig, Thorfin, ich hatte geschworen, du solltest für deinen Totschlag mit dem eigenen Tode büßen …« Nach einer Pause dann: »Doch nach dem, was geschehen ist, muss Friede zwischen uns sein!« Und er lud den Todfeind an seinen Tisch.

Und was war geschehen? Der Rebell und Totschläger Thorfin hatte mit hintersinniger List Brot vom Tisch des Königs geraubt und es sogleich gegessen. Warum sollte das Todfeindschaft in Frieden wenden?

Der Vorgang ist unbegreiflich, wenn man nicht weiß, wie hoch bei germanischen Völkern die Tischgemeinschaft geachtet war. Sie schloss die Unverletzlichkeit des Gastes ein. Doch wer Gastfreundschaft gewährte, wurde auch in die Schwierigkeiten seines Gastes mitverwickelt. Der Wirt geriet in die Gewalt des Gastes, weil er für dessen Leib und Leben einstehen musste, selbst wenn er nicht wusste, wen er in sein Haus aufnahm. Jeder Fremde, der abends an die Tür klopfte, konnte ein Verfolgter sein. Der Gastgeber riskierte mitunter das eigene Leben, wenn er den Fremden nun offen wie geheim beschützen musste.

Mehr noch: Der Gast war der Stärkere. Er konnte sich mit List und sogar Gewalt Zutritt erzwingen und die Gastfreundschaft fremder Menschen an sich reißen. Denn war der Gast erst einmal innerhalb der Tür, so brauchte er sich nicht zu ducken und seine Anwesenheit demütig in der dunkelsten Ecke zu verbergen, nein, er hielt oft genug seine Sache keck ans Licht und fragte seine Wirtsleute, wann sie denn nun Anstrengungen machen wollten, ihm zu helfen.

Diesen Einblick in germanische Gastfreundschaft hatte schon Julius Caesar erhalten, als er notierte: »Sie betrachten es als eine Schande, einen Gast zu kränken. Wer er auch sein mag, und welche Gründe ihn auch veranlassen, die Gastfreundschaft anderer zu suchen, sie beschützen ihn gegen Unrecht. Er ist heilig. Alle Häuser stehen ihm offen und das Essen steht für ihn bereit.«

Selbst wenn es nur ein Bissen Brot vom Tisch des Hauses war, dieser Bissen Brot oder ein Schluck Wasser genügten, eine neue Situation zu schaffen. Dabei tat die Erschleichung des Brotes oder des Bechers durch eine List der Wirksamkeit keinen Abbruch.

Streitigkeiten wurden deshalb immer durch gemeinschaftliches Essen und Trinken beigelegt. Der Friede war hergestellt, wenn ihn Tischgenossenschaft bestätigte.

So machten die Mahlzeiten und das Beisammensein am Tisch das tiefe Atemholen des Friedens sichtbar. Die tägliche Wiederkehr an den gemeinsamen Tisch bedeutete eine ständig wiederholte Erneuerung des Friedens durch die Speise und besonders durch den Trank, der mit dem eigenen Heil des Hauses gesättigt war.

Gemeinsam essen

Tante Mia hat sieben Kinder aufgezogen, zwei alte Angehörige gepflegt und dazu einen Bauernhof versorgt. Und in all den Jahren hat sie sich um die Ausgegrenzten im Dorf gekümmert. Immer saßen am Mittagstisch zusätzliche Gäste. Das waren Menschen, die wegen Behinderungen nicht richtig essen konnten. In den Augen der meisten waren es Menschen, die nicht so richtig ins Bild passen, die seltsam sind.

Machten die eigenen Kinder meiner Tante Bemerkungen über diese Gäste oder taten ihren Unmut kund, so antwortete Tante Mia, dass dies ihr Haus sei. Offen für alle, die Gemeinschaft und Hilfe nötig hätten. Wer das nicht akzeptiere, dürfe gern sehen, wo er sein Essen herbekomme.

Tante Mia bestellt mit fast 80 Jahren immer noch ihre Felder und bekocht die Ausgegrenzten. Ihre Haustür steht allen offen. Ihre eigenen Töchter sagen, dass ihre Mutter ihnen heute ein großes Vorbild ist. Auch an ihren Tischen säßen mittlerweile Menschen, die am Rande der Gesellschaft leben.

Gebt ihr ihnen zu essen: Die Speisung der Fünftausend

Sie fuhren mit dem Boot in eine einsame Gegend, um allein zu sein. Aber man sah sie ablegen, und viele erfuhren davon. Sie liefen zu Fuß aus allen Städten dort zusammen und kamen ihnen zuvor. Als er ausstieg und die vielen Menschen sah, hatte er Mitleid mit ihnen, weil sie wie Schafe waren, die keinen Hirten haben. Und er lehrte sie lange.

Gegen Abend kamen seine Schüler zu ihm und sagten: Der Ort ist abgelegen, und es ist schon spät. Schick sie weg, damit sie in die umliegenden Gehöfte und Dörfer gehen und sich etwas zu essen kaufen. Er erwiderte: Gebt *ihr* ihnen zu essen! Sie sagten zu ihm: Wir sollen gehen, für zweihundert Denare Brot kaufen und ihnen zu essen geben? Er aber sagte: Wie viele Brote habt ihr? Geht, seht nach! Sie sahen nach und berichteten: Fünf Brote, und außerdem zwei Fische. Da befahl er ihnen, den Leuten zu sagen, sie sollten sich zu Mahlgemeinschaften ins grüne Gras setzen. Und sie setzten sich zu Mahlgemeinschaften zu hundert und zu fünfzig. Darauf nahm er die fünf Brote und die zwei Fische, blickte zum Himmel auf, sprach den Lobpreis, brach die Brote und gab sie den Schülern, damit sie alles an die Leute austeilten. Auch die zwei Fische ließ er unter allen verteilen. Und alle aßen und wurden satt. Als die Schüler die Reste der Brote und auch der Fische einsammelten, wurden zwölf Körbe voll. Es waren fünftausend Männer, die von den Broten gegessen hatten. *Markus 6,32–44*

Auch dieser Text folgt Vorgaben der Elija-Geschichten. Neben dem Speisungswunder Elijas in Sarepta (→ S. 110) steht die überbietende Tat seines Nachfolgers Elischa:

Ein Mann brachte dem Gottesmann Brot von Erstlingsfrüchten, zwanzig Gerstenbrote, und einen Beutel voll frischer Körner. Er befahl seinem Diener: Gib es den Leuten zu essen! Doch dieser sagte: Wie kann ich das hundert Männern vorsetzen? Er aber sagte: Gib es den Leuten zu essen! Denn so spricht Jahwe: Man wird essen und noch übrig lassen. Nun setzte er es ihnen vor. Sie aßen und ließen noch übrig, wie es Jahwe verheißen hatte. *2 Könige 4,42–44*

Als ältester Kern dieser Erzählung gilt das Trostwort während einer Hungersnot: »Ihr werdet essen und übrig lassen.« Als die Notzeit vorbei war, erkannte man die Gültigkeit dieses Spruchs und entfaltete ihn zu einer Legende. Damit verknüpfte sich die Vorstellung

Gottes als Hirt seines Volkes: »Jahwe ist mein Hirt, nichts wird mir mangeln. Er lässt mich lagern auf grünen Auen und ruhen am frischen Wasser« (Ps 23).

Ein weiteres Moment kommt hinzu. Jesus soll nicht allein als der neue Elija erscheinen, er soll auch mehr als Mose sein. So wie Mose das Volk sich in der Wüste lagern ließ, »zu hundert und fünfzig«, tut es hier Jesus als der neue Mose. Es ist also eine symbolische Geschichte, eine Legende. Jesus speist sein Volk mit dem Brot der Lehre. Auf Vorgänge im Leben Jesu greift die Legende nicht zurück.

Auf den Vorschlag der Schüler, die Leute wegzuschicken, »damit sie sich selber etwas zu essen kaufen«, lässt Markus Jesus antworten: »Gebt *ihr* ihnen zu essen!« Das ist ein überraschender Akzent. Hier wird die Gemeinde nicht unmittelbar von Jesus gespeist, es sind die Schüler, die das Brot austeilen. Zu Lebzeiten Jesu gab es bei Tisch eine solche Zwischenebene nicht. In dieser Erzählung findet sich bereits eine vermittelnde Amtsschicht eingeführt, wie sie in späteren Jahren entstand.

Zu einem Weihnachtsessen für Obdachlose lädt die Gemeinschaft Sant'Egidio seit 1982 in die Kirche Santa Maria Trastevere in Rom ein. Das Fest hat sich im Lauf der Jahre ausgebreitet. Es wirkt ansteckend. Es hat viele Länder in allen Kontinenten der Welt erreicht – schöne Feste, die oft mit ganz wenigen Mitteln, doch einem großen Engagement junger Menschen organisiert werden.

»Wenn du mittags oder abends ein Essen gibst, so lade nicht deine Freunde oder deine Brüder, deine Verwandten oder reiche Nachbarn ein; sonst laden auch sie dich ein, und damit ist dir wieder alles vergolten. Nein, wenn du ein Essen gibst, dann lade Arme, Krüppel, Lahme und Blinde ein. Du wirst selig sein, denn sie können es dir nicht vergelten; es wird dir vergolten werden bei der Auferstehung der Gerechten.« (Lk 14,12–14)

Sieger Köder, Das Gastmahl der Sünder, 1973.

Es sind keine zwölf am Tisch versammelt, sondern nur sieben Gäste sehr unterschiedlicher Herkunft, Frauen wie Männer.

Rechts vorne ein Schwarzer in Sträflingskleidern, den rechten Arm verbunden. Daneben eine Dame, eher aus vornehmen Kreisen. Hinter ihr ein Gesicht mit Brille, vielleicht ein Studierter. Am Kopfende des Tisches, dem Gastgeber gegenüber, ein Clown. Dann, in sich zusammengesunken, eine alte Frau. Viel jünger die Nächste mit dem Wasserglas. Schließlich ein jüdischer Rabbi, erkennbar am Tallit, dem Gebetsschal mit den Streifen.

Aber wo ist Jesus? Sein Platz ist am vorderen Ende des Tisches, wo der Betrachter steht. Nur seine Hände sind zu sehen. Wir können in diese Hände hineinschlüpfen – dann sind wir selbst im Bilde und müssen uns fragen, ob wir eine solche Gesellschaft bei uns zu Hause aushalten würden.

Der Gast beim Bauern

Timofei Ossipow stammt nicht aus unserem Dorf. Man munkelte, seine Eltern seien früh gestorben; ein Onkel habe ihn betrogen: um Haus und Hof habe er das Kind gebracht und ihm die Jugendjahre verleidet, so dass Timofei geflohen sei, weit weg, zu uns in unser Dorf. Dort lebte er verschlossen und trübsinnig und sprach kaum mit einem Menschen.

Doch nach einiger Zeit gefiel ihm meine Schwester; er heiratete sie, hörte auf, sich zu grämen, begann wieder zu leben und zu gedeihen, und erwies sich nach zehn Jahren vor aller Welt Augen als ein reicher Mann. »Hast du jetzt alles wieder, was du in deiner Heimat verloren hast?«, fragte ich ihn eines Tages. Timofei wurde auf der Stelle bleich, antwortete kein Wort. Da bat ich um Entschuldigung. »Vergib, dass ich so fragte. Ich dachte, jenes Böse sei nun schon lange ... vorbei und vergessen.« – »Es ist vorbei, dennoch denkt man daran«, antwortete Timofei. Ich fürchtete oft, wenn Timofei irgendwo seinen Onkel träfe, er würde Frau und Kinder und allen Glauben vergessen und dem Rachesatan verfallen. Ich betete oft für ihn, dass Gott ihn aus der Sünde des Zorns errette. Das aber verwirklichte sich auf höchst wunderbare Weise.

Eines Tages las Timofei im Evangelium, wie Christus zu Gaste zum Pharisäer kam, und sie gaben ihm nicht einmal Wasser, sich die Füße zu waschen. In diesem Augenblick begann das Wunder, wovon mir Timofei später erzählte: »Ich blicke«, spricht er, »um mich und denke, was habe ich doch für ein Auskommen. ›Herr, kämest du zu mir, ich gäbe mich selbst dir hin!‹ Und er meinte von irgendwoher im Windhauch die Antwort zu hören: »Ich werde kommen.« Timofei rannte zitternd zu mir: »Was meinst du? Kann der Herr wirklich zu Gast kommen?« Ich sage: »Wie liest du in der Schrift darüber?« Timofei spricht: »Es ist immer derselbe Christus, gestern, heute und in Ewigkeit.« »Dann«, sage ich, »glaub es.«

Seit diesem Tag ließ Timofei einen überzähligen Platz am Tisch bereit halten »für den vornehmsten Gast«. Wer damit gemeint war, das sagte er außer mir keinem Menschen.

Timofeis Warten schien vergeblich. Von Tag zu Tag, dann von Sonntag zu Sonntag, schließlich alle Feiertage erhoffte er immer wieder Christus zu Gast. Doch nichts geschah. Das Christfest kam. Am Heiligen Abend klopft Timofei bei mir und sagt: »Lieber Bruder, morgen erwarte ich den Herrn, komm auch du.«

Als wir zum Weihnachtsmittag Timofeis Stube betraten, war sie voller Leute von jedem Beruf und Glauben, Alte und Kranke und auch viel armes Volk. Die Tische waren reich gedeckt, nur ein Gast fehlte. Längst hätten wir essen sollen, Timofei ging, saß, stand in quälender Unruhe. Seine Zuversicht geriet ins Wanken. Schließlich begann Timofei das Tischgebet: »Christ wird geboren, lobsinget! Christ ist auf Erden ...« Kaum aber hatte er dieses Wort gesprochen, als irgendetwas fürchterlich von außen an die Wand schlug, und unversehens sprang die Stubentür auf. Alle Leute wichen verschreckt in eine der Zimmerecken. In der Tür aber steht ein alter Mann, in Lumpen gekleidet. Er zittert und hält sich, um nicht umzufallen, am Türrahmen fest.

Kaum erblickt ihn Timofei, so schreit er auf: »Herr, ich sehe ihn, ich nehme ihn auf in deinem Namen.«

Timofei führte den Alten auf den vornehmsten Platz, seinen ärgsten Feind, den Onkel, der ihn zugrunde gerichtet hatte. »Ich kenne deinen Geleiter«, sagte Timofei. »Das ist der Herr, der gesagt hat, hungert dein Feind, speise ihn mit Brot, dürstet ihn, tränke ihn mit Wasser. Setz dich und bleibe in meinem Hause bis zu deinem Lebensende.«

Nach Nikolai Lesskow

Arcabas, Die Hochzeit zu Kana, undatiert.

Die Hochzeit zu Kana

Am dritten Tag fand zu Kana in Galiläa eine Hochzeit statt. Und die Mutter Jesu war dabei. Auch Jesus und seine Schüler waren zur Hochzeit eingeladen. Als der Wein ausging, sagte die Mutter Jesu zu ihm: Sie haben keinen Wein mehr. Jesus erwiderte ihr: Was willst du von mir, Frau! Meine Stunde ist noch nicht gekommen.

Sagt seine Mutter zu den Dienern: Was er euch sagt, das tut!

Es waren aber dort wegen der Reinigungsvorschriften der Juden sechs steinerne Wasserkrüge aufgestellt; jeder fasste ungefähr hundert Liter. Jesus sagte zu den Dienern: Füllt die Krüge mit Wasser! Und sie füllten sie bis zum Rand. Und er sagte zu ihnen: Schöpft jetzt und bringt dem für das Festmahl Verantwortlichen. Sie brachten ihm also. Er kostete das Wasser, das zu Wein geworden war, und nicht wußte, woher der Wein kam – die Diener aber, die das Wasser geschöpft hatten, wussten es –, ließ er den Bräutigam rufen und sagte zu ihm: Jeder setzt zuerst den guten Wein vor und erst wenn die Gäste zu viel getrunken haben, den weniger guten. Du jedoch hast den guten Wein bis jetzt zurückgehalten.

So tat Jesus sein erstes Zeichen, in Kana in Galiläa.

Johannes 2,1–11

Das Fest, das nicht stattfand

Die Brautleute waren arm, aber eine schöne Hochzeit wollten sie doch feiern und viele Menschen dazu einladen. Geteilte Freude ist doppelte Freude, dachten sie. Ihre Freude sollte ansteckend sein und allen Trübsinn überwinden. Darum baten sie ihre Gäste, jeder möge zum Fest einen Krug Wein mitbringen. Am Eingang würde ein großes Fass stehen, in das alle ihren Wein gießen könnten. So sollte einer die Gabe des anderen trinken und alle sollten mit allen froh sein.

Das Fest begann. Es kamen viele Gäste, keiner war ausgeblieben, und alle schöpften aus dem großen Fass. Doch wie tief war das Erschrecken der Brautleute und ihrer Gäste, als sie merkten, dass in ihren Bechern nichts

Den Ort Kana gab es wirklich. Er lag 14 km nördlich von Nazaret und ist das heute in Ruinen noch erhaltene Khirbet Kana. Aber geschah dort auch dieses Wunder?

Überall in der Alten Welt, zumal im Orient, zählte eine Hochzeit zu den großen Freudenfesten. Das Fest dauerte gewöhnlich acht Tage; währenddessen kamen und gingen die Gäste. Das Haus war offen für alle, die mitfeiern wollten. Am Essen und Trinken wurde nicht gespart – auch nicht am Wein. Umso peinlicher, dass der Vorrat zu Ende war, bevor die Hochzeit endete. Diese Peinlichkeit bemerkt die »Mutter Jesu« – ihr Name bleibt ungenannt. Sie weist ihren Sohn darauf hin, gewiss in der Erwartung, von ihm Hilfe zu erfahren. Aber Jesu Antwort ist schroff abweisend. Es wird übersetzt: »Was haben wir haben mir miteinander zu schaffen, Weib?« – »Was habe ich mit dir zu tun?« – »Was geht es dich an, Frau, was ich tue?« Die Anrede »Weib«, »Frau« gegenüber der eigenen Mutter ist auch zur Zeit Jesu »höchst ungewöhnlich, kühl und distanziert, wenn nicht verletzend«.

Die sechs steinernen Wasserkrüge fassten 6 Hektoliter. Die Erzählung will die erstaunliche Weinmenge hervorheben. Die Krüge waren allerdings nicht für Wein bestimmt, sondern dienten als Wasserbehälter für die jüdischen Reinigungsvorschriften.

Wie kommt eine solche Erzählung zustande? Gewiss sind die vielen Geschichten und Gleichnisse von offenen Tischgemeinschaften (→ S. 200), wie Jesus sie suchte und liebte, ein Hintergrund dafür. Im Rückblick erzählt diese Geschichte, dass Jesus die Fülle des Lebens und der Freude spendet. Auch einzelne Worte mögen die Erzählung beeinflusst haben. Einmal fragt Jesus: »Können die Söhne des Bräutigams fasten, solange der Bräutigam bei ihnen ist?« (Mk 2,19) Und eine »neue Zeit« kündet auch das Wort an: »Niemand füllt neuen Wein in alte Schläuche…« (Mk 2,22).

Zum Wunder in Kana gibt es eine Parallele im Fest des Dionysos, dem griechischen Gott des Weines und der Lebensfreude. Die Talquellen auf den Inseln Andros und Teos sollen dort alljährlich Wein statt Wasser gespendet haben, und im Tempel zu Elis hätte man drei leere Krüge aufgestellt, die sich über Nacht mit Wein füllten. Auch dies sei ein (möglicher) Hintergrund des Weinwunders zu Kana.

Dem Christentum ist die Freude an Genuss und Gemeinsamkeit auf weite Strecken abhanden gekommen. Widerspricht es der Kirchenordnung, Jesus im Zeichen des Weinsegens von Kana zu sehen?

als Wasser war. Versteinert starrten sie sich an. Jeder von ihnen hatte gedacht: Den einen Krug Wasser, den ich in das Fass an der Tür gieße, wird niemand schmecken. Nun wussten sie, dass jeder gedacht hatte: Heute will ich auf Kosten anderer feiern.

Da erfasste alle Gäste Unsicherheit und Scham. Als noch vor Mitternacht das Flötenspiel endete, ging jedermann stumm nach Hause: Das Fest hatte nicht stattgefunden.

Hochzeit zu Kana. Zillis/Schweiz, 12. Jahrhundert.

Das Evangelium vom Vater und den zwei Söhnen

Weiter sagte Jesus: Ein Mann hatte zwei Söhne. Der jüngere von ihnen sagte zu seinem Vater: Vater, gib mir das Erbteil, das mir zusteht. Da teilte der Vater das Vermögen auf. Wenige Tage danach, als er alles zusammen hatte, zog der jüngere Sohn in ein fernes Land. Dort führte er ein zügelloses Leben und verschleuderte sein Vermögen.

Als er alles durchgebracht hatte, kam eine schwere Hungersnot über das Land. Es ging ihm schlecht. Da drängte er sich einem Bürger jenes Landes auf. Der schickte ihn auf seine Felder zum Schweinehüten. Er hätte gern seinen Hunger mit den Schoten gestillt, welche die Schweine fraßen; aber niemand gab ihm davon.

Da ging er in sich und sagte: Wie viele Tagelöhner meines Vaters haben mehr als genug zu essen, und ich komme hier vor Hunger um. Aufbrechen will ich, zu meinem Vater gehen und zu ihm sagen: Vater, ich habe mich gegen den Himmel und gegen dich versündigt. Ich bin nicht mehr wert, dein Sohn zu heißen. Stell mich einem deiner Tagelöhner gleich.

Und er brach auf und ging zu seinem Vater. Der Vater sah ihn schon von Weitem kommen, und es ward ihm weh ums Herz. Er lief dem Sohn entgegen, fiel ihm um den Hals und liebkoste ihn.

Da sagte der Sohn: Vater, ich habe mich versündigt gegen den Himmel und gegen dich. Ich bin nicht mehr wert, dein Sohn zu heißen.

Arcabas, Der verlorene Sohn, 1986.

Der Vater aber sagte zu seinen Knechten: Schnell! Holt das beste Gewand, und zieht es ihm an. Steckt ihm einen Ring an die Hand, und Schuhe an die Füße. Und bringt das Mastkalb her; schlachtet es. Wir wollen essen und fröhlich sein. Denn dieser mein Sohn war tot und lebt wieder; er war verloren und ist wiedergefunden. Und sie begannen, ein fröhliches Fest zu feiern.

Sein älterer Sohn war unterdessen auf dem Feld. Als er heimkam und dem Haus nahte, hörte er Musik und Tanzlieder. Da rief er einen der Knechte und fragte, was das bedeuten solle. Der Knecht antwortete: Dein Bruder ist gekommen, und dein Vater hat das Mastkalb

Als man Jesus vorwarf, sich mit »Sündern« abzugeben, sagte er: Wenn einer von euch hundert Schafe hat und eins davon verliert, lässt er dann nicht die neunundneunzig in der Steppe zurück und geht dem verlorenen nach, bis er es findet? Und wenn er es gefunden hat, nimmt

schlachten lassen, weil er ihn heil und gesund zurückbekommen hat. Da wurde er zornig und wollte nicht hineingehen. Sein Vater aber kam heraus und redete ihm gut zu.

Doch er erwiderte dem Vater: So viele Jahre schon diene ich dir, nie habe ich gegen deinen Willen gehandelt; mir aber hast du nie auch nur ein Böcklein geschenkt, damit ich mit meinen Freunden hätte ein Fest feiern können. Kaum aber ist der hier gekommen – dein Sohn, der dein Vermögen mit Dirnen durchgebracht hat, – da hast du für ihn das Mastkalb geschlachtet.

Der Vater aber sprach zu ihm: Mein Kind, du bist immer bei mir, und alles, was mein ist, ist auch dein. Aber jetzt müssen wir uns doch freuen und ein Fest feiern; denn dein Bruder war tot und lebt wieder; er war verloren und ist wiedergefunden worden. *Lukas 15,11–32*

Christian Rohlfs, Die Heimkehr des verlorenen Sohnes, 1916.

Der Vater kritisiert nicht, dass der Sohn sich aus dem Elternhaus löst. Er gibt ihm sein volles Erbe mit. Es entsteht kein Konflikt. Der Sohn zieht in ein fernes Land – um das Erbe dort mit beiden Händen zu vergeuden. Dass führt irgendwann ans Ende. Da es nun nicht mehr weitergeht, erinnert er sich des gesicherten Lebens im Vaterhaus. Zwar hat er dort alle Rechte verspielt, aber denkbar bleibt, dass der Vater ihn als Tagelöhner übernimmt. »Besser ein lebendiger Hund als ein toter Löwe« (Koh 9,4), könnte seine Überlegung sein. »Und er machte sich auf und ging zu seinem Vater«.

Nun erfolgt ein Perspektivenwechsel: »Der Vater sah ihn schon von Weitem kommen, und es ward ihm weh ums Herz. Er lief dem Sohn entgegen, fiel ihm um den Hals und liebkoste ihn.« Vor jeder Entschuldigung und jeder Bitte des Sohnes ist ihm allein dessen Rückkehr wichtig. Noch ehe der Sohn sagen kann: »Nimm mich als einen deiner Tagelöhner«, empfängt ihn der Vater überschwänglich: er bekommt neue Kleider und Schuhe; einen Ring als Zeichen seiner Würde; ein Fest wird angeordnet, um die Heimkehr des Sohnes zu feiern.

Erneut ein Perspektivenwechsel, jetzt aus der Sicht des älteren Sohnes: Der reagiert auf den Aufwand, der für den Nichtsnutz getrieben wird, mit Unwillen und Zorn. Er will das Fest der Heimkehr boykottieren. Er urteilt nach Angemessenheit und Gerechtigkeit. Darauf antwortet der Vater: Unser Verhältnis ist nicht das von Herr und Knecht. Du bist frei, dir alles zu nehmen, was das Haus bereithält. Aber die Heimkehr deines Bruders müssen wir feiern … Es wird nicht erzählt, wie der Angeredete reagiert.

Das Gleichnis erzählt, wie Gott sich zu Menschen verhält. Es ist ein Evangelium befreiender Güte.

er es voll Freude auf die Schultern, und wenn er nach Hause kommt, ruft er seine Freunde und Nachbarn zusammen und sagt zu ihnen: Freut euch mit mir; ich habe mein Schaf wiedergefunden, das verloren war. Ich sage euch: Ebenso wird auch im Himmel mehr Freude herrschen über einen einzigen Sünder, der umkehrt, als über neunundneunzig Gerechte, die es nicht nötig haben umzukehren.

Oder wenn eine Frau zehn Drachmen hat und eine davon verliert, zündet sie dann nicht eine Lampe an, fegt das ganze Haus und sucht unermüdlich, bis sie das Geldstück findet? Und wenn sie es gefunden hat, ruft sie ihre Freundinnen und Nachbarinnen zusammen und sagt: Freut euch mit mir; ich habe die Drachme wiedergefunden, die ich verloren hatte. Ich sage euch: Ebenso herrscht auch bei den Engeln Gottes Freude über einen einzigen Sünder, der umkehrt.

Lk 15,3–10

Nicolas Froment, Eine Frau salbt Jesus die Füße, 1461.

Jesus und die Sünderin

Es bat ihn einer der Pharisäer, mit ihm zu essen. Und so ging er in das Haus des Pharisäers und legte sich zu Tisch. Und da! Eine Frau war in der Stadt, eine Sünderin. Als sie erfuhr, dass er im Haus des Pharisäers bei Tisch war, kam sie mit einem Alabasterfläschchen voll Salböl. Sie trat von hinten an seine Füße heran. Dabei weinte sie, und ihre Tränen fielen auf seine Füße. Sie trocknete sie mit ihrem Haar, küsste sie und salbte sie mit dem Öl. Als der Pharisäer, der ihn eingeladen hatte, das sah, sprach er bei sich: Wenn er wirklich ein Prophet wäre, müsste er wissen, was das für eine Frau ist, die sich an ihm festhält – dass sie eine Sünderin ist.

Da wandte sich Jesus an ihn und sagte: Simon, ich habe mit dir etwas zu besprechen. Der erwiderte: Sprich, Lehrer! (Jesus sagte:) Ein Geldverleiher hatte zwei Schuldner. Der eine schuldete ihm fünfhundert Denare, der andere fünfzig. Da sie nichts hatten, ihre Schulden zurückzuzahlen, schenkte er die Schuld beiden. Welcher von ihnen wird ihn nun mehr lieben?

Simon antwortete: Ich nehme an, der, dem er mehr geschenkt hat. Jesus sagte zu ihm: Du hast recht. Dann wandte er sich der Frau zu und sagte zu Simon: Siehst du diese Frau? Als ich in dein Haus kam, hast du mir kein Wasser zum Waschen der Füße gegeben; sie aber hat ihre Tränen über meinen Füßen vergossen und sie mit ihrem Haar abgetrocknet. Du hast mir (zur Begrüßung) keinen Kuss gegeben; sie aber hat mir, seit ich hier bin, unaufhörlich die Füße geküsst. Du hast mir nicht das Haar mit Öl gesalbt; sie aber hat mit ihrem Salböl mir die Füße gesalbt. Deshalb sage ich dir: Ihr sind ihre vielen Sünden vergeben, denn sie hat viel geliebt. Wem nur wenig vergeben wird, zeigt auch nur wenig Liebe. Zu ihr aber sagte er: Deine Sünden sind dir vergeben.

Da fingen die anderen Gäste an, unter sich zu sagen: Wer ist das, dass er sogar Sünden vergibt? Er aber sprach zu der Frau: Dein Glaube hat dich gerettet. Geh in Frieden.

Lukas 7,36–50

Auch diese Erzählung ist kein Geschichtsbericht, kennzeichnet aber das Denken Jesu. In ein Gastmahl von Männern dringt eine stadtbekannte Dirne ein. Die Frau weint so sehr, dass ihre Tränen die Füße Jesu benetzen. Sie trocknet sie mit ihrem aufgelösten Haar. Sie küsst sogar die Füße Jesu. Dann salbt sie seine Füße.

Nirgendwo sonst in den Evangelien wird von einer so intimen Zuwendung zu Jesus gesprochen. Statt von »glauben« ist von »lieben« die Rede. Zwar sieht auch Jesus die Frau als Sünderin. Aber er antwortet ihr mit Liebe, wenn auch zum Schluss die Liebe der Frau nicht mehr Liebe, sondern »Glaube« genannt wird.

Frauen im Gefolge Jesu

In der folgenden Zeit wanderte Jesus von Stadt zu Stadt und von Dorf zu Dorf und verkündete das Evangelium vom Reich Gottes. Die Zwölf begleiteten ihn, außerdem einige Frauen, die er von bösen Geistern und von Krankheiten geheilt hatte: Maria aus Magdala, aus der sieben Dämonen ausgefahren waren, Johanna, die Frau des Chuzas, eines Beamten des Herodes, Susanna und viele andere. Sie alle unterstützten Jesus und die Schüler mit dem, was sie besaßen.

Lukas 8,1–3

Frauen begleiteten Jesus von Galiläa bis Jerusalem. Die Jüngergruppe, die ohne Besitz und festen Wohnsitz mit ihm unterwegs war, wurde von Frauen tatkräftig unterstützt. Sie hielten ihrem Rabbi verlässlicher die Treue als die »Zwölf«, von denen ihn einer verriet, die anderen verließen.

Die meisten von ihnen waren arm, kamen aus der hungernden und schwerbeladenen Landbevölkerung, waren Ausgestoßene wie Anerkannte. Die Evangelien verschweigen die Rolle der Frauen in der Schülerschaft Jesu. Das gilt auch für ihre spätere Mitarbeit beim Aufbau der Gemeinden.

Der Umgang Jesu mit Frauen ist unbekümmerter als in der jüdischen Gesellschaft üblich. Jesus sprach mit Männern und Frauen in gleicher Weise, heilte Männer und Frauen und stützte das Recht der Frau gegenüber dem einseitigen Recht des Mannes, seine Frau entlassen zu dürfen.

Die galiläischen Frauen, von denen der Text spricht, ziehen mit Jesus durch das Land. Sie »verkünden das Reich Gottes« ebenso, wie dies sonst immer nur von »den Schülern« gesagt wird. Zwar spricht das Neue Testament durchweg nur von »Brüdern«, weil zu dieser Zeit Frauen in der Öffentlichkeit nicht »zählen«, doch weiß es von einer Vielzahl ungewöhnlicher Begegnungen mit Frauen. Die spätere Jesusbewegung ist ohne Frauen nicht zu denken.

Die erste der drei genannten Frauen kommt aus dem Dorf Magdala am Westufer des Sees Gennesaret. Die anschließend erwähnte Johanna kennt nur Lukas. Sie gehört der galiläischen Frauengruppe an, die bei der Kreuzigung dabei war, als die männlichen Schüler auf Distanz gingen. Von der dritten Frau, Susanna, ist nirgendwo sonst die Rede.

Jesus und die Ehebrecherin

Am frühen Morgen begab sich Jesus wieder in den Tempel. Alles Volk lief zu ihm hin. Und er setzte sich und lehrte. Da brachten die Schriftgelehrten und die Pharisäer eine Frau, die beim Ehebruch ertappt worden war. Sie stellten sie in die Mitte und sagten zu ihm: Lehrer, diese Frau ist beim Ehebruch auf frischer Tat ertappt worden. Im Gesetz nun hat Mose uns Weisung gegeben, solche Frauen zu steinigen. Und du, was sagst du?

Mit dieser Frage wollten sie ihn hereinlegen, um einen Grund zu haben, ihn zu verklagen. Jesus aber bückte sich nieder und schrieb mit dem Finger auf die Erde. Doch als sie hartnäckig weiterfragten, richtete er sich auf und sagte zu ihnen: Der von euch, der ohne Sünde ist, werfe als Erster einen Stein auf sie. Und er bückte sich abermals nieder und schrieb auf die Erde.

Als sie jedoch seine Antwort gehört hatten, ging einer nach dem anderen fort, zuerst die Ältesten. Jesus allein blieb zurück und die Frau, die noch in der Mitte stand. Er richtete sich auf und sprach zu ihr: Frau, wo sind sie? Hat dich keiner verurteilt? Sie antwortete: Keiner, Herr! Da sprach Jesus: Auch ich verurteile dich nicht. Geh und sündige von jetzt an nicht mehr! *Johannes 7,53–8,11*

Im Haus lebten mehrere Generationen zusammen. Allmächtiges Oberhaupt war der Hausvater, das Fundament der jüdischen Gesellschaft.

Ein Mann konnte sich von seiner Frau aus fast jedem beliebigen Grund trennen. Die entlassene Frau hatte keine Einspruchsrechte und brauchte für eine neue Ehe sogar die Erlaubnis des früheren Mannes. Dass ein Mann eine kinderlose Frau entließ, hielt man für normal. Untreue Frauen wurden zu Tode gesteinigt, während die Untreue des Mannes straflos blieb.

Die Mädchen heirateten, sobald sie in die Pubertät kamen, etwa mit zwölfeinhalb Jahren; die Jungen mit vierzehn. Im voraufgehenden Verlobungsjahr wurde zäh um die Mitgift der Braut gefeilscht.

Am Abend des ersten Hochzeitstages wurde die Braut aus ihrem Elternhaus abgeholt. Im Haus des Bräutigams begann das Fest, das sieben Tage dauerte.

Kinder zu zeugen war ein Grundgebot. Die Geburt eines Jungen wurde mit Jubel begrüßt. Nach acht Tagen musste er beschnitten werden. Die Beschneidung galt als Zeichen des Gottesbundes mit Abraham (→ S. 268 f.).

Da bringen »die Schriftgelehrten und die Pharisäer« eine Frau, die beim Ehebruch ertappt worden war. Sie stellen die Frau »in die Mitte«, tragen den Tatbestand vor und fügen eine Fangfrage an: »Mose hat uns im Gesetz vorgeschrieben, solche Frauen zu steinigen. Und du – was sagst du?« Jesus lässt sich auf einen Streit über die Tora gar nicht erst ein, umgeht also die Falle. Er lässt die Fragensteller mitsamt der Frau scheinbar unbeachtet. Aber die Ankläger bleiben hartnäckig. Da stellt ihnen Jesus eine Gegenfrage, die im Nu die Falle aufbricht: »Wer von euch ohne Sünde ist, werfe als Erster einen Stein auf sie.« Ein Satz, der zum Meilenstein wurde, obwohl er im Denken der Völker (beispielsweise im islamischen Recht) noch immer nicht eingeholt ist. Die Aufforderung, den ersten Stein zu werfen, spielt auf den Brauch an, dass bei Vollstreckung einer Steinigung die Zeugen den ersten Stein werfen sollten, um damit die volle Verantwortung für die Hinrichtung zu übernehmen. »Wer will als Zeuge gegen diese Frau auftreten, wenn er das Zeugnis Gottes gegen sich selbst hat?« lautet die Gegenfrage Jesu. Sein Wort wendet das Blatt: »Einer nach dem anderen ging fort, zuerst die Ältesten.«

Max Beckmann, Jesus und die Sünderin, 1917.

Die kleine kniende Frau, umgeben von einer bedrohenden Männerhorde, findet allein bei Jesus Schutz. Seine rechte Hand auf der Höhe ihres Gesichts verspricht Geborgenheit, die linke Hand auf Höhe des Männergesichts deutet Abwehr an. In dieser Zuwendung findet sich die Frau so aufgehoben, dass sie ihre Umwelt ausschaltet und die Augen schließt. Wie in innerer Versenkung hat sie ihre Hände Jesus zugekehrt, Hilfe erbittend und doch ihres Schutzes schon gewiss. Die roten Haare, die nackten Brüste, die ihren Lebensstil andeuten, verlieren durch das tiefe Vertrauen dieser Frau alle Bedeutung.

Der Mann hinter der Dirne ist mit Kapuze, blutiger Schürze, gebogenem roten Säbel und Strumpfhosen wie ein Schlachter oder Henker gekleidet. Seine Körpersprache, der Gesichtsausdruck, der Zeigefinger sagen: »Seht nur, dieses Flittchen!« Leute, die sich Moral zu eigen machen, wenn sie gegen Schwächere gerichtet werden kann, gibt es immer in großer Zahl.

Der biblische Text schildert einen Höhepunkt der Religionsgeschichte: Ein Prophet und eine Gruppe religiöser Menschen stehen sich gegenüber. Wird der Prophet die Autorität der Heiligen Schrift anerkennen, welche die Steinigung der überführten Frau festlegt? Wird er der Frau Moral predigen? Weder dies noch das.

Die Nachwelt tut sich immer noch schwer, wie Jesus jene an den gemeinsamen Tisch zu laden, die mit dem Gesetz zusammenstoßen.

Allein die Frau und Jesus bleiben zurück. Noch immer steht die Frau als Angeklagte da, noch immer ist Jesus als ihr Richter herausgefordert. Aber auch er will nicht richten, sondern Künder der Güte Gottes sein: »Frau, wo sind sie geblieben? Hat dich keiner verurteilt?« – »Keiner, Herr.« – »Auch ich verurteile dich nicht. Geh und sündige von jetzt an nicht mehr!«

Jesus übergeht die Schuldfrage; er untersucht nichts, er richtet nicht. Sein Wort befreit, schenkt neues Leben und neuen Mut, ohne zu billigen, was sie getan hat. Statt einen Weg zu beenden, wird ein neuer eröffnet.

Das Gebot der Nächstenliebe ist keine christliche Schöpfung, sondern jüdisches Erbe: »Du sollst deinen Nächsten lieben wie dich selbst!« (Lev 19,18). Der Zusatz »und deinen Feind hassen« steht nicht in der Bibel. Doch zur Zeit Jesu lehrte man in der Gemeinde von Qumran: »Alle Söhne des Lichtes zu lieben, … aber alle Söhne der Finsternis zu hassen.« Die Worte Jesu kritisieren demnach nicht die Tora, sondern damaliges Denken und Verhalten. Jesus wollte die Tora nicht »aufheben«, auch nicht etwas »ganz Neues« bringen, sondern die Tora »erfüllen«.

Die Praxis, »Feinde zu hassen«, herrscht bis zum heutigen Tage. Sobald man Feinde zum »Reich des Bösen« zählt, glaubt man, ohne weitere Achtung oder gar Liebe mit ihnen umgehen zu dürfen.

Das Beispiel vom barmherzigen Samariter

Und da! Ein Gesetzeslehrer stand auf. Er sagte, um Jesus auf die Probe zu stellen: Lehrer, was muss ich tun, um unendliches Leben zu gewinnen? Jesus sagte zu ihm: Was steht im Gesetz? Was liest du dort? Er antwortete: Liebe den Herrn, deinen Gott; aus deinem ganzem Herzen und deinem ganzen Leben, mit all deiner Kraft und allen Sinnen! Und: Deinen Nächsten liebe wie dich selbst!

Jesus sagte zu ihm: Richtig hast du geantwortet. Tu das! Dann wirst du leben. Der aber wollte sich rechtfertigen und sagte zu Jesus: Und nun, wer ist mein Nächster?

Jesus nahm das auf und sprach: Ein Mann ging von Jerusalem nach Jericho hinab und wurde von Räubern überfallen. Sie plünderten ihn aus und schlugen ihn nieder; dann machten sie sich davon und ließen ihn halbtot liegen. Zufällig kam ein Priester denselben Weg herab; er sah ihn an und ging weiter. Desgleichen auch ein Levit. Der kam dorthin, sah ihn an und ging weiter.

Ein Samariter, der auf der Reise war, kam ebenfalls daher, sah ihn an, und es ward ihm weh ums Herz. Er ging zu ihm hin, goss Öl und Wein auf seine Wunden und verband sie. Dann hob er ihn auf sein Reittier, brachte ihn zu einer Herberge und versorgte ihn. Am andern Morgen zog er zwei Denare heraus, gab sie dem Wirt und sagte: Sorge für ihn, und wenn du mehr für ihn brauchst, werde ich es dir bezahlen, wenn ich wiederkomme.

Was meinst du: Wer von diesen dreien ist der Nächste dessen geworden, der unter die Räuber gefallen ist? Der Gesetzeslehrer antwortete: Der, der barmherzig an ihm gehandelt hat. Da sagte Jesus zu ihm: Dann geh und handle genauso! *Lukas 10,25–37*

Ein Raubüberfall auf dem Weg von Jerusalem nach Jericho. Das Opfer bleibt anonym – »ein Mann«. Ihn für einen Juden zu halten liegt nahe. An diesem zusammengeschlagenen Mann führt der Weg drei anderer Menschen vorbei. Priester und Levit gehören zum Tempelpersonal. Dies lässt erwarten, dass sie dem Überfallenen beistehen. Stattdessen heißt es zweimal: »Er sah ihn und ging vorüber.« Der Erzähler gibt keinen Kommentar.

Der dritte Passant kommt aus Samaria. Für Juden war das keine Empfehlung; Juden hielten Distanz zu den Samaritanern. Umso mehr musste es sie überraschen, dass allein dieser Fremdling einhält und Hilfe leistet. Zug um Zug wird nun erzählt, was er alles tut, um dem Verwundeten zu helfen: Er wäscht dessen Wunden mit Wein und Öl aus, verbindet sie, hebt den Mann auf sein Reittier, bringt ihn zu einer Herberge, sorgt für ihn dort, bezahlt sogar Unterkunft und Verpflegung für die folgenden Tage im voraus und verspricht, wenn dies nicht reiche, bei seiner Rückreise auch die Restsumme zahlen zu wollen.

Das Übermaß an Zuwendung, das der Fremdling hier aufbringt, tritt in enttäuschenden Gegensatz zu den beiden Männern vom Tempeldienst. Doch ist deren unmenschliches Verhalten in Wirklichkeit das Allergewöhnlichste. Es gibt immer genügend Gründe, um sich den Hilflosen nicht zuwenden zu müssen.

Von Gott scheint in alldem nicht die Rede zu sein, doch der Eindruck täuscht. Die Geschichte erzählt vom Wunder einer Liebe, in der sich »das Reich der Himmel« ereignet. Wer je der Nächste ist, wird nicht von außen bestimmt, nicht vom Volk, zu dem einer zugehört, nicht von der Sprache, die er spricht, nicht durch Nachbarschaft, Beruf oder Religion, sondern durch den Menschen selbst. Die Liebe zu Gott führt nie am Menschen vorbei. Der wichtigste Gottesdienst ist der Dienst am Menschen. Solche Religion ist weltlich.

Max Liebermann, Der barmherzige Samariter, 1911.

Der Künstler hat sich die Freiheit genommen, dem Samariter eine Frau an die Seite zu geben, die sich mit ihm um den Verletzten kümmert. Beide sind noch dabei, ihn zu verbinden, während im Hintergrund nicht Tempelpersonal, wohl eher ein Spaziergänger mit Hündchen zu sehen ist. Es wäre auch falsch, das Versagen bei Priester und Levit zu lassen, denn deren unmenschliches Verhalten ist in Wahrheit das allermenschlichste. So wie sie, tun wir es immer. Die Geschichte vom hilfreichen Samariter macht bewusst, dass uns fehlt, worauf wir doch angewiesen sind.

Jesus, Freund der Armen und Kranken

Die Heilung am Sabbat

In der Abschlussrede Gottes an Mose auf dem Berg Sinai wird ihm die unbedingte Geltung des Sabbatgebots für alle Israeliten eingeschärft:

»Sag den Israeliten: Ihr sollt meine Sabbate halten; denn das ist ein Zeichen zwischen mir und euch von Generation zu Generation, damit man erkennt, dass ich, Jahwe, es bin, der euch heiligt. Darum haltet den Sabbat; denn er soll euch heilig sein. Wer ihn entweiht, soll mit dem Tod bestraft werden. Denn jeder, der an ihm eine Arbeit verrichtet, soll aus seinen Stammesgenossen ausgemerzt werden. Sechs Tage soll man arbeiten; der siebte Tag ist Sabbat, Ruhetag, heilig für den Herrn. Jeder, der am Sabbat arbeitet, soll mit dem Tod bestraft werden. Die Israeliten sollen also den Sabbat halten, indem sie ihn von Generation zu Generation als einen ewigen Bund halten. Für alle Zeiten wird er ein Zeichen zwischen mir und den Israeliten sein. Denn in sechs Tagen hat der Herr Himmel und Erde gemacht; am siebten Tag ruhte er und atmete auf« *(Ex 31,12–17).*

An einem Sabbat ging er durch die Kornfelder dahin. Und seine Schüler fingen an, im Gehen die Ähren zu rupfen. Da sagten die Pharisäer zu ihm: Sieh dir an, was sie tun! Das ist doch am Sabbat verboten. Er antwortete: Habt ihr nie gelesen, was David tat, als er hungrig war und nichts zu essen hatte – er und seine Gefährten? Wie er zur Zeit des Hohenpriesters Abjatar in das Haus Gottes ging und die heiligen Brote aß, die außer den Priestern niemand essen darf, und auch seinen Gefährten davon gab? Und Jesus fügte hinzu: Der Sabbat ist gemacht um des Menschen willen, nicht der Mensch um des Sabbats willen.
Markus 2,24–28

Als er ein andermal in eine Synagoge ging, saß dort ein Mann, dessen Hand verdorrt war. Und sie gaben Acht, ob ihn Jesus am Sabbat heilen werde, um ihn dann verklagen zu können. Da sagte er zu dem Mann mit der verdorrten Hand: Auf, stell dich in die Mitte! Und zu den anderen sagte er: Was ist am Sabbat erlaubt: Gutes zu tun oder Böses, ein Leben zu retten oder es zu töten? Sie aber schwiegen. Da sah er sie der Reihe nach an, voll Zorn und Trauer über ihr verstocktes Herz, und sagte zu dem Mann: Streck deine Hand aus! Er streckte sie aus und seine Hand war wieder gesund.
Markus 3,1–5

Nachdem im Jahr 587 v. Chr. in Jerusalem der Tempel zerstört worden war, wurde der Sabbat für Juden das Heiligtum, das sie betreten und feiern konnten, wo immer sie lebten (→ S. 152). Sie beschrieben sogar die Erschaffung der Welt im Modell der Sieben-Tage-Woche, die mit dem Sabbat endet: Gott selbst ruhte am siebten Tag und heiligte ihn (→ S. 24). Weder liberale noch glaubensstrenge Juden stellten das Sabbatgebot in Frage.

Und doch können sinnvolle Gesetze ihren Sinn verlieren und aus ihrer Beachtung eine Heuchelei machen, wenn sich überspitzte Ausführungsbestimmungen damit verbinden. »Wer von euch«, fragt Jesus, »wird, wenn ihm am Sabbat sein Schaf in eine Grube fällt, es nicht sofort wieder herausziehen? Um wie viel mehr unterscheidet sich ein Mensch von einem Schaf! Deshalb ist es erlaubt, an den Sabbaten recht zu tun« (Mt, 12,11 f.).

Jesus bricht die Verkrustung auf. Der Sabbat soll gehalten werden, »damit dein Rind und dein Esel ausruhen und der Sohn deiner Sklavin und der Fremde zu Atem kommen« (Ex 34,21). Das Gesetz soll dem Leben dienen: »Der Sabbat ist gemacht um des Menschen willen, nicht der Mensch um des Sabbats willen.« Wer so spricht, hat einen freien Geist, der in vollem Bewusstsein ein starr ausgelegtes Gesetz bricht. Darum heilt Jesus am Sabbat den Mann mit der »verdorrten Hand« oder ein andermal einen Blindgeborenen (Joh 9), was er auch am folgenden Tag hätte tun können.

Bei Matthäus sagt Jesus: »Bis Himmel und Erde vergehen, wird nicht der kleinste Buchstabe des Gesetzes vergehen« und dann noch bekräftigend: »Wer auch nur eines von den kleinsten Geboten aufhebt und die Menschen entsprechend lehrt, der wird im Himmelreich der Kleinste sein« (→ S. 195). In der Tora heißt es: »Haltet den Sabbat; er soll euch heilig sein … Jeder, der am Sabbat arbeitet, soll mit dem Tod bestraft werden« (Ex 31,14 f.).

Umso überraschender ist Jesu Verhalten hier. Er stellt elementare Bedürfnisse des Menschen über die unbezweifelte Religionsordnung.

Arcabas, Brot und Wein, 1985.

Der freigeräumte Arbeitstisch der Werktage mit Brot und Wein.

»Achtet den Sabbat als einen Tag, der mir geweiht ist und an dem ihr keine Geschäfte abschließt! Er soll ein Feiertag für euch sein, auf den ihr euch freut. Entweiht ihn nicht durch eure Arbeit, durch Geschäfte oder leeres Geschwätz! Achtet ihn vielmehr als einen Tag, an dem ihr Zeit habt für mich, Jahwe.

Wenn ihr das tut, werde ich die Quelle eurer Freude sein. Ich werde euch über Berge und Schluchten tragen und euch das ganze Land mit seinem reichen Ertrag schenken, das ich eurem Stammvater Jakob zum Erbe gegeben habe.« (Jes 58, 13–14)

Die Heilung des blinden Bartimäus

Ursula († 1987), Malgruppe Polyklinik Basel.

Kann jeder sehen, der sehen kann?
Es ist nicht so einfach,
wie du denkst.
Wer meint
er könnte es schon längst,
mög' bedenken dann und wann,
ob mit Aug und Herz
er sehen kann.

Sie kamen nach Jericho. Als er mit seinen Schülern und einer großen Menschenmenge Jericho wieder verließ, saß an der Straße ein blinder Bettler, Bartimäus, der Sohn des Timäus. Sobald er hörte, dass es Jesus von Nazaret war, rief er laut: Sohn Davids, Jesus, hab Erbarmen mit mir! Viele wurden ärgerlich und befahlen ihm zu schweigen. Er aber schrie noch viel lauter: Sohn Davids, hab Erbarmen mit mir! Jesus blieb stehen und sagte: Ruft ihn her! Sie riefen den Blinden und sagten zu ihm: Hab nur Mut, steh auf, er ruft dich. Da warf er seinen Mantel weg, sprang auf und lief auf Jesus zu. Und Jesus fragte ihn: Was soll ich dir tun? Der Blinde antwortete: Rabbuni, ich möchte wieder sehen können. Da sagte Jesus zu ihm: Geh! Dein Glaube hat dir geholfen. Im gleichen Augenblick konnte er wieder sehen, und er folgte Jesus auf seinem Weg.

Markus 10,46–52

Bettler sitzen gerne an Orten, wo der Verkehr sich bündelt. Bartimäus wird aufmerksam, als das Gewoge der Menge ihn fragen lässt, was sich ereigne. Das Stichwort »Jesus von Nazaret« macht ihn wach. Von dem hat er gehört, mit dessen Namen verbindet sich Hoffnung, und so lässt er alle Zurückhaltung und schreit laut: »Sohn Davids, Jesus, erbarme dich meiner!« Das war so aufdringlich und störend, dass viele ihn anfahren, er solle den Mund halten. Bartimäus aber kennt keine Rücksichtnahme. Sein eigenes Interesse tritt er an niemanden ab. Also schreit er »noch lauter« und übertönt damit alles. Diese Entschiedenheit, die hier »Glaube« genannt wird, beeindruckt Jesus. Er hält an und sagt: »Ruft ihn her!« Das wendet die Stimmung. Während der Blinde gerade noch als peinlicher Schreihals galt, sagen sie jetzt zu ihm: »Trau dich! Steh auf!« Also springt er auf und sagt: »Rabbuni, ich möchte wieder sehen können!« Was sonst kann ein Blinder wünschen, der zum Bettel gezwungen ist, als wieder sehen zu können und alle Freiheit zu haben, welche die Gesunden für selbstverständlich nehmen. Und es wird von keiner Medizin oder Therapie gesprochen, außer dem einfachen Wort: »Geh, dein Glaube hat dir geholfen!« Und der, der sogleich sehen konnte, folgt ihm ohne Wenn und Aber auf dem Weg.

Jesus wird hier geschildert als »Freund der Armen«, der sich dem zuwendet, der ihn anruft. Zugleich ist der Blinde jener, der in Jesus den Retter sieht, während alle anderen zwar sehen können, aber gegenüber Jesus blind bleiben.

Pablo Picasso, Der blinde Minotaurus wird von einem Mädchen geführt, 1934.

Kraft und Stärke wird den Stiermenschen zugeschrieben – die es überall gibt. Aber »Herzseher« sind sie nicht. Das schwache Kind muss den Minotaurus führen, wenn es darauf ankommt, »sehen« zu können.

Die Heilung des Gelähmten

Als er einige Tage später nach Kafarnaum zurückkam, wurde bekannt, dass er (wieder) zu Hause war. Und es versammelten sich so viele Menschen, dass nicht einmal mehr vor der Tür Platz war; und er verkündete ihnen das Wort. Da brachte man einen Gelähmten zu ihm; er wurde von vier Männern getragen. Weil sie ihn aber wegen der vielen Leute nicht bis zu Jesus bringen konnten, deckten sie dort, wo Jesus war, das Dach ab, schlugen (die Decke) durch und ließen den Gelähmten auf seiner Tragbahre durch die Öffnung hinab. Als Jesus ihren Glauben sah, sagte er zu dem Gelähmten: Mein Sohn, deine Sünden sind dir vergeben!

> Einige Schriftgelehrte aber, die dort saßen, dachten im Stillen: Wie kann dieser Mensch so reden? Er lästert Gott. Wer kann Sünden vergeben außer dem einen Gott? Jesus erkannte sofort, was sie dachten, und sagte zu ihnen: Was für Gedanken habt ihr im Herzen? Ist es leichter, zu dem Gelähmten zu sagen: Deine Sünden sind dir vergeben!, oder zu sagen: Steh auf, nimm deine Tragbahre und geh umher? Ihr sollt aber erkennen, dass der Menschensohn die Vollmacht hat, hier auf der Erde Sünden zu vergeben. Und er sagte zu dem Gelähmten: Ich sage dir:

Steh auf, nimm deine Bahre, und geh nach Hause! Der Mann stand sofort auf, nahm seine Bahre und ging vor aller Augen weg. Da waren alle fassungslos; sie priesen Gott und sagten: So etwas haben wir noch nie gesehen.

Markus 2,1–12

Das Druckbild zeigt, dass die Erzählung nicht ursprünglich ist. Der eingerückte Text hat ein Thema, das erst später in die Erzählung aufgenommen wurde. Auch ohne diesen Einschub ist die Handlung vollständig. Zugleich macht er aus der Heilung ein Schauwunder, was Jesus grundsätzlich ablehnte (vgl. Mk 8,11–13).

Die Erzählung ist nach dem Schema hellenistischer Heilungswunder entworfen, nicht nach dem tatsächlichen Hergang. Schon das Durchschlagen des flachen Daches ist undenkbar: Solche Dächer bestehen aus einem Holzgeflecht mit einer dicken Lehmschicht. Wer diese durchschlägt, produziert jede Menge Staub. Alle, die darunter stehen, nehmen Reißaus.

Zur Zeit Jesu wurde Krankheit gern mit Sünde verknüpft. Gerade die Priesterschaft erklärte, die Kranken hätten sich ihre Leiden durch Sünden zugezogen. Heilung von solchen Leiden aber war bestenfalls im Tempel zu erwarten, stets mit Opfern verbunden.

Deshalb waren die Leute umso hilfloser, je schlechter es ihnen ging. Als Jesus sich den Kranken zuwandte, stellte er nicht die Kunst der Ärzte in Frage, sondern das Monopol der Priester. Die Mühe des Gelähmten und seiner Träger, zu Jesus vorzudringen, heißt hier »Glauben«. Jesus antwortet darauf mit Schalom (Heil, Frieden) für Leib und Seele.

Seite 222

Oben: Weihereliëf, Anfang 4. Jahrhundert v. Chr. Heilungen und Heilungsgeschichten beschränken sich nicht auf die biblische Welt. Auch im Altertum bedankten sich geheilte Menschen für erfahrene Hilfe: Das dem göttlichen Arzt Asklepios anvertraute Bein mit starken Krampfadern erfuhr Linderung. Man erzählte von Asklepios, dass ihn selbst eine Wunde schmerze, die unheilbar sei. Gerade darum leide er mit anderen Kranken und helfe ihnen.

Mitte: Auch diese Gliedmaßen aus Terrakotta sind anschauliche Dankesgaben aus dem 4. Jahrhundert v. Chr. Die Geheilten in Korinth weihten Asklepios Glieder, an denen sie Heilung gewonnen hatten.

Unten: Ebenso stiften Menschen in christlicher Zeit Krücken in Lourdes, die sie nicht mehr brauchen. Der Benediktiner Willigis Jäger schreibt dazu: »In Japan lebte ich sechs Jahre neben einer Kanon-Wallfahrtsstätte. Die Kanon ist eine Gestalt der Barmherzigkeit, zu der man in Nöten betet, Kerzen und Weihrauchstäbchen entzündet und Gaben hinterlässt. Ich habe kaum einen Unterschied zu einer Marienwallfahrtsstätte erkennen können. Und die Menschen gingen von dort genauso getröstet von dannen wie in Europa nach dem Besuch einer Wallfahrtsstätte.«

Arcabas, Steh auf und geh!, 1986.

Körperliche Gebrechen wurden im Altertum oft als Strafe Gottes angesehen. Der Tempeldienst ließ Menschen mit einem Gebrechen nicht zu: »Kein Blinder oder Lahmer, kein im Gesicht oder am Körper Entstellter, kein Mann, der einen gebrochenen Fuß oder eine gebrochene Hand hat ... Doch wenn der Messias kommt,»springt der Lahme wie ein Hirsch und die Zunge des Stummen jauchzt auf ...« (Jes 35, 6).

Der besessene Halbstarke

Als Anatole zu seinen Gefährten zurückkam, sah er eine Menschenmenge und etliche von der Schulbehörde. Und er fragte sie: »Worüber diskutiert ihr?«
Einer aus der Menge antwortete: »Monsieur, ich habe Ihnen meinen Sohn gebracht, der einen Geist des Widerspruchs hat. Immer, wenn er über ihn kommt, zerrt er den Jungen in Schülerdemonstrationen. Dann fängt er an zu toben, schreit Parolen und fuchtelt mit Flugblättern durch die Gegend. Ich habe Ihre Freunde gebeten, ihn zu heilen, aber sie waren dazu nicht imstande.«
»Trauriges Geschlecht«, entgegnete ihnen Anatole, »wie lange noch muss ich euch ertragen?« Bringt ihn zu mir!«
Und sie brachten ihn. Beim Anblick Anatoles kam alsbald der Geist des Widerspruchs über das Kind, dass es sich auf den Bürgersteig setzte und in den Rinnstein spie. Und Anatole fragte den Vater: »Wie lange geht es schon so mit ihm?«
»Seitdem er in der Schule ist«, antwortete jener. »Und oft hat er versucht, sich umzubringen, und wollte sich ins Feuer werfen oder ins Wasser gehn. Aber wenn du irgendetwas zu tun vermagst, so habe Mitleid und hilf uns.«
»Wenn *du* vermagst! …«, verbesserte ihn Anatole. »Kein Ding ist unmöglich, wenn du für etwas lebst, was dein Sohn respektieren kann. Aber sag mir, wofür lebst du?«
Auf diese Frage hin überschattete sich des Mannes Gesicht, und er ging weg voll Trauer, denn er lebte für sein Konto. Und sein Sohn machte sich daran, in den Rinnstein zu erbrechen.

Als Anatole wieder nach Hause gekommen war, fragten ihn seine Gefährten: »Unter uns gesagt, glaubst du nicht auch, dass die Welt von heute schwer zu verstehen ist?«
Er antwortete ihnen: »Es reicht nicht mehr aus, die Welt zu begreifen, man muss sie auch verändern.«

Michel Clévenot

Die Heilung des Besessenen von Gerasa

Sie kamen an das andere Ufer des Sees, in das Gebiet von Gerasa. Als er aus dem Boot stieg, lief ihm ein Mann entgegen, der von einem unreinen Geist besessen war. Er kam von den Grabhöhlen, in denen er lebte. Man konnte ihn nicht bändigen, nicht einmal mit Fesseln. Schon oft hatte man ihn an Händen und Füßen gefesselt, aber er hatte die Ketten gesprengt und die Fußfesseln zerrieben; niemand konnte ihn bändigen. Bei Tag und Nacht krächzte er unaufhörlich in den Grabhöhlen und auf den Bergen und schlug sich selbst mit Steinen. Als er Jesus von Weitem sah, lief er zu ihm hin, warf sich vor ihm nieder und schrie laut: Was habe ich mit dir zu tun, Jesus, Sohn des höchsten Gottes? Ich beschwöre dich bei Gott, quäle mich nicht! Jesus hatte nämlich zu ihm gesagt: Verlass diesen Mann, du unreiner Geist! Jesus fragte ihn: Wie heißt du? Er antwortete: Mein Name ist Legion; denn wir sind viele. Und er flehte Jesus an, sie nicht aus dieser Gegend zu verbannen. Nun weidete dort an einem Berghang gerade eine große Schweineherde. Da baten ihn die Dämonen: Lass uns doch in die Schweine hineinfahren! Jesus erlaubte es ihnen. Darauf verließen die unreinen Geister den Menschen und fuhren in die Schweine und die Herde stürzte sich den Abhang hinab in den See. Es waren etwa zweitausend Tiere und alle ertranken.

Die Hirten flohen und erzählten alles in der Stadt und in den Dörfern. Darauf eilten die Leute herbei, um zu sehen, was geschehen war. Sie kamen zu Jesus und sahen bei ihm den Mann, der von der Legion Dämonen besessen gewesen war. Er saß ordentlich gekleidet da und war wieder bei Verstand. Da fürchteten sie sich. Die, die alles gesehen hatten, berichteten ihnen, was mit dem Besessenen und mit den Schweinen geschehen war. Darauf baten die Leute Jesus, ihr Gebiet zu verlassen. Als er ins Boot stieg, bat ihn der Mann, der zuvor von den Dämonen besessen war, bei ihm bleiben zu dürfen. Aber Jesus erlaubte es ihm nicht, sondern sagte: Geh nach Hause und berichte deiner Familie alles, was der Herr für dich getan hat. Da ging der Mann weg und verkündete überall, was Jesus für ihn getan hatte, und alle staunten.

Markus 5,1–20

Diese Erzählung ist nicht aus einem Guss; sie hat mehrere Entwicklungsstufen hinter sich. Ihr Kern ist eine alte Geschichte von einer Dämonenaustreibung. Noch bevor Markus diese übernahm, gehörte das Stück von der Schweineherde bereits dazu. Es gibt der Geschichte einen Spott, der sich gegen die Römer wendet. Denn der Name des Besessenen mit seinen zahllosen Geistern ist »Legion«.

Die zweitausend Schweine, die sich ins Meer stürzen, spiegeln diese römische Militäreinheit. Dabei ist zu beachten, dass die 10. Legion, die *Legio X Fretensis*, einen Eber im Wappen führte. Diese Legion war maßgeblich am Jüdisch-Römischen Krieg beteiligt. Im Jahr 68 zerstörte sie Gamla (→ S. 138) und Qumran. Die Erzählung träumt davon, dass »die römischen Schweine« im Meer ersaufen.

Markus nimmt diese Vorlage auf und verlagert sie an »das andere Ufer des Sees, in das Gebiet von Gerasa«. Das ist heidnisches Land; die Stadt Gerasa (heute Dscheras in Jordanien) liegt 60 km vom See Gennesaret entfernt. Niemand kann hier ertrinken. Das zeigt: Die Austreibung der Dämonen in die Schweineherde war mit der Jesuserzählung ursprünglich nicht verbunden.

Der Besessene hält sich dort auf, wo nach Jes 65,1–7 die Heiden ihre Religion vollziehen: in »Grabmälern« und »auf den Bergen«. Wer dort haust, ist »unrein«. Auch Schweine sind unreine Tiere. Die Besessenheit soll als besonders schwer, die Macht Jesu als besonders groß beschrieben werden.

Die heidnischen Gerasener bitten Jesus, ihr Land zu verlassen, während der Geheilte Jesus folgen will. Jesus aber schickt ihn »nach Hause«. Dort berichtet er nun, was Jesus für ihn getan hat.

Arcabas, Der Besessene von Gerasa, 1985.

»Ein Wunder geschieht nicht im Widerspruch zur Natur, sondern zu dem, was wir von der Natur wissen.«
Augustinus

Die meisten Wundergeschichten des Neuen Testaments betonen die Einheit von Gottvertrauen und Selbstvertrauen. Jesus »tut« bei einer Heilung eigentlich nichts. Offenbar ist von außen auch »nichts zu machen«. Der Kranke selbst muss sagen, was er will. Am Ende mancher Heilungsgeschichte sagt Jesus: »Dein Glaube hat dich geheilt!«

dem herrn unserem gott
hat es ganz und gar nicht gefallen
dass gustav e. lips
durch einen verkehrsunfall starb

erstens war er zu jung
zweitens seiner frau ein zärtlicher mann
drittens zwei kindern ein lustiger vater
viertens den freunden ein guter freund
fünftens erfüllt von vielen ideen

was soll jetzt ohne ihn werden?
was ist seine frau ohne ihn?
wer spielt mit den kindern?
wer ersetzt einen freund?
wer hat die neuen ideen?

dem herrn unserem gott
hat es ganz und gar nicht gefallen
dass einige von euch dachten
es habe ihm solches gefallen

im namen dessen der tote erweckte
im namen des toten der auferstand:
wir protestieren gegen den tod von gustav e. lips

Kurt Marti

Die Totenerweckung von Nain

Einige Zeit später ging er in eine Stadt namens Naïn; seine Schüler und eine große Menschenmenge folgten ihm. Als er in die Nähe des Stadttors kam, trug man gerade einen Toten heraus. Es war der einzige Sohn seiner Mutter, einer Witwe. Und viele Leute aus der Stadt begleiteten sie. Als der Herr die Frau sah, hatte er Mitleid mit ihr und sagte zu ihr: Weine nicht! Dann ging er zu der Bahre hin und fasste sie an. Die Träger blieben stehen und er sagte: Ich befehle dir, junger Mann: Steh auf! Da richtete sich der Tote auf und begann zu sprechen und Jesus gab ihn seiner Mutter zurück. Alle wurden von Furcht ergriffen; sie priesen Gott und sagten: Ein großer Prophet ist unter uns aufgetreten: Gott hat sich seines Volkes angenommen. Und die Kunde davon verbreitete sich überall in Judäa und im ganzen Gebiet ringsum.

Lukas 7,11–17

Totenerweckungen werden bereits Elija und Elischa zugeschrieben (→ S. 111). Das Neue Testament erzählt von drei Totenerweckungen Jesu: jener der Tochter des Jairus (Mk 5; Mt 9; Lk 8), des jungen Mannes aus Nain (Lk 7) und der Erweckung des Lazarus (Joh 11).

Aber auch dem Petrus und Paulus wird je eine Erweckung zugeschrieben (Apg 9; 20) und in der Todesstunde Jesu öffnen sich Gräber, und Tote erscheinen in der Stadt.

In später entstandenen Evangelien setzen sich diese Erzählungen weiter fort. Dabei werden sie immer mehr ausgemalt. Selbst christliche Heiligenlegenden handeln von Männern, die Tote erweckt haben, etwa Martin von Tours, Benedikt, Franz von Assisi und Don Bosco. All diesen Überlieferungen liegen Volkserzählungen zugrunde. Sie sind von der Elija-Tradition beeinflusst, zugleich von hellenistischen Erweckungsgeschichten und vom christlichen Glauben, »dass Christus den Tod überwunden hat«. Eine Totenerweckung meint jedoch die Rückkehr in das alte Leben; mit Auferstehung ist der Übergang in die göttliche Wirklichkeit gemeint.

Die biblischen Erweckungsgeschichten verstehen unter Tod alles, was das Leben des Menschen bedroht und mindert. Erfahrungen von Krankheit, Traurigkeit und Einsamkeit werden dann als Todeserfahrungen gedeutet. Wenn die Schüler Jesu aufgefordert werden: »Weckt Tote auf!« (Mt 10,8), so sollen sie nach dem Vorbild Jesu und in seinem Namen für die Überwindung all dessen eintreten, was menschliches Leben gefährdet oder einschränkt.

Auferstehung

Manchmal stehen wir auf
Stehen wir zur Auferstehung auf
Mitten am Tage
Mit unserem lebendigen Haar
Mit unserer atmenden Haut.

Nur das Gewohnte ist um uns.
Keine Fata Morgana von Palmen
Mit weidenden Löwen
Und sanften Wölfen.

Die Weckuhren hören nicht auf zu ticken
Ihre Leuchtzeiger löschen nicht aus.

Und dennoch leicht
Und dennoch unverwundbar
Geordnet in geheimnisvolle Ordnung
Vorweggenommen in ein Haus aus Licht.

Marie Luise Kaschnitz

Aracabas, Der Tod, 1985.

In Jerusalem

Die Vertreibung der Händler aus dem Tempelvorhof

Sie kommen nach Jerusalem. Als er in den Tempel einzog, begann er, die Händler und Käufer im Heiligtum hinauszutreiben. Die Tische der Geldwechsler und die Stände der Taubenhändler stieß er um. Und er ließ nicht zu, dass jemand irgendetwas durch das Heiligtum trug. Dann lehrte er und sagte zu ihnen: Heißt es nicht in der Schrift:

    Mein Haus soll ein Haus des Gebetes
    für alle Völker gerufen werden.
    Ihr aber habt es zu einer Räuberhöhle gemacht.

Die Hohenpriester und die Schriftgelehrten hörten davon und suchten, wie sie ihn zugrunde richten könnten. Denn sie fürchteten ihn, waren doch alle Leute bestürzt ob seiner Lehre.

    Als es Abend wurde, verließ Jesus mit seinen Schülern die Stadt.

Markus 11,15–19

Otto Pankok, Die Austreibung der Händler, 1936.

Es wird vom Tempel gesprochen, doch was sich ereignet, geschieht im »Vorhof der Heiden«, auf einem riesigen Platz von 450 × 300 m. Dort fand der Handel statt, der zum Funktionieren des Opferbetriebs gehörte. Opferwein und Opfertiere wurden angeboten, Geldwechsler tauschten ausländische Währungen in jüdische Schekel, die Tempelwährung, um. Dass Jesus dieses große Areal »gesäubert« haben könnte, ist auszuschließen. Zwölfeinhalb Fußballfelder, je 120 × 90 m, könnten darauf Platz finden. Ein solcher Bereich ist nicht überschaubar, besonders, wenn Menschen ihn beleben. Was an einem Ort geschieht, wird etwas weiter schon nicht mehr wahrgenommen. Was Jesus hier wirklich gesagt oder getan hat, gibt der Text nicht her. Es ist anzunehmen, dass die Überlieferung das tatsächliche Geschehen immer größer gemacht hat. Eine Vertreibung sämtlicher Händler und Geldwechsler ist unvorstellbar. Vermutlich gab es nicht einmal eine Handlung Jesu, sondern nur tempelkritische Worte.

Der Markustext zitiert zwei Prophetensprüche. Das erste Zitat geht auf Jes 56,7 zurück: »Mein Haus soll ein Haus des Gebetes heißen für alle Völker.« Hier ist an die Zulassung von Fremden gedacht, während Markus die christliche Heidenmission bereits im Blick hat.

Das zweite Zitat greift auf die Tempelrede des Jeremia zurück: »Ist denn in euren Augen dieses Haus, über dem mein Name ausgerufen ist, eine Räuberhöhle geworden?« (→ S. 141). Während Jeremia dem Tempel Zerstörung und Untergang ankündigt, beschreibt Markus eher ein mäßigendes Verhalten Jesu, als habe dieser nur einen Missbrauch kritisiert. Eine sogenannte »Tempelreinigung« hat alle Wahrscheinlichkeit gegen sich.

Was kann tatsächlich geschehen sein? Der Protest Jesu richtete sich schwerlich gegen den Verkauf von Opfergaben. Diese waren für den Betrieb des Tempels notwendig. Denkbar ist, dass eine symbolische Handlung oder Rede gegen bestimmte Vorgänge zu Anzeige und Verhaftung führte. Es gibt ein rätselhaftes Wort Jesu, das einen »nicht von Menschenhand gemachten Tempel« gegen den steinernen Tempel setzt. Damit könnte er ein neues Gottesverhältnis gemeint haben, das jeder Mensch unmittelbar besitzt – und den Tempel entbehrlich macht. Darüber hätte sich natürlich der Priesteradel empört. Dieser konnte eine Herabstufung der Tempelheiligkeit darin sehen und deswegen die Ausschaltung des Kritikers betreiben.

Otto Pankok, Jesus zerbricht das Gewehr, 1950.

Das Gewehr zerbrechen heißt, Waffen und Gewaltanwendung ablehnen.

El Greco, Tempelreinigung, 1610–1614.

Ein Stock oder Strick schwingender Jesus, der auf andere Menschen einschlägt, ist schwer mit dem Jesus zu verbinden, der sagt: »Wenn dich einer auf die rechte Wange schlägt, dann halt ihm auch die andere hin« (Mt 5,39) und der darüber hinaus zur Feindesliebe auffordert.

Der Herodianische Tempel

Herodes der Große verfolgte ein riesiges Bauprogramm. Die alte Stadt Samaria ließ er erweitern und zu Ehren des Kaisers Augustus in Sebaste (griechisch für Augusta) umbenennen. Er war in seinem Herzen kein Jude, sondern wollte gern so frei und locker leben wie die Menschen der griechischen Welt. Er förderte in Jerusalem die hellenistische Kultur und baute dort sogar ein Theater und ein Amphitheater.

An der Mittelmeerküste errichtete Herodes seine berühmteste Stadt, Caesarea am Meer. Die Arbeiten wurden 22 v. Chr. begonnen und bereits nach zwölf Jahren abgeschlossen. Die Stadt bekam einen großen Hafen, Theater, Amphitheater und einen Tempel zu Ehren des Kaisers Augustus. Wahrscheinlich wollte Herodes seinen Regierungssitz dorthin verlegen.

Herodes' größte Leistung als Bauherr war der Neubau des Tempels zu Jerusalem. Das Tempelhaus im Zentrum stand auf geweihtem Boden, der nur von Priestern betreten werden durfte. Um dieses Gebäude zu errichten, wurden Priester eigens handwerklich ausgebildet. Das Tempelhaus war zwar bereits nach anderthalb Jahren fertig, für den riesigen Tempelplatz aber mussten hohe Stützmauern das abschüssige Gelände abfangen (→ S. 232).

Herodes plante in einer Größenordnung, die der Bevölkerung als nicht realisierbar erschien. Das Vorhaben begeisterte, ließ aber zweifeln, ob es auch ausgeführt würde. Man fürchtete, der bestehende Tempel würde abgerissen, aber dann bliebe kein Geld mehr für den Neubau. Doch Herodes wollte nicht nur den Tempel der Armut übertrumpfen, sondern auch den Ersten Tempel Salomos. Der bis heute erhaltene riesige Tempelplatz bestimmt immer noch das Stadtbild Jerusalems.

Etwa um das Jahr 30 konnten die Juden zu Jesus sagen: »Sechsundvierzig Jahre wurde an diesem Tempel gebaut …« (Joh 2,20), doch brauchte er zu dieser Zeit noch weitere 34 Jahre, bis im Jahre 64 die endgültige Fertigstellung erreicht wurde.

Die zeichnerische Rekonstruktion des Tempels und seiner Höfe von Peter Connolly (1935–2012) zeigt die Gesamtanlage von Süden her. Das Bauwerk in der Mitte des Geländes (des Vorhofs der Heiden) ist der eigentliche Tempel.

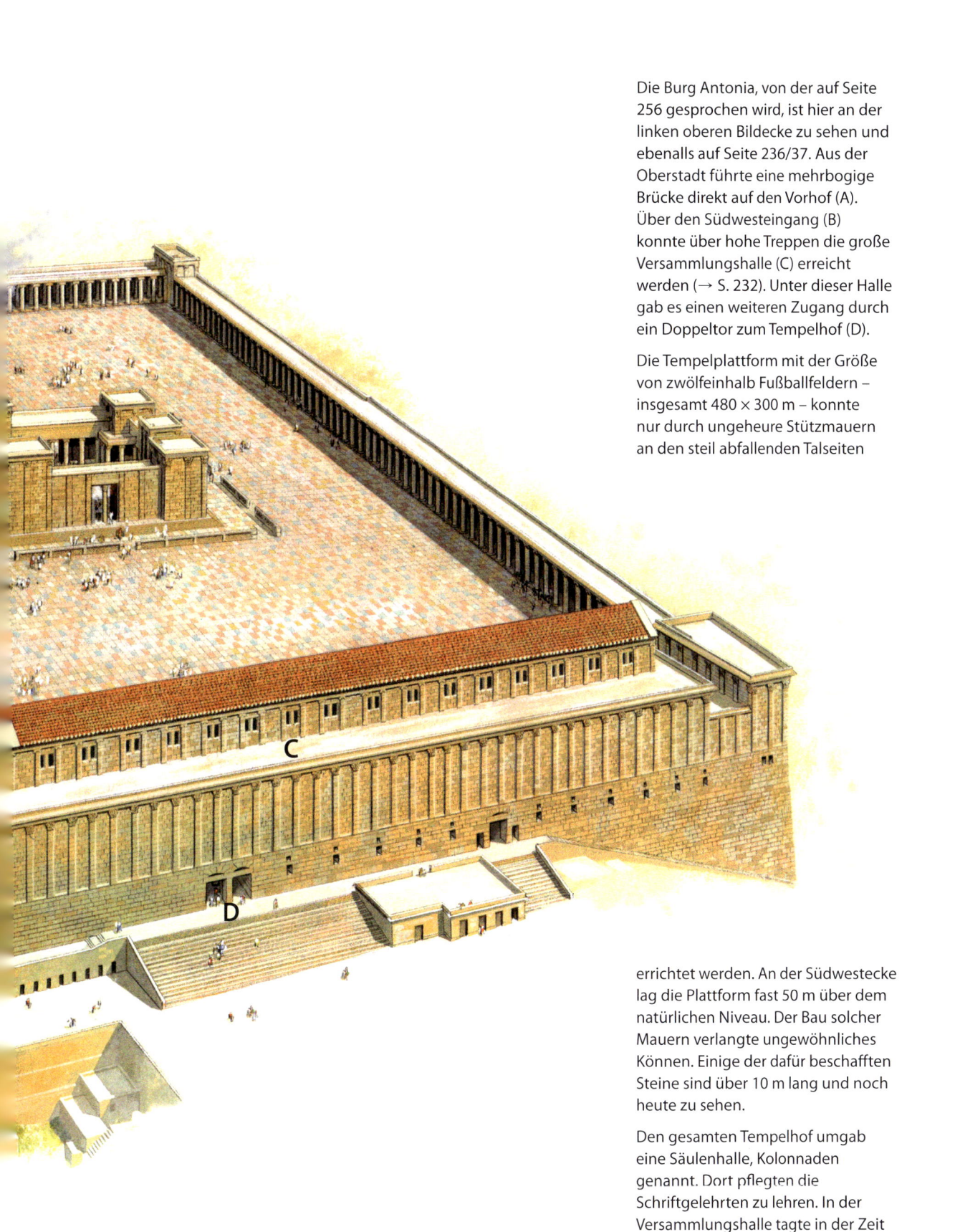

Die Burg Antonia, von der auf Seite 256 gesprochen wird, ist hier an der linken oberen Bildecke zu sehen und ebenalls auf Seite 236/37. Aus der Oberstadt führte eine mehrbogige Brücke direkt auf den Vorhof (A). Über den Südwesteingang (B) konnte über hohe Treppen die große Versammlungshalle (C) erreicht werden (→ S. 232). Unter dieser Halle gab es einen weiteren Zugang durch ein Doppeltor zum Tempelhof (D).

Die Tempelplattform mit der Größe von zwölfeinhalb Fußballfeldern – insgesamt 480 × 300 m – konnte nur durch ungeheure Stützmauern an den steil abfallenden Talseiten errichtet werden. An der Südwestecke lag die Plattform fast 50 m über dem natürlichen Niveau. Der Bau solcher Mauern verlangte ungewöhnliches Können. Einige der dafür beschafften Steine sind über 10 m lang und noch heute zu sehen.

Den gesamten Tempelhof umgab eine Säulenhalle, Kolonnaden genannt. Dort pflegten die Schriftgelehrten zu lehren. In der Versammlungshalle tagte in der Zeit nach dem Tode Jesu der Hohe Rat.

Der Tempel Salomos (→ S. 99 ff.) war im Jahr 587 von den Babyloniern zerstört worden. Nach der Rückkehr aus dem babylonischen Exil entstand zwischen 520 und 516 v. Chr. der neue Tempel. Diesen Tempel der Armut ließ Herodes der Große (um 73 – 4 v. Chr.) einreißen. Um keine Unruhen zu wecken, stellte er alle Baumaterialien bereit, noch bevor die eigentliche Arbeit begann. Aufschüttungen und enorme Stützmauern glichen fast 50 m Gefälle aus. Brücken und eine imposante Treppe verbanden Tempel und Stadt. Nichtjuden durften nur den »Vorhof der Heiden« betreten. Griechische Inschriften schärften diese Verbote ein.

Das Bild zeigt Herodes und sein Gefolge oben auf der Treppe. Er besichtigt den soeben fertiggestellten Südwesteingang zum Tempelbezirk. Seine gallische Leibwache schirmt ihn gegen die Bevölkerung ab, die ihn hasste. Danach dauerte es noch mehr als sechzig Jahre, bis der Tempelneubau vollendet war.

Die endgültige Fertigstellung des Tempels erfolgte im Jahr 64 n. Chr. Doch bereits sechs Jahre später zerstörten ihn die Römer nach Einnahme der Stadt völlig (→ S. 274). Die folgenden Jahrhunderte sahen den Tempelberg verlassen. Ende des 7. Jahrhunderts eroberten islamische Araber Jerusalem und errichteten hier die Omar-Moschee.

Letztes Zeugnis des herodianischen Tempels sind elf sichtbare Quaderreihen; 19 weitere liegen unter der Erde; die größten Quader sind 12 m lang und etwa 100 t schwer. Diese Westmauer ist in der neueren jüdischen Geschichte zu einem nationalen Symbol geworden.

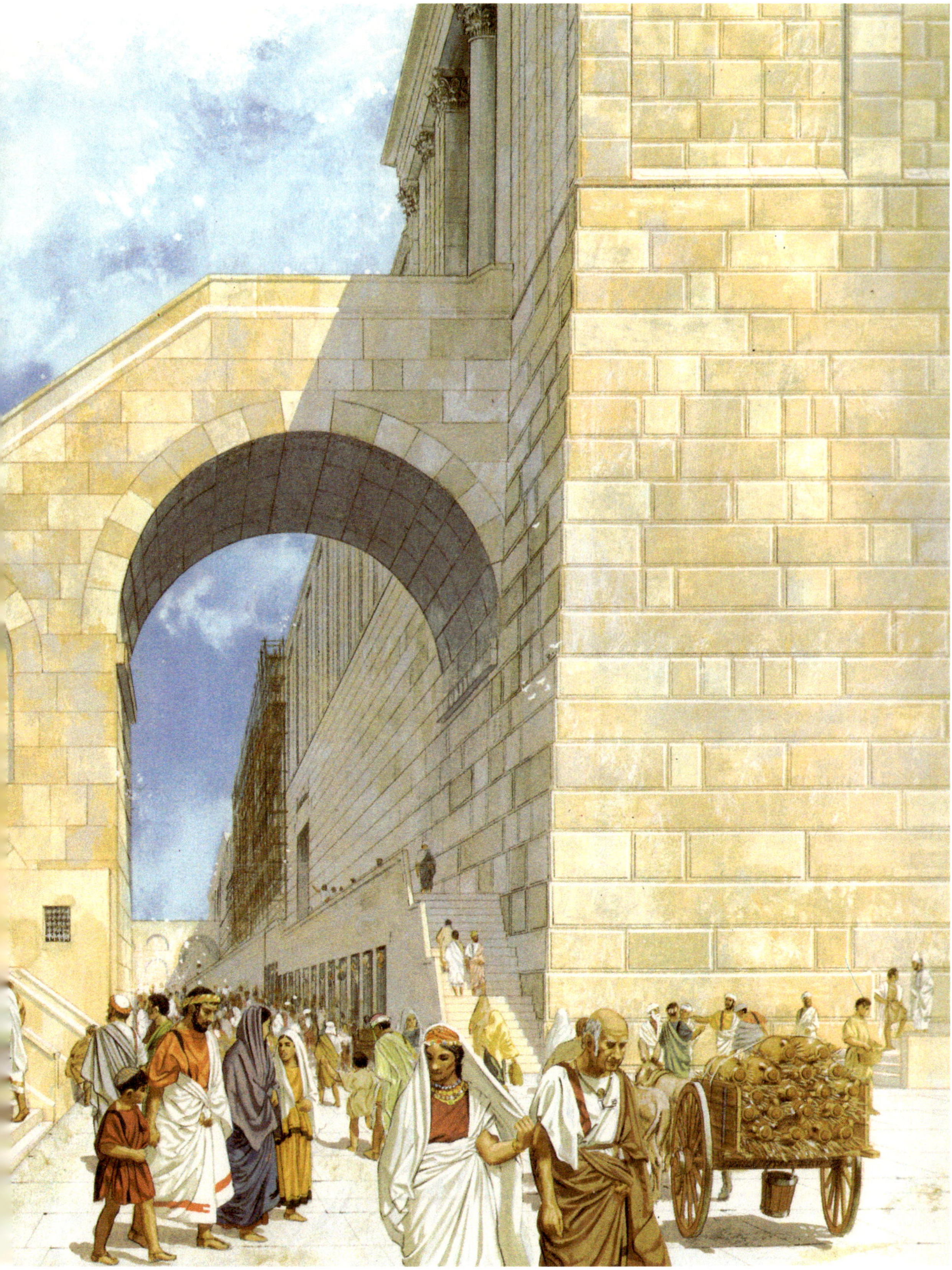

Fritz von Uhde, Abendmahl, 1886.

Der Maler verlegt das Abendmahl in eine norddeutsche Stube. Alle sitzen um einen Tisch herum, ausschließlich Männer. Als das Bild zum ersten Mal ausgestellt wurde, gab es Proteste. Die Tischrunde schien den Betrachtern zu »gewöhnlich«. Man hatte sich bis dahin den Schülerkreis Jesu stets mit »Heiligenschein« vorgestellt. Hier aber sitzen alltägliche und recht bäuerliche Typen beieinander.

So wie Fritz von Uhde das Abendmahl in seine eigene Zeit holt, kann Tradition allein lebendig bleiben. Eine konservierte Tradition ist eine tote Tradition.

Das Abendmahl

Immer wieder wird in den Evangelien von Tischgemeinschaften erzählt, an denen Jesus teilgenommen hat. Wir sehen ihn meistens als Gast in fremden Häusern, doch wird das gemeinsame Essen und Trinken im eigenen Kreis zum Alltag gehört haben. Jesu Gleichnis vom großen Gastmahl (→ S. 200), zu dem unterschiedslos alle eingeladen werden, ist ein zentrales Symbol für sein Reich-Gottes-Verständnis. Ganz anders wird von jenem Mahl erzählt, das am letzten Abend seines Lebens stattgefunden haben soll:

Während des Mahls nahm er das Brot und sprach den Lobpreis; dann brach er das Brot, reichte es ihnen und sagte: Nehmt, das ist mein Leib. Dann nahm er den Becher, sprach das Dankgebet, reichte ihn den Jüngern, und sie tranken alle daraus. Und er sagte zu ihnen: Das ist mein Blut, das Blut des Bundes, das für viele vergossen wird. Amen, ich sage euch: Ich werde nicht mehr von der Frucht des Weinstocks trinken bis zu dem Tag, an dem ich von Neuem davon trinke im Reich Gottes.

Markus 14,22–25

Die Worte, die hier Jesus in den Mund gelegt werden, konnte er zu seinen Lebzeiten nicht sagen. Sie deuten den Tod Jesu aus einer späteren Sicht. Vom »Blut des Bundes« hat Jesus nie gesprochen; das Wort »Bund« war ihm fremd. Auch sprach er anders vom »Reich Gottes«. Hier wird das Reich Gottes bereits ins Jenseits verschoben.

Die Überlieferungen vom »letzten Abendmahl« (bei Paulus, Markus, Matthäus und Lukas) sind keine Berichte. Sie spiegeln die Veränderung der Mahlfeiern in den frühen Jesusgemeinden. Nicht all diese Feiern haben an den Tod Jesu angeknüpft. Dies ist vielmehr eine Sicht, die Paulus vermutlich in der Stadt Antiochia gewonnen hat:

Jesus, der Herr, nahm in der Nacht, in der er ausgeliefert wurde, Brot, sprach das Dankgebet, brach das Brot und sagte: Das ist mein Leib für euch. Tut dies zu meinem Gedächtnis! Ebenso nahm er nach dem Mahl den Kelch und sprach: Dieser Kelch ist der Neue Bund in meinem Blut. Tut dies, sooft ihr daraus trinkt, zu meinem Gedächtnis! Denn sooft ihr von diesem Brot esst und aus dem Kelch trinkt, verkündet ihr den Tod des Herrn, bis er kommt …
1 Korinther 11,23–26

Neben diesen Schilderungen frühchristlicher Mahlfeiern gibt es andere, die sich deutlich davon unterscheiden: Weder knüpfen sie an den Tod Jesu an, noch verstehen sie das Abendmahl als Einsetzung eines Gedächtnisses. Die »Zwölfapostellehre«, die im palästinischen Raum entstand, beschreibt ein richtiges Mahl mit Brot und Wein. Der mit diesem Mahl verbundene Dank an Gott gab der Feier den Namen Eucharistia.

»So sollt ihr Dank sagen: Zuerst über den Becher: Wir danken dir, unser Vater, für den Messias. Er ist der heilige Weinstock aus König Davids Geschlecht … Dann über das geteilte Brot: Die Körner dieses Brotes wuchsen, jedes für sich, auf den Höhen heran: Erst durch das Sammeln wurden sie ein Laib. Ebenso sammle deine Gemeinde aus allen Gegenden der Erde, dass sie eins werde in deinem Reich.«

Einen »Einsetzungsbericht« sucht man vergeblich. Was Paulus und Markus als eine von Jesus vor seinem Tod »eingesetzte« Gedächtnisfeier schildern, war demnach nicht überall bekannt, nicht einmal im 2. Jahrhundert. Die Vorstellung von einem »letzten Abendmahl«, das diesen Tod Jesu verkünden soll, der »für unsere Sünden gestorben« ist, entstand in hellenistischen Gemeinden (→ S. 268 f.). Jesus verstand seine Tischgemeinschaften als Reich-Gottes-Symbol. Dieser Ansatz ist nicht lebendig geblieben.

Am Anfang gab es keine einheitliche Abendmahlsfeier. In den hellenistischen Gemeinden verband sich mit dem Abendmahl das Gedächtnis des Todes Jesu. In der jüdischen Linie, die eine frühe Gemeindeordnung darstellt, wird für eine Eucharistiefeier auch folgender Text vorgeschlagen:

»So sollt ihr Dank sagen über das geteilte Brot: ›Wir danken dir, unser Vater, für das Leben und die Erkenntnis, die du uns geoffenbart hast durch Jesus, der dir gehorcht. Dein ist die Herrlichkeit für alle Zeit.‹«

Es wird nicht an ein letztes Abendmahl erinnert, nicht einmal an ein Jesuswort. Dennoch heißt diese Mahlfeier »Eucharistie«. Es ist unwahrscheinlich, dass Jesus die bei Paulus und in den Evangelien überlieferten »Einsetzungsworte« gesprochen hat.

Zum Osterfest kommen jüdische Pilger von weither. Die Männer tragen den Gebetsmantel *(Tallit)*. An die Stirn haben sie Kapseln gebunden *(Tefillin)*, u. a. mit dem Bibelwort: »Höre Israel! Jahwe, unser Gott, Jahwe ist einzig …« (Dtn 6,4).

Auch der Junge trägt bereits Tallit und Tefillin. Er ist dreizehn Jahre alt geworden. Damit wurde er Bar Mizwa, ein »Sohn des Gesetzes«, und ist nun religiös volljährig. Seit diesem Tag darf er im Synagogengottesdienst aus der Tora vorlesen.

Die alte Frau in dem dunklen Kleid trägt einen Korb mit zwei Tauben; das war die Opfergabe armer Leute. Sie hat die Tiere in der Säulenhalle gekauft.

Hinter der Säulenhalle ragt die Burg Antonia auf. Dort wachte eine römische Truppe. An hohen Feiertagen bezogen die Soldaten auf der Säulenhalle Stellung. Sie beobachteten die Menge, um schnell einzugreifen, wenn Unruhen entstünden.

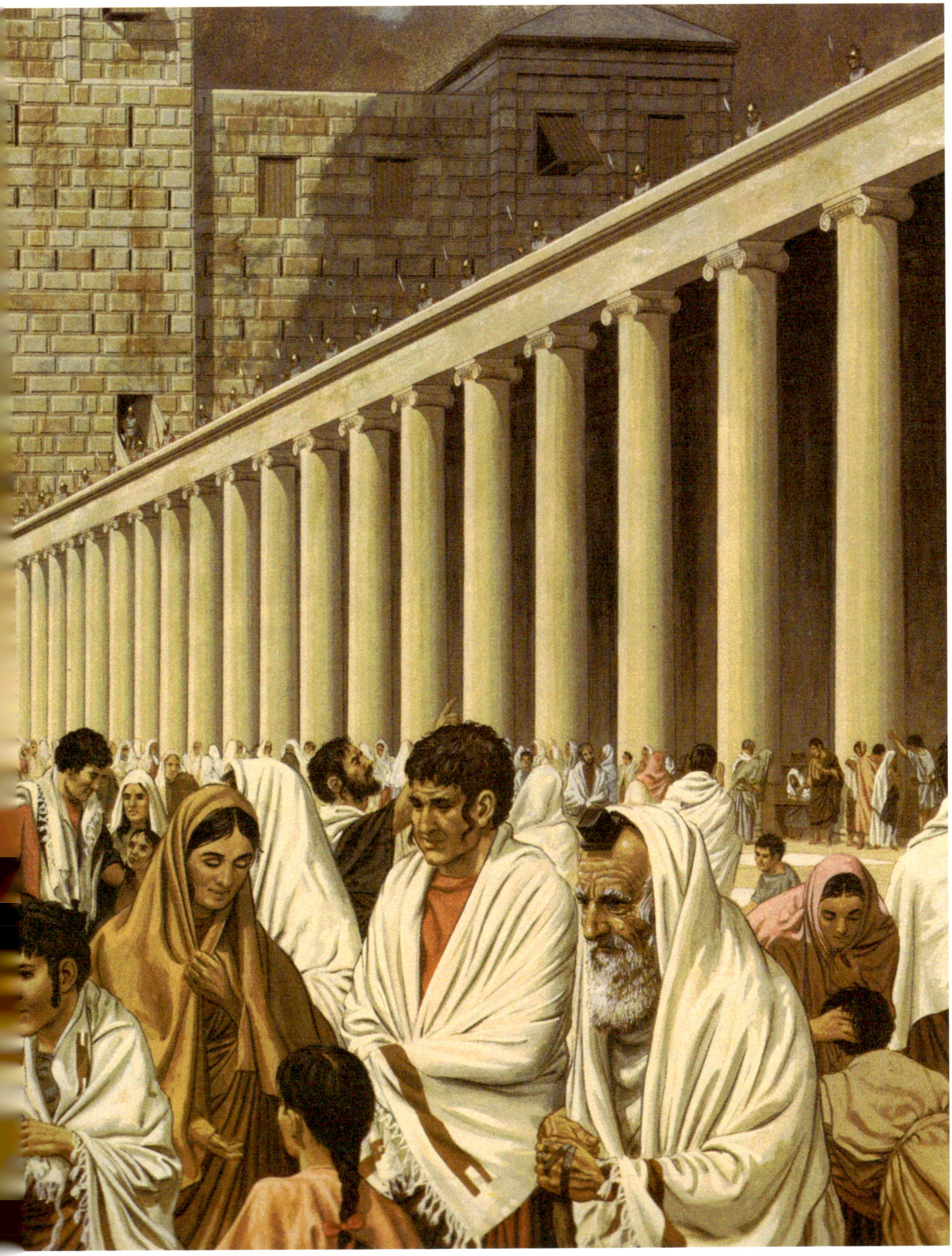

Die Verhaftung

Noch während er redete, kam Judas, einer der Zwölf, mit einer Schar von Männern, die mit Schwertern und Knüppeln bewaffnet waren. Sie waren von den Hohenpriestern, den Schriftgelehrten und den Ältesten geschickt worden. Der Verräter hatte mit ihnen ein Zeichen vereinbart und gesagt: Der, den ich küssen werde, der ist es. Den nehmt und führt ihn ab, lasst ihn nicht entkommen. Und als er kam, ging er sogleich auf Jesus zu und sagte: Rabbi! Und er küsste ihn.

Da ergriffen sie ihn und nahmen ihn fest. Einer von denen, die dabeistanden, aber zog das Schwert, schlug auf den Diener des Hohenpriesters ein und hieb ihm ein Ohr ab. Da sagte Jesus zu ihnen: Wie gegen einen Räuber seid ihr mit Schwertern und Knüppeln ausgezogen, um mich festzunehmen. Tag für Tag war ich bei euch im Tempel und lehrte, und ihr habt mich nicht verhaftet. Aber das ist geschehen, damit die Schrift in Erfüllung geht. Da verließen ihn alle und flohen.

Ein junger Mann aber, der nur mit einem leinenen Tuch bekleidet war, wollte ihm nachgehen. Da packten sie ihn; er aber ließ das Tuch fallen und lief nackt davon.
Markus 14,43–52

Giotto, Der Judaskuss, um 1304–1306.

Wenn diese Erzählung den Ablauf des Geschehens wiedergeben wollte, stünde sie sich selbst im Weg: Soldaten wie Polizisten lassen einen Verhafteten keine Rede halten, bevor sie ihn abführen. Auch haben die Jünger das Ende der Rede nicht abgewartet, sondern sind gleich geflohen. Da es sich also nicht um einen historischen Bericht handelt, ist es unnütz zu fragen, ob von den Jüngern niemand den Trupp hat kommen sehen, warum keine Wachen aufgestellt waren und ob man hätte fliehen können …

Doch stellt sich bereits hier die Frage, ob das Verhaftungskommando eine jüdische oder römische Instanz war, und im nächsten Schritt, ob Juden oder Römer den Prozess gegen Jesus führten.

Das Verhör vor dem Hohen Rat

Sie führten Jesus ab, zum Hohenpriester. Und da kommen sie alle zusammen: die Hohenpriester, die Ältesten und die Schriftgelehrten. Petrus aber war ihm von Weitem bis in den Hof des hohepriesterlichen Palastes gefolgt. Nun saß er dort bei den Amtsdienern und wärmte sich am Feuer.

Die Hohenpriester und der ganze Hohe Rat bemühten sich um Zeugenaussagen gegen Jesus, um ihn zum Tode verurteilen zu können; sie fanden aber nichts. Viele machten zwar falsche Aussagen über ihn, aber die Aussagen stimmten nicht überein.

Einige der falschen Zeugen, die gegen ihn auftraten, behaupteten: Wir haben ihn sagen hören: Ich werde diesen von Menschen erbauten Tempel niederreißen und in drei Tagen einen anderen errichten, der nicht von Menschenhand gemacht ist. Aber auch in diesem Fall stimmten die Aussagen nicht überein.

Da stand der Hohepriester auf, trat in die Mitte und fragte Jesus: Willst du denn nichts sagen zu dem, was diese Leute gegen dich vorbringen? Er aber schwieg und gab keine Antwort. Da wandte sich der Hohepriester nochmals an ihn und fragte: Bist du der Messias, der Sohn des Hochgelobten? Jesus sagte: Ich bin es. Und ihr werdet den Menschensohn zur Rechten der Macht sitzen und mit den Wolken des Himmels kommen sehen. Da zerriss der Hohepriester sein Gewand und rief: Wozu brauchen wir noch Zeugen? Ihr habt die Gotteslästerung gehört. Was ist eure Meinung? Und da verurteilten ihn alle: Er ist des Todes schuldig. Und einige spuckten ihn an, verhüllten sein Gesicht, schlugen ihn und riefen: Zeig, dass du ein Prophet bist! Auch die Diener schlugen ihn ins Gesicht.

Markus 14,53–65

Fragen

Wo kommen so plötzlich und bei Nacht die »vielen Zeugen« her?
Wenn schon ein Unrechtsprozess, warum sind die Zeugen nicht präpariert worden?
Wieso wird zur Nachtzeit verhandelt?
Wieso nicht erst nach den Festtagen, wenn die Pilger sich wieder verlaufen?
Warum soll Jesus zu den Aussagen von Zeugen Stellung nehmen, deren Zeugnis in sich zusammengebrochen war?
War es ein Prozess vor dem Hohen Rat oder nur ein Verhör, wenn denn Juden überhaupt gegen Jesus verhandelt haben?
Und wieso starb Jesus dann einen römischen, den Kreuzestod, und nicht einen jüdischen, den Steinigungstod?

Rudolf Augstein

Nach Markus wird Jesus in der Nacht von Donnerstag auf Freitag vor dem Osterfest dem amtierenden Hohenpriester vorgeführt. »Alle Hohenpriester und Ältesten und Schriftgelehrten« versammeln sich in dessen Haus. Gemeint ist der Hohe Rat, die oberste Körperschaft der jüdischen Bevölkerung in dieser Zeit. Die Evangelien schildern dieses Gremium gegenüber Jesus als nur feindlich gesinnt; entschlossen, ihn hinzurichten, selbst um den Preis falscher Zeugenaussagen. Die Frage des Hohenpriesters, ob er »der Messias, der Sohn des Hochgelobten« sei, bestätigt er und sagt daraufhin seine endzeitliche Ankunft als »Menschensohn« vom Himmel an. Das wertet der Hohepriester als Gotteslästerung. Er zerreißt sein Gewand und fordert zur Urteilsfindung auf. Alle stimmen für die Todesstrafe, spucken den Angeklagten an, verspotten ihn, während die Gerichtsdiener ihn schlagen. – Am folgenden Morgen fasst der Hohe Rat den Beschluss, Jesus an Pilatus auszuliefern (15,1).

Gegen die Glaubwürdigkeit dieser Darstellung sprechen viele Gründe. Die wichtigsten sind:

Die Verfahrensvorschriften für den Hohen Rat widersprechen dem geschilderten Verlauf: Versammlungsort ist die Quaderhalle im Tempelbezirk, nicht das Privathaus des Hohenpriesters. Die Gerichtsverhandlungen finden nur am Tage statt, nicht nachts wie bei Markus. Am Sabbat und an Festtagen sind Gerichtssitzungen ausgeschlossen. Wenn es um die Todesstrafe geht, beginnt das jüdische Recht mit der Verteidigung, nicht mit der Anklage. Ein Freispruch kann am gleichen Tag erfolgen; bei Schuldspruch muss die Bedenkzeit einer Nacht dazwischenliegen.

Insgesamt sprechen alle Punkte gegen ein Verfahren beim Hohen Rat, am meisten die Begründung des Todesurteils. Die hier genannten »Hoheitstitel« – Messias, Sohn Gottes (des Hochgelobten), Menschensohn –, die als Gotteslästerung ausgelegt werden, entwickelten sich erst in einer späteren Zeit. In dieser Gerichtssituation sind sie fremd, anachronistisch.

Gegen die Darstellung bei Markus sprechen auch diese Gründe: Der gesamte Hohe Rat wird in Feindschaft zu Jesus gerückt, so dass Jesus nicht die geringste Chance für einen fairen Prozess bekommt. Angesichts der Selbstachtung und Würde, in der sich die Mitglieder des Hohen Rats verstanden, ist es ganz unwahrscheinlich, dass diese Richter einen einfachen Mann vom Lande persönlich verhöhnen und anspucken. Nimmt man hinzu, dass Markus ihnen schon zu Beginn seines Evangeliums unterstellt, Jesus umbringen zu wollen, wird deutlich, dass die Schuld am Tod Jesu pauschal den Juden zugewiesen werden soll. Doch zumindest seine Hinrichtung verfügte allein die römische Justiz.

Die Nachwirkungen dieser Schilderung haben eine breite Blutspur durch die Geschichte des Christentums gezogen. Über die Zeiten hin sind Juden allen nur denkbaren Formen der Demütigung, Verfolgung und Peinigung ausgesetzt gewesen. Angesichts dieser Geschichte fragt sich, wie die Christenheit mit dieser Darstellung zukünftig umgehen will.

Seite 240: Der Judenhass der Nationalsozialisten hat verschiedene Wurzeln. Eine dieser Wurzeln ist der Antijudaismus, wie er in den Evangelien ansetzt.

Bereits am 1. April 1933 wurde zum Boykott jüdischer Geschäfte aufgerufen: SA-Posten wurden vor den Läden stationiert, Plakate mit Boykottforderungen erschienen im Straßenbild. Jüdische Beamte wurden aus dem Dienst entlassen ...

In der Nacht vom 9. zum 10. November 1938 brannten in ganz Deutschland die Synagogen, jüdische Geschäfte wurden geplündert und zerstört, Juden misshandelt und geschmäht.

Was dann folgte, ist der Tiefpunkt politischer Kriminalität: Am 20. Januar 1942 wurde die Ermordung aller Juden Europas organisiert. Gleich danach begann ihre systematische Vernichtung: Über 6 Millionen Juden sind mit unbeschreiblicher Verrohung ausgehungert, gefoltert, zu Tode gequält, erschossen, brutal ermordet und in Gaskammern vergiftet worden.

Die Kirchen und die freie Welt außerhalb Deutschlands verharrten in geistiger Lähmung.

Felix Nussbaum, Jaqui auf der Straße, 1944.

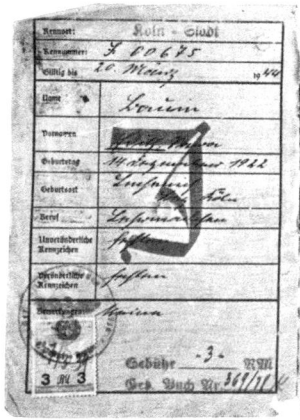

Judäa war eine Provinz der Römer. Der Kaiser ernannte für die Wahrnehmung der Geschäfte Statthalter, die im Rahmen der in Rom festgelegten Richtlinien nach eigenem Ermessen in Haft nehmen, geißeln oder hinrichten lassen konnten. Der Amtssitz des Statthalters war Caesarea am Meer. Zu hohen Festen, vor allem wenn Unruhen befürchtet wurden, hielt sich der Statthalter in Jerusalem auf.

Das Bild rekonstruiert den Palast des Herodes in der Oberstadt von Jerusalem. Der Statthalter Pontius Pilatus hat ein erhöhtes Podium, von dem aus er den Marktplatz übersehen kann. Er sitzt auf dem Richterstuhl; seine Berater neben ihm. Vor dem Podium stehen Jesus und seine Ankläger. Zeugen warten im Nebenraum.

Die Verhandlung vor Pilatus

Die Überstellung Jesu an Pilatus setzt voraus, dass er mit Anklagen beschuldigt wurde, die für den römischen Staat bedeutsam waren. Während es vor dem Hohen Rat darum ging, ob Jesus der »Messias« und »Sohn Gottes« sei, entfallen nun die »vielen Anklagen der Hohenpriester«. Vor Pilatus wird die Szene politisch gewendet: »König der Juden« ist für römische Ohren ein Titel für Aufruhr. Eine Kreuzigung erfolgte für Delikte der öffentlichen Ordnung.

Gleich frühmorgens fassten die Hohenpriester, die Ältesten und die Schriftgelehrten, also der ganze Hohe Rat, über Jesus einen Beschluss: Sie ließen ihn fesseln und abführen und lieferten ihn Pilatus aus. Pilatus fragte ihn: Du also bist der König der Juden? Er antwortete ihm: Das sagst du! Die Hohenpriester brachten viele Anklagen gegen ihn vor. Da wandte sich Pilatus wieder an ihn und fragte: Willst du denn nichts dazu sagen? Sieh doch, wie viele Anklagen sie gegen dich vorbringen. Jesus aber gab keine Antwort mehr, so dass Pilatus sich wunderte.

Jeweils zum Fest aber ließ Pilatus einen Gefangenen frei, den sie sich ausbitten durften. Damals saß gerade ein Mann namens Barabbas im Gefängnis, zusammen mit anderen Aufrührern, die bei einem Aufstand einen Mord begangen hatten. Die Volksmenge zog (zu Pilatus) hinauf und forderte, ihr die gleiche Gunst zu gewähren wie sonst. Pilatus fragte sie: Wollt ihr, dass ich den König der Juden freilasse? Er hatte nämlich erkannt, dass die Hohenpriester Jesus nur aus Neid ausgeliefert hatten. Die Hohenpriester aber wiegelten die Leute auf, lieber die Freilassung des Barabbas zu fordern. Pilatus wandte sich von neuem an sie und fragte: Was soll ich dann mit dem tun, den ihr den König der Juden nennt? Da schrien sie: Kreuzige ihn! Pilatus entgegnete: Was hat er denn für ein Verbrechen begangen? Da schrien sie noch lauter: Kreuzige ihn! Darauf ließ Pilatus, um die Menge zufrieden zu stellen, den Barabbas frei und gab den Befehl, Jesus zu geißeln und zu kreuzigen.

Markus 15,1–15

Lovis Corinth, Ecce homo – Seht, ein Mensch (Joh 19,5), 1925.

Ein Arzt und ein Militär präsentieren einen Wehrlosen. In die Mitte genommen, mit gefesselten Händen, überkreuzt und nach vorne ausgestreckt, steht der gefolterte und verhöhnte Jesus. Seine nackten Arme zeigen die Spuren erlittener Schläge. Das Gesicht ist vom Schmerz gezeichnet, der Körper in ein rotes Gewand gehüllt, das an Blut und Hinrichtung denken lässt, doch hat die gequälte Gestalt ihre Würde nicht verloren.

In das Verfahren gegen Jesus wird hier eine Erzählung eingeschoben, die vor allem den römischen Richter entlasten soll. Eine Volksmenge wird »von den Hohenpriestern« aufgewiegelt, die Freigabe des Barabbas zu fordern. Da Pilatus durchschaut hat, dass die Hohenpriester Jesus »aus Neid« an ihn auslieferten, möchte er auf dem Wege der Amnestie Jesus freisprechen. Seine Frage »Was hat er denn Böses getan?« vermutet Unschuld. Nur auf das Drängen der Menge liefert er Jesus zur Kreuzigung aus, während er Barabbas freigibt.

Markus unterstellt dem obersten römischen Richter hier Sympathie für Jesus, obwohl dieser ihn dann doch als Unruhestifter kreuzigen lässt – eine unwahrscheinliche Konstruktion. Seine Frage: »Was soll ich dann mit dem tun, den ihr den König der Juden nennt?« passt nicht zu seiner Stellung: Er, der mächtige römische Statthalter und Richter, lässt sich die Entscheidung aus der Hand nehmen?

Der Text will die Römer entlasten, die Juden belasten. Aber kann wirklich das jüdische Volk die römische Todesstrafe für einen frommen Galiläer erzwungen haben? Die so geschilderten Vorgänge sind nicht glaubwürdig.

Wer die Anklage vor Pilatus betrieb, ist aus den Evangelien nicht zu erheben. Man müsste wissen, wer den Verhaftungsbefehl gab. Sofern es jüdische Kreise waren, könnten es Sadduzäer gewesen sein, die mit den Römern zusammenarbeiteten. Die Frontstellung gegen die jüdische Seite kann sich jedoch auch entwickelt haben, als sich die Jesusbewegung im Streit vom Judentum trennte (→ S. 268).

Das Begleitpersonal überrascht. Es stammt aus der Gegenwart. Ein Jahrzehnt nach Entstehung des Bildes begann die Auslieferung des jüdischen Volkes an eine Tötungsmacht, die Arzt und Militär sich erbarmungslos teilten.

Die Kreuzigung

Dann führten sie Jesus hinaus, um ihn zu kreuzigen. Einen Mann, der gerade vom Feld kam, Simon von Zyrene, den Vater des Alexander und des Rufus, zwangen sie, sein Kreuz zu tragen. So brachten sie Jesus an einen Ort namens Golgota, das heißt übersetzt: Schädelhöhe. Dort reichten sie ihm Wein, der mit Myrrhe gewürzt war; er aber nahm ihn nicht. Dann kreuzigten sie ihn. Sie warfen das Los und verteilten seine Kleider unter sich und gaben jedem, was ihm zufiel. Es war die dritte Stunde, als sie ihn kreuzigten. Und eine Aufschrift (auf einer Tafel) gab seine Schuld an: Der König der Juden. Zusammen mit ihm kreuzigten sie zwei Bandenkrieger, den einen rechts von ihm, den andern links. So erfüllte sich das Schriftwort: Er wurde zu den Verbrechern gerechnet. Die Leute, die vorbeikamen, verhöhnten ihn, schüttelten den Kopf und riefen: Ha, du willst den Tempel niederreißen und in drei Tagen wieder aufbauen? Hilf dir doch selbst, und steig herab vom Kreuz! Auch die Hohenpriester und die Schriftgelehrten verhöhnten ihn und sagten zueinander: Anderen hat er geholfen, sich selbst kann er nicht helfen. Der Messias, der König von Israel! Er soll doch jetzt vom Kreuz herabsteigen, damit wir sehen und glauben. Auch die beiden Männer, die mit ihm zusammen gekreuzigt wurden, verhöhnten ihn.

Markus 15,20b–32

Ernst Barlach, Im Jahr des Herrn 1916 nach Christi Geburt, 1916.

Wir werden auf einen Berg geführt. Ein gedrungener Mann ist von unten an Jesus herangetreten und verweist auf immer neue Höhenzüge voller Kreuze: der unüberschaubare Friedhof der Welt. Die drei Kreuze von Golgota stehen mittendrin, das Kreuz Jesu zwischen den Kreuzen der Männer, die mit ihm hingerichtet wurden. Als sei ein Bazillus ausgebrochen, so haben sich die Kreuze vermehrt. Inzwischen bedecken sie die ganze Erde. Jesus sieht entsetzt diese Todeslandschaft. Der Titel der Zeichnung nennt das Kriegsjahr 1916. Damals bekämpften sich ausschließlich christliche Völker. Der Zweite Weltkrieg steigerte diese Schrecken ins Unermessliche – und immer noch wird Krieg geführt …

Marc Chagall, Die weiße Kreuzigung, 1938.

Ein Dorf wird überfallen, Häuser stehen Kopf, es brennt; ein Erschlagener liegt im Schnee ... Überall Flucht. Ein Mann bringt als seinen einzigen Schatz die Torarolle in Sicherheit, eine andere Rolle schwelt auf der Straße. Darüber steht die Synagoge in Flammen; man hat Stühle, Bücher und den Toraschrein in den Schmutz geworfen.

Inmitten dieses Geschehens steht das Kreuz. Der Gekreuzigte trägt als Lendenschurz einen jüdischen Gebetsmantel, dazu ein Kopftuch. So ist es Pflicht für jüdische Männer bei religiösen Handlungen. Jesus schaut auf den siebenarmigen Leuchter mit den brennenden Lichtern; der Leuchter vertritt das jüdische Volk; er besetzt nicht zufällig diesen Platz. Das übliche INRI wird zusätzlich in Hebräisch voll ausgeschrieben: »Jesus, der Nazoräer, der König der Juden«. In der Höhe klagen und weinen die Väter und Mütter Israels ...

Das Bild vergegenwärtigt die Kreuzigung Jesu in Erinnerung an den 9. November 1938, als die Nationalsozialisten die Synagogen anzündeten und die Juden schikanierten. Der Maler sieht Jesus in Stellvertretung für alle Juden. Seine Kreuzigung ist ihm Mahnmal für die endlose Passion des jüdischen Volkes. Während in den Kirchen die »Vergegenwärtigung des Kreuzesopfers« gefeiert wurde, blieb die millionenfache Hinrichtung von europäischen Juden außerhalb des Glaubensbewusstseins.

Die Kreuzigung wird sehr nüchtern beschrieben. Meistens trug der Verurteilte den Querbalken des Kreuzes zur Hinrichtungsstätte, wo der Pfahl bereits im Boden verkeilt war. Der Hügel Golgota lag nahe bei der Stadt; zur Zeit Jesu war hier noch offenes Gelände. Dort entkleidete man Jesus. Nach römischem Brauch wurden die Verurteilten nackt gekreuzigt.

Der Verlauf dieser Hinrichtung war der frühen Kirche bekannt. Ihr Taktgefühl verbot es, das grausame Geschehen näher zu beschreiben. Um eine Erklärung »von Gott her« für das entehrende Geschehen zu finden, wird man über Monate und Jahre die Bibel studiert haben, um das Schicksal Jesu zu deuten. In den Psalmen und den Prophetenschriften fand man Wendungen, die sich auf Jesus beziehen ließen. Darum verstehen sich die Passionsgeschichten der Evangelien als Nachzeichnung des Leidens Jesu »gemäß der Schrift«. Natürlich haben die Hohenpriester und die Schriftgelehrten ihn nicht am Kreuz verhöhnt. Bei solchen Hinrichtungen waren diese nicht anwesend.

Über Nachfolge

Mit Jesus ins Boot steigen?

Ein Schriftgelehrter kam zu Jesus und sagte: Lehrer, ich will dir folgen, wohin du auch gehst. Jesus antwortete ihm: Die Füchse haben ihre Höhlen und die Vögel ihre Nester; der Menschensohn aber hat keinen Ort, wo er sein Haupt hinlegen kann. Ein anderer aber, einer seiner Schüler, sagte zu ihm: Herr, lass mich zuerst heimgehen und meinen Vater begraben! Jesus erwiderte: Folge mir nach; lass die Toten ihre Toten begraben!

Und ihm, der ins Boot stieg, ihm folgten seine Schüler.

Und da! Ein gewaltiges Beben entstand im See, so dass vor lauter Wogen das Boot verschwand. Er aber schlief.

Da traten die Schüler zu ihm, weckten ihn und riefen: Herr, rette! Wir gehen zugrunde!

Da sagt er zu ihnen: Wie feig ihr seid, ihr Kleingläubigen! Dann richtete er sich auf, herrschte die Winde an und den See – und es ward große Stille.

Und die Männer staunten und sagten: Was ist das für einer, dass ihm die Winde und der See gehorchen? *Matthäus 8,19–27*

»Menschensohn« nennt sich Jesus im ersten Spruch. Er hätte sich auch als »Menschenkind« bezeichnen können oder einfach als »Mensch«.

Ganz anders schildert ihn die Geschichte vom Sturm auf dem See. Jesus hatte dazu aufgefordert, ihm nachzufolgen. Jetzt aber soll sich zeigen, was dazu gehört, wenn man mit ihm ins gleiche Boot steigt.

Man gerät bald in einen »Sturm«, von denen es viele in der Nachfolge Jesu geben kann. Als die Angst alle erfasst hat, wecken sie den schlafenden Jesus, allerdings mit einem Gebetsruf, wie er auch heute in Gottesdiensten möglich ist: »Herr, rette uns!« Dieses Kyrie lässt ahnen, dass hier nicht die Schüler der Jesuszeit sprechen, sondern »Gläubige« einer späteren Generation, die so zu Jesus rufen. Sie sind mit Jesus in das gleiche Boot gestiegen, zeigen jetzt aber, dass Glaube und Mut nur für eine Fahrt bei schönem Wetter reichen; bei Sturm und Gefahr wäre man lieber nicht dabei.

Angst und Zweifel

Zweifle nicht
an dem
der dir sagt
er hat Angst

aber hab Angst
vor dem
der dir sagt
er kennt keinen Zweifel

Erich Fried

Einsteiger
endlos
wenn Menschen profitieren können.

Aussteiger
ohne Unterlass
sobald Gefahren und Nachteile drohen.

Einsteiger
äußerst rar,
wenn das Leben Kampf und Mühe ist.

Aussteiger
noch seltener,
um »über Wasser zu gehen«.

Diese Geschichte warnt vor unbedachter Entscheidung. Die voran stehenden Sprüche fordern Entschlossenheit. Zugleich sieht Matthäus das Boot als ein »Kirchenschiff«. Deren Besatzung fürchtet in mancherlei Stürmen, dass Jesus schläft, während sie selbst sich kleingläubig verhält. Ob dann ein »Herr, rette uns!« genügt?

Hitda-Codex, Im Sturm auf dem Meer, um 1020.

Ein drachenköpfiges Boot, nach vorne geneigt, als wenn es in einen Abgrund fahre. Eher eine Nussschale als ein Schiff für dreizehn Menschen. Alle Gestalten schauen wach, allein Jesus schläft. Seinen rechten Arm hat er auf den Bootsrand gelegt; darauf ruht sein Kopf. Das um den Arm gewickelte Tuch hängt über die Bordkante hinab. Obwohl alles andere flattert, verdeutlicht das Tuch die Ruhe des schlafenden Jesus. Der Mann neben dem Masten greift nach einer Segelleine, doch alle Leinen sind abgerissen und flattern mit dem nicht mehr beherrschbaren Segel im Sturmwind. Ein anderer berührt Jesus mit der linken Hand und versucht ihn zu wecken. Er ist der einzige, der den Kopf gewendet hat, während die übrigen gebannt in die Fahrtrichtung, das heißt ins Verderben schauen. Sechs Ruder hängen in der Luft, greifen kein Wasser. Das Boot scheint sich in einem Taifun zu befinden, in dem es nicht mehr beherrschbar ist.

Wer sitzt mit im Boot?
Die Jesusleute
Welchen Namen hat das Boot?
Familie, Clique, Verein, Gemeinde, Kirche …
Wann steigt man da aus?
Wenn Nachfolge gegen bequeme Anpassung steht.

Franz Jägerstätter (1907–1943), Kleinbauer und Familienvater, verweigerte den Kriegsdienst, weil er als Christ an einem verbrecherischen Krieg nicht teilnehmen wollte.

»Man kann häufig hören, das kann und darf man ruhig tun, die Verantwortung darüber tragen ja andere, und so wird die Verantwortung hinaufgeschoben von einem zum anderen …«

Jägerstätter ging mit seiner Gewissensfrage zum Diözesanbischof nach Linz. Der sagte, als Ehemann und Vater sei er besonders für seine Familie verantwortlich und dürfe kein Unheil über sie bringen. Er nannte die Soldaten, die »in heroischer Pflichterfüllung« kämpfen und fallen, »die größeren Helden«.

Jägerstätter meinte, dann trüge niemand mehr Verantwortung für das ungerechte Regime, höchstens nur noch einer oder zwei an der Spitze.

Im Februar 1943 wurde Franz Jägerstätter zur Wehrmacht einberufen. Er verweigerte den Dienst. Er wurde verhaftet, am 9. August 1943 in das Zuchthaus Brandenburg an der Havel gebracht und dort um 16 Uhr durch das Fallbeil hingerichtet.

Er ist aus dem Boot ausgestiegen und über Wasser gegangen, ohne auf den Gegenwind zu achten.

Über Wasser gehen

Gleich darauf nötigte er die Schüler, ins Boot zu steigen und an das andere Ufer vorauszufahren. Inzwischen wollte er die Leute nach Hause schicken. Nachdem er sie entlassen hatte, stieg er auf einen Berg, abseits, um zu beten. Als der Abend kam, war er immer noch allein dort.

Das Boot aber hatte sich schon viele Stadien vom Land entfernt, von den Wellen hin und her geworfen; denn sie hatten Gegenwind. In der vierten Nachtwache aber kam Jesus zu ihnen, auf dem See gehend. Als die Jünger ihn so auf dem See sahen, gerieten sie durcheinander und sagten: ein Gespenst ist es! Und sie schrien vor Furcht. Aber gleich sprach Jesus sie an und sagte: Fasst euch! Ich bin es; fürchtet euch nicht! Daraufhin erwiderte ihm Petrus: Herr, wenn du es bist, so befiehl, dass ich über die Wasser zu dir komme. Jesus sagte: Komm! Da stieg Petrus aus dem Boot und ging über die Wasser auf Jesus zu. Als er aber sah, wie heftig der Wind war, bekam er Angst und begann zu sinken. Er schrie: Herr, rette mich! Jesus streckte sofort die Hand aus, ergriff ihn und sagte zu ihm: Du Kleingläubiger! Warum hast du gezweifelt? Und als sie ins Boot gestiegen waren, legte sich der Wind. Die Jünger im Boot aber fielen vor Jesus nieder und sagten: Wahrhaftig, Gottes Sohn bist du. *Matthäus 14,22–33*

Das »Wasser«, über das Jesus geht und auf das sich auch Petrus wagt, verlangt ein symbolisches Verständnis. Wenn ein Mensch in großer Not ist, kann er sagen: Das Wasser steht mir bis zum Hals! Ähnlich heißt es im Psalm 69,2–4:

> Hilf mir, o Gott! Schon reicht mir das Wasser bis an die Kehle. Ich bin in tiefem Schlamm versunken und habe keinen Halt mehr; ich geriet in tiefes Wasser, die Strömung reißt mich fort. Ich bin müde vom Rufen, meine Kehle ist heiser, mir versagen die Augen, während ich warte auf meinen Gott.

Not und Gefahr drohen zu verschlingen. »Wasser«, »See« oder »Meer« sind also nicht wörtlich sondern symbolisch zu verstehen. Ebenso ist es mit dem Boot. Es ist der einzige Ort, der vor Untergang bewahrt.

Der über das Wasser gehende Jesus wird nicht mit den Augen seiner Schüler gesehen, wie sie zu Lebzeiten um ihn waren. Sie sehen ihn hier als den »Auferstandenen«, den kein Abgrund mehr verschlingt, der über Grab und Tod gesiegt hat. Für diese Vorstellung hat vielleicht Ijob 9,8 Anstoß gegeben: »Er schreitet auf dem Rücken des Meeres einher wie auf festem Boden«.

Jesus lädt Petrus ein, das sichere Boot zu verlassen und zu ihm über den Abgrund zu kommen. Petrus wagt es. Solange er auf Jesus blickt und sich von nichts anderem bestimmen lässt, kann er über das »Wasser« gehen, wie Jesus selbst. Doch: »Als er sah, wie heftig der Wind war, bekam er Angst und begann zu sinken.« Wenn Widerstände und Gefahren mehr Aufmerksamkeit finden als das Ziel, ist der Untergang nicht zu verhindern. Kritisiert wird ein Aufbruch, der gleich an den ersten Schwierigkeiten scheitert. Offenbar hat Matthäus diese Situation als kennzeichnend für seine Gemeinde gefunden.

Matthäus war vermutlich der Ansicht, das Erzählte sei auch wirklich geschehen. Die heutige Zeit sieht darin keinen historischen Vorgang, sondern eine Legende. Die Legende sagt: Du kannst »über Wasser gehen«, Gefahren und Abgründe überwinden, wenn du auf Jesus vertraust. Hier verbindet sich ein symbolisches Verständnis mit der gesamten Szene: mit Berg, Meer, Nacht, Wind, Morgengrauen und Boot. Wie Jesus kann auch sein Schüler über Abgründe schreiten, sofern er nicht dem »Wind« mehr Aufmerksamkeit schenkt als dem, der ihn ruft.

Ernst Alt, Um die vierte Nachtwache – Petrus steigt aus dem Boot, 1967.

Im Boot herrscht Entsetzen: Petrus verlässt das Boot. Der hinten Sitzende schließt die Augen; der Mann vor ihm deutet mit dem Zeigefinger an, dass Petrus' Verhalten nur idiotisch sein kann; der nächste nimmt vor Verzweiflung seinen Kopf in beide Hände; die übrigen starren ratlos auf das Geschehen. Nur einer versucht Petrus an seinem Gewand festzuhalten …

Wie oft wiederholt sich diese Geschichte? Mit welchen Namen?

Der vierte König

Es wird erzählt, als Jesus geboren werden sollte, erschien der Stern nicht nur den weisen Königen im Morgenlande, sondern auch einem König in Russland. Er war kein mächtiger und reicher Herr, er war nur ein kleiner König, aber gutmütig und menschenfreundlich. Schon von seinen Vorvätern wusste er, dass einmal ein Stern erscheinen und den Beginn eines neuen Reiches der Güte ankündigen würde; wer dann König sei, müsse sofort aufbrechen und dem größeren Herrn dienen. So ließ der kleine König sein Lieblingspferdchen Wanjka satteln, nahm etliche Rollen vom zartesten Linnen, einen Vorrat seltener Edelsteine und viele kleine Lederbeutel mit Goldkörnern; von seiner Mutter ließ er sich noch ein kleines irdenes Krüglein Honig hinzutun, den die samtpelzigen Bienen in den Linden Russlands gesammelt hatten. Dies waren die Gaben, die der kleine König mitnahm, dann ritt er eines Nachts auf Wanjka davon, als der Stern am hellsten leuchtete. Er ritt durch sein ganzes Königreich, aber der Stern stand nicht still. Zwei, drei Monde lang war er schon unterwegs, als er eines Nachts auf eine vornehme Reisegesellschaft stieß, die ebenso dem Stern folgte wie er. Es waren reiche Herren, die auf Kamelen ritten und eine große Gefolgschaft bei sich hatten. Der kleine König freute sich und versuchte mit Wanjka Schritt zu halten. In der Herberge aber nahmen die großen Herren allen Platz in Anspruch. Darum ging der kleine König in die Scheuer, wie er's kannte, und schlief tief, als läge er auf einem russischen Ofen.

Es war aber auch ein junges Bettelweib hier untergekrochen, und während der kleine König schlief, hatte sie einem Mädchen das Leben geschenkt. Als der kleine König ihre Armut sah, holte er Essen und Trinken aus der Herberge und füllte auch ihren leeren Beutel mit ein paar Prisen Geld, und weil das Kindchen nichts als die eigene dünne Haut mit auf die Welt bekam, trennte er vom Linnen ein halbes Dutzend der schönsten Windeln, volles, breites, russisches Maß, davon ab.

Nie mehr holte der kleine König die Karawane der Herren aus dem Morgenlande ein. Solange aber der Stern am Himmel stand, zog er unverdrossen seinen eigenen Weg. Krankheit und Hunger fraßen um sich, die Menschen verzagten und verstummten. Aber wenn die Not gar zu grausig wurde, dann griff er in seinen Gabenschatz und streckte daraus für den Allherrscher bereits etwas vor. Auf diese Weise schrumpfte sein Gold zusammen, und es war abzusehen, wann der letzte Beutel leer sein würde.

Eines Abends war der kleine König Zeuge, wie zwei Aufseher die Arbeiterinnen und Arbeiter einer Pflanzung mit Stöcken schlugen, weil sie nicht schnell genug gewesen seien, und wie einige von ihnen zusammenbrachen. Da konnte er nicht weitergehen, sondern kaufte die ganze Schar frei. Diese aber kamen schon am nächsten Morgen und fragten, wer ihnen nun zu essen gäbe. Sie waren nicht nur den Stock, sondern auch die Suppe gewohnt und fanden die Freiheit beschwerlich. Da gab er ihnen nochmals Geld für die nächsten drei Tage. Als der kleine König an diesem Abend den restlichen Schatz zählte, beschloss er, von nun an die Gaben des Allherrschers nicht mehr anzugreifen.

Aber schon am nächsten Tag verstieß er gegen den eigenen Vorsatz, als er Aussätzigen begegnete, für die er ganze Rollen Linnen in feine Streifen zerschnitt, um ihre eiternden Schwären zu verbinden. Wieder ein paar Tage später fand er einen ausgeplünderten Kaufmann am Wege, dem er helfen musste. So ging gerade ein Jahr vorbei, als der kleine König in allen Packtaschen den Boden fühlen konnte.

Auch Wanjka war ein Pferdejahr älter geworden, und das gilt mehr als ein Jahr unter Menschen. Eines Morgens lag Wanjka krank auf dem Boden, zu schwach aufzustehen, und wenig später war der treue Begleiter tot. Der kleine König nahm lange Abschied, dann ging er zu Fuß weiter. Er wusste, dass seine Reise nun länger dauern würde. Er ging und ging, ging tagsüber und nachts, und eigentlich konnte man sagen, dass der kleine König aus Russland eine Art Landstreicher wurde.

Schließlich kam er ans Meer, in eine fremdartige Hafenstadt. Er schaute einer Galeere zu, die im Hafen lag, zur Abfahrt bereit; nur fehlte ein Mann, denn von den Ruderknechten war einer tot. Es war ein Schuldner des

Schiffsherrn gewesen. Nun verlangte dieser den noch jungen Sohn des Toten, während die erschreckte Mutter um Erbarmen flehte. Den kleinen König rührte die junge Frau. Als der Schiffsherr Befehl gab, mit Gewalt den Jungen seiner Mutter zu entreißen, trat der kleine König unter die Leute und sagte leise, dann gehe er statt des Knaben. Oho! Traue er sich's zu? Das solle er dreimal überlegen. Damit trete er in eine große Schuldenlast ein, und die Reise sei nicht so bald zu Ende. Der kleine König blickte die junge Witwe an, deren Augen überweit geworden waren. »Es bleibt so«, sagte er leise, stieg ins Schiff hinunter, wo der Galeerenvogt ihn in die Eisen schloss.

Nun kam die Zeit im Leben des kleinen Königs, von der so schnell erzählt ist und die doch so grausam lange währte, beinahe dreißig Jahre lang. Dreißig Jahre auf der Galeere. Derweil starb der Schiffsherr, sein Sohn erbte ihn; die Galeerenvögte wechselten mehrmals, bald wusste niemand mehr, dass er nur an Stelle eines anderen an die Ruderbank geschmiedet war. Am Ende war der kleine König nur noch ein Schatten seiner selbst. Als man ihn eines Tages aus dem Sklavendienst entließ, musste man ihn an Land tragen. Er taugte nicht mehr zur Arbeit. Er taugte nur noch zum Sterben.

Nur langsam, ganz langsam kam er wieder zu sich. Er fand Menschen, die ihm zu essen und trinken gaben, auch einen Platz zum Schlafen, solange er noch nicht wieder gehen konnte. Als seine Füße ihn wieder trugen, schwach und unsicher genug, ging er wieder auf die Landstraßen hinaus. Der Stern war ihm längst erloschen, doch von früher wusste er noch, wo sein Stern zum letzten Mal geleuchtet hatte; so folgte er weiter dieser Richtung. Mit der Zeit mehrte sich das Leben ringsum. Die Zahl der Menschen, die seine Straßen zogen, wurde größer; eine bedeutende Stadt musste voraus liegen. Gegen Abend konnte man ihre Tore und Paläste sehen. Aber der kleine König wollte in das Getümmel nicht mehr eintauchen. Er suchte sich einen Schlafplatz in einem Wäldchen von Ölbäumen dicht vor den Toren der Stadt. Sein krankes Herz fühlte am kommenden Morgen, dass es ein schwüler Tag würde. Es ging schon gegen Mittag, als er langsam den Hügel hinabstieg und mit schwerem Atem der Stadt zustrebte. Das war ein Gedränge und Gehaste, die Menschen voller Aufruhr. »Sie haben den Größten, und sie wollen ihn zum Geringsten machen«, sagte eine alte Bettlerin. »Er hat die Armen geliebt, die Blinden sehend und die Lahmen gehend gemacht. Jetzt wollen sie ihn ans Kreuz schlagen.« Der kleine König war wie von Sinnen. »Wie alt ist er?« fragte er. »So um die dreißig.« Die Menge schob ihn weiter. Bald stand der kleine König auf dem Schindanger der Stadt. Eben richteten Knechte drei große Kreuze auf, an denen zum Tode verurteilte Menschen hingen. Schritt um Schritt kam er näher, seine Augen nur auf den in der Mitte gerichtet. Der kleine König wusste, dass Er es war, der in der Mitte hing, der Größte aller Zeiten, dem er als Kind zu huldigen vor mehr als dreißig Jahren aus Russland ausgezogen war. Er wusste es, wenn er Ihn nur anschaute und von Ihm angeschaut wurde. Aber das war zu viel für des kleinen Königs Herz. Einen Augenblick dachte er gequält: Ich habe nichts mehr von allem, was ich dir mitbringen wollte. Alles ist hin und vertan. Doch dann flüsterten seine Lippen, ohne dass er es da noch wusste: »Aber mein Herz, Herr, mein Herz, nimmst du es an?«

Nach Edzard Schaper

Ostergeschichten

Die »Auferstehung« Jesu

Wahrscheinlich im Frühjahr des Jahres 51, rund zwanzig Jahre nach dem Tode Jesu, schreibt Paulus an die christliche Gemeinde der Stadt Korinth:

V or allem habe ich euch überliefert, was auch ich empfangen habe:
Christus ist für unsere Sünden gestorben,
gemäß den Schriften,
und ist begraben worden.
Er ist am dritten Tag auferweckt worden,
gemäß den Schriften,
und erschien dem Kephas, dann den Zwölf.
 Danach erschien er mehr als fünfhundert Brüdern zugleich; die meisten von ihnen sind noch am Leben, einige sind entschlafen. Danach erschien er dem Jakobus, dann allen Aposteln.
 Als Letztem von allen erschien er auch mir, dem Unerwarteten, der »Missgeburt«. Denn ich bin der geringste von den Aposteln; ich bin nicht wert, Apostel genannt zu werden, weil ich die Kirche Gottes verfolgt habe.
1 Korinther 15,3–9

Paulus zählt die Reihe derer auf, denen der Auferstandene »erschienen« ist. Als letzten in dieser Reihe nennt er sich selbst. Er ist überzeugt, dass die Erscheinung, die er hatte, sich von den Erscheinungen, welche die Genannten vor ihm hatten, nicht unterschied. Aus diesem Grunde sah er sich in gleicher Augenhöhe mit den Jerusalemer Aposteln.
 Aber was ging vor sich, als man sagte »Christus erschien …?« Um eine Antwort zu finden, sind weitere Stellen aus den Paulusbriefen zu bedenken. »Bin ich nicht ein Apostel? Habe ich nicht Jesus unseren Herrn gesehen?«, fragt er (1 Kor 9,1) und berichtet im Zweiten Brief an die Korinther von einer Vision:

I ch muss mich ja rühmen; zwar nützt es nichts, trotzdem will ich jetzt von Erscheinungen und Offenbarungen sprechen, die mir

---

Die früheste Osterbotschaft bestand aus einem einzigen Satz: »Gott hat Jesus von den Toten auferweckt.« Alle späteren Sätze haben diesen einen Satz entfaltet.

So konnte man auch sagen, dass er »die Himmel durchschritten hat« (Hebr 4,14); dass er »aufgenommen wurde in Herrlichkeit«; (1 Tim 3,16); sich »zur Rechten Gottes gesetzt hat« (Eph 1,20 u. a.); oder dass Gott »ihn erhöht hat und ihm einen Namen gab, der größer ist als alle Namen« (Phil 2,10).

Weil man sich eine körperlose »Auferstehung« nicht denken konnte, hat man vom »leeren Grab« gesprochen. Es entstanden weitere Geschichten, die Widersprüchliches zusammenbinden: dass man ihn erkennt und doch nicht erkennt, ihn berührt, obwohl er unberührbar ist, er derselbe ist und zugleich ganz anders.

Die frühe Vorstellung dachte das Geschehen als eine »Auferweckung zu Gott in den Himmel«. Heute sagen Theologen: »Die Auferstehung Jesu ist nicht ein Ereignis *nach* seinem Tod, sondern die Erscheinung dessen, was *im* Tode Jesu geschehen ist.«

der Herr geschenkt hat. Ich kenne jemanden, einen Diener Christi, der vor vierzehn Jahren bis in den dritten Himmel entrückt wurde; ich weiß allerdings nicht, ob es mit dem Leib oder ohne den Leib geschah, nur Gott weiß es. Und ich weiß, dass dieser Mensch in das Paradies entrückt wurde; ob es mit dem Leib oder ohne den Leib geschah, weiß ich nicht, nur Gott weiß es. Er hörte unsagbare Worte, die ein Mensch nicht aussprechen kann.

2 Korinther 12,1–4

Obwohl Paulus die Umstände seiner Erfahrung nicht beschreibt, ist anzunehmen, dass sie mit einer Ekstase verbunden war. Das lässt fragen, wie solche Erlebnisse zu verstehen sind. Insgesamt wurde der Auferstehungsglaube durch Visionen gestiftet. Paulus bestätigt dies. Er spricht von einer Erkenntnis, die ihn in seiner ganzen Existenz ergriffen hat. Er sagt, dass Gott »in unseren Herzen aufgeleuchtet« sei. (2 Kor 4,6) Ein solcher Vorgang spielt sich nicht in der äußeren Realität, sondern im Innern des Menschen ab. Seine Beschreibung lässt darauf schließen, dass diese Erfahrung in Trance stattfand.

Zwar ist der Visionär überzeugt, das Geschaute geschehe außerhalb seiner selbst, doch sieht die Tiefenpsychologie darin eine Gestaltung des Unbewussten. Ähnlich wie Paulus, der »bis in den dritten Himmel entrückt wurde … und unsagbare Worte hörte, die ein Mensch nicht aussprechen kann«, erlebte der Schweizer Psychologe Carl Gustav Jung (1875–1961) eine Vision: »Ich hätte nie gedacht, dass man so etwas erleben könnte, dass eine immerwährende Seligkeit überhaupt möglich sei. Die Visionen und Erlebnisse waren vollkommen real; nichts war anempfunden, sondern alles war von letzter Objektivität.« Das heißt aber: Offenbarung kommt nicht vom Himmel, sondern aus den Tiefen der Seele.

Von hier aus sind auch die um Jahrzehnte später entstandenen Geschichten zu bedenken, welche die Evangelien erzählen.

»Als er sich bereits Damaskus näherte, geschah es, dass ihn plötzlich ein Licht vom Himmel umstrahlte. Er stürzte zu Boden und hörte eine Stimme zu ihm sagen: Saul, Saul, warum verfolgst du mich? Er antwortete: Wer bist du, Herr? Dieser sagte: Ich bin Jesus, den du verfolgst. Seine Begleiter standen sprachlos da; sie hörten zwar die Stimme, sahen aber niemanden.« (Apg 9,1–7)

Während Paulus zurückhaltend von seiner Erfahrung spricht, schildert Lukas das Geschehen in der Vorstellung seiner Zeit. Dies tut auch der Maler des Altarbildes aus dem Jahr 1420. Paulus trägt Sporen, wie ein mittelalterlicher Ritter. Das Pferd ist unter ihm zusammengebrochen; es wirkt genauso überrascht wie sein Reiter. Obwohl in der Bibel kein Pferd erwähnt wird, scheinen die Maler ohne dieses Zubehör nicht auszukommen.

Über 1200 Jahre wurde der »Auferstandene« nicht gemalt. Als Osterbild diente die Erzählung von den Frauen am leeren Grab. Der Engel sagt: »Was sucht ihr den Lebenden bei den Toten?« Eine Auferstehung ins Leben Gottes kann niemand malen.

Im Hochmittelalter vollzog sich ein Wandel. Erstmals wird der Auferstandene dargestellt. Mit einer Siegesfahne steigt er aus dem Grab. Jedoch ist dieses Bild nicht mit einer Fotografie zu vergleichen. Es ist symbolisch zu verstehen.

Die Botschaft des Engels am leeren Grab

Als der Sabbat vorüber war, kauften Maria aus Magdala, Maria, die Mutter des Jakobus, und Salome wohlriechende Öle, um hinzugehen und Jesus zu salben. Und in aller Frühe am ersten Tag der Woche kamen sie zum Grab, als eben die Sonne aufging. Sie sagten zueinander: Wer wird uns den Stein vom Eingang des Grabes wegwälzen? Doch als sie hinblickten, sahen sie, dass der Stein schon weggewälzt war. Er war sehr groß.

Sie gingen in das Grab hinein und sahen auf der rechten Seite einen jungen Mann sitzen, der mit einem weißen Gewand bekleidet war; da erschraken sie sehr. Er aber sagte zu ihnen:

Erschreckt nicht! Ihr sucht Jesus von Nazaret, den Gekreuzigten. Er ist auferweckt; er ist nicht hier. Seht, da ist die Stelle, wo man ihn hingelegt hatte. Doch geht und sagt seinen Jüngern, vor allem Petrus: Er geht euch voraus nach Galiläa; dort werdet ihr ihn sehen, wie er es euch gesagt hat. Und hinaus gingen sie, flohen vom Grab, denn sie waren starr vor Angst und Entsetzen. Und sie sagten niemandem etwas davon; denn sie fürchteten sich. *Markus 16,1–8*

Im Jahr 1515 malte Matthias Grünewald diesen Christus. Er schwebt über seinem Grab in einer Sonne, während die Wächter noch taumeln. Seine Gestalt geht in Licht über und löst sich in der göttlichen Sphäre auf.

In neuerer Zeit verzichten die Künstler darauf, die Auferstehung als etwas Sichtbares zu malen. Sie malen allein die Gottessonne, die alles Dunkle herausschleudert: Auferstehung als Übergang in den unerkennbaren Gott.

Die Ostererzählungen der Evangelien sind zwanzig bis fünfzig Jahre nach den Paulusbriefen entstanden. Sie übersetzen den Satz »Gott hat Jesus von den Toten auferweckt« in Erzählungen. Man kann diese Erzählungen als Legenden bezeichnen, die das Unanschauliche anschaulich machen.

»Unanschaulich« ist alles, was hinter der Todesschwelle liegt. Dieser Bereich gehört nicht mehr zum geschichtlichen Raum der Menschen. Hier ist es der Engel, der dem Unanschaulichen Ausdruck gibt. Auch Engel »erscheinen«. Wo immer sie im Neuen Testament auftreten, erklären sie etwas »von Gott her«. Darum verbindet sich ein Glanz mit ihnen, der »erschaudern« lässt. »Fürchtet euch nicht!« heißt es vorweg. Der Platz des Engels »auf der rechten Seite« verspricht gute Botschaft. Der Engel verkündet die Botschaft sitzend, das unterstreicht ihren Anspruch. All diese Momente gehören zur Legende.

Das Grab ist leer. Heißt das, der Leichnam sei wiederbelebt worden und fortgegangen? Wenn man »Auferstehung« nicht mehr an den verwesenden Körper bindet, sondern als Überschritt in die Wirklichkeit Gottes versteht, muss das Grab nicht »leer« gewesen sein.

Der Auferstandene erscheint zwei Jüngern auf dem Wege nach Emmaus

Erst die später entstandenen Evangelien erzählen von Erscheinungen im Kreis der Schüler. Es sind Legenden, die das Unvorstellbare anschaulich machen. Diese spät entstandenen Geschichten sind keine geschichtlichen Erinnerungen. Sie müssen darum auch als *Legenden* verstanden werden.

Arcabas, Auf dem Weg, 1993/94.

Am gleichen Tag waren zwei von den Jüngern auf dem Weg in ein Dorf namens Emmaus, das sechzig Stadien von Jerusalem entfernt ist. Sie sprachen miteinander über alles, was geschehen war.

Während sie so redeten und stritten, hatte sich Jesus genaht und ging mit ihnen. Doch ihre Augen waren gehalten, so dass sie ihn nicht erkannten.

Er fragte sie: Was sind das für Dinge, über die ihr auf eurem Weg redet? Da blieben sie traurig stehen, und der eine von ihnen – er hieß Kleopas – antwortete ihm: Du bist wohl der einzige in Jerusalem, der nicht weiß, was in diesen Tagen dort geschehen ist. Er fragte sie: Was denn? Sie antworteten ihm: Das mit Jesus von Nazaret. Er war ein Prophet, kraftvoll in Wort und Tat vor Gott und dem ganzen Volk. Doch unsere Hohenpriester und Führer haben ihn zum Tod verurteilen und ans Kreuz schlagen lassen. Wir aber hatten gehofft, er sei es, der Israel erlösen werde. Und dazu ist heute schon der dritte Tag, seitdem das alles geschehen ist. Doch haben uns einige Frauen aus unserem Kreis in große Aufregung versetzt. Sie waren frühmorgens beim Grab, fanden aber seinen Leichnam nicht. Da kamen sie und erzählten, sie hätten eine Erscheinung von Engeln gehabt; die hätten gesagt, er lebe. Einige der Unsrigen gingen darauf zum Grab und fanden es so, wie die Frauen gesagt hatten. Ihn selbst aber sahen sie nicht.

Da sagte er zu ihnen: Begreift ihr denn nicht? Wie schwer fällt es euch, zu glauben, was die Propheten gesagt haben. Musste der Mes-

Arcabas, Das Mahl, 1993/94.

sias nicht all das erleiden, um so in seine Herrlichkeit zu gelangen? Und er erklärte ihnen, ausgehend von Mose und allen Propheten, was in der gesamten Schrift über ihn geschrieben steht.

So erreichten sie das Dorf, zu dem sie unterwegs waren. Da tat er, als wolle er weitergehen. Sie aber bedrängten ihn und sagten: Bleibe bei uns; denn es will Abend werden, und der Tag hat sich schon geneigt. Da ging er mit hinein, und blieb bei ihnen. Und es geschah, als er sich mit ihnen zu Tisch gesetzt hatte, nahm er das Brot, sprach den Lobpreis, brach das Brot und gab es ihnen. Da gingen ihnen die Augen auf, und sie erkannten ihn. Und er – hinweg schwand er ihnen. Und sie sagten zueinander: Brannte nicht unser Herz, als er unterwegs mit uns redete und uns den Sinn der Schrift aufschloss?

Noch in derselben Stunde standen sie auf und kehrten nach Jerusalem zurück. Dort fanden sie die Elf und jene, die zu ihnen gehörten. Die sagten: Der Herr ist wirklich auferstanden und ist dem Simon erschienen. Da erzählten auch sie, was unterwegs geschehen war und wie sie ihn beim Brechen des Brotes erkannt hatten.

Lukas 24,13–35

Die Emmaus-Legende will einer späteren Generation zeigen, wo sie dem Auferstandenen immer noch begegnen kann: Im Schriftgespräch und im gemeinsamen Mahl bleibt Jesus weiterhin erfahrbar, obwohl sich seine Gegenwart auch immer wieder entzieht.

Seit dem Altertum werden Geschichten erzählt, die im unbekannten Wanderer Gott selbst erkennen:

In Homers »Odyssee« heißt es, dass »selige Götter im wandernden Fremdling Gestalt annehmen«. (Vgl. S. 48 f.)

Der Hebräerbrief mahnt zur Gastfreundschaft, weil man »dadurch – ohne es zu ahnen – Engel aufnehmen könne«.

Das Märchen der Brüder Grimm, »Der Arme und der Reiche« erzählt:

»… Der Reiche guckte den Wandersmann von Haupt bis zu den Füßen an, und weil der liebe Gott schlichte Kleider trug und nicht aussah wie einer, der viel Geld in der Tasche hat, schüttelte er mit dem Kopf und sprach: Ich kann euch nicht aufnehmen, meine Kammern liegen voll Kräuter und Samen, und sollte ich einen jeden beherbergen, der an meine Tür klopft, so könnte ich selber den Bettelstab in die Hand nehmen …

Also ging der liebe Gott hinüber zu dem kleinen Haus. Kaum hatte er angeklopft, so klinkte der Arme schon sein Türchen auf und bat den Wandersmann einzutreten …«

Die Frauen am leeren Grab und Himmelfahrt Jesu. Elfenbein-Relief, um 400.

Hier werden Grab, Osterbotschaft und Himmelfahrt nebeneinander dargestellt. Das Nebeneinander ist ein Ineinander, denn im Tode geschieht der Überschritt in eine andere Wirklichkeit.

Konrad von Soest, Himmelfahrt Christi, 1403.

Der angedeutete Ölberg in der Mitte trägt die Fußabdrücke Jesu. Er hat in seinem Leben Spuren hinterlassen. Die Jesusgestalt in einem blau gehaltenen Kreis ist kleiner als die darunter versammelten Menschen. Er gehört dieser Welt nicht mehr an.

Die »Himmelfahrt« Jesu

Beim gemeinsamen Mahl gebot er ihnen: Geht nicht weg von Jerusalem, sondern wartet auf die Verheißung des Vaters, die ihr von mir vernommen habt ... Er sagte auch: Euch steht es nicht zu, Zeiten und Fristen zu erfahren, die der Vater in seiner Macht festgesetzt hat. Aber ihr werdet die Kraft des Heiligen Geistes empfangen, der über euch kommen wird. Und ihr werdet meine Zeugen sein in Jerusalem und in ganz Judäa und Samaria und bis an die Grenzen der Erde.

Nachdem er das gesagt hatte, wurde er vor ihren Augen emporgehoben. Eine Wolke nahm ihn auf und entzog ihn ihren Blicken. Während sie noch unverwandt ihm nach zum Himmel emporschauten, da! plötzlich standen zwei Männer in weißen Gewändern bei ihnen. Die sagten: Ihr Männer von Galiläa, was steht ihr da und schaut zum Himmel empor? Dieser Jesus, der von euch ging und in den Himmel aufgenommen wurde, wird ebenso wiederkommen, wie ihr ihn habt zum Himmel hingehen sehen.   *Apostelgeschichte 1,4–12*

Eine »Himmelfahrt Jesu« beschreibt nur Lukas. Andere Texte sagen: »Er wurde aufgenommen in Herrlichkeit«, oder: »Der in den Himmel gegangen ist, ist dort zur Rechten Gottes«. In solcher Rede ist »Himmelfahrt« ein anderes Wort für »Auferstehung«.

Nicht so bei Lukas. Er macht aus der Himmelfahrt eine »Entrückungsgeschichte«, wie sie das Altertum kannte. Der römische Schriftsteller Titus Livius erzählt:

Romulus hielt eines Tages vor den Mauern der Stadt eine Volksversammlung ab, um das Heer zu mustern. Da brach plötzlich ein Unwetter los, das den König mit einer dichten Wolke einhüllte. Als sich die Wolke verzogen hatte, war Romulus nicht mehr auf Erden. Er war in den Himmel aufgefahren. Das Volk blieb zunächst ratlos, dann aber machten einige den Anfang und schließlich huldigten alle Romulus als einem neuen Gott und als Vater der Stadt Rom.   *Romulus 1,16*

Ähnliches wird von Elija erzählt:

Und es geschah, während sie miteinander gingen, gingen und redeten, siehe da, ein feuriger Wagen und feurige Pferde, die sie beide voneinander trennten. Und Elija fuhr im Sturmwind zum Himmel empor. Und Elischa sah es und rief laut: Mein Vater, mein Vater! Wagen Israels und sein Lenker! Dann sah er ihn nicht mehr.   *2 Könige 2,11 f.*

Lukas griff diese Erzählform auf, um den Gemeinden zu sagen, sie sollten nicht länger zum Himmel aufschauen, um die Wiederkunft des himmlischen Christus zu erwarten. Viele meinten nämlich, die Wiederkunft Christi stehe weiterhin bevor, da lohne es sich nicht, noch viel zu planen und zu schaffen.

Lukas fand es falsch, nur »zum Himmel aufzuschauen«. Nicht die Endzeit stehe bevor, sondern die Zeit der Kirche. Statt hinter Jesus herzuschauen und seine Wiederkehr untätig zu erwarten, sollten alle mit der gebotenen Arbeit beginnen. Darum lässt er die Engel mahnen: »Was steht ihr da und schaut zum Himmel empor?« Und legt Jesus die Worte in den Mund: »Euch steht es nicht zu, Zeiten und Fristen zu erfahren ... Aber ihr werdet meine Zeugen sein in Jerusalem und in ganz Judäa und Samaria und bis an die Grenzen der Erde.«

Rembrandt, Himmelfahrt Christi, 1636. Der in weiße Gewänder gekleidete Christus steht auf einer Wolke, an die sich in kindlicher Freude ein ganze Traube geflügelter Putten hängt. Das Geschehen hat Bühnencharakter: eine Wolke als Hebebühne, theatralische Beleuchtung und das staunende Publikum im Parterre. – Eine falsch inszenierte Glaubenswelt.

Himmel

Im Englischen kann »Himmel« *sky* oder *heaven* heißen. *Sky* heißt der Himmel mit Wolken und Gestirnen über uns. *Heaven* ist kein räumlicher Himmel. Wenn wir sagen: »Der Himmel hängt voller Geigen« oder: »Halt an! Wo läufst du hin? Der Himmel ist in dir. Suchst du ihn anderswo, du fehlst ihn für und für«, ist im Englischen *heaven* gemeint.

Richard Seewald, Der Turmbau zu Babel, 1957.

Das Pfingstereignis

Als der Pfingsttag gekommen war, befanden sich alle am gleichen Ort. Und es geschah: Plötzlich kam vom Himmel her ein Brausen, wie wenn ein heftiger Sturm daherfährt, und erfüllte das ganze Haus, in dem sie waren. Und es erschienen ihnen Zungen wie von Feuer, die sich verteilten; auf jeden von ihnen ließ sich eine nieder. Und voll Heiligen Geistes wurden alle. Und sie begannen, in fremden Sprachen zu reden, wie der Geist es ihnen eingab.

In Jerusalem aber wohnten Juden, fromme Männer aus allen Völkern unter dem Himmel. Als jenes Tosen begann, strömte die Menge zusammen und war ganz bestürzt; denn jeder hörte sie in seiner eigenen Sprache reden. Sie gerieten außer sich vor Staunen und sagten: Sind das nicht alles Galiläer, die hier reden? Wie kommt es, dass sie jeder in seiner Muttersprache hört? Wir Parther, Meder und Elamiter, Bewohner von Mesopotamien, Judäa und Kappadokien, von Pontus und der Provinz Asien, von Phrygien und Pamphylien, von Ägypten und dem Gebiet Libyens nach Zyrene hin, auch die Römer, die sich hier aufhalten, Juden und Proselyten, Kreter und Araber, wir hören sie in unseren Sprachen Gottes große Taten verkünden. Sie waren fassungslos und ratlos, sagten einer zum anderen: Was hat das zu bedeuten? Was mag das sein? Andere aber machten sich lustig und sagten: Sie sind vom süßen Wein betrunken.

Apostelgeschichte 2,1–13

So hat der Erzähler Lukas den Morgen des Pfingsttages ausgemalt. Schon immer wird er als Maler beschrieben, besonders wegen seiner Schilderung Marias und der Geburt Jesu. Und auch hier malt Lukas ein Bild. Dafür hat er auf die Bibel und andere Geschichten von jüdischen Schriftstellern zurückgegriffen:

Das »Brausen« wie gewaltiger Wind ist aus der Erzählung von Elija am Berge Horeb bekannt (→ S. 114). Dass alle hören und verstehen, findet sich in einer Nacherzählung der Sinai-Geschichte: »Die Stimme Gottes drang von oben herab zu allen hin, so dass jeder die einzelnen Gebote Gottes, die Mose auf zwei Tafeln aufgeschrieben hat, deutlich vernehmen konnte«. Bei einem weiteren jüdischen Schriftsteller heißt es, alles werde so vernommen, »dass die ganz entfernt Stehenden in gleicher Weise wie die Nächsten zu hören glaubten«. Auch das Sprachenwunder fand er bereits vor: »Die Stimme ging aus und teilte sich in 70 Stimmen nach den 70 Sprachen, damit alle Nationen sie vernehmen sollten. Jede Nation hörte die Stimme in der Sprache ihrer Nation.« Die Pfingstlegende rückt also den Empfang des Geistes in eine Parallele zum Geschehen am Sinai.

Die Pfingstlegende lässt sich aber auch mit der Geschichte vom Turmbau zu Babel vergleichen. Dort wird erzählt, wie die Sprache der Menschen verwirrt wurde, so dass die Menschen einander nicht mehr verstanden. Der Geist Gottes, der hier die Menschen erfüllt, überwindet diese Wirrsal: Alle verstehen sich, einerlei in welcher Sprache sie angesprochen werden.

Richard Seewald, Die Geistausgießung, 1957.

Der Weg in die Welt

Die Anfänge der Jesusbewegung

Die Jesusbewegung begann sehr unterschiedlich. Unter hellenistischen Juden – »Griechen« genannt, weil deren Muttersprache Griechisch war – wurde anders gedacht und gearbeitet als unter palästinischen Juden. Die hellenistische Entwicklung beschreibt der Apostel Paulus in seinen Briefen. Die ältesten Texte der palästinischen Jesusbewegung sind die Spruchquelle Q und das Thomasevangelium.

Die Spruchquelle Q

Die Spruchquelle ist eine Sammlung von Worten Jesu. Es sind Worte, die bald nach dem Tod Jesu aufgeschrieben wurden, sowie Worte, die später hinzukamen. Die Sammlung wurde vor dem Jahr 70 abgeschlossen.

Die früheste Schicht der Spruchquelle haben Wanderprediger in Galiläa zusammengetragen. Sie zogen arm wie Jesus durchs Land und setzten fort, was sie bei Jesus gelernt hatten. Sie nahmen nichts zu ihrer Lebenssicherung mit. Sie vertraten ihre Botschaft vom Reich Gottes, wie Jesus sie vertreten hatte (→ S. 190). Aber das Todesschicksal Jesu zählte nicht zu dieser Botschaft. Darum ist von Kreuzigung und Auferstehung in der Spruchquelle nicht die Rede. Die »Sache Jesu« fand in Galiläa, wo die Spruchquelle entstand, anfangs ohne Osterbotschaft ihre Fortsetzung. Die frühen Reich-Gottes-Botschafter der dreißiger und vierziger Jahre gründeten auch keine Gemeinden, wie dies in den hellenistischen Städten geschah. Sie verstanden sich als Verkünder eines gütigen Gottes.

Als später die Zeiten hart wurden und schließlich zu einem grausamen Krieg gegen die Römer führten, wandelte sich das Gottesbild der Menschen. Aus dem menschenfreundlichen Gott Jesu wurde immer mehr ein richtender und strafender Gott.

Die Evangelien nach Matthäus und Lukas haben in ihren Redetexten auf die Spruchquelle zurückgegriffen. Das hat ihren Grundbestand bewahrt, so dass ihn die Forschung weitgehend rekonstruieren kann.

Tragt keinen Geldbeutel, keinen Proviantsack, keine Sandalen, auch keinen Stock … Wenn ihr aber in ein Haus hineingeht, sagt: Friede diesem Haus. Bleibt in diesem Haus, esst und trinkt, was sie euch geben. Heilt die Kranken und sagt ihnen: Nahe zu euch ist die Herrschaft Gottes gekommen.

Das Thomasevangelium

Das Thomasevangelium ist eine Sammlung von 114 Aussprüchen Jesu, die in den1940er Jahren in Ägypten zusammen mit etwa 50 weiteren Schriften gefunden wurde. Auch in dieser Schrift, die ebenfalls in Palästina entstand, kommen Wundererzählungen, Passionsgeschichte, Tod und Auferstehung Jesu nicht vor. Nirgendwo wird Jesus Messias oder Christus genannt. In erster Linie ist er der Lehrer, der seinen Blick auf die Menschen seiner eigenen Zeit richtet. Das Reich Gottes liegt nicht in der Zukunft, sondern kann heute schon wahrgenommen werden:

> Es sprachen zu ihm seine Jünger:
> Das Reich, wann wird es kommen?
> Jesus sagte:
> Es wird nicht kommen im Ausschauen danach.
> Man wird nicht sagen: Siehe hier! oder: Siehe dort!
> Sondern das Reich des Vaters ist ausgebreitet über die Erde, und die Menschen sehen es nicht. *Thomasevangelium 113*

Wie in der Spruchquelle hat sich auch das Thomasevangelium mit seinem Abstand zur Jesuszeit verändert. Nur die ältesten Schichten beider Schriften haben jesusnahe Traditionen.

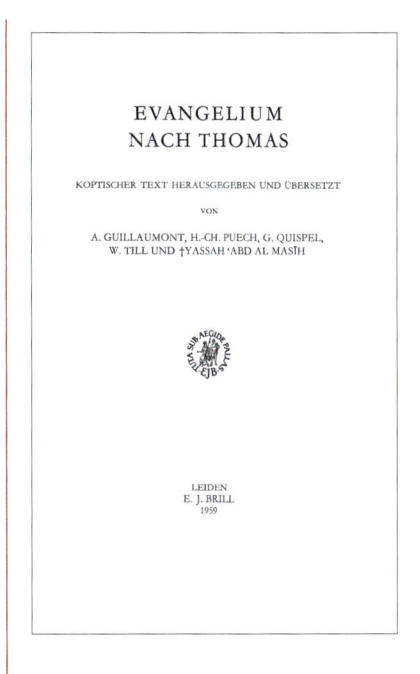

Jesus sagte: Wenn die, die euch führen, zu euch sagen: Siehe das Reich ist im Himmel, so werden euch die Vögel des Himmels zuvorkommen. Wenn sie zu euch sagen: Es ist im Meer, so werden die Fische euch zuvorkommen. Aber das Reich ist in euch …

Die Christusverkündigung

Als Paulus die Christengemeinde in Antiochia kennenlernte, nannte man Jesus dort den »Gesalbten«. Dieser Ausdruck lautet hebräisch »Messias«, griechisch »Christos«. Ursprünglich war nur der davidische König der »Gesalbte« (→ S. 91; 96). Später haben sich unterschiedliche Erwartungen mit diesem Titel verbunden. Es ist unwahrscheinlich, dass Jesus sich selbst als Messias verstand. Wenn man dennoch begann, ihn den Messias zu nennen, sah man ihn als den mit Gottes Geist Gesalbten, als einen Propheten, dessen Wort Gott zur Sprache bringt, als einen »Sohn Gottes«, der zu Gott in engster Beziehung steht (→ S. 94 f.).

Die Bezeichnung Jesu als Christus oder Messias versteht ihn als den Boten, dessen Weisheit göttlichen Ursprungs ist. Dieser jüdische Gedanke ist in der hellenistischen Welt weiterentwickelt worden. Hier sagte man bald: Der von Gott »Gesalbte«, der »Messias«, der »Christus« ist zugleich der »Sohn«, den Gott in seinem Tod nicht alleingelassen hat. Als dieser »Sohn« am Kreuze starb, hat Gott ihn zu sich »erhöht«. Dem Gedanken, dass Gott Jesus nicht im Tode

Es wird überliefert, bereits im 5. Jahrhundert habe jemand ein Christusbild »in der Ähnlichkeit des Zeus« geschaffen. Man fand dies ungehörig, so dass eine Legende erzählt, dem Maler sei zur Strafe die Hand verdorrt. Dennoch setzte sich dieser Bildtyp durch. Dabei wurde das Christusbild dem Herrschaftstyp des römischen Kaisers angeglichen.

Als Allherrscher (Pantokrator) erscheint Christus nun in den Gewölben der Kirchen, umgeben von den vier Engeln der Weltrichtungen. Sein Haupt umgibt der Kreuznimbus. Das Haar ist in der Mitte gescheitelt, sein Blick schaut den Betrachter frontal an. Damit setzt sich ein strenger Christustyp durch, der zugleich die kaiserliche Herrschaft überhöht. Auch in den folgenden Jahrhunderten begegnet dieser Christus als unnahbarer Gebieter. Ein solcher Herrschaftstyp ist weit vom Jesus der Evangelien entfernt.

gelassen hat, standen weitere Umschreibungen (Metaphern) zur Verfügung: Er sei »auferweckt«, »in den Himmel aufgenommen« worden; er »sitze jetzt zur Rechten Gottes«.

Im Fortgang der Zeit war in den hellenistischen Gemeinden nicht mehr die Reich-Gottes-Botschaft zentral. Falls Paulus dieses Lebensthema Jesu kannte, hat er sich damit in den griechischen Städten wohl keinen Erfolg vorstellen können. An die Stelle des Reich-Gottes-Evangeliums Jesu trat die Verkündigung des Christus,

> den Gott über alles erhöht hat
> und ihm einen Namen verliehen,
> der über allen Namen ist,
> damit im Himmel, auf der Erde und unter der Erde
> sich beuge jedes Knie
> und jeder Mund bekenne:
> »Jesus Christus ist der Herr,
> zur Ehre Gottes, des Vaters.«

Philipper, 2,9–11

Jesus, der Jude

Der jüdische Schriftsteller Amos Oz erzählt von seinem Onkel Joseph Klausner (1874–1958), der als erster Jude ein Buch über Jesus von Nazaret geschrieben hat. Er behauptete darin – zum Erstaunen von Christen und Juden –, Jesus sei als Jude geboren und als Jude gestorben und habe gar keine neue Religion begründen wollen.

Der Journalist Achad Ha'am bat Klausner eindringlich, dies zu streichen, um einen ungeheuren Skandal in der jüdischen Welt zu vermeiden. Tatsächlich löste das Buch diesen Skandal auch aus, als es 1921 in Jerusalem erschien.

Juden beschuldigten Klausner, die Missionare hätten ihn mit Geld bestochen, damit er »jenen Mann« lobe und preise. Christen sagten, das Buch trage das Gift der Ketzerei in sich, denn »es präsentiert unseren Heiland als eine Art Reformrabbiner, als einen gewöhnlichen Sterblichen und vollgültigen Juden, der rein gar nichts mit der Kirche zu tun hat«.

Einmal sagte Onkel Joseph zu mir: »In deiner Schule, mein Lieber, wird man dich gewiss lehren, diesen wunderbaren Juden zu verabscheuen, und ich hoffe nur, man bringt dir nicht auch noch bei, auszuspucken, wann immer du seinem Bildnis oder einem Kruzifix begegnest. Wenn du einmal groß bist, mein Lieber, lies bitte deinen Lehrern zum Trotz das Neue Testament, und du wirst entdecken, dass er von unserem Fleisch und Blut gewesen ist, durch und durch eine Art Zaddik oder Wundertäter. Zwar war er ein Träumer ohne jeglichen Sinn für Politisches, aber es gebührt ihm, sehr gebührt ihm ein Platz im Pantheon der Großen Israels.«

Haben Lügen kurze Beine?

Die Beschaffung von Lebensmitteln ist sehr schwierig, für alle Menschen in der Stadt, aber für die Juden am schwierigsten. Die jüdischen Fischläden dürfen keinen Fisch verkaufen, die jüdischen Gemüseläden kein Obst und fast kein Gemüse, sie müssen die Reste nehmen, die bei der allgemeinen Verteilung übrig bleiben …

Nun möchte Mutter zu Vaters Geburtstag so gerne Äpfel haben. Es gibt eine Möglichkeit, doch sie ist gefährlich. Er will das Risiko gerne auf sich nehmen. Er ist acht Jahre alt, aber so klein, dass er ohne weiteres sagen kann, er sei sechs. Zwischen sechs und fünf ist kein großer Unterschied, und wer erst fünf ist, braucht keinen Stern zu tragen. Sonst trägt er natürlich immer einen, aber er hat noch eine alte Strickjacke ohne Stern.

Klar? Und außerdem ist er blond. Er kann also ohne Schwierigkeiten in einen nichtjüdischen Gemüseladen gehen und zwei Kilo Äpfel kaufen. Ganz einfach.

Mutter hält es nicht für so einfach. Es können ihm Leute begegnen, die wissen, dass er ein jüdischer Junge ist. Er kann nach seinem Familiennamen gefragt werden.

»Wenn sie wissen wollen, warum du keinen Stern trägst, dann sagst du, dass du erst fünf bist, verstehst du?«

Er nickt verständnisvoll. Bisher fühlte er sich immer bedrückt, weil er so klein war, nun freut er sich darüber.

»Und wenn sie sich erkundigen, wie du heißt, sagst du einfach … de Jong. So können andere auch heißen.«

»De Jong«, wiederholt er leise. In der Schule gibt es keine Kinder, die de Jong heißen. Doch wenn Mutter meint, dass andere auch so heißen können, wird es wohl stimmen. De Jong also.

Alles klappt ausgezeichnet. Niemand fragt ihn, warum er keinen Stern trägt. Es ist ganz sonderbar, einmal ohne Stern zu gehen. Als er einen Grünen sieht, denkt er: Der kann mir nichts tun, denn er weiß nicht, dass ich ein Jude bin. Es ist ein richtig angenehmes Gefühl.

Im Laden muss er lange warten. Viele Frauen werden vor ihm bedient. Als er an die Reihe kommt, sagt er schnell: »Zwei Kilo Äpfel bitte.«

Beim Abwiegen fragt die Frau freundlich, weil er so klein ist: »Wie heißt du denn, Kerlchen?«

Er muss sich besinnen. »De Jong«, antwortet er endlich.

»Nein«, lacht die Frau. »Ich meine deinen Vornamen!«

Damit hat er nicht gerechnet. Er weiß nicht, ob Jopie ein jüdischer Vorname ist oder ob auch die anderen so heißen können. Auf jeden Fall scheint es ihm besser, nicht Jopie zu sagen. Aber was sonst?

»Na, verrat es nur!«, lächelt die Frau.

»Jesus«, sagt er heiser.

Clara Asscher-Pinkhof

Das Evangelium des Paulus

Die Christuserfahrung vor Damaskus (→ S. 252 f.) hat Paulus in seinem weiteren Leben bestimmt. Er beriet sich allerdings mit keinem Menschen. »Ich zog auch nicht nach Jerusalem hinauf zu denen, die vor mir Apostel waren, sondern zog fort in die Arabia und wandte mich dann wieder nach Damaskus« (Gal 1,15 ff.). Paulus wollte Jesus »dem Fleisch nach nicht kennen«. Zwar hat Paulus drei Jahre später den Petrus in Jerusalem besucht und ist 15 Tage bei ihm geblieben (Gal 1,18). Gewiss hat er in diesen Gesprächen einiges über Jesus gehört. Dennoch wollte er sich von diesem Wissen nicht abhängig machen. Der geschichtliche Jesus war für Paulus nicht wichtig, sondern nur der Auferstandene, wie er ihn in seiner Vision gesehen hatte.

In dem, was Paulus in allen weiteren Jahren als »sein Evangelium« vertrat, kommt deshalb das Evangelium vom Reich Gottes, wie Jesus es lehrte und lebte, nicht vor. Paulus hat allem Anschein nach kein einziges Gleichnis Jesu gekannt, nicht die »Bergpredigt«, nicht das Vaterunser. Er hat auch nicht vor Augen gehabt, wie Jesus den Menschen begegnete: Frauen und Männern, Armen und Kranken, den Bauern, Fischern und Schriftgelehrten. Ein Pauluskenner schreibt: »Man darf getrost sagen, dass wir heute trotz der fast 2000 Jahre Abstand aller Wahrscheinlichkeit nach mehr über den geschichtlichen Jesus wissen, als Paulus von ihm wusste« (Günther Bornkamm).

Paulus will nur noch den Gekreuzigten verkünden, »der für unsere Sünden gestorben ist« (1 Kor 15,3). »Das Evangelium, das ich euch verkündet habe, ist kein Menschenwerk. Ich habe es auch nicht von Menschen übernommen oder gelernt, sondern es wurde mir selbst geoffenbart, als ich Jesus Christus in einer Vision schaute« (Gal 1,12). Nur Jesu Tod am Kreuz blieb für Paulus bedeutsam. Er verstand diesen Tod als Sühnopfer für die verlorene Menschheit. Darum sagte er, Christus sei »für die Menschen gestorben«, und erklärte, dass er »als unser Osterlamm geopfert (geschlachtet) wurde« (1 Kor 5,7).

Allerdings war eine Vorstellung von Sühneleistung, die Gott mit den Menschen versöhnt, Jesus fremd. Im Gleichnis vom »verlorenen Sohn« oder »barmherzigen Vater« (→ S. 210) spricht er mit keinem Wort von einer notwendigen Sühne. Hier erwartet der Vater den heimgekehrten Sohn mit offen Armen. In übergroßer Freude feiert er mit ihm ein Fest, an dem das ganze Haus teilhaben soll. Im Gleichnis vom Pharisäer und Zöllner (Lk 18,9–14) genügt die Bitte: »Gott sei mir Sünder gnädig«, um angenommen zu sein. Für Jesus ist Gott jedem Menschen unmittelbar: Es braucht kein Opfer, keinen Altar und keine Priester. Gefragt sind Liebe und Barmherzigkeit. Was sich die Menschen in der Liebe schuldig bleiben, bleiben sie auch Gott schuldig. Verlangt wird gegenseitige Vergebung – Feindesliebe nicht ausgenommen.

Es gilt also, das Evangelium Jesu und das Evangelium des Paulus zu unterscheiden. Es ist aber auch zu sehen, wie Paulus die Linie Jesu in seiner Weise fortsetzt. Wie Jesus in seiner Reich-Gottes-Botschaft alle Menschen im Blick hatte, will auch Paulus alle Menschen erreichen: Es genügt ihm nicht, die Jesusbewegung nur unter Juden zu lassen und neue Anhänger nur zu akzeptieren, wenn sie vorher Juden werden, denn: »es gibt nicht mehr Juden und Griechen, nicht Sklaven und Freie, nicht Mann und Frau …«. Sie alle sind berufen, »in Christus« *ein* Leib zu sein.

Paulus ist hier gleich vier Mal zu sehen: Links, wie ihn ein Lichtstrahl vom Himmel trifft. Dann liegt er getroffen auf dem Boden. Rechts wird er als Blinder nach Damaskus geführt. Schließlich tritt er (noch einmal links) als der von Christus berufene Apostel vor, mit dem Buch der Lehre in der Hand.

Richard Seewald, Stephanus' Tod, 1957.

Die ersten Gemeinden in Jerusalem und Antiochia

Jerusalem war Mittelpunkt des Judentums im gesamten Römischen Reich, ein Gegenpol zu allen übrigen Städten der Welt. Schon bald nach dem Tode Jesu bildete sich hier eine Jesusgemeinde unter der Leitung von Petrus, Jakobus und Johannes. Vermutlich waren weitere Männer und Frauen der Jesusbewegung aus Galiläa dabei. Juden aus der hellenistischen Welt schlossen sich an. Deren Muttersprache war Griechisch. Vereinfachend nannte man sie »Griechen«, die Einheimischen »Hebräer«. Doch beide, »Hebräer« wie »Griechen«, waren gleicherweise Juden.

Die »Griechen« fühlten sich nicht so streng an die Tora gebunden wie die »Hebräer«. Im Umgang mit der heidnischen Welt hatte sich ihre Bindung an die Tora gelockert. Das führte bald zu Spannungen in Jerusalem. Jüdische Kreise warfen Stephanus, dem Wortführer dieser hellenistischen Juden, vor, er versündige sich mit seinem Verhalten »gegen Mose und Gott«. Als dieser Konflikt sich steigerte und außer Kontrolle geriet, kam es zur Lynchjustiz: Man trieb Stephanus aus der Stadt und steinigte ihn. Anschließend wurden alle weiteren »Griechen« aus Jerusalem ausgewiesen. Die Jesusgemeinde der »Hebräer« blieb ungeschoren; sie galt als toratreu.

Von den ausgewiesenen »Griechen« gingen einige nach Antiochia, der damals drittgrößten Stadt des Römischen Reiches. Hier wurde Jesus ständig Messias, griechisch »Christos« genannt. Darum bekamen die Jesusleute in Antiochia bald den Namen *Christianoi*, »Christen«. Zu ihnen kamen auch viele Nichtjuden, die sie in ihre Tischgemeinschaft aufnahmen. Als aber die Jerusalemer Gemeinde hörte, in Antiochia träfen sich Juden und Nichtjuden an einem gemeinsamen Tisch, entstand Aufregung. Man schickte den Barnabas zur Erkundung dorthin, denn man hatte Sorge, es könne sich wiederholen, was zuvor schon in Jerusalem so große Unruhe und Spaltung ausgelöst hatte.

Barnabas reiste nach Antiochia, holte aber den Paulus hinzu. Beide freuten sich, dass Nichtjuden in der Jesusgemeinde Aufnahme fanden, ohne die jüdische Beschneidung zu erhalten. Die Beschneidung drückt – damals wie heute – die Zugehörigkeit zum Gottesvolk aus. Deshalb stritt man miteinander, ob Nichtjuden wirklich zur Jesusgemeinde gehören können, ohne Juden zu werden. Um hier Klarheit zu schaffen, reisten Paulus und Barnabas nach Jerusalem.

Es kam zu heftigen Diskussionen. Der Einwand lautete, das Essen mit Heiden mache »unrein«. Tischgemeinschaft mit ihnen sei nicht möglich. Um in die Jesusbewegung aufgenommen zu werden, müsse man zuerst Jude werden, sich also beschneiden lassen und das Gesetz des Mose annehmen. Paulus und Petrus stritten über diesen Punkt heftig miteinander. Paulus schreibt dazu:

Wir haben uns keinen Augenblick unterworfen. Wir haben ihnen nicht nachgegeben. Aber auch von den »Angesehenen« wurde mir nichts auferlegt. Im Gegenteil, sie sahen, dass mir das Evangelium für die Unbeschnittenen anvertraut ist wie dem Petrus für die Beschnittenen – und sie erkannten die Gnade, die mir verliehen ist. Deshalb gaben Jakobus, Kephas und Johannes, die als die »Säulen« Ansehen genießen, mir und Barnabas die Hand zum Zeichen der Gemeinschaft: Wir sollten zu den Heiden gehen, sie zu den Beschnittenen. Nur sollten wir an ihre Armen denken; und das zu tun habe ich mich eifrig bemüht. *Vgl. Galater 2,1–10*

Petrus und Paulus (Relief 4./5. Jahrhundert) zwar einander zugewandt, doch gewiss nicht ohne Spannung.

Darunter ein Gemälde von Arcabas, Zusammenkunft, 1984, in dem die beiden Männer viel reden, aber nicht unbedingt übereinkommen.

Damit war der Weg beschritten, die Jesusbewegung vom Judentum zu lösen und für die Völkerwelt zu öffnen. Paulus verfolgte diese Linie in seiner weiteren Tätigkeit mit großem Eifer und Erfolg. In Jerusalem waren jedoch keineswegs alle überzeugt worden; viele bekämpften die Arbeit des Paulus weiterhin.

Bis zur Zerstörung Jerusalems im Jahre 70 blieb das Judenchristentum in einem kritischem Abstand zum neuen Weg der Heidenmission. Nachdem die Römer aber Stadt und Tempel zerstört hatten, wurde diese Gegnerschaft schwächer; die Jesusbewegung drang als Christuskult immer mehr in die Städte der Mittelmeerwelt ein. Das Judentum sah darin eine neue Religion. Doch auch die Christen aus der Völkerwelt trennten sich von ihrer jüdischen Wurzel. Es begann eine lange Geschichte der Feindschaft.

Der Einsatz des Paulus

Paulus hat der Jesusbewegung die Tür in die Völkerwelt geöffnet. Er war der erfolgreichste Missionar des entstehenden Christentums. Die Kirche verdankt ihm fast alles. Seine Lebensleistung ist unvergleichlich. In seinen Briefen spricht er mehrfach von Krankheiten, die ihn plagen, und nennt sie einen »Dorn im Fleisch«. Dennoch hat dieser zarte, kranke Mann unvorstellbare Belastungen ertragen. In einem einzigen Jahrzehnt durchzog er unter schwierigsten Bedingungen die Hälfte des Römischen Reiches. Er gründete Gemeinden in Kleinasien, Makedonien und Griechenland; er zog sogar schon Rom und Spanien in seine Pläne ein. In einem seiner Briefe spricht Paulus von den Strapazen und Gefahren, die mit seinem Einsatz verbunden waren:

Ich ertrug mehr Mühsal, war häufiger im Gefängnis, wurde mehr geschlagen, war oft in Lebensgefahr. Fünfmal erhielt ich von Juden die neununddreißig Hiebe; dreimal wurde ich ausgepeitscht, einmal gesteinigt, dreimal erlitt ich Schiffbruch, eine Nacht und einen Tag trieb ich auf hoher See. Ich war oft auf Reisen, gefährdet durch Flüsse, gefährdet durch Räuber, gefährdet durch das eigene Volk, gefährdet durch Heiden, gefährdet in der Stadt, gefährdet in der Wüste, gefährdet auf dem Meer, gefährdet durch falsche Brüder. Ich erduldete Mühsal und Plage, durchwachte viele Nächte, ertrug Hunger und Durst, häufiges Fasten, Kälte und Blöße. Um von allem andern zu schweigen, weise

Lovis Corinth, Paulus, 1911.

Die Missionsreisen des Apostels Paulus.

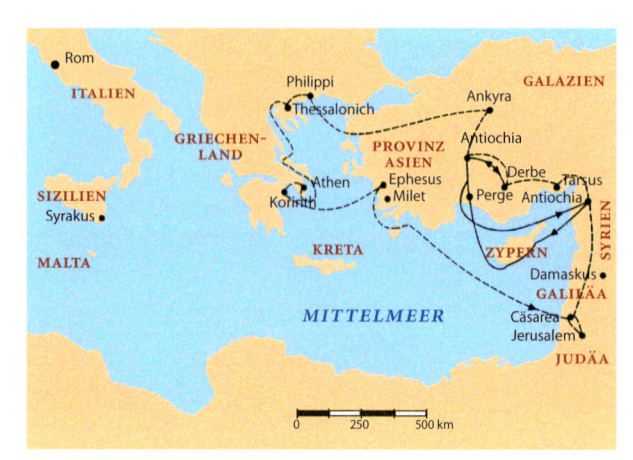

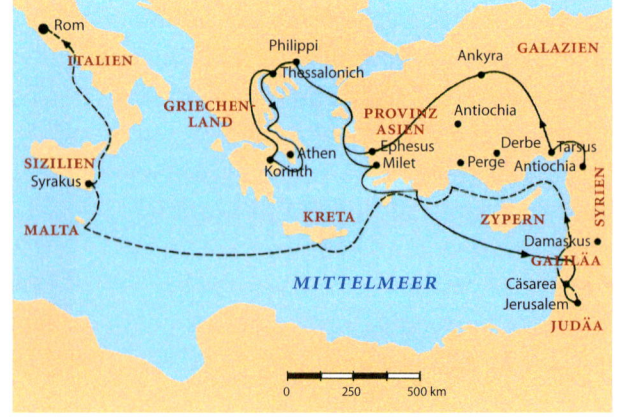

Die Flucht des Paulus aus Damaskus in einem Fresko in der Dorfkirche von Naturns bei Meran, 9. Jahrhundert.

»Da beschlossen die Juden, ihn zu töten. Doch ihr Plan wurde dem Saulus bekannt. Sie bewachten sogar Tag und Nacht die Stadttore, um ihn zu beseitigen. Aber seine Jünger nahmen ihn und ließen ihn bei Nacht in einem Korb die Stadtmauer (von Damaskus) hinab.« (Apg 9,23–25)

ich noch auf den täglichen Andrang zu mir und die Sorge für alle Gemeinden hin. Wer leidet unter seiner Schwachheit, ohne dass ich mit ihm leide? Wer kommt zu Fall, ohne dass ich von Sorge verzehrt werde? Wenn schon geprahlt sein muss, will ich mit meiner Schwachheit prahlen. Gott, der Vater Jesu, des Herrn, er, der gepriesen ist in Ewigkeit, weiß, dass ich nicht lüge. In Damaskus ließ der Statthalter des Königs Aretas die Stadt der Damaszener bewachen, um mich festzunehmen. Aber durch ein Fenster wurde ich in einem Korb die Stadtmauer hinuntergelassen und so entkam ich ihm.

2 Korinther 11,23–33

»Sein Benehmen war, wenn er wollte, äußerst gewinnend. Seine Briefe lassen den Mann von Geist erkennen. Ein- oder zweimal wird man von seinem Spott verletzt. Aber welches Feuer! Welche Fülle hinreißender Worte! Man fühlt es, wenn ihn nicht Leidenschaft in Zorn und Wut versetzte, muss sein Wesen das eines feinsinnigen und übereifrigen Mannes gewesen sein.«

Ernest Renan, 1866.

Jesus und Paulus

Jesus ist in einem galiläischen Dorf aufgewachsen; die meisten Menschen dort waren jüdische Bauern und Handwerker. Die griechisch-römische Kultur durchmischte seit Generationen das Land, beschränkte sich aber vor allem auf Handel, Verwaltung und Politik. Der römische Verwaltungssitz war nur fünf Kilometer von Nazaret entfernt. Dass Jesus die griechische Sprache verstand, ist wahrscheinlich. Die hellenistische Kultur war ihm eher fremd. Höhere Schulbildung besaß er wohl nicht; vermutlich konnte er lesen, aber nicht schreiben.

Jesus konnte erzählen. Er erfand Gleichnisse, die alltägliche Vorgänge zu Gleichnissen des Reiches Gottes machten. Seine Sprache verrät ein offenes Auge und einen wachen Sinn. Er sah eine Witwe, wie sie zwei kleine Münzen in einen Opferkasten warf; dachte sich in eine Frau hinein, die eine Drachme verliert und nun das ganze Haus auf den Kopf stellt, sie wiederzufinden; lernte von den Blumen des Feldes, welche die Pracht Salomos überbieten und doch unbesorgt um ihr Aussehen sind …

Paulus hingegen war ein Städter, in der Hafenstadt Tarsus als Sohn jüdischer Eltern geboren und mit hellenistischer Bildung vertraut. Er konnte sich in zwei Kulturen, der jüdischen und der griechischen, sicher bewegen. Die Bibel las er in griechischer Übersetzung. Er verfügte über eine gute Ausbildung. Zeitlebens war er auf Reisen, in jedem Sinne weltläufig.

Majestas Domini, Tahull, San Clemente, Apsis, um 1123.

Die Majestas Domini (»Herrlichkeit des Herrn«) ist ein besonders im Mittelalter beliebtes Bildschema, bei dem Christus in einem Oval, umgeben von vier geflügelten Wesen, dargestellt wird. Thron wie Richterstuhl ist der Regenbogen. In seiner linken Hand hält er das Buch des Lebens, die rechte ist zu einem Sprechgestus erhoben: Hier wird herrscherliche Lehre verkündet.

Während Jesus die Welt *sah*, hat Paulus die Welt *gedacht*. Sprach Jesus anschaulich, in einfachen Sätzen, dem Leben abgeguckt, so unterschied sich Paulus durch eine intellektuelle Begabung. Seine Sprache ist begrifflich, die Sätze sind lang und oft verschachtelt. Hätte Jesus den Römerbrief des Paulus lesen können, er hätte vieles nicht verstanden.

Paulus hat Jesus nicht gekannt. Seltsamer Weise hat er sich für den historischen Jesus auch nicht interessiert. Vermutlich hat er die Jesusbewegung verfolgt, weil dort die Tora nicht strikt beachtet wurde. Er war ein Eiferer für die Tora. Doch nach seiner Damaskus-Vision wurde er ein ebensolcher Eiferer für den »Herrn«. In Antiochia lernte er die Jesusgemeinde kennen. Hier wurden erstmals

Nichtjuden in die jüdische Tischgemeinschaft aufgenommen. Trotz der heftigen Proteste, die das weckte, war man in Antiochia überzeugt, dies sei in Kauf zu nehmen, um die Jesusbewegung in die Welt zu bringen. Paulus übernahm diese Überzeugung.

Solange Paulus lebte, hat die judenchristliche Seite seine Arbeit bekämpft und versucht, seine Gemeinden in das Judenchristentum zurückzuholen. So entstand überall Streit, wo er hinkam. Allerdings gerieten die Juden zunehmend in die Minderheit. Mehr und mehr Menschen aus der griechischen Welt schlossen sich den christlichen Gemeinden an. Für jüdische Vorbehalte brachten sie nur noch geringes Verständnis auf. Das verschärfte die Gegensätze und führte zu heftiger Gegnerschaft. In den letzten Jahrzehnten des 1. Jahrhunderts entstand schließlich eine wechselseitige Ablehnung, die sich in der Evangelienschreibung niedergeschlagen hat, wie vor allem die Passionsgeschichte zeigt (→ S. 239 ff.). Diese böse Entfremdung dauerte bis ins 20. Jahrhundert. Erst der Völkermord des NS-Regimes an den Juden hat Christen die Augen für die gemeinsame Wurzel wieder geöffnet.

Das Evangelium des Paulus schuf durch die Ablösung vom Judentum eine neue Religion, Christentum genannt. Das Reich-Gottes-Programm Jesu schien ihm für die griechisch-römische Welt nicht geeignet zu sein. Stattdessen lehrte er: Jesus Christus habe durch seinen Opfertod Gott mit der sündigen Menschheit versöhnt. Vom geschichtlichen Jesus sprach Paulus nicht mehr. Jesus war für Paulus nur noch der »Kyrios«, der »Herr« und »Sohn Gottes«. Aber da die hellenistische Welt viele Göttersöhne kannte, verstand sie diesen Titel bald nicht mehr jüdisch, sondern griechisch.

Das Christentum ist den Weg des Paulus gegangen. Aus einer ländlichen Bewegung in Galiläa entwickelte sich ein städtischer Kult rings ums östliche Mittelmeer. Wer Christ werden wollte, musste sein bisheriges Leben abwerten. In der Taufe sollte der alte Mensch sterben und auferweckt werden von den Toten.

Romanische Handschrift aus Katalonien, 13. Jahrhundert.

Dieses seltene Bild zeigt Paulus in einer Bildform, die nur Christus als Allherrscher (Pantokrator) zukommt. Die vier Engel der Weltrichtungen umgeben den Kreis als Symbol des Alls. Innerhalb dieses Kreises thront er auf einem Regenbogen, der gewöhnlich Zeichen göttlicher Herrschaft ist. Das Kissen, auf dem er sitzt, unterstreicht seine herrscherliche Würde.

Der Fall Jerusalems und die Zerstörung des Tempels

Je mehr Nichtjuden in jüdische Jesusgemeinden aufgenommen wurden, desto mehr wuchs das Misstrauen im altjüdischen Bereich. Als die politischen Spannungen zwischen Juden und Römern immer heftiger anwuchsen, unterstellte man den Christen Römerfreundschaft. Der »Herrenbruder« Jakobus (→ S. 179) sowie eine weitere Gruppe Christen wurden im Jahre 62 unter dem Hohenpriester Ananos wegen Gesetzesübertretung durch den Hohen Rat verurteilt und gesteinigt. Es ist unwahrscheinlich, dass sich ein paar Jahre später die Jerusalemer Gemeinde am Aufstand gegen die Römer beteiligt hat. Vermutlich haben viele von ihnen die Stadt vor ihrer Belagerung verlassen.

Im Jahr 67 sandte Kaiser Nero eine große Armee nach Palästina, um die dortigen Unruhen zu bekämpfen. Die Aktionen konzentrierten sich zunächst auf Galiläa, das im Herbst 67 wieder in römischer Hand war. Die Aufständischen zogen sich nach Jerusalem zurück. Im Frühjahr 70 begann die Belagerung Jerusalems. Im August setzten römische Truppen den Tempel in Brand und veranstalteten ein großes Blutbad. Als Besatzung blieb die Zehnte Legion in der zerstörten Stadt zurück.

In den folgenden Jahren verlor die jüdische Jesusbewegung ihren Rückhalt in Palästina. War bisher der Tempel noch das gemeinsame Band für alle Juden, die »Judenchristen« eingeschlossen, so zerriss dieses nun: Gewiss betrauerten auch Judenchristen die Zerstörung Jerusalems und des Tempels, und sahen darin doch das Urteil Gottes über das bisherige Israel: Sie glaubten, Israels Geschichte sei nun ans Ende gekommen, während sie sich selbst als das wahre oder »neue« Israel verstanden. Eigentlichen Erfolg hatte von jetzt an nur die Mission, wie Paulus sie in den griechischen Städten betrieb. Allein hier gewann das Christentum Weltbedeutung.

Ein Angriff auf den Tempel konnte nur von der Nordwestecke her erfolgen, wo die Burg Antonia stand. An allen anderen Stellen hätten die Römer bergauf kämpfen müssen. Schon die hohen Umfassungsmauern des Tempels machten das unmöglich. Nachdem die Römer die Burg Antonia eingenommen hatten, befanden sie sich etwa 25 m über der Tempelplattform. Von dieser Höhe auf den Platz zu steigen wäre nur in kleinen Gruppen möglich gewesen. Darum ließ der römische Befehlshaber Titus die Burg schleifen und eine Rampe an die Tempelplattform aufschütten. Erst danach konnte er seine Truppen in großer Zahl einsetzen. Die Zeichnung lässt nur noch einen der drei Türme der Burg Antonia erkennen. Die anderen sind abgebrochen worden und bieten jetzt dem römischen Heer ungehinderten Zugang auf die unendlich geschwächten, ausgehungerten jüdischen Verteidiger.

»Die Römer trieben Scharen von Gefangenen zusammen. Sie töteten die alten und kranken. Die Zeloten, die besonders hart gekämpft hatten, wurden ausgesondert und hingerichtet. Siebenhundert besonders große und stattliche Gefangene wurden für den Triumphzug in Rom bewahrt. Die übrigen schickten sie zu den Amphitheatern im Osten, wo sie im Herbst des Jahres 70 n. Chr. zum Ergötzen der Zuschauer umkamen« (Peter Connolly).

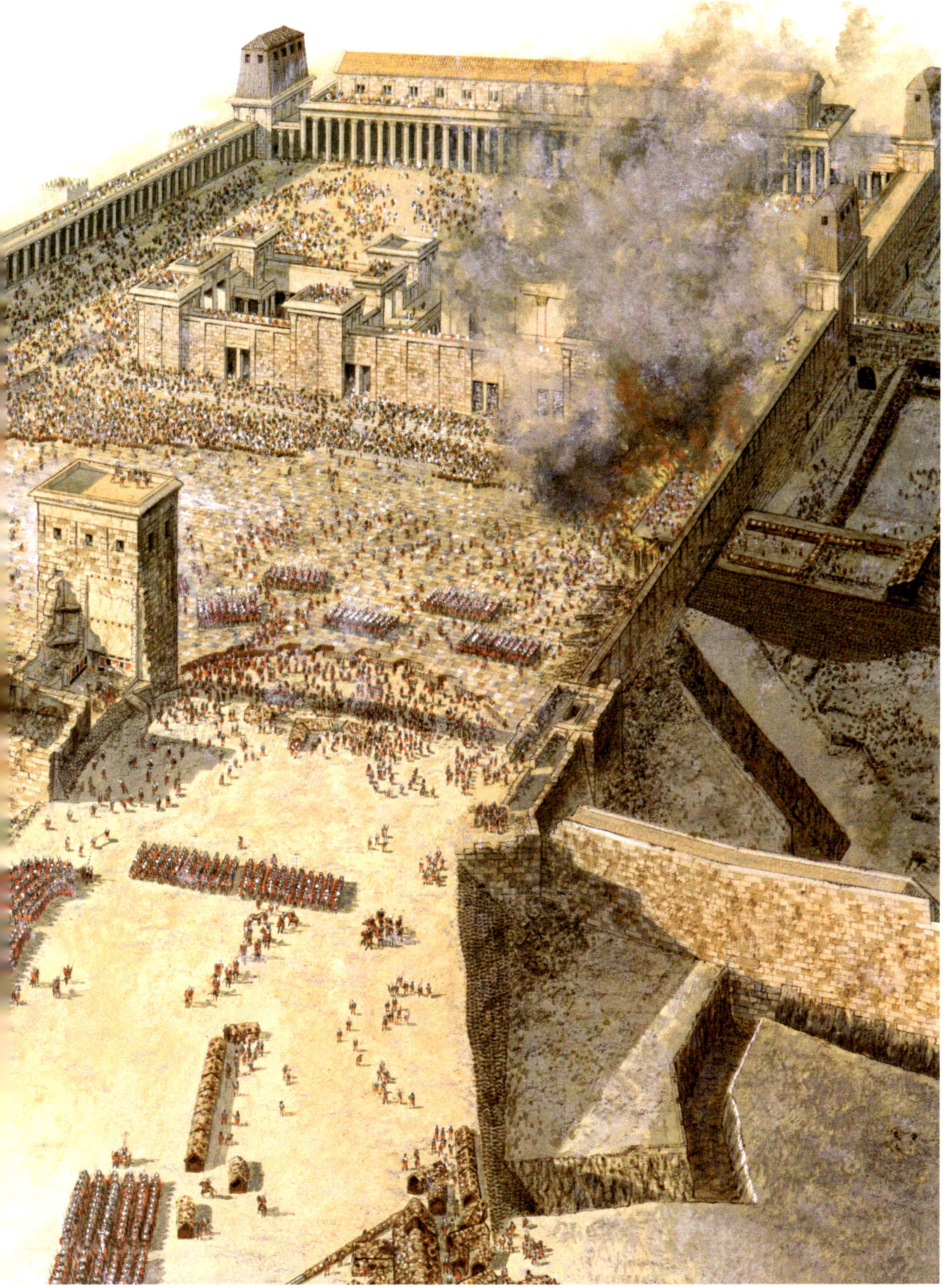

Österliche Rückblenden: Geburt und Kindheit Jesu

Erzählungen von der Geburt und Kindheit Jesu hat es in den ersten Jahrzehnten nach Jesu Tod nicht gegeben. Das Markusevangelium, um 70 n. Chr. entstanden, kannte diese Geschichten noch nicht oder wollte sie nicht aufnehmen. Erst Matthäus und Lukas haben ihren Evangelien solche Erzählungen vorangestellt. Sie tragen das, was in den Jahrzehnten des Nachdenkens über Jesus gewonnen wurde, in die Anfänge seines Lebens zurück.

In der Jesusbewegung ist intensiv darüber gesprochen worden, mit welchem Titel man Jesus treffend kennzeichnet. Dafür bot sich an, ihn »Prophet«, »Messias«, »Herr« und »Sohn Gottes« zu nennen. Nachdem sich diese Bezeichnungen durchgesetzt hatten, wollte man deutlich machen, dass Jesus nicht erst nach seiner Auferstehung der Messias, der Herr und der Sohn Gottes ist, sondern dass er dies schon immer war. Aber das kann man nur mit Legenden sagen, die Geschichte und Bedeutung verbinden.

Geburt Christi nach Matthäus, Bamberg, 12. Jahrhundert.

Der Evangelist sitzt auf deutlich herausgehobener Kathedra und beschreibt das Ereignis in der Höhle. Auf seiner Schulter die Geisttaube, die sein Buch als göttlich eingegeben ausweist. Die Kathedra wiederholt sich noch einmal – eine Stufe niedriger – im Innern der Geburtshöhle. Hier hat Jesaja Platz genommen, über den hinweg Matthäus den Blick auf das Geschehen gewinnt. Die Darstellung der Maria mit Wickelkind, Ochs und Esel kommt bereits aus früherer Zeit. Außerhalb der Höhle flankieren himmlische Scharen den Stern. Über dem Evangelisten der Verkündigungsengel.

Die Geburt Jesu

In jenen Tagen erließ Kaiser Augustus den Befehl, alle Bewohner des Reiches in Steuerlisten einzutragen. Dies geschah zum ersten Mal, als Quirinius Statthalter von Syrien war. Da machten alle sich auf, sich eintragen zu lassen; ein jeder zu dem Ort, von dem die Familie stammte.

So zog auch Josef, der aus dem Haus und Geschlecht Davids stammte, von Nazaret in Galiläa hinauf nach Judäa in Davids Geburtsort Betlehem, um sich zusammen mit Maria, seiner Verlobten, die ein Kind erwartete, eintragen zu lassen. Als sie dort waren, kam für Maria die Zeit der Geburt, und sie gebar ihren ersten Sohn. Sie wickelte ihn in Windeln und legte ihn in eine Futterkrippe, weil in der Herberge kein Platz für sie war.

In jener Gegend lagerten Hirten auf freiem Feld und hielten Nachtwache bei ihrer Herde. Und da! Ein Engel des Herrn trat zu ihnen, und die Herrlichkeit des Herrn umstrahlte sie. Und Furcht überkam sie – große Furcht. Der Engel aber sprach zu ihnen: Fürchtet euch nicht, denn ich verkünde euch eine große Freude, die dem ganzen Volk zuteil werden soll: Heute ist euch in der Stadt Davids der Retter geboren; er ist der Messias, der Herr. Und dies soll euch als Zeichen dienen: Ihr werdet ein Kind finden, das in Windeln gewickelt ist und in einem Futtertrog liegt. Und plötzlich war bei dem Engel ein großes himmlisches Heer, das Gott lobte und sprach:

Alle Ehre Gott im Himmel,
und auf Erden Friede den Menschen, die Gott erwählt hat.

Als dann die Engel wieder in den Himmel zurückgekehrt waren, sagten die Hirten zueinander: Kommt, wir gehen nach Betlehem, um das Ereignis zu sehen, das uns der Herr verkünden ließ. So eilten sie hin und fanden Maria und Josef und das Kind, das in dem Futtertrog lag. Als sie es sahen, erzählten sie, was ihnen über dieses Kind gesagt worden war. Und alle, die es hörten, staunten über die Worte der Hirten. Maria aber bewahrte alles, was geschehen war, in ihrem Herzen und dachte darüber nach. Und die Hirten kehrten zurück, rühmten Gott und priesen ihn für das, was sie gehört und gesehen hatten; es war so gewesen, wie es ihnen gesagt worden war.

Lukas 2,1–20

Den vom Kaiser ausgehenden Befehl, alle Bewohner in Steuerlisten eintragen zu lassen (Zensus), hat es für die fragliche Zeit nicht gegeben. Erst unter dem Präfekten Quirinius wurde im Jahre 7 n. Chr. ein solcher Zensus durchgeführt. Vielleicht hatte Lukas achtzig bis neunzig Jahre nach dem Geschehen keine genaue Kenntnis mehr von den Zeitumständen. Er wollte mit der Anordnung, dass sich alle in Steuerlisten eintragen müssen, erklären, warum Leute aus Nazaret nach Betlehem reisen. Beim Propheten Micha hatte Lukas nämlich gelesen:

Als Kind wurde Jesus »in tausend Bildern« dargestellt. Immer wieder in der Krippe, zunächst allein mit Ochs und Esel allein, dann mit Maria und Joseph, mit Engeln und Hirten; mit den »Heiligen Drei Königen«, auf der Flucht nach Ägypten, als Zwölfjähriger im Tempel, als Gehilfe des Zimmermanns Joseph, schließlich als das weltenschwere Kind, das Sankt Christophorus übers das Wasser trägt.

Diese Geschichten begegnen in Kirchen und Kapellen. Als Legenden haben sie eine eigene Wahrheit, die sich dem Zeitungsleser verbirgt.

Verkündigung an die Hirten, Köln 1130/40.

Hugo van der Goes, Die Anbetung der Hirten, um 1480.

Gerade werden die Vorhänge aufgezogen, als beginne in diesem Augenblick das Spiel. Die beiden Männer, welche die Bühne frei geben, treten gleichsam als Ansager vor, spielen also selbst nicht mit, sondern erklären durch Gestik und Mimik, was gegeben wird. Allerdings präsentieren die prophetischen Gestalten etwas, das sie selbst noch gar nicht sehen konnten, das sich aber inzwischen ereignet hat. Nahezu filmisch werden hier die Zeiten verschränkt: Zwar haben die Propheten in älterer Zeit gelebt, ziehen aber für uns in einer späteren Zeit den Vorhang auf, was wiederum auf eine andere Zeit blicken lässt.

Aber du, Betlehem /
so klein unter den Gauen Judas, aus dir wird einer hervorgehen, /
der über Israel herrschen soll (Micha 5,1).

Mit der Begründung einer Steuerausschreibung schickte Lukas also Josef und Maria nach Betlehem, um so »die Schrift zu erfüllen«. Vermutlich wusste er nicht einmal, wie weit Nazaret und Betlehem voneinander entfernt sind.

Die ersten sieben Verse erzählen nichts wirklich Ungewöhnliches. Kinder sind zu allen Zeiten in bedrängten Verhältnissen geboren worden. Ungewöhnlich ist hingegen die sich jetzt anschließende »Hirtengeschichte«.

Die Legende wählt »Hirten«, weil Hirten die Reinheitsvorschriften der Tora nicht einhalten konnten. Deshalb wurden sie verachtet. Hier vertreten Hirten die Elenden, denen sich Jesus am meisten zugewandt hat. Gerade ihnen erscheint der »Engel des Herrn« als Bote Jahwes. Die Herrlichkeit Gottes, von der in Ex 33 die Rede ist (→ S. 72), umhüllt auch die Hirten.

Der Engel verkündet »eine große Freude«, die den Hirten und »allem Volk« gilt. Die dann folgenden Worte stammen aus der politischen Welt, mit denen auch der Geburtstag des Kaisers gefeiert wurde: Das verheißene Heil ist in Jesus da. Er ist der Christus, der »Retter« (Erlöser). Was die Jesusbewegung erst nach seinem Tod erarbeitet hat, wird hier als göttliches Zeugnis bereits mit seiner Geburt verknüpft.

Die Botschaft schließt mit einem eigenartigen »Zeichen«: »Ein Kind, das in Windeln gewickelt in einem Futtertrog liegt.« Die »Herrlichkeit Gottes« verbindet sich nicht mehr mit weltlicher Macht. Nicht hinter dem Kaiser soll Gott erkannt werden, sondern in einem hilflosen Menschenkind. Gleich darauf erweitert sich die Erscheinung zu einem Chor. Er verkündet, dass Gottes Ehre das Heil der Menschen sei.

Nun »eilen« die Hirten, das genannte Zeichen zu finden und den Eltern das Geheimnis des Kindes mitzuteilen. So wie Maria darüber nachdenkt und alle Worte in ihrem Herzen bewahrt, sollen es auch die Leser dieser Legende tun.

Auch im Bild setzt sich der Bühnencharakter des Gemäldes fort. Die Hirten auf dem Felde empfangen ihre Kunde hinter der Bühne, wohin sich ein Fenster öffnet. Sie kommen im Laufschritt zum Ort des Ereignisses. Dort hat sich bereits ein Schwarm Engel niedergelassen und drängt sich zwischen das heilige Paar und die Stalltiere. Die Krippe ist zentral aufgebaut. Erstaunlicherweise sucht das Jesuskind unseren Blick, als wolle es uns das kleine Schwarze Nachtschatten-Pflänzchen in seiner rechten Hand zeigen, das auch vorn in den Mauerfugen neben dem Storchschnabel wächst. Vermutlich wurde der Maler mit dieser Arznei gegen Schwermut behandelt. Diese Medizin macht die Augen hell und lässt von der Äußerlichkeit des Bühnengeschehens weg in eine Innenwelt sehen.

Heidnische Huldigung und Jerusalemer Erschrecken

Als nun Jesus zur Zeit des Königs Herodes in Betlehem in Judäa geboren worden war, kamen Sternkundige aus dem Osten nach Jerusalem und fragten: Wo ist der neugeborene König der Juden? Wir haben seinen Stern aufgehen sehen und sind gekommen, um ihm zu huldigen. Als König Herodes das hörte, geriet er durcheinander und ganz Jerusalem mit ihm.

Er ließ alle Hohenpriester und Schriftgelehrten des Volkes zusammenkommen und erkundigte sich bei ihnen, wo der Messias geboren werden solle. Sie antworteten ihm: In Betlehem in Judäa; denn so steht es bei dem Propheten: Du, Betlehem in Judäa, bist keineswegs die unbedeutendste unter den führenden Städten Judas. Denn aus dir kommt ein Fürst, der mein Volk Israel führen wird, wie ein Hirt seine Herde. Danach rief Herodes die Sternkundigen heimlich zu sich und ließ sich von ihnen genau sagen, wann der Stern erschienen war. Dann schickte er sie nach Betlehem und sagte: Geht und forscht sorgfältig nach, wo das Kind ist; und wenn ihr es gefunden habt, berichtet mir, damit auch ich hingehe und ihm huldige. Nach diesen Worten des Königs machten sie sich auf den Weg.

Und der Stern, den sie hatten aufgehen sehen, zog vor ihnen her bis zu dem Ort, wo das Kind war; dort blieb er stehen. Als sie den Stern sahen, wurden sie von sehr großer Freude erfüllt. Sie gingen in das Haus und sahen das Kind bei Maria, seiner Mutter. Da warfen sie sich nieder und huldigten ihm. Dann holten sie ihre Schätze hervor und brachten ihm Gold, Weihrauch und Myrrhe als Gaben dar. Weil ihnen aber im Traum geboten wurde, nicht zu Herodes zurückzukehren, zogen sie auf einem anderen Weg heim in ihr Land.

Matthäus 2,1–12

Im 16. Jahrhundert lässt sich zum ersten Mal der Brauch des Sternsingens nachweisen. Bis ins 20. Jahrhundert gingen meist arme Kinder und Jugendliche von Haus zu Haus und sammelten Gaben und Geld für sich und ihre Familien.

Seit 1959 gibt es in Deutschland und Österreich das »Sternsingen« für notleidende Kinder in aller Welt. Die Sternsinger schreiben zwischen die jeweilige Jahreszahl an die Haustür: C + M + B, das heißt: Christus mansionem benedicat = Christus segne dieses Haus.

Hier wird ein Gegensatz zwischen Heiden und Juden aufgebaut: Von weither kommen Sternkundige aus dem Osten, um dem messianischen Königskind zu huldigen. Im Heimatland des Kindes steht ihnen der König Herodes gegenüber. Dieser heuchelt, das Kind ehren zu wollen, tatsächlich hegt er Mordgedanken. Die jüdischen Schriftgelehrten kennen zwar den Vers beim Propheten Micha, sind davon aber nicht berührt und denken folglich nicht daran, sich selbst auf den Weg zu machen. So zeigt das eigene Volk nur Desinteresse und Feindseligkeit. Dagegen kommen Vertreter der Heidenwelt und bringen dem Kind königliche Geschenke. Krasser lässt sich eine Gegnerschaft nicht aufbauen.

Geschichtlich ist es falsch, den ungeliebten König Herodes in eine Front mit »allen Hohenpriestern und Schriftgelehrten« zu stellen. Diese Verbindung hat nie existiert. Auch lässt sich »ganz Jerusalem« nicht unter die Feinde Jesu einordnen. Hier wird eine Situation entwickelt, welche die Verhältnisse zur Zeit des Matthäus deutet: Die Jesusgemeinde des Matthäus bestand aus Juden. Diese Judenchristen stritten sich mit den übrigen Juden, mit deren Schriftgelehrten und Pharisäern, über die Bedeutung Jesu. Matthäus sagt mit dieser Kindheitslegende, die offizielle Judenheit habe Jesus »von Anfang an« nicht angenommen. Er setzt das böse Spiel, das zur Verwerfung des Messias, zu seiner Verurteilung und Hinrichtung führte, bereits bei der Geburt Jesu an.

Rogier van der Weyden, Anbetung der Könige, um 1455.

Ähnlich wie der Maler, der die biblische Geschichte in die flämische Welt des 15. Jahrhunderts holt, haben es alle biblischen Schriftsteller getan: Sie nahmen die alte Überlieferung auf und stellten sie jeweils in ihre eigene Zeit. Vor dieser Aufgabe stehen wir auch heute noch.

Salz der Erde, Licht der Welt

Die Frage: »Wie hat Jesus die Kirche gewollt?« ist falsch gestellt. Jesus hatte keine Kirchengründung im Blick – nicht einmal die Schaffung einer Sondergruppe in Israel. Seine Reich-Gottes-Botschaft ist der Entwurf einer Gegenwelt von unten, in der es nicht mehr um Macht und Gewalttätigkeit geht. Seine Schüler sollten im Namen eines Gottes auftreten, der auf der Seite der Armen und Gewaltlosen steht. Sie sollten in die Häuser Galiläas gehen, essen und trinken, was man ihnen gab, die Kranken heilen und dann das Geschehen deuten: »Gottes Herrschaft ist bei euch angekommen!«

Eine Gemeindegründung war nicht gemeint. Es ging um ein Umdenken der Menschen: »Wer groß sein will unter euch, sei der Diener aller: Wer der Erste werden will, sei der Letzte, der Sklave aller!«. Keineswegs sollte eine neue Herrschaft eine alte ablösen.

Aber die dörflichen Wanderprediger Galiläas waren in den Städten des Römischen Reiches unvorstellbar. Hier entstanden die ersten christlichen Gruppen als Sondergemeinschaften. Aus der Umkehrbewegung Jesu wurden Ortsgemeinden. Ihr wirksamster Organisator war Paulus.

Zu dieser Zeit existierten unterschiedliche Sichtweisen noch neben und gegen einander. Nichts konnte »von oben« vorgegeben werden. Zwar wollte Paulus einen Glauben, »der in der Liebe wirksam wird« (Gal 5,6), doch ließ sich seine Position nicht ohne Argumentation und Kampf behaupten. Vielleicht unvermeidbar begann damit eine frühe wechselseitige »Verketzerung« im Christentum.

Wann ist das »Christentum« eigentlich entstanden und wo entstand es? Wie die Geschichte zeigt, gab es unterschiedliche Ansätze in Palästina und in den griechischen Städten. Was sich in Antiochia entwickelte, unterschied sich von der Gemeinde in Jerusalem. In Antiochia vollzog sich der Bruch mit dem Judentum. Hier sprach man zum ersten Mal von »Christen«. Diese Namensgebung markiert einen Einschnitt. Zunächst verstand sich die Christengemeinde in Antiochia keineswegs als neue Religion. Doch die wachsende Zahl von Nichtjuden in ihren Reihen schuf eine immer größere Distanz zur Herkunft aus dem Judentum. Irgendwann – etwa nach dem Fall Jerusalems im Jahre 70 – stand das Christentum dem Judentum als eine eigene Religion gegenüber.

Diese neue Religion entwickelte sich weniger aus der Lebenspraxis Jesu als aus der Lehre des Paulus. Paulus sprach von Erlösung, Sühnetod, Opfer und Rechtfertigung, Worte, die das Evangelium Jesu nicht kennt. Er löste die von ihm gegründeten Gemeinden von der jüdischen Beschneidung und forderte für seine Lehre »Glaubensgehorsam«:

Wer ein anderes Evangelium verkündigt, als wir euch verkündigt haben, der sei verflucht, auch wenn wir selbst es wären oder ein Engel vom Himmel. Was ich gesagt habe, das sage ich noch einmal: Wer euch ein anderes Evangelium verkündigt, als ihr angenommen habt, der sei verflucht.
Galater 1,8 f.

Damit kam ein neuer, drohender Ton auf. Im Zweiten Brief an die Thessalonicher, der wahrscheinlich von einem Paulus-Schüler geschrieben wurde, heißt es:

Dann übt er (der wiederkehrende Christus) Vergeltung an denen, die Gott nicht kennen und dem Evangelium Jesu, unseres Herrn, nicht gehorchen. Fern vom Angesicht des Herrn und von seiner Macht und Herrlichkeit müssen sie sein, mit ewigem Verderben werden sie bestraft, wenn er an jenem Tage kommt, um inmitten seiner Heiligen gefeiert und im Kreis aller derer bewundert zu werden, die den Glauben angenommen haben.
2 Thessalonicher 1,8–10

Pedro Berruguete, Inquisitionsgericht unter dem Vorsitz des hl. Dominikus, um 1500.

Die Inquisition war seit dem Hochmittelalter eine eigene Behörde zum Aufspüren und Verfolgen von Häretikern (Ketzern). Kirchliche und weltliche Gewalt arbeiteten dabei Hand in Hand. Alle erwachsenen Christen waren zur Anzeige ihnen bekannt gewordener Ketzereien verpflichtet. Im Prozess wurden die Namen der Zeugen geheimgehalten. Folter war zur Erpressung von Geständnissen erlaubt. Hilfe durch einen Rechtsbeistand und das Rechtsmittel der Berufung waren ausgeschlossen. Dem Inquisitor war Milde untersagt. Die Familien der Verurteilten wurden enteignet.

Auf hoher Bühne, von oben herab, das Gericht: Richter, Beisitzer, Anklagevertreter.

Unter der Bühne: Bewachungspersonal; verurteilte Ketzer mit der kennzeichnenden hohen Mütze auf dem Weg zur Hinrichtung.

An den Pfahl gebunden bereits zwei erdrosselte »Glaubensfeinde«.

Bald kamen Parolen auf, einen ketzerischen Menschen zu meiden, ihn nicht einmal zu grüßen oder ihn aus der Gemeinde auszustoßen. Lehrstreitigkeiten werden nun hin und her ausgetragen: Versöhnung verweigert, Schriften vernichtet, Gegner ausgegrenzt. Die heidnische Gesellschaft hat solche Glaubenskämpfe bis dahin nicht gekannt. Auch das Evangelium Jesu bietet dafür keinen Ansatz. Aber nachdem das Christentum eine *Lehre* wurde, entstanden immer neue Auslegungen. Über die Jahrhunderte hin verbanden sich damit Verfolgung, Verbannung, Gefängnis, Folter und Hinrichtung. Immer noch gibt es Rede- und Schreibverbote.

Doch steht dieser Entwicklung eine andere Linie gegenüber, die Paulus mit Jesus verbindet. So wie Jesus die Liebe zum Nächsten und zu Gott auf eine Stufe stellt, stellt Paulus in seinem »Hohenlied« die Liebe über den Glauben:

> Wenn ich in den Sprachen der Menschen und Engel redete, / hätte aber die Liebe nicht, / wäre ich dröhnendes Erz oder eine lärmende Pauke.
> Und wenn ich prophetisch reden könnte / und alle Geheimnisse wüsste / und alle Erkenntnis hätte; / wenn ich alle Glaubenskraft besäße / und Berge damit versetzen könnte, / hätte aber die Liebe nicht, / wäre ich nichts.
> Und wenn ich meine ganze Habe verschenkte / und wenn ich meinen Leib dem Feuer übergäbe, / hätte aber die Liebe nicht, / nützte es mir nichts.
> Die Liebe ist langmütig, / die Liebe ist gütig. / Sie ereifert sich nicht, / sie prahlt nicht, / sie bläht sich nicht auf. Sie handelt nicht ungehörig, / sucht nicht ihren Vorteil, / lässt sich nicht zum Zorn reizen, / trägt das Böse nicht nach. Sie freut sich nicht über das Unrecht, / sondern freut sich an der Wahrheit.
> Sie erträgt alles, / glaubt alles, / hofft alles, / hält allem stand. Die Liebe hört niemals auf …
> Für jetzt bleiben Glaube, Hoffnung, Liebe, diese drei; / doch am größten unter ihnen ist die Liebe.
>
> 1 Korinther 13,1–8a; 13

Was hier gesagt wird, steht in der Tradition Israels. Es kann zugleich jeden Menschen überzeugen, einerlei, welche Religion er hat. Zwar waren die Propheten Israels nicht Künder der Liebe, sondern Mahner der Gerechtigkeit (→ S. 118 f.). Wahrheit und Gerechtigkeit aber sind Voraussetzungen dafür, dass sich Liebe, Glaube und Hoffnung überhaupt entwickeln können.

Konkreter wird Jesus. In seiner Reich-Gottes-Botschaft haben die Armen und Elenden, die von der Welt nichts zu erwarten haben, einen zentralen Platz. Jesus sammelt nicht die Heiligen und die Frommen, er ist »der Zöllner und Sünder Geselle« (Mt 11,19). Die Menschen, die seine Hilfe erfahren, sind Gestalten am Rande des Lebens: Kranke, denen man die Schuld an ihrer Krankheit zurechnet, Kinder und Frauen, die nirgendwo mitzählen, Zöllner, von denen sich Fromme fernhalten …

Die Tischgemeinschaft mit ihnen, deretwegen man Jesus einen Schlemmer und Zecher nennt, ist eine empörende Herausforderung. Die Geschichte vom barmherzigen Samariter lässt bedenken,

Otto Pankok, Martin von Tours, 1948.

»Den Mantel teilen« ist ein gültiges Programm für alle, die sich Christen nennen. Dazu zählen mehr als eine Milliarde Menschen. Doch wie sähe die Welt aus, würden sie alle den »Mantel« teilen?

Relief auf einem frühchristlichen Sarkophag.

Laute Freude am gemeinsamen Mahl bestimmt diese Tischrunde. Bei Brot und Wein bewahrt sie kaum kultische Würde.

ob man mit solch ausgegrenzten Menschen Gemeinschaft aufnehmen will (→ S. 216).

Diese Linie hat dafür gesorgt, dass die christliche Glaubwürdigkeit – bei allem Glaubensstreit – nicht (ganz) verloren ging. Bereits Lukas schildert den Gemeinschaftssinn der Jerusalemer Gemeinde:

Alle, die gläubig geworden waren, bildeten eine Gemeinschaft und hatten alles gemeinsam. Sie verkauften Hab und Gut und gaben davon allen, jedem so viel, wie er nötig hatte. Tag für Tag verharrten sie einmütig im Tempel; in ihren Häusern brachen sie das Brot und hielten miteinander Mahl in Freude und mit lauterem Herzen … Die ganze Gemeinde war ein Herz und eine Seele. Keiner nannte etwas von dem, was er hatte, sein Eigentum, sondern sie hatten alles gemeinsam …

Es gab auch keinen unter ihnen, der Not litt. Denn alle, die Grundstücke oder Häuser besaßen, verkauften ihren Besitz, brachten den Erlös und legten ihn den Aposteln zu Füßen. Jedem wurde davon so viel zugeteilt, wie er nötig hatte.

Apostelgeschichte 2,44–46; 4,34 f.

Solche Verhältnisse hat sich Lukas gegen Ende des 1. Jahrhunderts gewünscht und seine Wünsche in die Anfänge zurückverlegt. Er kannte die Spannungen zwischen Wohlhabenden und den von ihnen Verachteten und beschreibt deshalb eine Gemeinde, wie sie sein soll.

Tatsächlich gab es von Beginn an Hilfe für Notleidende, wenn auch in engen Grenzen. Die von Paulus gegründeten Gemeinden zählten vielleicht 100 Mitglieder. Erst im 2. und 3. Jahrhundert waren sie in der Lage, größere Hilfswerke zu entwickeln. Der römische Schriftsteller Tertullian berichtet um das Jahr 200:

Franz von Assisi, das älteste noch zu Lebzeiten entstandene Bild, um 1224.

Franz von Assisi wagte es, Jesus wörtlich zu nehmen: Er hat kein Geld angerührt, zog unbehaust umher, umarmte Aussätzige und war jedermanns Bruder. Seiner Zeit hat er vorgelebt, was ein Christ ist.

Philipp Galle nach Pieter Brueghel d. Ä., Die Werke der Barmherzigkeit, 1561/62.

»Dann wird er sagen: Kommt her, ihr Gesegneten meines Vaters, nehmt das Reich in Besitz, das euch bereitet ist von Anbeginn der Welt! Denn ich bin hungrig gewesen, und ihr habt mir zu essen gegeben. Ich bin durstig gewesen, und ihr habt mir zu trinken gegeben. Ich bin ein Fremder gewesen, und ihr habt mich aufgenommen. Ich bin nackt gewesen, und ihr habt mich gekleidet. Ich bin krank gewesen, und ihr habt mich besucht. Ich bin im Gefängnis gewesen, und ihr seid zu mir gekommen. Dann werden ihm die Gerechten antworten und sagen:

Es gibt eine Art Kasse, zu der jeder eine mäßige Gabe beisteuert an einem bestimmten Tag des Monats, oder wann er will, sofern er nur will und kann. Denn niemand wird dazu genötigt, jeder gibt freiwillig seinen Beitrag. Es wird nichts davon für Schmausereien und Trinkgelage oder nutzlose Fresswirtschaften ausgegeben, sondern für Unterhalt und Begräbnis von Armen, von elternlosen Kindern ohne Vermögen, auch für bejahrte, bereits arbeitsunfähige Hausgenossen… Aber selbst diese Ausübung der Liebe bringt uns bei manchen nur Schmähung ein … Und so haben wir, die wir nach Geist und Seele einander eng verbunden sind, keine Bedenken, unseren Besitz untereinander zu teilen. Alles ist bei uns gemeinschaftlich.

Auch hier bleibt die Hilfe in der eigenen Gemeinde. Alles darüber hinaus hätte überfordert; man steckte ja selbst in bedrängten Verhältnissen.

Doch als das Christentum im Jahr 313 staatlich anerkannt wurde, ermöglichte die kaiserliche Finanzförderung bald größere Aktivitäten. Bischof Basilius von Cäsarea in Kappadokien (329–379) errichtete eine Sozialstation. Um das Hauptgebäude gruppierten sich Einzelhäuser für Kranke und Arme. Sogar die Aussätzigen, denen man immer gern aus dem Wege ging, bekamen ein Haus. Bestellt wurden Ärzte, Pfleger und Pflegerinnen. Damit war die Entwicklung von Spitälern und Krankenhäusern eingeleitet. Weitere Gründungen entstanden in Edessa (375), Antiochia (vor 398) und Ephesus (451). Auch in Syrien und Nordafrika entstanden Hospize. Kaiser Julian (332–363), der ein neues Heidentum schaffen wollte, sah den großen Zulauf, den die Christen mit ihrer Fürsorge fanden. Er schrieb an den hellenistischen Oberpriester von Galatien:

Errichte in jeder Stadt zahlreiche Fremdenherbergen, auf dass die Fremden sich unserer Menschlichkeit erfreuen, nicht nur die, die zu uns gehören, auch alle anderen, wenn sie bedürftig sind … Es ist doch wahrhaftig eine Schande, wenn von den Juden niemand zu betteln braucht und die gottlosen Galiläer (die Christen) zu ihren eigenen auch noch unsere Leute unterhalten.

Die in den christlichen Herbergen und Spitälern herrschende Gesinnung beschreibt die Ordensregel des Hl. Benedikt so:
  Die Sorge für die Kranken muss über allem stehen: man soll ihnen so dienen, als wären sie wirklich Christus; hat er doch gesagt: »Ich war krank, und ihr habt mich besucht«, und: »Was ihr einem dieser Geringsten getan habt, das habt ihr mir getan.«
Innerhalb der benediktinischen Klöster entstand »eine ganze Landschaft« für Pflege und Heilung der Kranken. Um diese Häuser betreiben zu können, brauchte man zwar stets Geld, aber im Alltag des Spitalbetriebs ging es um Kochen und Putzen, Kranke waschen, füttern und trösten, um das Beten mit den Sterbenden, das Einnähen der Leichen in Stoffsärge und das Begraben der Toten.

Das Christentum hat die Welt menschlicher gemacht durch die Armenfürsorge in den Gemeinden, die Zuwendung zu den Verlassenen, die Pflege der Kranken, die Annahme jener, von denen die Reichen und Gesunden sich abwenden … Es sind vor allem Scharen unbekannter Menschen, die das Evangelium Jesu lebten und leben. Einige seien genannt, um in ihrem Beispiel die vielen Ungenannten nicht zu vergessen:

Herr, wann haben wir dich hungrig gesehen und haben dir zu essen gegeben? Oder durstig und dir zu trinken gegeben? Wann haben wir dich als Fremden gesehen und haben dich aufgenommen? Oder nackt und haben dich bekleidet? Wann haben wir dich krank oder im Gefängnis gesehen und sind zu dir gekommen? Und der König wird antworten und zu ihnen sagen: Was ihr getan habt einem von meinen geringsten Brüdern, das habt ihr mir getan.« (Mt 25,34–40).

Unten: Janusz Korczak (1878–1942) ging mit den Kindern seines Waisenhauses in die Gaskammer. Er selbst hatte die Möglichkeit, sich zu retten. Nur mit Mühe brachte er die Deutschen dazu, dass sie ihm erlaubten, seine Kinder zu begleiten. Auf ihrem letzten Weg wollte er sie nicht alleinlassen.

Seite 289 oben: Martin Luther King (1929–1968) erkämpfte mit einer gewaltlosen Bewegung die Bürgerrechte der schwarzen Bevölkerung der USA.

Seite 289 unten: Mohandas K. Gandhi (1869–1948) erreichte mit gewaltfreiem Widerstand, zivilem Ungehorsam und Hungerstreiks das Ende der britischen Kolonialherrschaft über Indien.

Sie alle – Christ, Jude und Hindu – haben das Reich-Gottes-Evangelium Jesu gelebt.

- Da ist Ambrosius, der Kelche einschmilzt, um mit dem Erlös Gefangene loszukaufen;
- Martin von Tours, der die Gemeinschaft mit seinen Mitbischöfen aufkündigt, weil sie einen »Ketzer« zur Todesstrafe verurteilen;
- Peter Waldes und Franz von Assisi, welche die Bergpredigt mit radikaler Armut und Nächstenliebe einlösen;
- Elisabeth von Thüringen, die als Königstochter Pflegearbeiten übernimmt, die niemand sonst tun will;
- Bernhardin von Siena oder Damian Deveuster, die unter Einsatz ihres eigenen Lebens Pestkranken und Aussätzigen dienen;
- Vinzenz von Paul, der sich den Galeerensträflingen zuwendet und zusammen mit Louise de Marillac und einer unübersehbaren Gefolgschaft sich den Kranken und Hilflosen widmet;
- der Arzt Friedrich Joseph Haas, der den Verbannten Russlands Recht, den Kranken und Krüppeln Zuwendung erstreitet;
- William Wilberforce, der im Britischen Parlament die Sklaverei bekämpft und überwindet;
- Friedrich Engels, der in seiner Jugend noch um ein »positives« Christentum ringt, um dann gegen die christlich-bürgerliche Welt das himmelschreiende Elend der arbeitenden Bevölkerung anzuklagen und zusammen mit Karl Marx das Kommunistische Manifest zu verfassen;
- Friedrich von Bodelschwingh, der sich für soziale Gerechtigkeit engagiert und den Debilen und Schwachen ihre Würde zurückgibt;
- Martin Luther King, der für die Bürgerrechte der Schwarzen in Amerika und in aller Welt kämpft;
- Desmond Mpilo Tutu, der auf die unerträglichen Zustände der Schwarzen Südafrikas unter der Apartheidpolitik hinweist;
- Oscar Arnulfo Romero, der wie alle vorweg Genannten nach der Richtschnur lebt: »Die Kirche würde ihre Liebe zu Gott und ihre Treue zum Evangelium verraten, wenn sie aufhörte, die Stimme derer zu sein, die keine Stimme haben.«

Die Wahrheit eines Christentums, das der Reich-Gottes-

Verkündigung Jesu folgt, muss nicht geglaubt, nicht bewiesen und nicht verteidigt werden. Sich auf diese Wahrheit einzulassen verlangt kein Verstandesopfer, sondern Offenheit und Mitgefühl für alles Leben. Das Christentum mit dem Reich-Gottes-Evangelium als zentralem Maßstab ist eine Größe, die sich heute selbst noch nicht kennt. Aber zu keiner Zeit war das Christentum der Lehrsätze, der Lehrverurteilungen, des Misstrauens und der Kontrolle das Salz der Erde, die Stadt auf dem Berge, das Licht der Welt. Nur wo die Liebe zum Nächsten gelebt wird, wird die freimachende Wahrheit, von der das Evangelium spricht, erfahren.

Das Evangelium Jesu untersteht keiner Verwaltung. Es bahnt sich seinen eigenen Weg über die christlichen Kirchen hinaus. Es wirkte im Programm der Französischen Revolution »Freiheit – Gleichheit – Brüderlichkeit« oder in der Erklärung der Menschenrechte. Es setzt sich fort in der Sozialgesetzgebung der europäischen Staaten; im Internationalen Roten Kreuz; in Organisationen wie Amnesty International, Attac, Ärzte ohne Grenzen wie auch in den Zielen von Greenpeace oder dem World Wide Fund for Nature (WWF).

Das Evangelium zielt auf weltliche Werte: auf Menschenrechte, Ehrfurcht vor der Natur und dem Leben, soziale Gerechtigkeit, die Würde der Frau, Wahrhaftigkeit … Auch wenn die christlichen Kirchen weitgehend mit sich selbst beschäftigt sind, die von den Propheten Israels und dem Reich-Gottes-Programm Jesu angestoßene Bewegung bleibt Salz der Erde und Licht der Welt. Dieser Anstoß ist nicht an die Kirche gebunden. Er geht von prophetischen und dienenden Menschen aus. Ihr Handeln und ihr Wort künden Gott in der Wirklichkeit der Welt. Man muss nur wissen, welche Wirklichkeit »Gott« meint.

Jesus ist der Bruder, nicht der Herr; der Befreier, nicht der Erlöser; Er nannte sich Menschensohn, nicht Gottessohn.

Er ist Maßstab des christlichen Glaubens, aber auch Maßstab des Menschseins.

Nachwort

Die vorliegende Bibel rechnet mit »klugen Kindern«. »Klug« meint wach und aufgeschlossen. Im Blick sind Leserinnen und Leser etwa ab 12 Jahren, Jungen und Mädchen, deren offene Neugier hinter die Dinge schauen will. Aber dieses Buch rechnet auch mit den Eltern als Leser. Oft stehen sie im Verständnis der Bibel vor den gleichen Fragen wie ihre Kinder. Die Ergebnisse der Bibelwissenschaften sind weitgehend unbekannt, vielfach auch irritierend. Sie widersprechen traditionellen Glaubensvorstellungen, denen fast alle unterliegen – sowohl jene, die ein Verhältnis zur Bibel haben, als auch jene, die kein Verhältnis zu ihr haben.

Aber warum sollen sich Kinder wie Eltern mit der Bibel befassen? Dafür gibt es viele Gründe. Drei seien genannt: erstens, weil die Bibel ein Grundlagenwerk unserer Kultur ist, die Christen wie Nichtchristen berührt. Wer ein Kunstmuseum besucht, ist zum Verständnis dessen, was er sieht, auf die Bibel verwiesen. Wer europäische Literatur liest, begegnet direkt wie indirekt der Bibel. Man kann kein Land und keine Stadt in Europa besichtigen, ohne auf Schritt und Tritt von biblischen Inhalten in Kirchen, auf Straßen und Plätzen, an Toren, Häusern und Brunnen herausgefordert zu werden. Und ein Mensch müsste schon vernagelt sein, wollte er nicht Maßstäbe humanen Denkens und Lebens damit verbunden sehen.

Der zweite Grund, warum uns die Bibel immer noch angeht, ist ihr Reservoir an Geschichten, die den Menschen im Prozess seiner eigenen Menschwerdung zeigen – wie und was er lernte. Die Bibel hat mit ihren Mythen und Sagen, in ihrer Rechtskultur und Weisheit Eingang gefunden in das kulturelle Gedächtnis der Menschheit. Ihr Weg von den vielen Göttern zu dem einen Gott ist auch der Weg, der zur Einheit des Menschengeschlechts führt – so angefochten dieser Weg auch war und selbst heute noch ist. Die Bibel hat ein Selbstverständnis entwickeln helfen, das den Menschen verantwortlich macht für den Verlauf der Geschichte, das ihn aber auch zur Umkehr drängt, wenn er sich verrannt hat.

Drittens geht es in der Bibel um Gott. Doch wer ist Gott? Viele haben Wort und Vorstellung abgetan. Andere nehmen Gott so real, wie es die Bibel in zahllosen Texten tut, als wäre er beschreibbar. Für wieder andere hält das Wort Gott die Frage nach dem Sinn des Daseins offen. Selbst wenn Gott nicht mehr geglaubt wird, bleibt mit diesem Wort die Orientierung nach dem rechten Maß des Lebens und dem Unverfügbaren verbunden.

Diese Bibel für aufgeweckte Kinder und ihre Eltern ist ein Lesebuch, ein Bilderbuch, ein Geschichtsbuch, ein Religionsbuch … und in alldem ein farbiges Sachbuch. Im Vordergrund steht Information. Es wird nicht verschleiernd gesprochen. Was je geschah und in welcher Sprachgestalt dies zu Wort kommt, soll verständlich werden. Die Bibel darf befragt werden. Im

Umgang mit ihr soll sich geschichtliches Wissen, kritisches Denken und literarisches Verständnis bilden. Die Ergebnisse der historisch-kritischen Forschung, die in den Kirchen wenig Vermittlung finden, werden in wichtigen Resultaten deutlich benannt.

Texte und Bilder dieser Bibel führen durch 1500 Jahre im Alten Orient. Auf diesem Geschichtsweg zwingt die Bibel, wenn sie mit offenen Fragen gelesen wird, mehr als jedes andere Buch zu kritischem Denken. Dass ihre Wahrheit weitgehend metaphorisch einzuholen ist, trägt wirksam dazu bei, kein Fundamentalist zu werden. Die Informationen, die den Bibeltext kommentieren, werden ergänzt durch Bilddokumente der Zeitgeschichte. Daneben stellen großformatige Zeichnungen den biblischen Alltag und den Tempel eindrucksvoll vor Augen. Eine dritte Ebene bezieht die bildende Kunst ein, bevorzugt mit Werken der Gegenwart. Sie deuten das biblische Geschehen aus heutigen Erfahrungen und geben damit dem alten Text eine mitlaufende Aktualität: Hitler verkörpert den Kain. Der Sinai ist nach Auschwitz nur noch ein Schuttberg aus geborstenen Steinen – ohne Mose und Gottes Anwesenheit, aber das »Höre Israel! Ich bin Jahwe, dein Gott« gilt weiterhin. Und die kopflosen Gestalten, die ein Geldmensch indoktriniert, während das eselsdumme Volk manipulierte Nachrichten frisst, setzen die Sozialkritik eines Amos, Micha und Jesaja fort.

In der Tradition der gängigen Kinderbibeln steht dieses Buch nicht. Auf diesem Markt begegnen alle nur denkbaren Gattungen, von der anspruchsvollen Erzählbibel bis zur Comic-Version, doch allzu oft auf einer Ebene naiven Verstehens. Je früher und simpler solche Kinderbibeln ansetzen, desto fragwürdiger sind sie, vor allem wenn ihr Zuschnitt nahelegt, eine Bibel sei Lesestoff, mit dem sich Erwachsene nicht mehr befassen.

Wenn die bekannten Sachbuchreihen »Wissen entdecken« oder »Was ist das?« ihre jungen Leser finden, ist die Zeit der Kinderbibeln vorbei. Das sich danach entwickelnde Interesse sucht welthaltige Wissensgebiete. Auf dieser Ebene versteht sich die vorliegende Bibel. Sie bietet eine Fülle fundierten Wissens, das aufgeweckte Kinder bindet. Daneben begegnen ihnen aber auch Inhalte, die den Anspruch dieser Bibel für spätere Jahre festhalten, denn vieles ist doppelbödig und jeder möglichen Reife immer noch voraus. Darum stehen erwachsene Leserinnen und Leser nicht minder oft vor zahlreichen Irritationen, die ihnen erheblicher Gesprächsanlass sein können. Eltern wie Kinder haben in dieser Bibel ein Buch, das sie je in eigener Weise herausfordert und somit spontanen Anlass bietet, darüber miteinander ins Gespräch zu kommen.

Hubertus Halbfas

Nachweise

Trotz gründlicher Recherche ist es uns nicht gelungen, alle Rechteinhaber ausfindig zu machen. Für Hinweise sind Autor und Verlag dankbar.

Bilder

13 Foto: Detail aus der Kultkammer des Ka-Ni-nisut aus dem Kunsthistorischen Museum Wien, Aus: Rose-Marie und Rainer Hagen, Ägypten. Menschen – Götter – Pharaonen. Taschen Verlag, Köln 2005, S. 56. © Jürgen Liepe.
24 Marc Chagall in: Bella Chagall, Brennende Lichter. © VG Bild-Kunst, Bonn 2013.
27 ATLAS Teilchendetektor © CERN Document Server, Genf 2005.
28 Marc Chagall, Gott erschafft den Menschen, 1930. © VG Bild-Kunst, Bonn 2013.
29 Marc Chagall, Das Paradies, © VG Bild-Kunst, Bonn 2013.
30 © Georg Gerster, Zumikon/Zürich.
32 Foto: Jean-Paul Ferrero, aus: Menschen der Urzeit. Die Frühgeschichte der Menschheit von den Anfängen bis zur Bronzezeit. Hg. v. Göran Burenhult. Karl Müller Verlag, Köln 2004, 32.
33 Illustration John Richards, aus: Menschen der Urzeit. Die Frühgeschichte der Menschheit von den Anfängen bis zur Bronzezeit. Hg. v. Göran Burenhult. Karl Müller Verlag, Köln 2004, 56.
34 HAP Grieshaber, Bedrohtes Paar. Holzschnitt 1949. © VG Bild-Kunst, Bonn 2013.
36 George Grosz, Kain oder Hitler in der Hölle, 1944. © Estate of George Grosz, Princeton, N.J./VG Bild-Kunst, Bonn 2013.
37 Wolf Vorstell, Miss America, 1968. © VG Bild-Kunst, Bonn 2013.
39 Marc Chagall, Noah entsendet die Taube, 1931. © VG Bild-Kunst, Bonn 2013.
40 Paul Maar, Türme. © Paul Maar.
41 Modell des Marduk-Heiligtums von Babylon. © Bildarchiv Preußischer Kulturbesitz, Berlin (Foto: Jürgen Liepe).
42 Die Göttin Sechmet. Foto: Araldo de Luca © Araldo de Luca. www.araldodeluca.com.
43 (oben) Baal mit dem Blitz. Kalksteinstele aus Ugarit, 1. Hälfte 2. Jt. v. Chr., aus: O. Keel, Die Geschichte Jerusalems und die Entstehung des Monotheismus, Göttingen 2007 © O. Keel.
Baal © akg-images, Erich Lessing (unten) Drei altkanaanäische einer Göttin, aus: O. Keel, Die Geschichte Jerusalems und die Entstehung des Monotheismus, Göttingen 2007 © O. Keel.
(rechts) El, Hauptgott von Ugarit, aus: Die Levante. Geschichte und Archäologie im Nahen Osten. Könemann, Köln 1999, S. 51.
44 Herrin der Tiere, Elfenbeinschnitzerei aus Ugarit, 13. Jh. v. Chr. © akg-images, Erich Lessing.
47 Samuel Bak, Von Generation zu Generation (From Generation to Generations III), 1968/1996. © Image Courtesy of Pucker Gallery, Boston. www.puckergallery.com.
48 Marc Chagall, Abraham empfängt die drei Engel. © VG Bild-Kunst, Bonn 2013.
53 Marc Chagall, Der Tote auf der Dorfstraße, 1908. © VG Bild-Kunst, Bonn 2013.
54 Aus: Die letzten 50 Tage. Als der Krieg zu Ende ging. Süddeutsche Zeitung, Edition 2005, S. 13 und 46.
55 Zeichnungen von Tomi Ungerer in: Zvi Kolitz, Jossel Rakovers Wendung zu Gott. Diogenes Verlag AG, Zürich, 2004, S. 63; 77; 91.
56 Marc Chagall, Die weiße Kreuzigung (Ausschnitt), 1938. © VG Bild-Kunst, Bonn 2013.
57 Marc Chagall, Jacobs Traum, 1976. © VG Bild-Kunst, Bonn 2013.
58 (oben) Rembrandt, Jakob ringt mit dem Engel, 1659. © VG Bild-Kunst, Bonn 2013. (unten) René Magritte, Die gigantischen Tage, 1928. © VG Bild-Kunst, Bonn 2013.
59 Marc Chagall, Der Jude in Grün, 1914. © VG Bild-Kunst, Bonn 2013.
64 Marc Chagall, Mose vor dem brennenden Dornbusch, 1966. © VG Bild-Kunst, Bonn 2013.
66 Marc Chagall, Mose vor dem brennenden Dornbusch, undatiert, (Ausschnitt). © VG Bild-Kunst, Bonn 2013.
67 (oben) Marc Chagall, Skizze nach Marc Chagall, Der Durchzug durch das Rote Meer, 1956, Musée national Message Biblique Marc Chagall (Ausschnitt). Dr. Christoph Goldmann. © VG Bild-Kunst, Bonn 2013.
(unten) Ägyptische Streitwagen, in: Weltatlas der Alten Kulturen; Ägypten. Christian Verlag, München, 1980.
68 Marc Chagall, Mose empfängt die Gesetzestafeln, undatiert. © VG Bild-Kunst, Bonn 2013.
69 Samuel Bak, Höre Israel (Shema Yisrael), 1991. © Pucker Gallery, Boston.
71 Marc Chagall, Die Israeliten beten das Goldene Kalb an, 1931. © VG Bild-Kunst, Bonn 2013.
73 Alfred Kubin, Der liebe Gott, 1899. © Eberhard Spangenberg/VG Bild-Kunst, Bonn 2013.
75 Deutsche Bischofskonferenz [Hg.], Bibel für die Grundschule. © 1979, Kösel-Verlag, München, in der Verlagsgruppe Random House GmbH.
76 Die Posaunen vor Jericho, aus: Illustrierte Bibel für Kinder. © Dorling Kindersley Ltd., London.
77 (oben) Siegelstele des König Merenptah, Israel, Foto: © Monika Jennrich.
(unten) aus: O. Keel, Die Geschichte Jerusalems und die Entstehung des Monotheismus. Teil 1. Vandenhoeck & Ruprecht, Göttingen 2007 © Ottmar Keel.
78/79 Elfenbeinritzung aus Megiddo, um 1250–1150 v. Chr., aus: O. Keel, Die Geschichte Jerusalems und die Entstehung des Monotheismus. Teil 1. Vandenhoeck & Ruprecht, Göttingen 2007, Nr. 111 © Ottmar Keel.
80 Skarabäen aus Palästina, aus: O. Keel, Die Geschichte Jerusalems und die Entstehung des Monotheismus, Göttingen 2007 © O. Keel.
82 (oben) Keel, aus: O. Keel, Die Geschichte Jerusalems und die Entstehung des Monotheismus, Göttingen 2007 © O. Keel.
(unten) aus: O. Keel, Die Welt der altorientalischen Bildsymbolik und das Alte Testament, Benziger Verlag, Zürich/Neukirchner Verlag, Neukirchen-Vluyn 1972, Nr. 403.
83 (oben) aus: O. Keel, Die Geschichte Jerusalems und die Entstehung des Monotheismus, Göttingen 2007 © O. Keel.
(unten) Treppe in Ebla, Foto: Robert Polidori, aus: Olivier Binst (Hg.), Die Levante. Geschichte und Archäologie im Nahen Osten, Köln 1999, S. 45.
84 (oben) Foto: John Fuller, Lehmziegel. Ashmolean Museum, aus: Weltatlas der Alten Kulturen. Mesopotamien. Christian Verlag, München 1991, S. 31.
(unten) Foto: Sonia Halliday und Laura Lushington, Weston Turville, Bucks; aus: ebd.
85 Foto: Dorf im Nordwestiran. Picturepoint, New Malden, Surrey, aus: Weltatlas der Alten Kulturen. Mesopotamien. Christian Verlag, München 1991, S. 31.
87 Annegret Fuchshuber, David und Goliath, in: Werner Laubi / Annegret Fuchshuber, Kinder Bibel. © Verlag Ernst Kaufmann, Lahr 1992, S. 109.
88 Kornelia Schrewe, Klara ärgert einen Tiger, in: Hans-Joachim Gelberg (Hg.), Großer Ozean. © 2000 Beltz & Gelberg in der Verlagsgruppe Beltz, Weinheim/Basel.

89 Steinschleuder, aus: Illustrierte Bibel für Kinder. © Dorling Kindersley Ltd., London.
91 Steintäfelchen, Kisch, 2800–2700 v. Chr.
93 Marc Chagall, König David, 1951. © VG Bild-Kunst, Bonn 2013
94 Sitzstatue des Königs Chephren (2520–2494 v. Chr.), 1,68 m hoch, Gneis, gefunden im Totentempel des Königs in Giseh. Ägyptisches Museum, Kairo. Foto: Brian Brake/Photo Researches, New York.
95 Die Zeugung des Sohnes. Nachzeichnung aus den Wandreliefs von Deir-el-Bahri von Abdel Gaffar Shedid, hier wiedergegeben nach Eugen Drewermann, Dein Name ist wie der Geschmack des Lebens. Herder, Freiburg 1990, 56 f.
96 (oben) aus: O. Keel, Die Geschichte Jerusalems und die Entstehung des Monotheismus. Teil 1. Vandenhoeck & Ruprecht, Nr. 353, Göttingen 2007 © O. Keel.
(unten) aus: O. Keel, Die Geschichte Jerusalems und die Entstehung des Monotheismus. Teil 1. Vandenhoeck & Ruprecht, Nr. 345, Göttingen 2007. © O. Keel.
97 Eingangsszene im Grab des Königs Merenptah (1224–1204 v. Chr.) im Tal der Könige. Foto: Andreas Brodbeck.
98 Zeichnerische Rekonstruktion der eisenzeitlichen Stadt Jerusalem auf den Osthügeln, aus: O. Keel, Die Geschichte Jerusalems und die Entstehung des Monotheismus. Teil 1. Vandenhoeck & Ruprecht, Nr. 139, Göttingen 2007 © O. Keel.
99 (oben) Jack Levine, Die Planung des Tempels Salomos, um 1940. © VG Bild-Kunst, Bonn.
(unten) aus: O. Keel, Die Geschichte Jerusalems und die Entstehung des Monotheismus. Teil 1. Vandenhoeck & Ruprecht, Nr. 213, Göttingen 2007 © O. Keel.
102 © akg-images, Erich Lessing.
103 G. Rühlmann, Deine Feinde fallen unter deine Sohlen. Bemerkungen zu einem altorientalischen Machtsymbol. Wissenschaftliche Zeitschrift der Universität Halle, 20, 1971.
107 Richard Seewald, Das goldene Kalb. © Richard und Uli Seewald-Stiftung, Ascona.
108 Emil Nolde, Prophet, 1912. (WVZ Schiefler-Mosel 110), © Nolde-Stiftung, Seebüll.
109 Richard Seewald, Elija am Bach Kerit. © Richard und Uli Seewald-Stiftung, Ascona.
110 Richard Seewald, Der Ölkrug der Witwe. © Richard und Uli Seewald-Stiftung, Ascona.
112 Otto Pankok, Johannes der Täufer, 1936. © Otto-Pankok-Museum, Hünxe.
115 Quiangli Liang, Een vrouw nr. 2. 1996. Coll. kunstuitleen Vladingen, NL.
117 Samuel Bak, Der Beobachter (The Observer), 1971. © Pucker Gallery, Boston.
118 © akg-images.
119 (oben) Georg Grosz, Der Fresser, 1939. © Estate of George Grosz, Princeton, N. J./VG Bild-Kunst, Bonn 2013.
(unten) Georg Grosz, Die Besitzkröten, 1939. © Estate of George Grosz, Princeton, N. J./VG Bild-Kunst, Bonn 2013.
120 George Grosz, Sonnenfinsternis, 1926, © Estate of George Grosz, Princeton, N. J./VG Bild-Kunst, Bonn 2013.
121 George Grosz, Die Stützen der Gesellschaft, 1926. © Estate of George Grosz, Princeton, N. J./VG Bild-Kunst, Bonn 2013.
122 (links) Geflügelter Stier vom Tor A der Zitadelle Sargons II. 721–705 v. Chr., aus: Babylonien. Kunstschätze zwischen Euphrat und Tigris. Hoffmann und Campe, Hamburg, 1981, S. 174.
(unten) aus: O. Keel, Die Geschichte Jerusalems und die Entstehung des Monotheismus. Teil 1. Vandenhoeck & Ruprecht, Nr. 283, Göttingen 2007 © Ottmar Keel.
123 (oben) aus: O. Keel, Die Geschichte Jerusalems und die Entstehung des Monotheismus. Teil 1. Vandenhoeck & Ruprecht, Nr. 310, Göttingen 2007 © Ottmar Keel.
(unten) aus: O. Keel, Die Geschichte Jerusalems und die Entstehung des Monotheismus. Teil 1. Vandenhoeck & Ruprecht, Nr. 326, Göttingen 2007 © Ottmar Keel.
124 aus: O. Keel, Die Geschichte Jerusalems und die Entstehung des Monotheismus. Teil 1. Vandenhoeck & Ruprecht, Nr. 309, Göttingen 2007 © Ottmar Keel.
125 Relief aus dem Palast Sanheribs in Ninive. © akg-images, Erich Lessing (Vorlage: Die Welt der Bibel. Kath. Bibelwerk, 3/2008, S. 74.)
126 (oben) Steele aus Sendschirli, 681–669 v. Chr. aus: O. Keel, Die Geschichte Jerusalems und die Entstehung des Monotheismus. Teil 1. Vandenhoeck & Ruprecht, Nr. 321, Göttingen 2007 © Ottmar Keel.
(unten) Assyrische Belagerungstürme und Rammböcke, aus: Atlas der Alten Kulturen. Land der Bibel, Christian Verlag, München 1985, S. 93.
127 (oben) Nahkampf assyrischer Soldaten, aus: Atlas der Alten Kulturen. Land der Bibel, Christian Verlag, München 1985, S. 93.
(unten) Relief aus dem Palast Sanheribs in Ninive. O. Keel, Die Geschichte Jerusalems und die Entstehung des Monotheismus, Göttingen 2007 © O. Keel.
128 (links oben) Tributbringer mit Stadtmodellen auf einem Palastrelief Sargons II. 721–705 v. Chr., aus: O. Keel, Die Geschichte Jerusalems und die Entstehung des Monotheismus. Teil 1. Vandenhoeck & Ruprecht, Nr. 452, Göttingen 2007 © Ottmar Keel.
128/29 Dick Banard, Rekonstruktion von Lachisch. Aus: Weltatlas der Alten Kulturen: Land der Bibel. Christian Verlag, München 1985, S. 90/91.
129 (Hauptspalte:) Foto: Barnet, Tell Lachisch, aus: Weltatlas der Alten Kulturen: Land der Bibel. Christian Verlag, München 1985, S. 90/91.
132 Michael Mathias Prechtl, Das utopische Prinzip Hoffnung wird erst wahr, wenn sich Wolf und Schaf in Liebe umarmen, 1985. © Fridl Prechtl-Zuleeg.
133 Relindis Agethen, Franz von Assisi und der Wolf, 1983.
134 Marc Chagall, Mose empfängt die Gesetzestafeln, 1931. © VG Bild-Kunst, Bonn 2013.
137 Weibliche Gottheiten aus Häusern Jerusalems. aus: O. Keel, Die Geschichte Jerusalems und die Entstehung des Monotheismus. Teil 1. Vandenhoeck & Ruprecht, Nr. 335, Göttingen 2007 © Ottmar Keel.
138 A. Paul Weber, Der Denunziant, 1947. © VG Bild-Kunst, Bonn 2013.
139 Der Gott Enlil fängt als Kriegsherr die Feinde in einem Netz. (Lagasch um 2500 v. Chr.) Aus: Bernhard Lang, Jahwe der biblische Gott. C.H. Beck, 2002.
140 Marc Chagall, Der verstellte Gottesname, 1956. © VG Bild-Kunst, Bonn 2013.
141 (oben) A. Paul Weber, Die Kathedrale, 1941. © VG Bild-Kunst, Bonn 2013.
(unten) Aus: Martial Leiter, Moderne Welt, 1995. © by Limmat Verlag, Zürich.
142 Der Weg in die Gefangenschaft. Relief vom Palast Assurbanipals, 668–631 v. Chr. © akg-images, Erich Lessing.

144 Felix Nussbaum, Gefangene in Saint-Cyprien, 1942. © VG Bild-Kunst, Bonn 2013.
145 Babylon. Zeichnung von George Taylor, aus: Exploring the World of the Bible Lands. Thames and Hudson Ltd., London, S. 102/103. © Thames and Hudson Ltd.
146 Edward Munch, Der Schrei, 1895. The Munch Museum/The Munch Ellingsen Group © The Munch Museum/The munch Ellingsen Group/VG Bild-Kunst, Bonn 2013.
149 Münzen aus Sidon und Samaria. aus: O. Keel, Die Geschichte Jerusalems und die Entstehung des Monotheismus.Teil 1. Vandenhoeck & Ruprecht, Nr. 630/31, Göttingen 2007 © Ottmar Keel.
153 Marc Chagall, Sabbat, 1910.© VG Bild-Kunst, Bonn 2013.
154 Marc Chagall, Zeichnung aus: Bella Chagall, Brennende Lichter, Rowohlt Taschenbuch, Reinbek 1969. © VG Bild-Kunst, Bonn 2013.
155 (oben) Marc Chagall, Jude mit Tora, 1925. © VG Bild-Kunst, Bonn.
(unten) Marc Chagall, Zeichnung aus: Bella Chagall, Brennende Lichter © VG Bild-Kunst, Bonn 2013.
156 (oben) Marc Chagall, Zeichnung aus: Bella Chagall, Brennende Lichter © VG Bild-Kunst, Bonn 2013.
(unten) privat.
157 Peter Connolly, Living in the Time of Jesus of Nazareth. Oxford University Press, 1983. Deutsch: Das Leben zur Zeit des Jesus von Nazaret. Tessloff Verlag, Hamburg 1984, S. 71. © akg-images, Peter Connolly.
162 (oben) (o.) Münze mit Kopf des Ptolemäus II., aus: O. Keel, Die Geschichte Jerusalems und die Entstehung des Monotheismus. Teil 1. Vandenhoeck & Ruprecht, Nr. 663/64, Göttingen 2007 © Ottmar Keel.
(unten) Roberto Polidori, Paris.
163 Tetradrachme Antiochus' IV., aus: O. Keel, Die Geschichte Jerusalems und die Entstehung des Monotheismus. Teil 1. Vandenhoeck & Ruprecht, Nr. 674, Göttingen 2007 © Ottmar Keel.
164 (unten) © akg-images, Peter Connolly.
165 Richard Seewald, Lobgesang der drei Jünglinge im Feuerofen, 1957. © Richard und Uli Seewald-Stiftung, Ascona.
166 Richard Seewald, Jona mit dem Fisch verschlungen, 1957. © Richard und Uli Seewald-Stiftung, Ascona.
167 Richard Seewald, Daniel in der Löwengrube, 1957. © Richard und Uli Seewald-Stiftung, Ascona.
173 Der kreuztragende Jesus und die Maler. Kupferstich, 1602/03. Wallraf-Museum, Köln; Graphische Sammlung.
174 Foto: Dr. Richard Cleave/Rohr Productions Ltd., Nicosia, Zypern.
175 Foto: Sonia Halliday/Bryan Knox, Theater von Skythopolis, in: Bowker/Halliday/Knox, Das Heilige Land aus der Luft. primus Verlag, Darmstadt 2012, S. 71. Photo: Sonia Halliday/Bryan Know, Theater of Skythopolis in: Bowker/Halliday/Knox, Aerial Atlas of the Holy Land, Publisher: Mitchell Beazley, 2008.
176 Arcabas (Jean-Marie Pirot), Johannes der Täufer, 1985. © VG Bild-Kunst, Bonn 2013.
177 Otto Pankok, Johannes der Täufer, 1950. © Otto-Pankok-Museum, Hünxe.
180 L. Bezzola, Blätterkinder.
181 privat
182/83 © akg-images, Peter Connolly
188 © Sonia Halliday
189 © akg-images, Peter Connolly

190 (oben) Elija auf dem Flügelrad. Jüdische Silbermünze, 4. Jh. v. Chr., aus: Biblisch-historisches Handwörterbuch, Göttingen 1964, Bd. 2, Sp. 1254.
(unten) Kynischer Philosoph, voll ausgerüstet. Fresko aus dem Garten der Villa Farnesina, Rom.
191 (oben) Christus als Philosoph. Fragment eines Sarkophags, aus: Bernhard Lang, Jesus der Hund. Leben und Lehre eines jüdischen Kynikers. C.H. Beck, München 2010.
(unten) Diogenes und Alexander. Restauriertes römisches Relief, gezeichnet von Johann Joachim Winkelmann, Rom 1767.
193 Karl Hofer, Der Rufer, 1935. © VG Bild-Kunst, Bonn 2013.
194 Otto Pankok, Bergpredigt, 1936. © Otto-Pankok-Museum, Hünxe.
195 Otto Pankok, Jesus, 1936. © Otto-Pankok-Museum, Hünxe.
196 George Grosz, © Estate of George Grosz, Princeton, N. J./VG Bild-Kunst, Bonn 2013.
199 freskoer kirke Keldby, Danmark, circa 1480. Frimands Fotoarkiv, Kopenhagen.
205 Photo of invited homeless people for Christmas dinner in the church Santa Maria Trastevere in Rom by community of Sant'Egidio © Marco Pavani.
206/207 Sieger Köder, Das Mahl mit den Sündern, San Pastore bei Rom, 1973. SK 217 © Schwabenverlag AG.
208 Arcabas, Die Hochzeit zu Kana, (1984), © VG Bild-Kunst, Bonn 2013
210 Arcabas, Der verlorene Sohn, (1986), © VG Bild-Kunst, Bonn 2014.
211 Christian Rohlfs, Die Heimkher des verlorenen Sohnes, 1916. © VG Bild-Kunst, Bonn 2013.
215 Max Beckmann, Jesus und die Sünderin, 1917. © VG Bild-Kunst, Bonn 2013.
217 Max Liebermann, Der barmherzige Samariter, 1911. © VG Bild-Kunst, Bonn 2013.
219 Arcabas, Brot und Wein,1985. © VG Bild-Kunst, Bonn 2013.
221 Pablo Picasso, Der blinde Minotaurus wird von einem Mädchen geführt, 1934. Sammlung Hegewisch in der Hamburger Kunsthalle. Bpk © Succession Picasso/VG Bild-Kunst, Bonn 2013.
222 (unten) Foto: Stein, © present, Essen.
223 Arcabas, Steh auf und geh!, 1986. © VG Bild-Kunst, Bonn 2013.
225 Arcabas, Der Besessene von Gerasa, 1985. © VG Bild-Kunst, Bonn 2013.
226/227 Arcabas, Der Tod, 1985. © VG Bild-Kunst, Bonn 2013.
228 Otto Pankok, Die Austreibung der Händler, 1936. © Otto-Pankok-Museum, Hünxe.
229 (oben) Otto Pankok, Jesus zerbricht das Gewehr, 1950. © Otto-Pankok-Museum, Hünxe.
230/31 © akg-images, Peter Connolly.
232/33 © akg-images, Peter Connolly.
236/37 © akg-images, Peter Connolly.
240 (1) Otto Weber, Tausend ganz normale Jahre. Ein Fotoalbum des gewöhnlichen Faschismus. 99 Aufnahmen in Kupfertiefdruck, ausgewählt von Hildegard Weber, hg. von Hans Magnus Enzensberger. Nördlingen 1987. Fotografien aus den Jahren 1932–1945 (Kleve), S. 23.
(2) Boykott jüdischer Geschäfte, 1935.
(3) Foto aus: Ernst Klee, Die SA Jesu Christi. Die Kirche im Banne Hitlers. Fischer TB, Frankfurt a.M. 1989, S. 105.
(4) Brennende Synagoge in Frankfurt, 1938. © KNA.
(5) Selektion in Auschwitz.
241 Felix Nussbaum, Jaqui auf der Straße, 1944. © VG Bild-Kunst, Bonn 2013.

242 © akg-images, Peter Connolly.
245 Marc Chagall, Die weiße Kreuzigung, 1938. © VG Bild-Kunst, Bonn 2013.
249 Ernst Alt, Um die vierte Nachtwache – Petrus steigt aus dem Boot, 1967. © Regina Mortazawi.
251 Zeichnung von C. Piatti aus: Edzard Schaper, Die Legende vom vierten König. Bibliographisches Insitut GmbH / Artemis & Winkler, Berlin 2008.
254 (links:) Der Engel der Auferstehung. Reichenauer Perikopenbuch, um 1000.
(rechts:) Auferstehung Christi. Evangeliar aus Groß St. Martin, Köln um 1250.
255 (links:) Matthias Grünewald, Auferstehung. Isenheimer Altar 1513–1515.
(rechts:) Alfred Manessier, Auferstehung, 1949. © VG Bild-Kunst, Bonn 2013.
256 Arcabas, Auf dem Weg, 1993/94. © VG Bild-Kunst, Bonn.
257 Arcabas, Das Mahl, 1993/94. © VG Bild-Kunst, Bonn 2013.
260 Richard Seewald, Der Turmbau zu Babel, 1957. © Richard und Uli Seewald-Stiftung, Ascona.
261 Richard Seewald, Die Geistausgießung, 1957. © Richard und Uli Seewald-Stiftung, Ascona.
264 Christus als Weltenrichter. Kuppel des Baptisteriums in Florenz © public domain.
268 Richard Seewald, Stephanus' Tod, 1957. © Richard und Uli Seewald-Stiftung, Ascona.
269 Arcabas, Zusammenkunft, 1984. © VG Bild-Kunst, Bonn.
274/275 © akg-images, Peter Connolly.
284 Otto Pankok, Martin von Tours, 1948. © Otto-Pankok-Museum, Hünxe.
288 Annegret Fuchshuber, Janusz Korczak, in: Werner Laubi / Annegert Fuchshuber: Kinder Bibel. © Verlag Ernst Kaufmann, Lahr 1992, S. 17.
289 (oben) Annegret Fuchshuber, Martin Luther King, in: Werner Laubi / Annegert Fuchshuber, Kinder Bibel. © Verlag Ernst Kaufmann, Lahr 1992, S. 218.
(unten) Annegret Fuchshuber, Mahatma Gandhi, in: Werner Laubi / Annegert Fuchshuber, Kinder Bibel. © Verlag Ernst Kaufmann, Lahr 1992, S. 219.

Texte

21 Tatanka ohitika, Als ich zehn Jahre alt war …, in: T. C. McLuhan, Wie der Hauch eines Büffels im Winter. Indianische Selbstzeugnisse. © Simon & Schuster UK Fridolin Stier, Vielleicht ist irgendwo Tag. Aufzeichnungen. © Eleonore Beck.
23 Günter Ullmann, Staune, in: Hans-Joachim Gelberg (Hg.), Großer Ozean. © 2000 Beltz & Gelberg in der Verlagsgruppe Beltz, Weinheim/Basel.
Ludwig Fulda, Veilchen gibt es nicht, in: Paul Alverdes (Hg.), Rabe, Fuchs und Löwe. Fabeln der Welt. Ehrenwirth Verlag, München 1962, S. 345.
25 Nach Robert Tobler, Haben Sie den Sonntag gesehen? Benziger Verlag, Zürich 1984.
38 Gilgamesch-Epos, übersetzt von Albert Schott. Reclam Universal-Bibliothek, 7235 [2], 11. Tafel.
45 Kurt Marti, großer gott klein © Kurt Marti, Abendland, Hermann Luchterhand Verlag, Darmstadt 1980.
46 Kurt Marti, Wo kämen wir hin. © Kurt Marti, Namenszug mit Mond. Gedichte. 1996 Nagel & Kimche im Carl Hanser Verlag München.

54 Aus: Wolfgang Borchert, Das Gesamtwerk. Herausgegeben von Michael Töteberg unter Mitarbeit von Irmgard Schindler. © 2007 Rowohlt Verlag GmbH, Reinbek bei Hamburg.
55 Illustration von Tomi Ungerer, aus: Zvi Kolitz, Jossel Rakovers Wendung zu Gott, Aus dem Jiddischen von Paul Badde. Copyright der deutschsprachigen Ausgabe © 2004, 2008 Diogenes Verlag AG, Zürich. S. 63; 77; 91.
71 Aus: Hubertus Halbfas, Der Sprung in den Brunnen. Eine Gebetsschule © Patmos Verlag der Schwabenverlag AG, Ostfildern, 18. Auflage 2011, S. 70. www.verlagsgruppe-patmos.de.
86 Wolf Harranth, Vom vielen Bücken wird man krumm: Geburtstagsgedicht. Dem Kind aufzusagen, in: Hans-Joachim Gelberg (Hg.), Großer Ozean. © 2000 Beltz & Gelberg in der Verlagsgruppe Beltz, Weinheim/Basel.
87 Erich Fried, Kleine Frage, aus: Hans-Joachim Gelberg (Hg.), Großer Ozean, S. 168. © Verlag Klaus Wagenbach, Berlin.
111 Ursula Weisser, Das »Buch über das Geheimnis der Schöpfung« von Pseudo-Apollonios von Tyana, Walter de Gruyter GmbH, 1980 Berlin, New York. Mit freundlicher Genehmigung von Walter de Gruyter GmbH.
119 Georg Büchner, Der Hessische Landbote Sammlung Insel, kommentiert von Hans Magnus Enzensberger. Frankfurt a. M., 1974.
138 Erich Fried, Die Maßnahmen. Gedichte und Gegengedichte. Aus: Befreiung von der Flucht/Gesammelte Werke © Verlag Klaus Wagenbach, Berlin 1993.
147 Josef Fink, Du Namenloser, aus: Sammle mich ein. Gebete. © Josef Fink.
196 Aus dem Wortschatz unserer Kämpfe : Prosa, Aufsätze, Gedichte/Martin Walser © Suhrkamp Insel Verlag, Frankfurt am Main 2002.
197 Der Codex Hammurabi, in: Friedrich Heer, Die großen Dokumente der Weltgeschichte. Wolfgang Krüger Verlag, Frankfurt a.M. 1978, 20.
Alexander Solschenizyn, Die Reden der großen Menschenfreunde. Aus: ders., Der Archipel Gulag. Scherz Verlag, Bern 1974. Alle Rechte vorbehalten S. Fischer Verlag GmbH, Frankfurt am Main
198 Nach Bertolt Brecht, Mutter Courage und ihre Kinder. 1949.
202 Nach Albert Camus, Der Fremde (L'Étranger). Roman. 1942.
206 Nach Nikolai Lesskow, Am Rande der Welt (1875), in: Ders., Gesammelte Werke, hg. von Johannes von Guenther, Biederstein Verlag, München 1963.
224 Michel Clévenot, Der besessene Halbwüchsige. Aus: Martin Scharpe (Hg.), Jesus unter Dichtern. Ein literarisches Evangelium. Radius Verlag, Stuttgart 2002, S. 72.
226 Kurt Marti, dem herrn unserem gott, in: Leichenreden. Luchterhand Verlag, 1969.
227 Marie Luise Kaschnitz, Auferstehung © Iris Schnebel-Kaschnitz.
239 Rudolf Augstein, Fragen, in: Ders., Jesus Menschensohn. Hoffmann und Campe Verlag, Hamburg 1972.
246 Erich Fried, Angst und Zweifel, in: Gegengift. Verlag Klaus Wagenbach, Berlin 1974.
250 Nach Edzard Schaper, Der vierte König. Ein Roman. Jakob Hegner Verlag, Köln 1961; Artemis und Winkler, Zürich 8. Aufl. 1977.
265 Clara Asscher-Pinkhof, Haben Lügen kurze Beine? aus: dies. Sternkinder. © Dressler Verlag, Hamburg 2011.

293

Das Buch der Bücher

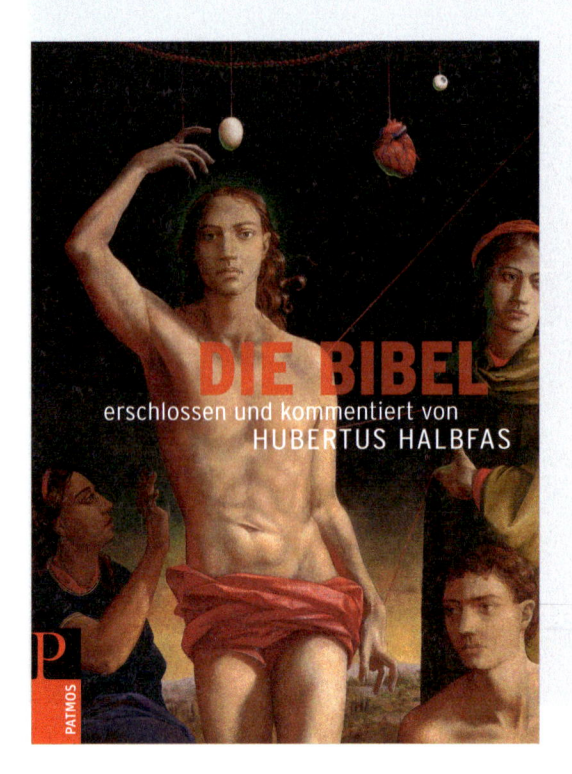

Die Bibel
erschlossen und kommentiert
von Hubertus Halbfas

Format 20 x 26,5 cm
600 Seiten
durchgehend vierfarbig
Leinen mit Schutzumschlag
ISBN 978-3-491-70334-6

»Selten wurde eine Bibel in so reich illustrierter, historisch und literarisch so vorbildlich aufgearbeiteter, theologisch so verständlicher Form erschlossen und kommentiert wie in der prächtigen Ausgabe von Hubertus Halbfas.«
Rheinischer Merkur

»Halbfas erreicht das, was die beste Voraussetzung für die Bibellektüre ist: Neugier zu wecken auf mehr, Mut zu geben, sich selbständig auf die Suche zu machen, was das ist, das Wort Gottes im Menschenwort.«
Christ in der Gegenwart

PATMOS www.patmos.de

Das Christentum

Das Christentum
erschlossen und kommentiert
von Hubertus Halbfas

Format 20 x 26,5 cm
592 Seiten
durchgehend vierfarbig
Leinen mit Schutzumschlag
ISBN 978-3-491-70377-3

Der außergewöhnliche Band entfaltet ein facettenreiches Bild des Christentums. Er verbindet lebendige Zeugnisse mit klaren Linien thematischer Konzentration. Lesern, die Wirkungsgeschichte und aktuelle Perspektiven der prägenden Kraft unserer Kultur verstehen wollen, bietet das Werk ein faszinierendes Panorama. Hubertus Halbfas stellt das Christentum im Spiegel geschichtlicher Zeugnisse in völlig neuartiger Weise vor. Statt einlinig durch die Zeiten zu führen, setzt er unter wechselnden Fragestellungen immer wieder erneut an, um möglichst vielschichtig wahrzunehmen. Die Kommentierung erlaubt die Einordnung in die jeweilige Zeit. Begleitende Stimmen verbinden die Vergangenheit mit der Gegenwart. Zahlreiche Abbildungen helfen zu vertieftem Verständnis und stellen neue und aktuell bedeutsame Sichtweisen vor.

PATMOS   www.patmos.de

Der Glaube der Christen

Der Glaube
erschlossen und kommentiert
von Hubertus Halbfas

Format 20 x 26,5 cm
600 Seiten
durchgehend vierfarbig
Leinen mit Schutzumschlag
ISBN 978-3-491-72563-8

»... ein phänomenales Handbuch und Lesebuch: unglaublich informativ und zeitbezogen, auch bei komplizierten Sachverhalten verständlich und sachkundig, durch reichhaltige kommentierte Bebilderung sowie durch deutlich markierte und nachgewiesene Zitate zusätzlich leserfreundlich, inhaltlich ausgesprochen gewichtig.«
Freies Christentum

»Sein didaktisches Geschick macht die Lektüre zu einem Erlebnis.«
chrismon plus

PATMOS   www.patmos.de